FILÓSOFOS ANTIGUOS Y MODERNOS

© Moris Polanco, 2020
© Editorial Arjé, 2020
6703 NW 7th St.
Miami, Florida 33126
USA
Email: info@editorialarje.com
Rivierlandschap met ruiters, Aelbert Cuyp, 1653
1657. www.rijkmuseum.nl

Diagramación y diseño de la portada: Allan Castillo
ISBN-13: 978-1-7335483-8-0
Impreso en Charleston, SC, USA

Todos los derechos reservados. No está permitida la reproducción total o parcial de este libro, ni su tratamiento informático, ni la transmisión de ninguna forma o por cualquier medio, ya sea electrónico, mecánico, por fotocopia, por registro u otros métodos, sin el permiso previo y por escrito del editor.

FILÓSOFOS ANTIGUOS Y MODERNOS

CON UNA SELECCIÓN DE TEXTOS

MORIS POLANCO

A mis padres

CONTENIDO

PREFACIO XIII

PRIMERA PARTE: FILÓSOFOS ANTIGUOS 17

LOS COMIENZOS DE LA FILOSOFÍA 19
- *Tales de Mileto* 19
- *Anaximandro* 20
- *Anaxímenes* 21
- *Pitágoras* 21
- *Heráclito* 22
- *Jenófanes* 23
- *Parménides* 24
- *Zenón de Elea* 25
- *Anaxágoras* 27
- *Empédocles* 28
- *Demócrito* 28

TEXTOS 32

I. Heráclito, Fragmentos (selección) 32
II. Parménides, Poema del ser (selección) 33

LOS SOFISTAS Y SÓCRATES 41
- *Protágoras de Abdera* 42
- *Gorgias de Leontinos* 43
- *Calicles* 44
- *Trasímaco* 45
- *Hipias de Elis* 45
- *Pródico de Ceos* 45
- *Antifonte de Atenas* 45

Critias 46
Sócrates 46

TEXTOS 51

I. Diógenes Larecio, Biografía de Protágoras 51
II. Diógenes Laercio, Biografía de Sócrates 53

PLATÓN 65

La teoría de las ideas 67
Cosmología 68
Antropología y psicología 69
Teoría del conocimiento 71
Sociedad y política 72
Ética 74

TEXTOS 75

I. La ciencia y la sensación, crítica de Protágoras 75
II. Teoría de las ideas 78
III. Alegoría de la caverna 81
IV. Metáfora de la línea 84
V. La reminiscencia 87
VI. La preexistencia de las almas 91
VII. Las formas de gobierno 93
VIII. La dialéctica 94
IX. El arte como imitación 98
X. Sobre la escritura 100

ARISTÓTELES 103

Lógica 105
Metafísica 109
Cosmología 112
Teoría del conocimiento 113
Ética 114
Política 115

TEXTOS 117

I. Ética y política 117
II. Metafísica 126

EL ESTOICISMO 135

Zenón de Citio 135
La escuela 136
Influjo 137
Rasgos generales de la filosofía estoica 137

TEXTOS 140

I. Epicteto, Manual y Conversaciones 140
II. Marco Aurelio, Meditaciones, Libro V 143
III. Séneca, Cartas morales a Lucilio (selección) 151

EL EPICUREÍSMO 169

Epicuro y su Jardín 169
Doctrina 170

TEXTOS 173

I. Epicuro, Carta a Meneceo 173
II. Epicuro, Carta a Herodoto 176

EL ESCEPTICISMO ANTIGUO 197

El pirronismo 197
Escepticismo académico 198
El escepticismo de Enesidemo y Sexto Empírico 199

TEXTOS 202

I. Diógenes Laercio, Biografía de Pirrón 202
II. Sexto Empírico, Esbozos Pirrónicos (fragmentos del libro I) 215

EL NEOPLATONISMO 223

Antecesores 224
Enseñanzas 224

TEXTOS 227

Plotino, Enéades (selección) 227

BIBLIOGRAFÍA 241

SEGUNDA PARTE: FILÓSOFOS MODERNOS 245

DESCARTES 247

Vida 248
Obra 249
El método 250
Ideas claras y distintas 254
Verdad y certeza 255
Dualismo 256
Filosofía moral 257

TEXTOS 258

I. Discurso del método 258
I. Meditaciones metafísicas 270

EL RACIONALISMO 279

Baruch Spinoza 280
Nicolás Malebranche 282
Gottfried Leibniz 285

TEXTOS 290

I. Spinoza, Tratado de la reforma del entendimiento 290
II. Malebranche, Conversaciones 293
III. Leibniz, Monadología 301

THOMAS HOBBES 317

Vida y obras 317
Características de su filosofía 318
Antropología y ética 319
Filosofía política 320

TEXTOS 323

Leviatán 323
Capítulo II 325
Capítulo XIII 332

EL EMPIRISMO BRITÁNICO 337

John Locke 338
George Berkeley 344
David Hume 347

TEXTOS 355

I. John Locke, Ensayo sobre el entendimiento humano 355
II. John Locke, Segundo tratado sobre el gobierno civil 363
III. George Berkeley, Diálogo entre Hilas y Filonús 367
IV. David Hume, Tratado de la naturaleza humana 377

LA ILUSTRACIÓN 385

La ilustración inglesa y escocesa 386
La Ilustración francesa 389

TEXTOS 394

I. Voltaire, Diccionario filosófico 394
II. Rousseau, Discurso sobre las ciencias y las artes 396
III. Adam Smith, Teoría de los sentimientos morales 405

KANT 411

Vida 411
Pensamiento 414
El problema crítico 415
El análisis del conocimiento en la primera Crítica 419
La estética transcendental 420
La analítica trascendental 422
La dialéctica trascendental 423
La ética kantiana 424
Demostración de la existencia de Dios 427

TEXTOS 428

I. ¿Qué es la Ilustración? 428
II. Fundamentación de la metafísica de las costumbres 434
III. Prolegómenos a toda metafísica futura 445

BIBLIOGRAFÍA 453

PREFACIO

Este libro es el resultado de la unión de dos volúmenes míos publicados hace cuatro años en esta misma editorial: *Historia de la Filosofía Antigua* e *Historia de la Filosofía Moderna, I.* El proyecto original era completar la serie con los períodos medieval, moderna II y contemporánea, pero otros proyectos editoriales han ocupado mi atención. Al unir estos dos volúmenes en uno solo, he aprovechado a hacer correcciones, pero lo esencial permanece.

La historia detrás de estas historias de la filosofía fue la necesidad de tener reunidos los textos de los filósofos más importantes, con el fin de que los alumnos de la asignatura de Introducción a la Filosofía de la Facultad de Ciencias Económicas de la Universidad Francisco Marroquín los tuvieran a la mano para estudiarlos y comentarlos. Mi recomendación es que esta historia de la filosofía se complemente con un enfoque por temas de la asignatura, de manera que en una clase normal de dos períodos por semana, uno se dedique a estudiar la historia de la filosofía, con sus autores y sus textos, mientras que en el otro se abordan los temas clásicos: metafísica, epistemología, ética...

¿Por qué esos filósofos? De más está decir que toda selección implica una preferencia, una estimación de la importancia relativa de ciertos autores en el desarrollo de la filosofía. ¿Por qué no incluyo a Hegel y los poshegelianos, a los existencialista, los estructuralistas y los analíticos? Mi intención original era escribir la historia de la filosofía moderna en dos volúmenes, el segundo de los cuales estaría dedicado a las corrientes mencionadas, entre otras. Para muchos, eso ya es filosofía contemporánea; podría ser. Pero hoy lo contemporáneo es la posmodernidad, y bien podría escribirse otro tomo con la pléyade de autores posteriores a mayo del 68. Para ser honrados, la razón por la cual me detuve en Kant es que me faltaron las fuerzas, y que otros temas atrajeron mi atención.

Espero que este libro sirva para lo que fue concebido: para introducirse al pensamiento de algunos de los más importantes filósofos de la historia, y para conocer parte de sus escritos. Mi agradecimiento se dirige a mis alumnos de la Marro y a mis colegas, especialmente a Camilo Bello, a Miguel Foronda y a José Carlos Argueta, con quienes --en tiempos anteriores al coronavirus-- disfrutamos estupendas tertulias filosóficas. También agradezco a Alejandro Peña Arroyave las múltiples correcciones. Y a mi amigo Julio Cole, por sus siempre agudas observaciones.

Guatemala, 25 de mayo de 2020

PRIMERA PARTE: FILÓSOFOS ANTIGUOS

I
LOS COMIENZOS DE LA FILOSOFÍA

La filosofía, como ciencia, nació en Grecia en el siglo VII a. C. En otras culturas, las preguntas típicas de la filosofía (tales como ¿cuál es el origen del universo?, ¿de qué está hecho todo?, ¿a qué se debe el orden en la naturaleza? o ¿hay vida después de la muerte?) se respondían a través de mitos. En Grecia también había una rica mitología, pero en el siglo VI, en las costas de lo que hoy es Turquía, unos cuantos hombres comenzaron una investigación racional y sistemática de los orígenes del cosmos que culminaría en la obra de Aristóteles tres siglos después.

A los primeros filósofos se les llama *cosmólogos* porque se interesaron, sobre todo, en el origen del cosmos y de las cosas materiales. Se preguntaron si había un elemento al que todo pudiera reducirse, un primer principio (*arché* o *arjé*) de todo cuanto existe.

Tales de Mileto

Se dice que Tales de Mileto (625/624 a. C. – 547/546 a. C.) propuso que ese primer principio de todas las cosas era el agua. En su *Metafísica*, Aristóteles nos cuenta que

> *la mayoría de los primeros filósofos consideró que los principios de todas las cosas eran solo los que tienen aspecto material [...] En cuanto al número y a la forma de tal principio, no todos dicen lo mismo, si no que Tales, el iniciador de este tipo de filosofía, afirma que es el agua, por lo que también declaró que la tierra está sobre el agua. Concibió tal vez esta suposición por ver que el alimento de todas las cosas es húmedo y porque de lo húmedo nace del propio calor y por él vive. Y es que aquello de lo que nacen es el principio de todas las cosas. Por eso concibió tal suposición, además de porque las semillas de todas las cosas tienen naturaleza húmeda y el agua es el principio de la naturaleza para las cosas húmedas.*

Tales vivió y murió en Mileto, en la costa de Jonia (actual Turquía). Además de filósofo, fue astrónomo, matemático, geómetra y consejero político. Dos teoremas geométricos llevan su nombre. Es uno de los llamados siete sabios de Grecia, entre los que estaba Solón de Atenas. Fue maestro de Anaximandro, y este lo fue de Anaxímenes. Predijo un eclipse en el 585 a. C. Platón cuenta en el *Teeteto* que una vez, por ir viendo las estrellas, cayó en un pozo, lo que despertó la risa de una esclava tracia. También se cuenta que una vez sus amigos le recriminaron su despreocupación por las cosas materiales; entonces Tales, habiendo previsto que el año siguiente habría una buena cosecha de olivos, compró todos los molinos de aceitunas de Mileto y de Quíos, y cuando de hecho se dio la buena cosecha, los alquiló, con lo que hizo una fortuna. Tales no quería hacerse rico; solo quería mostrar que un filósofo podía hacerse rico si quisiera, pero que su ambición es otra.

Anaximandro

Como ya se dijo, el segundo de los filósofos milesios, Anaximandro, fue discípulo y compañero de Tales. Vivió también en Mileto, entre el 610 y el 545 a. C. Al igual que su maestro, hizo aportes científicos prácticos e intervino activamente en política. Se le atribuye la elaboración de un mapa del Mar Negro y el mando de una expedición colonizadora a Apolonia. Se le atribuye, asimismo, la composición de un libro, "Sobre la naturaleza".

También Anaximandro buscaba el *arjé* o principio de todas las cosas, pero a diferencia de Tales, consideró que ese principio no debía de ser uno de los elementos conocidos, sino uno totalmente distinto a todos, indeterminado e ilimitado, al que llamó ápeiron. Se nota ya en Anaximandro un avance respecto a Tales, pues su concepto de lo indeterminado es abstracto; es algo que, aunque sea material, no es ninguno de los elementos conocidos de este mundo.

Diógenes Laercio, en su *Vidas de filósofos ilustres*, dice que Anaximandro creía que la tierra era el centro del universo y que era esférica, y que la Luna lucía con luz ajena, pues la recibía del Sol.

Anaxímenes

Anaxímenes de Mileto fue discípulo y compañero de Anaximandro. Vivió entre el 584 aproximadamente y el 524 a. C. Al igual que su maestro, compuso un libro "Sobre la naturaleza". Representa un cierto retroceso respecto a Anaximandro, pues considera que el *arjé* es el aire. Tal vez haya llegado a esta conclusión al ver que todos los animales respiran, y al notar que las nubes, cuando se condensan, producen agua.

Pitágoras

En orden de antigüedad, sigue entre los filósofos cosmólogos **Pitágoras**, que nació en la isla de Samos en el 572. En una fecha indeterminada, se trasladó a Crotona (Italia), huyendo de la tiranía de Polícrates. En Crotona fundó una comunidad religiosa-filosófica de inspiración órfica[1], que vivían en comunidad de bienes, practicaban el vegetarianismo y el examen de conciencia. Sus saberes estaban ocultos para los no iniciados en la secta. Pitágoras murió en Metaponto (otra ciudad del sur de Italia) en el 496, poco después de haber sido expulsado, junto con los de su secta, de Crotona. Actualmente se duda de que sea el autor del famoso teorema que lleva su nombre.

Pitágoras y sus discípulos creían en la doctrina órfica de la *metempsicosis*, o transmigración de las almas. Según esta doctrina, las almas pasaban por diversas encarnaciones (en plantas, animales y hombres), hasta que

---

[1] El orfismo era una corriente filosófica de la Antigua Grecia, que creía que el ser humano estaba compuesto de un cuerpo y un alma, y que ésta era inmortal. También creían que el alma recibiría premios o castigos más allá de la muerte, según la vida que cada uno hubiera llevado.

finalmente, por un proceso de catarsis o purificación, retornaban a su lugar de origen. Esta doctrina la recibió íntegra Platón, quien la expone en varios de sus diálogos.

Con respecto al *arjé*, se ha dicho que Pitágoras pensaba que los números eran el origen de todas las cosas. Sin embargo, de la información que recoge Diógenes Laercio no se puede deducir que Pitágoras pensara que todas las cosas tienen un origen formal:

Alejandro en las *Sucesiones de los filósofos*, dice haber hallado en los escritos pitagóricos también las cosas siguientes: Que el principio de todas las cosas es *la unidad*, y que de ésta procede la dualidad, que es indefinida y depende, como materia, de la unidad que la causa. Así, la numeración proviene de la unidad y de la dualidad indefinida. De los números provienen los puntos; de éstos, las líneas; de las líneas, las figuras planas; de las figuras planas, las sólidas, y de éstas los cuerpos sólidos, de los cuales constan los cuatro elementos, fuego, agua, tierra y aire, que trascienden y giran por todas las cosas, y de ellos se engendra el mundo animado, intelectual, esférico, que abraza en medio a la tierra, también esférica y habitada en todo su rededor.

En todo caso, la visión pitagórica del origen de todo representa un notable avance respecto de las doctrinas de los milesios.

A los pitagóricos se debe, también, la doctrina de la *armonía de las esferas* celestes. Según esta doctrina, el Sol, la Luna y los planetas se mueven en órbitas circulares, y el movimiento de los astros (con la tierra en el centro) se rige según las proporciones musicales. De ahí viene, seguramente, la expresión "música celestial".

Diógenes Laercio también dice que Pitágoras fue el primero en llamarse a sí mismo "filósofo".

Heráclito

Con Heráclito de Éfeso, llamado "el Oscuro", a causa del carácter enigmático y oracular de sus escritos, la filosofía experimenta un notable avance. Se le considera, junto con Parménides, el fundador de la metafísica, por su creencia de que "todo cambia" y nada permanece igual a sí mismo.

Diógenes Laercio dice que Heráclito nació en Éfeso, ciudad de la costa Jonia, "y floreció hacia la Olimpiada LXIX". Hoy se cree que vivió entre el 544, aproximadamente, y el 484 a. C. Pertenecía a una familia aristocrática y, al parecer, no se llevaba bien con sus conciudadanos, por lo que se desprende de algunos fragmentos de su obra, también llamada por Diógenes "De la naturaleza".

De lo que se conserva de su obra, destacamos los siguientes fragmentos:

1) "todo acontece por la contienda y la necesidad", "la guerra es la madre de todo";

2) "este mundo [...] no lo hizo ninguno de los dioses ni de los hombres, sino que ha sido eternamente y es y será un fuego eternamente viviente" (por lo que algunos interpretan que Heráclito pensaba que el fuego es el origen de todas las cosas);

3) "no puedes embarcar dos veces en el mismo río" (de lo que Platón dedujo que, según el filósofo de Éfeso, nada permanece igual a sí mismo, sino que todo cambia);

4) "bien y mal son una cosa", "nos embarcamos y no nos embarcamos en los mismos ríos, somos y no somos" (por lo que Aristóteles lo acusó de negar el principio de no contradicción);

5) "siendo esta razón eternamente verdadera, nacen los hombres incapaces de comprenderla antes de oírla y después de haberla oído" (de este y otros fragmentos, algunos historiadores de la filosofía deducen que Heráclito pensaba que el mundo está gobernado por un Logos o razón universal).

Jenófanes

A Jenófanes (570 – 475/466 a. C.) se le ha considerado el fundador de la escuela eleática, a la que pertenecen Parménides y Zenón. Nació en Colofón, ciudad costera de Asia Menor cercana a Éfeso y a Mileto. Además de filósofo, fue un poeta elegíaco. Por su gnoseología (teoría del conocimiento) se le ha considerado un escéptico, y en su oposición a la religión tradicional griega algunos han querido ver los inicios del monoteísmo entre los griegos.

En efecto, Jenófanes criticó el antropomorfismo en la religión tradicional, fuera griega o bárbara: "Los etíopes dicen que sus dioses son chatos y negros, mientras que los tracios dicen que los suyos tienen ojos azules y son pelirrojos". Decía —con razón— que los dioses del Olimpo eran un mal ejemplo para la juventud, pues eran belicosos, traidores, celosos, lujuriosos, egoístas... En lugar de estos dioses, Jenófanes proponía un Dios único. No hay acuerdo entre los historiadores de la filosofía si ese Dios único era corpóreo o espiritual, pues Jenófanes le atribuye percepción sensorial: "Sin esfuerzo sobre el Todo reina con el simple pensamiento e intención. Todo él ve, todo él conoce y todo él oye".

En teoría del conocimiento, se puede decir que Jenófanes tiene una concepción de la verdad como algo objetivo, que, sin embargo, los seres humanos no podemos alcanzar por completo. Al menos, es lo que se desprende de este pasaje de su obra: "Ningún hombre conoció ni conocerá nunca la verdad sobre los dioses y sobre cuantas cosas digo; pues aun cuando por azar resultara que dice la verdad completa, sin embargo, no lo sabe. Sobre todas las cosas no hay más que parecer".

Parménides

Parménides nació en Elea, ciudad de la antigua Jonia, alrededor del 540 a. C., y murió en esa misma ciudad el 470 a. C. Es posible que haya sido pitagórico y que haya abandonado esta escuela para fundar la propia, aunque algunos dicen que la escuela eleática fue fundada por Jenófanes de Colofón. En todo caso, a Parménides se le considera, junto con Heráclito, el fundador de la metafísica. Escribió un poema filosófico que se conserva casi en su totalidad.

En su poema, Parménides habla de dos vías: la vía de la verdad y la vía de la opinión, y pide que nos ajustemos a la primera:

> *Ea, pues, que yo voy a contarte (y presta tu atención al relato que me oigas) los únicos caminos de búsqueda que cabe concebir: el uno, el de que es y no es posible que no sea, es ruta de Persuasión, pues acompaña a la Verdad; el otro, el de que no es y el de que es preciso que no sea, este te aseguro que es sendero totalmente inescrutable.*

La vía de la verdad es la vía racional, que nos conduce a afirmar que el ser es, y el no ser, no es. La vía de la opinión es la vía de los sentidos, en los que no podemos confiar. Por eso se dice que Parménides fue el primer racionalista: distinguió claramente entre el conocimiento racional y el conocimiento empírico, y optó por adherirse al primero.

> *Según la vía de la verdad, el ser es ingénito e imperecedero, entero, único, inmutable y completo:*

> *Y ya sólo la mención de una vía queda; la de que es. Y en ella hay señales en abundancia; que ello, como es, es ingénito e imperecedero, entero, único, inmutable y completo.*

En efecto, el ser es ingénito e imperecedero porque ¿qué habría después de él? El ser, o el no ser. Pero el no ser no es..., por lo tanto, solo estaba y estará el ser. El ser, por lo tanto, no ha tenido comienzo ni tendrá fin. (No es exactamente lo mismo que decir que sea eterno, porque normalmente la noción de eternidad implica la ausencia del tiempo; un ser eterno —Dios— es el que está fuera de la dimensión temporal, no cambia.

El ser es "entero", es decir, que no tiene partes, porque si tuviera partes, ¿qué separaría las partes? No podemos decir que nada o el vacío, porque el no ser no es. Por la misma razón, decimos que el ser es único: no pueden existir dos seres, porque para diferenciarlos habría que pensar en una separación, hecha de... nada; pero la nada no es...

Parménides también dice que el ser es inmutable y completo, esto es, que es una plenitud que no cambia. Casi mil ochocientos años más tarde, santo Tomás de Aquino va a definir a Dios como Acto Puro, o sea, como la plenitud del ser: un ser del que no tiene sentido decir que cambia, porque ¿hacia qué cambiaría? Si cambia hacia un ser más perfecto, implica que él no era Dios (pues le faltaba una perfección), y si cambia hacia un ser menos perfecto, quiere decir que dejaría de ser Dios.

Tradicionalmente, se ha contrapuesto el pensamiento de Parménides al de Heráclito: Parménides dice que lo real es el ser y que el cambio es ficticio, mientras que el de Éfeso dice lo contrario: que el devenir es lo real, ya que esto es de lo que nos informan los sentidos. Heráclito sería, entonces, un empirista, mientras que Parménides sería racionalista.

Zenón de Elea

Zenón de Elea (no confundirlo con Zenón de Citio, el fundador del estoicismo), fue discípulo de Parménides. Vivió entre el 490 o 485 y el 430 a. C. Se le reconoce, sobre todo, por los argumentos (paradojas, aporías) en contra del movimiento y de la pluralidad del ser. Aristóteles lo considera, por eso mismo, el inventor de la dialéctica (el arte de la discusión).

En su argumentación o dialéctica, Zenón utilizaba la reducción al absurdo, que consiste en suponer lo contrario de lo que se quiere probar.

Al llegar por ese camino a una contradicción, tiene que reconocerse que las premisas estaban equivocadas.

Son famosas las aporías o dificultades contra el movimiento que propone Zenón. Una de ellas es la de Aquiles y la tortuga. Aquiles, el más hábil y veloz de los guerreros, compite en una carrera contra una tortuga, pero como él se sabe mejor que la tortuga, le da una ventaja inicial. Al llegar Aquiles al punto de donde partió la tortuga, se da cuenta de que ésta ya ha avanzado un trecho; cuando llega a ese nuevo punto, la tortuga ya ha recorrido otro trecho, y así sucesivamente. La conclusión es que Aquiles nunca alcanza a la tortuga.

La paradoja de la dicotomía dice que nada, en realidad, se mueve. En esta paradoja, Zenón está a ocho metros de un árbol, y le arroja una piedra. Para llegar hasta su objetivo, la piedra tiene que llegar primero a la mitad de esa distancia, y para llegar a ese punto, debe antes llegar a la mitad, y para llegar a esa mitad, a su mitad, y así, hasta el infinito. Por lo tanto, la piedra no se mueve, aunque parezca lo contrario.

La paradoja de la flecha también la usa Zenón para "probar" que el movimiento es imposible. En esta paradoja se lanza una flecha al aire. En cada momento en el tiempo, la flecha está en una posición concreta; a medida que los momentos se van haciendo más cortos, la flecha se mueve menos, hasta que prácticamente se queda en reposo: el movimiento es imposible.

Sobre su vida y circunstancias de su muerte, Diógenes Laercio cuenta, entre otras cosas, lo siguiente:

> [Zenón] fue varón clarísimo en filosofía y política, como vemos en sus escritos, tan llenos de sabiduría. Queriendo destronar al tirano Nearco (o Diomedonte, como quieren algunos), fue aprehendido, como refiere Heráclides en el Epitome de Sátiro. En esta ocasión, como fuese preguntado acerca de los conjurados y de las armas conducidas a Lípara, dijo que los conjurarlos eran todos los amigos del tirano; con lo cual quiso suponerlo abandonado y dejado ya solo. Después, diciendo que tenía algo que hablarle a la oreja tocante a algunos, se la cogió con los dientes y no la soltó hasta que lo acribillaron a estocadas, como sucedió al tiranicida Aristogitón. Demetrio dice en sus Colombroños que la nariz fue lo que le arrancó de un bocado.

Anaxágoras

Anaxágoras, discípulo de Anaxímenes, nació en Clazomene, ciudad de Asia Menor, en el 500 a. C. Tras la destrucción de su ciudad por los persas, en el 480, se trasladó a Atenas, donde fundó una escuela. Entre sus alumnos estaban Pericles, Arquelao, Protágoras de Abdera, Tucídides, Eurípides, y se dice que también Demócrito y Sócrates. Enseñó en esa ciudad durante treinta años, hasta que tuvo que partir al exilio, debido a que fue acusado de impiedad por sostener que el Sol era una masa de hierro candente y que la Luna era una roca que reflejaba la luz del Sol y procedía de la Tierra. Marchó a Jonia y se estableció en Lámpsaco (una colonia de Mileto), donde, según dice Diógenes Laercio, se dejó morir de hambre.

También nos dice Diógenes de Anaxágoras que

> *fue ilustre, no sólo por su nacimiento y riquezas, sino también por su magnanimidad, pues cedió a los suyos todo su patrimonio. Y como lo notasen de negligente, respondió: Y vosotros, ¿por qué no sois más diligentes? Ausentose, finalmente, a fin de entregarse a la contemplación de la Naturaleza, despreciando todo cuidado público, de manera que diciéndole uno: ¿Ningún cuidado os queda de la patria?, respondió, señalando al cielo: Yo venero en extremo la patria.*

Enfrentado al problema de la diversidad y del cambio de las cosas en el mundo, Anaxágoras propone que todas las cosas están formadas por partículas elementales, eternas e inmutables a la manera del ser parmenídeo, a las que llamó "semillas", que se distinguen entre sí por su cualidad. La mezcla de estas semillas forma los diversos objetos, que se distinguen entre sí según la distinta proporción de las semillas.

La causa de las distintas mezclas de semillas la pone Anaxágoras en un *Nous*, o Inteligencia, que es "la más fina y pura de todas las cosas, poseedor de todo el saber sobre cualquier asunto y del mayor poder". El *Nous*, para Anaxágoras, es infinito y autónomo, y está separado de las semillas y de todo cuanto existe, pero ocupa un espacio (es material). Solo cuando no puede explicar las cosas por causas materiales —se queja Aristóteles— dice Anaxágoras que el *Nous* es inmaterial.

Empédocles

Empédocles de Agrigento es el siguiente de los filósofos nacidos antes de Sócrates. Nació este filósofo, poeta, médico y político griego en aquella ciudad de Sicilia entre el 495 y el 490 a. C., y murió, según Diógenes, en el Peloponeso entre el 435 y el 430 a. C. Postuló la teoría de las cuatro raíces, que Aristóteles llamó más tarde elementos, para explicar la composición y el cambio de todos los seres. Estas raíces o elementos eran el agua (Tales), el fuego (Heráclito), el aire (Anaxímenes) y la tierra (Jenófanes). Dos fuerzas cósmicas son las causantes de la unión y separación de los elementos: el amor y el odio.

El hombre también está compuesto por cuatro elementos. La salud consiste en un equilibrio entre los elementos. El conocimiento es una semejanza entre los elementos que contienen los seres humanos y los elementos de las cosas; así, el fuego interior que hay en nosotros conoce el fuego exterior, y así con los demás elementos. La sede del conocimiento es la sangre, porque ella es el resultado de la mezcla de los cuatro elementos.

Aristóteles considera a Empédocles el inventor de la retórica. Sabemos que fue maestro de Gorgias Leontino.

Demócrito

Demócrito, propiamente hablando, no es un presocrático, pues nació diez años más tarde que Sócrates, pero se le clasifica en ese grupo por la naturaleza de su filosofía, más centrada en la cosmología que en la ética o en la antropología. Nació este filósofo en Abdera, ciudad de Tracia (norte de Grecia) en el 460, y murió en el 370 (29 años más tarde que Sócrates).

De Demócrito se cuenta que era muy extravagante, y que viajó mucho por Egipto, Mesopotamia y Persia, de cuyos sacerdotes habría obtenido muchos conocimientos, sobre todo, de geometría. Se dice que fue discípulo de Leucipo (aunque hay quienes dudan enteramente de la existencia de este filósofo), y se sabe que conoció a Sócrates. Fue maestro de Protágoras, y posteriormente un filósofo influenciado por él fue Epicuro. Su obra circuló ampliamente por Atenas, y Aristóteles la comentó. Platón lo detestaba, y se cuenta que un día quiso quemar todas sus obras, pero sus discípulos lo detuvieron. En el Renacimiento fue conocido como "el filósofo que ríe" o "el abderita risueño" (contrastándolo con Heráclito, "el filósofo que llora") porque reía muy a menudo irónicamente ante la marcha del mundo, y decía que la risa vuelve sabios a los hombres.

Diógenes Laercio dice que escribió más de setenta libros de ética, física, matemática, técnica y música, aunque de todos ellos solo se conservan unos fragmentos. Sobre su muerte, escribe Diógenes:

> *Murió Demócrito, como dice Hermipo, en esta forma: como fuese ya muy anciano y se viese vecino a partir de esta vida, a su hermana, que se lamentaba de que si él moría en la próxima festividad de los tesmoforios, no podría ella dar a la diosa los debidos cultos, le dijo que se consolase. Mandóle traer diariamente algunos panes calientes, y aplicándoselos a las narices, conservó su vida durante las fiestas; pero pasados sus días, que eran tres, terminó su vida sin dolor alguno, a los ciento nueve años de edad, como dice Hiparco.*

Demócrito es considerado fundador de la escuela atomista, junto con su presunto maestro, Leucipo. La doctrina de las homeomerías de Anaxágoras es un antecedente directo de la doctrina atomista. Demócrito acepta los principios de la escuela eleata de Jenófanes y Parménides, pero desarrolla una doctrina pluralista, como Empédocles. Piensa este filósofo que la generación y la corrupción no son más que mezcla o separación de los átomos, que son eternos e inmutables, materiales pero infinitamente pequeños.

Demócrito desarrolló la teoría atómica del universo, que se puede resumir en cinco puntos: 1) todo el universo está compuesto de partículas indivisibles, eternas e inmutables, llamados "átomos"; 2) los átomos se diferencian entre sí solo por su forma y tamaño; 3) las diferentes formas de agrupamiento de los átomos son la causa de la diversidad de las cosas; y 4) los átomos se mueven en el vacío, que es un "no ser no absoluto" (lo que no es átomo); 5) las leyes del movimiento de los átomos son mecánicas y necesarias.

La creencia en el vacío contradice la doctrina parmenídea del no ser. Demócrito pensaba que el movimiento es real, no solo como fenómeno sino como realidad en sí. Para que el movimiento sea posible, tiene que postularse la existencia del vacío. Al respecto del vacío de Demócrito, Aristóteles anotó en su Metafísica:

> *Leucipo y su compañero Demócrito sostuvieron que los elementos son "lo lleno" y lo "vacío", a los cuales llamaron "ser" y "no ser", respectivamente. El ser es lleno y sólido; el no-ser vacío y sutil. Como el vacío existe no menos que el cuerpo, se sigue que el no-ser existe no menos que el ser. Juntos los dos constituyen las causas materiales de las cosas existentes.*

Puede decirse que Demócrito es el primer filósofo materialista, mecanicista y ateo (los átomos son lo único que existe). En teoría del conocimiento, Demócrito es empirista: todo el conocimiento nos viene por los sentidos. Conocemos algo cuando los efluvios de sus átomos se mezclan con los átomos de nuestra mente, que son más livianos que los del cuerpo.

Demócrito también creía que la luz estaba compuesta de átomos o partículas.

El influjo de Epicuro fue notable en Epicuro y sus seguidores, un siglo y medio más tarde, y en varios pensadores del Renacimiento y de la Ilustración. Algunos lo consideran un antecesor de la ciencia experimental moderna.

Diógenes Laercio nos presenta este resumen de la filosofía de Demócrito:

> *Los principios de todas las cosas son los átomos y el vacío; todo lo demás es dudoso y opinable. Dice a que hay infinitos mundos, sujetos a generación y corrupción. Que de lo que no existe nada se hace; ni en lo que no es, nada se corrompe. Que los átomos son infinitos, tanto en la magnitud cuanto en el número o muchedumbre. Que se mueven en giro y van por el universo, con lo cual se hacen todas las concreciones de fuego, agua, aire y tierra; pues todas estas cosas constan de ciertos agregados de átomos, los cuales por su solidez son impasibles e inmutables. Que el Sol y Luna son moles concretas de estos átomos llevados en giro; y lo mismo el alma, la cual, dice, no es diversa de la mente. Que la visión se hace por las imágenes que caen en nosotros. Que todas las cosas se hacen por necesidad, siendo el giro (a quien llama necesidad) la causa de la generación de todo. Que el fin es la tranquilidad de ánimo, no que es lo mismo que el deleite, como siniestramente entendieron algunos, sino aquella por la cual vive el alma tranquila y constantemente, ni*

es perturbada de algún miedo, superstición, o cualquiera otra pasión de éstas. Llámala también "euesto" (buen estado), y con otros muchos nombres. Finalmente, las cosas que se hacen, dice, son legítimas; pero los átomos y vacíos son naturales. Hasta aquí sus opiniones.

TEXTOS

I. Heráclito, Fragmentos (selección)[2]

1. Sabio es que quienes oyen, no a mí, sino a la razón, coincidan en que todo es uno.
2. Siendo esta razón eternamente verdadera, nacen los hombres incapaces de comprenderla antes de oírla y después de haberla oído. Pues sucediendo todo según esta razón, se asemejan a los carentes de experiencia, al hacer la experiencia de palabras y obras tales cuales yo voy desarrollándolas, analizando cada cosa según su naturaleza y explicando cómo es en realidad. Pero a los demás hombres se les esconde cuanto hacen despiertos, como olvidan cuanto hacen dormidos.
3. Escuchando incapaces de comprender se asemejan a los sordos: de éstos atestigua el proverbio que estando presentes, están ausentes.
15. Los ojos son testigos más exactos que los oídos.
16. La mucha ciencia no instruye la mente, pues hubiera instruido a Hesiodo y a Pitágoras, como a Jenófanes y a Hecateo.
17. Pitágoras de Mnesarco practicó la investigación más que todos los demás hombres, y escogiendo entre estas obras, reivindicó para sí una sabiduría, mera mucha ciencia de mala arte.
18. De cuantos he oído las razones, nadie llega a tanto como a descubrir que lo sabio está apartado de todo.
19. Una sola cosa es lo sabio: conocer la verdad que lo pilota todo a través de todo.
20. Este mundo, el mismo para todos, no lo hizo ninguno de los dioses ni de los hombres, sino que ha sido eternamente y es y será un fuego eternamente viviente, que se enciende según medidas y se apaga según medidas.
41-42. No puedes embarcar dos veces en el mismo río, pues nuevas aguas corren tras las aguas.
44. La guerra es la madre de todo, la reina de todo, y a los unos los ha revelado dioses, a los otros hombres; a los unos los ha hecho esclavos, a los otros libres.
49. Los hombres afanosos de la sabiduría han de estar, en verdad, al corriente de una multitud de cosas.

---

2 Fuente: http://bib.cervantesvirtual.com/extras_autor/00002616/hipertextos/dinamico2/seccion_4_heraclito.htm

57. Bien y mal son una cosa.
60. Los hombres no habrían conocido el nombre de la justicia si no hubiese estas cosas.
61. Para el dios, bello todo y bueno y justo; los hombres juzgan lo uno injusto, lo otro justo.
62. Hemos de saber que la guerra es común a todos, y que la lucha es justicia, y que todo nace y muere por obra de la lucha.
69. El camino hacia arriba y hacia abajo, uno y el mismo.
70. En la circunferencia de un círculo se confunden el principio y el fin.
78. Una misma cosa en nosotros lo vivo y lo muerto, lo despierto y lo dormido, lo joven y lo viejo: lo uno, movido de su lugar, es lo otro, y lo otro, a su lugar devuelto, lo uno.
79. La eternidad es un niño que juega a las tablas: de un niño es el poder real.
81. Nos embarcamos y no nos embarcamos en los mismos ríos, somos y no somos.
91a. Común es a todos el pensar.
91b. Menester es que quienes hablan con mente se hagan fuertes en lo común a todos, como la ciudad en la ley, y mucho más fuertemente aún. Pues todas las leyes humanas son alimentadas por la divina única, que impera tanto cuanto quiere, y basta a todo, y de todo redunda.
92. Por esto hay que adherirse a lo común. Siendo la razón común, viven los más como si tuviesen un pensamiento propio.
96. La naturaleza humana no posee la verdad, la divina es quien la posee.
105. Difícil luchar contra el deseo:
107. El pensar es la virtud máxima, y sabiduría decir la verdad y obrar como los que comprenden la naturaleza de las cosas.
119. Bien merecido estaría que Homero fuera expulsado de los certámenes y apaleado, y Arquíloco lo mismo.
120. Hesiodo hace unos días buenos, otros malos, ignorando que la naturaleza de todos los días es una.
122. A los hombres les aguarda después de la muerte lo que no esperan ni presumen.

II. Parménides, Poema del ser (selección)[3]

Proemio

Fragmento 1

Los corceles me arrastran, tan lejos como el ánimo anhela
me llevaron. Y una vez que en el renombrado camino
de la Diosa me hubieron puesto, que lleva al varón sapiente a través de los poblados,
por allí me condujeron. Por allí me llevaban los hábiles corceles
tirando del carruaje; las doncellas indicaban el camino.
En los cubos del eje con estridente sonido rechinaban
ardiendo (acelerado por dos vertiginosas
ruedas, de ambos lados) cuando se apresuraban a escoltar
las doncellas Helíadas, abandonadas ya las moradas de la noche
hacia la luz, habiendo con sus manos los velos de la cabeza retirado.
Allí [están] las puertas de los senderos de la noche y del día
y en torno a ellas, dintel y umbral de piedra,
y ellas mismas, etéreas, cerradas por inmensas batientes hojas
de las que Dike, la de los múltiples castigos, las llaves guarda de doble uso.
Le hablaron las doncellas con blandas palabras
y sabiamente persuadieron a que el enclavijado cerrojo
prontamente de las puertas les quitase. Y éstas de la entrada
el inmenso abismo produjeron al abrirse. Los broncíneos
postes en sus goznes uno tras otro giraron
de clavijas y pernos guarnecidos. Y a través de las puertas,
derecho por el camino, carro y caballos las doncellas condujeron.
Y la diosa benevolente me recibió; con su mano
mi mano derecha cogiendo, con estas palabras a mí se dirigió:
Mancebo, de auriga inmortales compañero,
que con sus caballos que te traen, a nuestra morada llegas,
¡salud!, que no una mala moira te envió a seguir
este camino (pues fuera del sendero de los humanos está),
sino Themis y Dike. Y así tendrás todo que averiguar,
tanto de la bien redonda verdad el corazón imperturbable

---

[3] Fuente: http://www.galeon.com/filoesp/Akademos/textos/parmen.htm

como de los mortales los pareceres en los que verdadera fidelidad no hay,
y aprenderás también esto: cómo lo múltiple pareciente
tenía que hacerse aceptable, penetrándolo todo por todas partes.

Vía de la Verdad

Fragmento 2

Pues bien, yo te diré —cuida tú de la palabra escuchada—

las únicas vías de indagación que se echan de ver.
La primera, que es y que no es posible no ser,
de persuasión es sendero (pues a la verdad sigue).
La otra, que no es y que es necesario no ser,
un sendero, te digo, enteramente impracticable.
Pues no conocerías lo no ente (no es hacedero)
ni decirlo podrías en palabras.

Fragmento 3

...pues lo mismo es inteligir y ser.

Fragmento 4

Pero mira: lo ausente está a la vez firmemente presente para el *noûs*,
porque [el *noûs*] no apuntará lo ente de su conexión con lo ente,
ni disperso por todas partes y de todos los modos según un orden,
ni reunido en sólida consistencia.

Fragmento 6

Necesario es decir e inteligir que lo ente es. Pues es ser
pero nada no es. Te intimo a que todo esto pienses.
Y primero de esta vía de indagación yo te aparto,
pero luego también de aquella por donde los mortales que nada saben
van errantes, bicéfalos: pues el desconcierto en sus
pechos dirige el errabundo *noûs*. Arrastrados,
sordos a a la vez que ciegos, estupefactos, masas indecisas

para quienes ser y no ser son lo mismo
y no lo mismo, y el sendero de todo es revertiente.

Fragmento 7

Pues nunca esto dominarás: ser los no entes.
Aparta tú el pensamiento de esta vía de indagación;
ni la costumbre multiexperta te fuerce por ella
a agitar el ojo sin vista y el oído retumbante
y la lengua; mas discierne con el logos el polémico reproche
por mí expresado.

Fragmento 8

Un sólo decir aun como vía
queda: que es. Por esta vía hay signos distintivos
muchos: que lo ente ingénito e imperecedero es.
porque es único, imperturbable y sin fin.
No era alguna vez, ni será, pues ahora es, todo a la vez.
uno solo, compacto. Pues ¿qué nacimiento le buscarás,
cómo, de dónde ha crecido? No te dejo "de lo no ente"
decir ni inteligir, pues ni decible ni inteligible
es que no es. ¿Y qué necesidad lo habría impelido
después o entes, si empezó de la nada, a llegar a ser?
Y así o el todo ser es necesario o no [ser].
Ni jamás de lo no ente permitirá la fuerza de la persuasión
que llegué a ser algo junto a él. Por lo cual ni llegar a ser
ni dejar de ser permitió Dike, soltando cadenas
sino que las retiene. La decisión sobre esto consiste en lo siguiente:
es o no es. Pero ya está decidido, como [es] necesidad,
que una [de las vías] es impensable, sin nombre (porque no es verdadero
camino), en cambio, la otra es y es genuina.
¿Cómo podría después dejar de ser los entes? ¿Cómo llegaría ser?
Si llegó a ser, no es, ni tampoco si va a ser alguna vez.
Y así se extingue la génesis e ignota [es] la ruina.
Ni tampoco es divisible, porque es entero igual.
Ni es algo más por aquí, que le impediría ser compacto,
ni menos, pues está enteramente pleno de lo ente.

Y así es entero compacto. Pues lo ente confina con lo ente.
Pero inmóvil en los límites de ingentes vínculos
es, sin principio, sin cesación, pues génesis y ruina
muy lejos fueron apartados; expulsolos la firmeza verdadera.
El mismo en lo mismo permaneciendo en sí mismo yace,
y así firmemente ahí mismo queda. Pues la poderosa Ananke
lo retiene en vínculos del límite, que lo cierra en torno:
por lo cual, es divina disposición que lo ente no es inconsumado,
porque no es indigente; en cambio, si fuera lo no ente, de todo carecería.
Lo mismo es el inteligir y aquello y aquello por lo cual el inteligir es.
Pues no sin lo ente, del que depende, una vez expresado,
encontrarás el inteligir. Pues nada es ni será
fuera de los entes; puesto que Moira lo ató
a ser entero e inmóvil. Y así todo será nombre
cuando los mortales establecieron, confiando ser verdadero:
llegar a ser y dejar de ser, ser y no [ser],
y cambiar de lugar y variar el color esplendente.
Pero por ser límite extremo, es perfecto
de todas partes, semejante a la masa de bien redonda esfera,
equilibrado del centro a todas partes. Pues nada mayor
ni nada menor puede ser por aquí y por allí,
pues ni lo no ente es, que pudiera impedirle alcanzar
la igualdad, ni lo ente, para que fuese de ente
más aquí y menos allí, pues todo entero es incólume.
Y siendo por todas partes a sí mismo igual, comparece igualmente en sus
límites.
Con esto termino para ti el logos fiable y el pensar
en torno a la verdad. Desde aquí los pareceres mortales
aprende, escuchando el orden engañoso de mis palabras.

Vía de la Doxa

Acordaron dar forma a dos formas,
para ambas una sola no es necesario, en lo que errados están.
Separaron los contrarios por su hechura y pusieron señales
que los apartan entre sí, aquí de la llama fuego etéreo,
benigno, livianísimo, a sí mismo en todas partes idéntico,
a lo otro no idéntico. Más también aquello

que se le opone: oscura noche, de espesos y pesados trazos.
Toda esta aparente ordenación te expongo
para que ningún juicio de mortales te sobrepase.

Fragmento 9

Pero ya que todo fue luz y noche nombrado
y éstas, según sus virtualidades [fueron atribuidas] a tales o cuales cosas
todo lleno está, a la vez, de luz y de noche invisible,
ambas iguales, porque nada hay allende estas dos.

Fragmento 10

Conocerás la *physis* etérea y en el éter todos
los signos, y del resplandeciente Sol, pura
antorcha, las obras devastadoras, y de dónde llegó a ser.
Y las circulantes obras averiguarás de la Luna de redondo eje
y su origen. Conocerás el cielo que retiene [todo] en torno,
de dónde emergió y cómo lo forzó impelente
Ananke a retener los límites de los astros.

Fragmento 12

Los anillos más estrechos se llenaron de fuego sin mezcla,
los siguientes, de noche; y de entre ambos se proyecta porción de llama.
Y en el medio de estos, la diosa que todo lo dirige,
pues en todas partes rige el doloroso nacimiento y la mezcla,
enviando a lo masculino lo femenino para mezclarse y, a su vez, contrariamente,
lo masculino a lo femenino.

Fragmento 16

Pues al modo como cada cual tiene la mezcla de muy extraviados miembros
así el *noûs* está a disposición de los hombres. Pues lo mismo
es lo que reflexiona, *physis* de miembros para los hombres,
para todos y para todo. Pues lo más es el pensamiento.

Fragmento 18

Cuando la mujer y el hombre mezclan juntos simientes de Venus,
en las venas la conformadora fuerza, de sangres diversas procedente,
guardando un justo equilibrio, plasma cuerpos bien dispuestos.
Pero si, al mezclarse los simientes, las fuerzas pugnan
sin hacer una sola, mezclados los cuerpos, funestas
resultarán por su doble simiente el naciente sexo.

Fragmento 19

Así, pues, emergieron, según el parecer, estas cosas y ahora son,
y, a partir de aquí, habiendo madurado, acabarán.
A ellos los hombres nombre impusieron acuñado para cada cual.

2
LOS SOFISTAS Y SÓCRATES

El gobierno de Pericles supuso un nuevo impulso a la democracia en Atenas. Esto trajo consigo la necesidad de maestros de retórica, que enseñaran a los ciudadanos el arte de defender sus causas ante la asamblea y en el ágora. De esa suerte, se multiplicaron en Atenas y en sus ciudades aliadas los sofistas o sabios, que vivían de la enseñanza. En un principio eran bien considerados y se les honraba, pero pronto cayeron en un cierto descrédito.

Los sofistas no constituyeron una escuela, pero sí compartían ciertas características. La primera y más fundamental fue que abandonaron el estudio de la naturaleza y se concentraron en el estudio del hombre y la sociedad. En segundo lugar, eran relativistas, subjetivistas y escépticos; es decir, creían que lo que llamamos verdad depende de la cultura donde uno se ha criado o del criterio personal, o bien que ésta es inalcanzable. En tercer lugar, eran maestros en el arte de la dialéctica, esto es, en el arte de ganar los debates. No les importaba la verdad,, sino derrotar al adversario en la argumentación; podían, en un momento dado, probar un punto, y a continuación probar lo contrario. En cuarto lugar, eran agnósticos o ateos:

no creían en los dioses tradicionales ni en un solo dios. En quinto lugar, el escepticismo los llevó a abrasar una especie de positivismo jurídico, según el cual el poder de las leyes no deriva de su adecuación a la naturaleza sino de la convención humana. No hay nada que en sí mismo sea bueno o malo, todo depende de la opinión de la mayoría. Por último, los sofistas cobraban por enseñar, lo cual los desprestigió, pues para los atenienses la busca de la sabiduría debería ser desinteresada.

Pero no todo lo que hicieron los sofistas se puede considerar negativo. Puede decirse que de ellos es el mérito de haber iniciado el estudio de la naturaleza humana y de la sociedad, así como de las leyes. También se les puede considerar los fundadores de la pedagogía, lo cual supone creer que el ser humano es capaz de perfeccionarse por medio de la educación.

Protágoras de Abdera

Platón lo llamó "el padre de la sofística". Nació en Abdera en el 486 a. C. Fue discípulo de Demócrito y vivió en Atenas bajo la protección de Pericles. Fue acusado de impiedad y expulsado de Atenas por haber dicho que, en relación a los dioses, no podía decir si existían o no. Escribió una docena de obras, entre las que destacan Sobre la verdad, Sobre los dioses, y Sobre el ser. Murió en el 411 a. C.

Protágoras era subjetivista y relativista; pensaba que "el hombre es la medida de todas las cosas". No podemos afirmar cómo son las cosas en sí mismas, sino solo cómo son para nosotros (como especie), o cómo son para cada individuo. Sobre esta postura, opinaba Aristóteles:

> *De lo cual se deriva que la misma cosa es y no es al mismo tiempo, y que es mala y buena al mismo tiempo, y así, de esta manera, reúne en sí todos los opuestos, porque con frecuencia una cosa parece bella a unos y fea a otros, y debe valer como medida lo que le parece a cada uno (Metafísica).*

Dice Platón en el *Teeteto* que la postura de Protágoras anula la posibilidad de hacer ciencia, porque Protágoras reduce el conocimiento a la sensación y a la opinión, que son particulares y mudables, mientras que los juicios de la ciencia deben ser universales e inmutables.

Protágoras se da cuenta de que, si admitimos el relativismo, predomina la ley del más fuerte o del más hábil y la convivencia se hace insegura.

Esas son las circunstancias que el sofista o el maestro de retórica aprovechan para "llevar agua a su molino", para mover la opinión pública hacia donde a él le interesa. Pero, de igual forma, el sofista se arriesga a que sus alumnos lo superen en la dialéctica, y no tenga un criterio de justicia objetivo al cual apelar, en el caso de que no le sean leales.

Gorgias de Leontinos

Nació este destacado orador en la ciudad de Leontinos (Sicilia) en el 484 a. C. y, según Filostrato, murió en Larisa (Tesalia) a la edad de 108 años. Se decía de él que podía defender cualquier causa sin previa preparación. Cuentan que se presentaba en el ágora y preguntaba: "¿De qué quieren que les hable?". Fue amigo de Tucídides, Critias y Alcibíades.

Gorgias llevó el relativismo y el subjetivismo de los sofistas al extremo, cayendo en el nihilismo. En efecto, en su obra Sobre el no ser o sobre la naturaleza, dice: "que nada existe; que aun en el caso de que algo exista, sería inaprehensible para el hombre; y que, aun cuando fuera comprensible, no podría ser explicado ni comunicado a otros". "Nada existe", ni siquiera el ser, porque si el ser existiera, tendría que ser generado o eterno. Pero no puede ser generado, porque no puede venir de la nada; ni eterno, porque sería infinito, y lo infinito no ocupa ningún lugar. "Aun en el caso de que algo exista, es inaprehensible", pues el pensamiento y la realidad son totalmente heterogéneos. "Aun cuando fuera aprehensible, no podría ser explicado ni comunicado a otros", pues la palabra no es la cosa ni la cosa es la palabra.

En el diálogo Gorgias, Platón recoge el cinismo de este sofista:

> *"El arte oratoria no necesita en absoluto tener un conocimiento profundo de las cosas; le basta con haber encontrado un medio de persuasión que le permita aparecer ante los ignorantes como más sabio que los realmente sabios". A lo cual, Gorgias responde orgulloso: "Pues bien, Sócrates, ¿no es grande la comodidad que supone el no quedar por debajo de los hombres de ninguna profesión sin haber aprendido todas, sino solo una, que es la retórica?"*

Calicles

No sabemos si realmente existió este sofista, o si es solo un personaje del diálogo Gorgias, de Platón. Es famoso por su discurso en el que defiende que la molicie, la intemperancia y el libertinaje constituyen la virtud y la felicidad, el cual ha sido considerado un antecedente del concepto de "superhombre", de Nietzsche. Este es el discurso de Calicles:

> *Calicles.—...lo hermoso y lo justo conforme a la naturaleza es lo que con toda sinceridad voy a decirte ahora: el que quiera vivir bien debe dejar que sus deseos alcancen la mayor intensidad y no reprimirlos, sino estar en condiciones adecuadas para acudir en ayuda de ellos, por grandes que sean, merced a su valor y a su inteligencia, y para saciarlos con los objetos a que sucesivamente aspiran. Ahora bien: esto no está al alcance de la mayoría de los hombres, y ahí está el origen de las censuras de que hacen objeto a los que obran así. Lo hacen movidos por la vergüenza, deseosos de ocultar su propia impotencia, y afirman que la intemperancia es vergonzosa, como antes decía yo, para esclavizar a los hombres mejores dotados por la Naturaleza, y, como no pueden dar satisfacción a sus pasiones, alaban la moderación y la justicia a causa de su falta de hombría. Porque para quienes han nacido hijos de reyes o están por su naturaleza en condiciones de procurarse una magistratura, tiranía o dominio, ¿qué cosa en verdad puede haber más vergonzosa y dañosa que la moderación y la justicia? Quienes pueden disfrutar de sus ventajas sin que nadie se lo impida, ¿por qué han convertir en dueños y señores de su voluntad a la ley, a la razón y a la censura de la mayoría de los hombres? ¿Acaso no se convertirían en desgraciados por obra y gracia de esa pretendida belleza de la justicia y de la moderación, al no dar a sus amigos nada más que a sus enemigos, a pesar de ser gobernantes en su propia ciudad? Así, pues, la verdad... es así: la molicie, la intemperancia y el libertinaje, si están defendidos, constituyen la virtud y la felicidad; todo lo demás, todos esos afeites y convenciones humanas contrarias a la Naturaleza son necedades y cosas sin valor alguno.*

Trasímaco

Al igual que Calicles, Trasímaco es un personaje de un diálogo de Platón (en este caso, de la República), aunque de éste se sabe que nació en Calcedonia, en el 459, y murió en el 400 a. C. Trasímaco sostiene que lo que los gobernantes llaman "justo" lo que a ellos les conviene, e "injusto" lo que va en contra de sus intereses. Este es un fragmento de su discurso:

> ...la justicia y lo justo en realidad son un bien ajeno, conveniente para el más fuerte —y gobernante—, pero perjuicio propio del obediente —y sirviente—; y, por otro lado, desconoces que la injusticia es lo contrario, y gobierna a los que son verdaderamente bondadosos —y justos—, y que los gobernados hacen lo conveniente para el que es más fuerte, y lo hacen feliz, al servirle, pero en absoluto se hacen felices a sí mismos. (Traducción de José Sael Ayub.)

Hipias de Elis

Aunque se le considere un sofista, por ser maestro de retórica, Hipias (nacido en el Peloponeso hacia el 421 a. C.) no era relativista. Sostenía que por medio de la educación se podía inculcar en los hombres la virtud, y que la ley natural debía prevalecer sobre las leyes humanas.

Pródico de Ceos

Fue varias veces embajador de su ciudad en Atenas. Era discípulo de Protágoras y rival de Gorgias. Destacó por sus conocimientos de gramática. Buscaba jóvenes de familias ricas para enseñarles. Filostrato dice que tenía debilidad por el dinero y que era muy dado a los placeres.

Antifonte de Atenas

Al igual que Gorgias, a Antifón se le llama sofista, pero no comparte con estos su relativismo y subjetivismo, aunque era rival de Sócrates. Según Filostrato, "logró un extraordinario poder de persuasión y se le llamaba de apodo Néstor por su habilidad para convencer a sus oyentes". Para Antifón, el mayor de los bienes es la armonía consigo mismo y con los demás.

Consideró la ley como una convención humana, muchas veces contraria a la naturaleza. Por eso, la transgresión de la ley humana en secreto no comporta pena.

Critias

Este sofista y orador ateniense era primo de Platón y discípulo de Sócrates y Gorgias. Se dedicó a la política y fue uno de los Treinta Tiranos (404–403 a. C.). Cuando estos fueron derrocados, fue condenado a muerte. Fue también un escritor prolífico. Aparece como personaje en ocho diálogos de Platón. Los testimonios sobre su carácter y contribuciones varían. Jenofonte dice que era un tirano despiadado, sin moral, mientras que Platón lo pinta como modelo de moderación. En la República, Critias opina que la justicia consiste en "que cada individuo debe actuar en los asuntos de la ciudad tan bien como sea capaz de hacerlo" (justicia como dikaiosyne).

Sócrates

Sócrates es, sin lugar a dudas, el ateniense más ilustre de todos los tiempos. Nació este filósofo el 470 a. C., en el pueblo de Alopeca, y murió, condenado a beber la cicuta, en el 399 a. C. Tuvo numerosos discípulos, el más ilustre de los cuales fue Platón, quien a su vez fue maestro de Aristóteles. Estos tres filósofos son los más grandes representantes de la filosofía de la antigua Grecia.

A Sócrates se le agrupa con los sofistas porque vivió en su misma época, pero éstos fueron sus principales contrincantes. A diferencia de la mayoría de los sofistas, Sócrates sí creía que el hombre es capaz de alcanzar la verdad. También creía que el hombre es malo por ignorancia; si conociera la verdad, obraría el bien (por eso se ha dicho que Sócrates peca de intelectualismo).

Sócrates fue hijo de Sofronisco, de profesión cantero, y de Fainarate o Fenárete, comadrona. Desde muy joven se destacó por la agudeza de sus razonamientos y por su facilidad de palabra, además de su fina ironía. Fue discípulo del filósofo Arquelao, quien lo introdujo en la física y la moral. Se casó con Jantipa, que era de familia noble. Según la tradición, Jantipa trataba muy mal a Sócrates, aunque cuando Platón narra la muerte del filósofo en el *Fedón*, se aprecia una relación normal entre los dos.

En la *Apología*, Platón cuenta que uno de los mejores amigos de Sócrates, Querefonte, preguntó a la pitonisa del oráculo de Delfos si había alguien más sabio que Sócrates, y esta le respondió que no lo había. Cuando Querefonte se lo contó a Sócrates, este lo consideró una adivinanza, pues se sabía ignorante, pero que también era contrario a la naturaleza de los dioses mentir. Posteriormente, llegó a la conclusión de que aunque él no sabía nada, al menos sabía esto, mientras que las demás personas creían saber algo, cuando en realidad no sabían nada. Él, al menos, sabía que no sabía nada, y por eso era el hombre más sabio de Atenas.

El episodio del oráculo lo llevó a interrogar a los que se decían sabios en Atenas sobre su respectivo arte o profesión, y hacerles ver que, en realidad, no sabían. A esto se le llamó "ironía socrática", y era el primer paso de su método para llegar a la verdad, al que denominó "mayéutica" o arte de dar a luz. Sócrates decía que su profesión era similar a la de su madre, puesto que esta ayudaba a dar a luz criaturas, mientras que él ayudaba a los hombres a dar a luz la verdad. Mediante hábiles preguntas, llevaba a su interlocutor a conclusiones en las que muchas veces ellos no habían pensado, o que no estaban dispuestos a aceptar. Este hábito de interrogar a los sabios y hacerles caer en la cuenta de su ignorancia le ganó la antipatía de muchos, y finalmente le condujo a ser condenado a muerte por el tribunal de su ciudad.

Aunque la acusación formal contra Sócrates fue de impiedad y de corromper a la juventud, algunos creen que el verdadero motivo del juicio fue la asociación de Sócrates con algunos de los treinta tiranos, que gobernaron Atenas por imposición de los espartanos entre el 404 y el 403. Después de la caída de este régimen se desató una "cacería de brujas", una de cuyas víctimas habría sido Sócrates. Sócrates se enfrentó a un jurado de quinientos ciudadanos; de estos, doscientos ochenta votaron a favor de la condena a muerte, contra doscientos veinte que votaron en contra. Aunque sus amigos y discípulos le presentaron la posibilidad de huir al destierro, Sócrates se negó, aduciendo reverencia por las leyes de su ciudad. Bebió entonces el veneno que se le había entregado (la cicuta), y murió consolando a sus discípulos y convenciéndolos de que iba a un mejor lugar.

En el Fedón, Platón recoge los últimos momentos de Sócrates, tal y como le fueron narrados por otros discípulos, pues él no pudo asistir. Este es un fragmento donde se narra su muerte:

> *Él paseó, y cuando dijo que le pesaban las piernas, se tendió boca arriba, pues así se lo había aconsejado el individuo. Y al mismo tiempo el que le había dado el veneno lo examinaba cogiéndole de rato en rato los pies y las piernas, y luego, apretándole con fuerza el pie, le preguntó si lo sentía, y él dijo que no. Y después de esto hizo lo mismo con sus pantorrillas, y ascendiendo de este modo nos dijo que se iba quedando frío y rígido. Mientras lo tanteaba nos dijo que, cuando eso le llegara al corazón, entonces se extinguiría.*
> *Ya estaba casi fría la zona del vientre, cuando descubriéndose, pues se había tapado, nos dijo, y fue lo último que habló:*
> *—Critón, le debemos un gallo a Asclepio. Así que págaselo y no lo descuides.*
> *—Así se hará, dijo Critón. Mira si quieres algo más.*
> *Pero a esta pregunta ya no respondió, sino que al poco rato tuvo un estremecimiento, y el hombre lo descubrió, y él tenía rígida la mirada. Al verlo, Critón le cerró la boca y los ojos.*
> *Este fue el fin, Equécrates, que tuvo nuestro amigo, el mejor hombre, podemos decir nosotros, de los que entonces conocimos, y, en modo muy destacado, el más inteligente y el más justo.*

Sócrates no escribió nada, pues pensaba que quien recurría a la escritura descuidaba la memoria, que era esencial para filosofar. Sus discursos y muchas anécdotas de su vida, sin embargo, fueron recogidos por sus discípulos, especialmente, por Platón (aunque también son importantes las referencias que proporcionan Jenofonte, Aristipo y Antístenes).

Se supone que Platón transmite fielmente el pensamiento de su maestro en sus primeros diálogos, mientras que en los de madurez y vejez ya expone su propio pensamiento por boca de Sócrates.

Como ya se dijo, Sócrates creía que el hombre es capaz de conocer la verdad. Consideraba que alcanzamos el auténtico conocimiento, universal y necesario, con la razón, mientras que los sentidos nos informan de lo particular y mudable.

Sócrates consideraba que el hombre es, fundamentalmente, su alma. El alma es de naturaleza divina, invisible e inmortal. La principal tarea del hombre sobre la tierra es cuidar su alma. Para eso, es indispensable conocerse a sí mismo. Sócrates estaba convencido de que su misión era precisamente ayudar a los hombres a conocerse y a cuidar su alma. Así lo dice en la Apología:

> *Agradezco vuestras palabras y os estimo, atenienses, pero obedeceré al dios antes que a vosotros y, mientras tenga aliento y pueda, no cesaré de filosofar, de exhortaros y de hacer demostraciones a todo aquel de vosotros con quien tope con mi modo de hablar acostumbrado.*

El conocimiento de uno mismo lleva a descubrir su verdadero bien y, a la larga, las normas morales válidas para todos. Por esto se considera a Sócrates como el fundador de la ética.

La filosofía presocrática está llena de normas morales, pero no es sino con Sócrates que la reflexión moral se eleva a la categoría de ciencia. Sócrates cree que el hombre, razonando, puede descubrir las normas morales cuyo cumplimiento lo conducirá a ser feliz en esta tierra, y a ser feliz eternamente en la vida ultraterrena.

Sabia es la persona que se domina para elegir en todo momento los bienes más útiles para conseguir la felicidad. Necia, en cambio, es la persona que los usa mal y no se controla. La virtud más importante, por esto mismo, es la templanza o autodominio; cuando ayuda a superar dificultades, ésta se llama fortaleza; cuando busca dar a cada uno lo suyo, justicia, y cuando regula las relaciones de los hombres con los dioses, piedad.

Dijimos que Sócrates peca de intelectualismo. Esto es porque cree que quien obra mal, lo hace por ignorancia de su auténtico bien. Para Sócrates, sabiduría y virtud son prácticamente lo mismo. Ser sabio es lo mismo que ser bueno, y de igual manera, ser malo es ser ignorante. La voluntad no puede querer el mal, así como la inteligencia no puede conocer el no ser. La virtud, por lo tanto, no es otra cosa que sabiduría, y como tal, puede enseñarse.

Sócrates fue acusado de asebeia o impiedad, probablemente por decir que un dios o demonio lo acompañaba y le hablaba todo el tiempo. Esta familiaridad con un dios le parecía a los griegos una desproporción, soberbia o hybris, digna de castigo. Para nosotros, sin embargo, representa un avance con respecto a la religión mitológica y al Logos ordenador de Anaxágoras. Sócrates habla de un dios personal y providente, que reclama una conducta recta y que exige el cumplimiento de una misión. Por fidelidad a esa misión divina, Sócrates da su vida, y se convierte en el primer mártir de la filosofía.

TEXTOS

I. Diógenes Larecio, Biografía de Protágoras[1]

1. Protágoras, hijo de Artemón, o según Apolodoro y Dinón en su Historia de Persia, hijo de Meandro, fue abderita, como dice Heráclides Póntico en sus libros *De las leyes*, el cual añade que Protágoras escribió leyes a los turios. Pero, según Éupolis en su comedia *Los aduladores*, fue natural de Teos, pues dice:

> *Adentro está Protágoras de Teos.*

Éste y Pródico Ceyo buscaban la vida leyendo libros. Y Platón en su *Protágoras* dice que Pródico tenía la voz grave. Fue Protágoras discípulo de Demócrito, y lo llamaban Sabiduría, como dice Favorino en su *Historia varia*. El primero que dijo que "en todas las cosas hay dos razones contrarias entre sí", de las cuales se servía en sus preguntas, siendo el primero en practicarlo. En un lugar comenzó de este modo: "El hombre es la medida de todas las cosas: de las que existen como existentes; de las que no existen como no existentes". Decía que "el alma no es otra cosa que los sentidos (como lo dice también Platón en su Teeteto), y que todas las cosas son verdaderas". En otro lugar empezó de este modo: "De los dioses no sabré decir si los hay o no los hay, pues son muchas las cosas que prohíben el saberlo, ya la oscuridad del asunto, ya la brevedad de la vida del hombre". Por este principio de su tratado lo desterraron los atenienses, y sus libros fueron recogidos de manos de quienes los poseían y quemados en el foro a voz de pregonero.

2. Fue el primero que recibió cien minas de salario; el primero que dividió el tiempo en partes, explicó las virtudes de las estaciones, inventó las disputas e introdujo los sofismas, para los que gustan de tales cosas en los argumentos. Él fue quien, dejando el significado de las cosas, indujo las disputas de nombres; dejándonos aquel modo superficial de argüir que todavía dura. Así, Timón dijo de él:

---

[1] Fuente: Biblioteca del pensamiento, http://www.e-torredebabel.com/Biblioteca/Diogenes-Laercio/Vida-Filosofos-Ilustres-Protagoras.htm

Y Protágoras mixto
en la disputa sumamente diestro

También fue el primero que movió el estilo socrático en el hablar y el primero que usó del argumento de Antístenes, con el cual pretende demostrar que no puede contradecirse, como dice Platón en su *Eutidemo*. Fue igualmente el primero que formó argumentos para las tesis o posiciones, como lo dice Artemidoro Dialéctico en su libro Contra Crispino; el primero que usó aquel cojinillo sobre el cual se lleva el peso, y lo llamó tule, como dice Aristóteles en el libro *De la educación*. Efectivamente, él fue palanquín, como dice Epicuro en cierto lugar; y el haber sido elevado a discípulo de Demócrito provino de haberle visto atar bien un haz de leña.

3. Dividió el primero la oración en cuatro partes; ruego, pregunta, respuesta y precepto. Otros dicen la dividió en siete; narración, pregunta, respuesta, precepto, pronunciación, ruego y vocación, a las cuales llamó fundamento y raíz de las oraciones. Alcidamas dijo eran cuatro estas partes: afirmación, negación, pregunta y apelación o elocución. El principio de su libro *De los dioses*, que leyó él mismo, es el que pusimos arriba. Lo leyó en Atenas en casa de Eurípides, o según algunos, en la de Megaclides, o bien, según otros, en el Liceo, por medio de su discípulo Arcágoras, hijo de Teodoro. Lo acusó Pitodoro, hijo de Polizelo, uno de los cuatrocientos, bien que Aristóteles dice lo acusó Evatlo.

4. Los libros que quedan de él son: El arte de disputar; De la lucha; De las matemáticas; De la República; De la ambición; De las virtudes; Del estado de las cosas en el principio; De las cosas que hay en el infierno; De las cosas no bien hechas por los hombres; Preceptivo; Juicio sobre la ganancia, y dos libros *De contradicciones*. Hasta aquí sus libros. Platón escribió de él un Diálogo. Filocoro dice que navegando Protágoras a Sicilia, se anegó la nave; también lo insinúa Eurípides en su Ixión. Algunos quieren muriese en el camino, a los noventa años de edad, o a los setenta, como dice Apolodoro.

5. Filosofó por espacio de cuarenta años, y floreció hacia la Olimpíada LXXIV. Mi epigrama a él es el siguiente:

Moriste, oh Protágoras, ya viejo,

> *en viaje, ausentándote de Atenas.*
> *Huir te deja el pueblo de Cécrope;*
> *y tú también huiste*
> *de la ciudad de Palas;*
> *mas huir de Plutón ya no pudiste.*

Dicen que habiendo pedido la paga a su discípulo Evatlo, como éste respondiese que todavía no había ganado causa alguna, respondió: "Y si yo ganare, es fuerza recibir por haber ganado; y si tú vencieres, porque tú habrás vencido".

6. Hubo otro Protágoras, astrólogo, de quien Euforión hizo el elogio fúnebre; y aun otro que fue filósofo estoico.

II. Diógenes Laercio, Biografía de Sócrates[2]

Sócrates fue hijo de Sofronisco, cantero de profesión, y de Fenáreta, obstetriz, como lo dice Platón en el diálogo intitulado Teeteto. Nació en Alopeca, pueblo de Ática. Hubo quien creyó que Sócrates ayudaba a Eurípides en la composición de sus tragedias, por lo cual dice Mnesíloco:

> *Los Frigios drama es nuevo*
> *de Eurípides, y consta*
> *que a Sócrates se debe.*
> *Y después:*
> *De Sócrates los clavos*
> *corroboran de Eurípides los dramas.*
> *Igualmente Calias en la comedia Los cautivos dice:*
> *Tú te engríes, y estás desvanecido:*
> *pero puedo decirte*
> *que a Sócrates se debe todo eso.*
> *Y Aristófanes en la comedia Las nubes, escribe:*
> *Y Eurípides famoso,*
> *que tragedias compone,*
> *lo hace con el auxilio*

---

2 Fuente: Biblioteca del pensamiento, http://www.e-torredebabel.com/Biblioteca/Diogenes-Laercio/Vida-Filosofos-Ilustres-Socrates.htm

> *de ese que habla de todo:*
> *así le salen útiles y sabias.*

2. Habiendo sido discípulo de Anaxágoras, como aseguran algunos, y de Damón, según dice Alejandro en las Sucesiones, después de la condenación de aquél se pasó a Arquelao Físico, el cual usó de él deshonestamente, como afirma Aristóxenes. Duris dice que se puso a servir y que fue escultor en mármoles: y aseguran muchos que las Gracias vestidas que están en la Roca son de su mano. De donde dice Timón en sus Sátiras:

> *De estas Gracias provino*
> *el cortador de piedras;*
> *el parlador de leyes,*
> *oráculo de Grecia.*
> *Aquel sabio aparente y simulado,*
> *burlador, y orador semiateniense.*

En la oratoria era vehementísimo, como dice Idomeneo; pero los treinta tiranos le prohibieron enseñarla, según refiere Jenofonte. También lo moteja Aristófanes porque hacía buenas las causas malas. Según Favorino en su Historia varia, fue el primero que con Esquines, su discípulo, enseñó la retórica: lo que confirma Idomeneo en su Tratado de los discípulos de Sócrates. Fue también el primero que trató la moral, y el primero de los filósofos que murió condenado por la justicia.

3. Aristóxenes, hijo de Espíntaro, dice que era muy cuidadoso en juntar dinero; que dándolo a usura, lo recobraba con el aumento; y reservado éste, daba nuevamente el capital a ganancias. Según Demetrio Bizantino dice, Critón lo sacó del taller y se aplicó a instruirlo, prendado de su talento y espíritu. Conociendo que la especulación de la naturaleza no es lo que más nos importa, comenzó a tratar de la filosofía moral ya en las oficinas, ya en el foro; exhortando a todos a que inquiriesen qué mal o bien tenían en sus casas.

Muchas veces, a excesos de vehemencia en el decir, solía darse de coscorrones y aun arrancarse los cabellos; de manera que muchos reían de él y lo menospreciaban; pero él lo sufría todo con paciencia. Habiéndole uno dado un puntillón, dijo a los que se admiraban de su sufrimiento: "Pues si un asno me hubiese dado una coz, ¿había yo de citarlo ante la justicia?" Hasta aquí Demetrio.

4. No tuvo necesidad de peregrinar como otros, sino cuando así lo pidieron las guerras. Fuera de esto, siempre estuvo en un lugar mismo, disputando con sus amigos, no tanto para rebatir sus opiniones cuanto para indagar la verdad. Dicen que habiéndole dado a leer Eurípides un escrito de Heráclito, como le preguntase qué le parecía, respondió: "Lo que he entendido es muy bueno, y juzgo lo será también lo que no he entendido; pero necesita un nadador delio". Tenía mucho cuidado en ejercitar su cuerpo, el cual era de muy buena constitución.

5. Militó en la expedición de Amfípolis; y dada la batalla junto a Delio, libró a Jenofonte, que había caído del caballo. Huían todos los atenienses, mas él se retiraba a paso lento, mirando frecuentemente con disimulo hacia atrás, para defenderse de cualquiera que intentase acometerlo. También se halló en la expedición naval de Potidea, no pudiendo ejecutarse por tierra en aquellas circunstancias. En esta ocasión dice estuvo toda una noche en una situación misma. Peleó valerosamente, y consiguió la victoria; pero la cedió voluntariamente a Alcibíades, a quien amaba mucho, como dice Aristipo en el libro IV De las delicias antiguas.

6. Ion Quío dice que Sócrates en su juventud estuvo en Samos con Arquelao. Aristóteles escribe que también peregrinó a Delfos. Y Favorino afirma en el libro primero de sus Comentarios que también estuvo en el Istmo. Era de un ánimo constante y republicano: consta principalmente que habiendo mandado Cricias y demás jueces traer a Leonte de Salamina, hombre opulento, para quitarle la vida, nunca Sócrates convino en ello; y de los diez capitanes de la armada fue él solo quien absolvió a Leonte. Hallándose ya encarcelado, y pudiendo huir e irse adonde quisiese, no quiso ejecutarlo, ni atender al llanto de sus amigos que se lo rogaban; antes les reprendió, y les hizo varios razonamientos llenos de sabiduría.

7. Era parco y honesto. Pánfila escribe en el libro VII de sus Comentarios que habiéndole Alcibíades dado un área muy espaciosa para construir una casa, le dijo: "Si yo tuviese necesidad de zapatos, ¿me darías todo un cuero para que me los hiciese? Luego ridículo sería si yo la admitiese". Viendo frecuentemente las muchas cosas que se venden en público, decía para sí mismo: "¡Cuánto hay que no necesito!" Repetía a menudo aquellos yambos:

> *Las alhajas de plata,*
> *de púrpura las ropas,*
> *útiles podrán ser en las tragedias;*
> *pero de nada sirven a la vida.*

Menospreció generosamente a Arquelao Macedón, a Escopas Cranonio y a Eurilo Lariseo; pues ni admitió el dinero que le regalaban, ni quiso ir a vivir con ellos. Tanta era su templanza en la comida, que habiendo habido muchas veces peste en Atenas, nunca se le pegó el contagio.

8. Aristóteles escribe que tuvo dos mujeres propias: la primera Jantipa, de la cual hubo a Lamprocle; la segunda Mirto, hija de Arístides el Justo, a la que recibió indotada y de la cual tuvo a Sofronisco y a Menéxeno. Algunos quieren casase primero con Mirto; otros que casó a un mismo tiempo con ambas, y de este sentir son Sátiro y Jerónimo de Rodas; pues dicen que queriendo los atenienses poblar la ciudad, exhausta de ciudadanos por las guerras y contagios, decretaron que los ciudadanos casasen con una ciudadana, y además pudiesen procrear hijos con otra mujer; y que Sócrates lo ejecutó así.

9. Tenía ánimo para sufrir a cuantos lo molestaban y perseguían. Amaba la frugalidad en la mesa, y nunca pidió recompensa de sus servicios. Decía que "quien come con apetito, no necesita de viandas exquisitas; y el que bebe con gusto, no busca bebidas que no tiene a mano". Esto se puede ver aún en los poetas cómicos, los cuales lo alaban en lo mismo que presumen vituperado. Así habla de él Aristófanes:

> *¡Oh tú, justo amador de la sapiencia,*
> *cuán felice serás con los de Atenas,*
> *y entre los otros griegos cuán felice!*
> *Y luego:*
> *Si memoria y prudencia no te faltan,*
> *y en las calamidades sufrimiento,*
> *no te fatigarás si en pie estuvieres,*
> *sentado, o caminando.*

Tú no temes el frío ni la hambre,
abstiéneste del vino y de la gula,
con otras mil inútiles inepcias.
Amipsias lo pinta con palio, y dice:
¡Oh Sócrates, muy bueno entre los pocos,
y todo vanidad entre los muchos!
¡Finalmente, aquí vienes y nos sufres!
Ese grosero manto
¿de dónde lo tomaste?
Esa incomodidad seguramente
nació de la malicia del ropero.

Por más hambre que tuviese, nunca pudo hacer de parásito. Cuánto aborrecía esta vergonzosa adulación lo testifica Aristófanes, diciendo:

Lleno de vanidad las calles andas,
rodeando la vista a todas partes.
Caminando descalzo, y padeciendo
trabajos sin cesar, muestras no obstante
siempre de gravedad cubierto el rostro.

Sin embargo, algunas veces se acomodaba al tiempo y vestía con más curiosidad, como hizo cuando fue a cenar con Agatón: así lo dice Platón en su Convite.

10. La misma eficacia tenía para persuadir que para disuadir; de manera que, según dice Platón en un Discurso que pronunció sobre la ciencia, trocó a Teeteto de tal suerte, que lo hizo un hombre extraordinario. Queriendo Eutrifón acusar a su padre por haber muerto a un forastero que hospedaba, lo apartó Sócrates del intento por un discurso que hizo concerniente a la piedad. También hizo sobrio a Lisis con sus exhortaciones. Tenía un ingenio muy propio para formar sus discursos según las ocurrencias. Redujo con sus amonestaciones a su hijo Lamprocles a que respetase a su madre, con la cual se portaba duro e insolente, como refiere Jenofonte. Igualmente que removió a Glaucón, hermano de Platón, de meterse en el gobierno de la república según pretendía, para lo cual era inepto; y, por el contrario, indujo a Cármides a que se aplicase a él, conociendo era capaz de ejecutarlo.

11. Avivó el ánimo de Ifícrates, capitán de la república, mostrándole unos gallos del barbero Midas que reñían con los de Calias. Glaucónides lo tenía por tan digno de la ciudad como un faisán o pavo. Decía que "es cosa maravillosa que siendo fácil a cualquiera decir los bienes que posee, no puede decir ninguno los amigos que tiene": tanta es la negligencia que hay en conocerlos. Viendo a Euclides muy solícito en litigios del foro, le dijo: "¡Oh Euclides!, podrás muy bien vivir con los sofistas, pero no con los hombres". Tenía por inútil y poco decente este género de estudio, como dice Platón en su Eutidemo. Habiéndole dado Cármides algunos criados que trabajasen en su provecho, no los admitió; y hay quien dice que menospreció la belleza de cuerpo de Alcibíades. Loaba el ocio como una de las mejores posesiones, según escribe Jenofonte en su Convite. También decía que "sólo hay un bien, que es la sabiduría, y sólo un mal, que es la ignorancia. Que las riquezas y la nobleza no contienen circunstancia recomendable; antes bien todos los males".

12. Habiéndole dicho uno que la madre de Antístenes fue de Tracia, respondió: "¿Pues creías tú que dos atenienses habían de procrear varón tan grande?" Propuso a Critón rescatase a Fedón que, hallándose cautivo, se veía obligado a ganar el sustento por medios indecentes. Salió, en efecto, de la esclavitud, y lo hizo un ilustre filósofo. Aprendía a tocar la lira cuando tenía oportunidad, diciendo no hay absurdo alguno en aprender cada cual aquello que ignora. Danzaba también con mucha frecuencia, teniendo este ejercicio por muy conducente para la salud del cuerpo, como lo dice Jenofonte en su Convite. Decía asimismo que un genio le revelaba las cosas venideras. "Que el empezar bien no era poco, sino cercano de lo poco. Que nada sabía excepto esto mismo: que nada sabía. Que los que compran a gran precio las frutas tempranas desconfían llegar al tiempo de la sazón de ellas."

13. Preguntado una vez qué cosa es virtud en un joven, respondió: "El que no se exceda en nada". Decía que "se debe estudiar la geometría hasta que uno sepa recibir y dar tierra medida". Habiendo Eurípides en la tragedia Auge dicho de la virtud que es acción valerosa dejarla de repente y sin consejo, se levantó y se fue diciendo "era cosa ridícula tener por digno de ser buscado un esclavo cuando no se halla, y dejar perecer la virtud". Preguntado si era mejor casarse o no casarse, respondió: "Cualquiera de las dos cosas que hagas te arrepentirás". Decía que "le admiraba ver que los escultores procuraban saliese la piedra muy semejante al hombre, y descuidaban de procurar no parecerse a las piedras". Exhortaba a los jóvenes "a que se mirasen frecuentemente al espejo, a fin de hacerse dignos de la belleza, si la tenían; y si eran feos, para que disimulasen la fealdad con la sabiduría".

14. Habiendo convidado a cenar a ciertas personas ricas, como Jantipa tuviese rubor de la cortedad de la cena, la dijo: "No le aflijas, mujer; pues si ellos son parcos lo sufrirán, y si comilones nada nos importa". Decía que "otros hombres vivían para comer; pero él comía para vivir. Que quien alaba al pueblo bajo se parece a uno que reprobase un tetradracmo y recibiese por legítimos muchos de ellos". Habiéndole dicho Esquines: soy pobre; nada más tengo que mi persona, me doy todo a vos, respondió: "¿Has advertido cuán grande es la dádiva que me haces?" A uno que estaba indignado por hallarse sin autoridad, habiéndole usurpado el mando los treinta tiranos, le dijo: "¿Y qué es lo que en esto te aflige? Que los atenienses, respondió, te han condenado a muerte. Y la Naturaleza a ellos", repuso Sócrates. Algunos atribuyen esto a Anaxágoras. A su mujer, que le decía que moriría injustamente, le respondió: "¿Quisieras acaso tú que mi muerte fuese justa?"

> *Habiendo soñado que uno le decía:*
> *Tú dentro de tres días*
> *a la glebosa Ftía harás pasaje,*

dijo a Esquines que "pasados tres días moriría". Estando para beber la cicuta, le trajo Apolodoro un palio muy precioso para que muriese con este adorno, y le dijo Sócrates: "Pues si el mío ha sido bueno para mí en vida, ¿por qué no lo será en muerte?" Habiéndole uno dicho que otro hablaba mal de él, respondió: "Ése no aprendió a hablar bien". Como Antístenes llevase siempre a la vista la parte más rasgada de su palio, le dijo: "Veo por esas aberturas tu vanagloria". A uno que le dijo: "¿No está aquél hablando mal de ti?", respondió: "No, por cierto: nada me toca de cuanto dice". Decía que "conviene exponerse voluntariamente a la censura de los poetas cómicos; pues si dicen la verdad nos corregiremos, y si no nada nos toca su dicho".

15. Habiéndole injuriado de palabras una vez su mujer Jantipa, y después arrojádole agua encima, respondió: "¿No dije yo que cuando Jantipa tronaba ella llovería?" A Alcibíades, que le decía no era tolerable la maledicencia de Jantipa, respondió: "Yo estoy tan acostumbrado a ello como a oír a cada momento el estridor de la polea; y tú también toleras los graznidos de los ánsares". Replicando Alcibíades que los ánsares le ponían huevos y educaban otros ánsares, le dijo: "También a mí me pare hijos Jantipa". Quitóle ésta en una ocasión el palio en el foro, y como los familiares instasen a Sócrates a que castigase la injuria, respondió: "Pardiez, que sería una bella cosa que nosotros riñésemos y vosotros clamaseis: No más Sócrates, no más Jantipa". Decía que "con la mujer áspera se debe tratar como hacen con los caballos falsos y mal seguros los que los manejan; pues así como éstos, habiéndolos domado, usan con más facilidad de los leales, así también yo después de sufrir a Jantipa me es más fácil el comercio con todas las demás gentes".

16. Estas y otras muchas cosas que decía y ejecutaba fueron causa de que la pitonisa testificase de él tan ventajosamente, dando a Querefón aquel oráculo tan sabido de todos:

Sócrates es el sabio entre los hombres.

Esto excitó contra él la envidia de muchos que se tenían también por sabios, infiriendo que el oráculo los declaraba ignorantes. Meleto y Ánito eran de éstos, como dice Platón en el diálogo Memnón. No podía Ánito sufrir que Sócrates se burlase de él, e incitó primeramente a Aristófanes contra él; después indujo a Meleto a que lo acusase de impío y corrompedor de la juventud. En efecto, Meleto lo acusó y dio la sentencia Polieucto, según dice Favorino en su Historia varia. Escribió la disertación acusatoria el sofista Polícrates, como refiere Hermipo, o bien Ánito, según otros afirman; pero el orador Licón lo ordenó todo. Antístenes en las Sucesiones de los filósofos y Platón en la Apología dicen que los acusadores de Sócrates fueron tres, a saber: Ánito, Licón y Meleto. Que Ánito instaba en nombre de los artesanos y magistrados del pueblo; Licón por parte de los oradores, y Meleto por la de los poetas, a todos los cuales había reprendido Sócrates. Favorino en el libro II de sus Comentarios dice que no es de Polícrates la disertación contra Sócrates, puesto que en ella se hace mención de los muros de Atenas que restauró Conón; lo cual fue seis años después de la muerte de Sócrates, y así es la verdad.

17. La acusación jurada que, según Favorino, todavía se conserva en el Metroo, fue como sigue: "Meleto Piteense, hijo de Meleto, acusa a Sócrates Alopecense, hijo de Sofronisco, de los delitos siguientes: Sócrates quebranta las leyes negando la existencia de los dioses que la ciudad tiene recibidos e introduciendo otros nuevos; y obra contra las mismas leyes corrompiendo la juventud. La pena debida es la muerte".

18. Habiéndole leído Lisias una apología que había escrito en su defensa, respondió: "La pieza es buena, Lisias; pero no me conviene a mí". Efectivamente, era más una defensa jurídica que filosófica. Preguntándole, pues, Lisias por qué no le convenía la disertación, supuesto que era buena, respondió: "¿Pues no puede haber vestidos y calzares ricos, y a mí no venirme bien?" Justo Tiberiense cuenta en su Crónica que cuando se ventilaba la causa de Sócrates subió Platón al púlpito del tribunal, y que habiendo empezado a decir así: "Siendo yo, oh atenienses, el más joven de los que a este lugar subieron ... ", fue interrumpido por los jueces, diciendo: "Bajaron, bajaron"; significándole por esto que bajase de allí. Fue, pues, condenado por 281 votos más de los que lo absolvían; y estando deliberando los jueces sobre si convenía más quitarle la vida o imponerle multa, Sócrates dijo daría veinticinco dracmas. Eubúlides dice que prometió cien. Pero viendo desacordes y alborotados a los jueces, añadió: "Yo juzgo que la pena a que debo ser condenado por mis operaciones es que se me mantenga del público en el Pritaneo". Oído lo cual, se agregaron ochenta votos a los primeros y lo condenaron a muerte. Prendiéronlo luego, y no muchos días después bebió la cicuta, tras acabar un sabio y elocuente discurso que recuerda Platón en su Fedón.

19. Hay quien le atribuye un himno a Apolo, que empieza:

> *Yo os saludo, Apolo Delio*
> *y Diana, ilustres niños.*
> *Pero Dionisiodoro dice que este himno no es suyo. Compuso*
> *una fábula como las de Esopo, no muy elegante, que empieza:*
> *Dijo una vez Isopo a los corintios*
> *la virtud no juzgasen*

por la persuasión y voz del pueblo.

Éste fue el fin de Sócrates; pero los atenienses se arrepintieron en tal grado, que cerraron las palestras y gimnasios. Desterraron a algunos, y sentenciaron a muerte a Meleto. Honraron a Sócrates con una estatua de bronce que hizo Lisipo, y la colocaron en el Pompeyo. Los de Heraclea echaron de la ciudad a Ánito el mismo día en que llegó.

20. No fue sólo con Sócrates con quien los atenienses se portaron así, sino también con otros muchos, pues multaron a Homero con cincuenta dracmas, teniéndolo por loco. A Tirteo lo llamaron demente, y lo mismo a Astídamante, imitador de Esquilo, habiéndolo antes honrado con una estatua de bronce. Eurípides en su Palamedes también objeta a los atenienses la muerte de Sócrates, diciendo:

Matasteis, sí, matasteis al más sabio,
a la más dulce musa,
que a nadie fue molesta ni dañosa.

Esto es así, aunque Filicoro dice que Eurípides murió antes que Sócrates. Nació Sócrates, según Apolodoro en sus Crónicas, siendo arconte Apsefión, el año cuarto de la Olimpíada LXXVII, a 6 de Targelión, en cuyo día los atenienses lustran la ciudad, y dicen los delios que nació Diana. Murió el año primero de la Olimpíada XCV, a los setenta años de su edad. Lo mismo dice Demetrio; pero aseguran otros que murió de sesenta años. Ambos fueron discípulos de Anaxágoras, Sócrates y Eurípides. Nació éste siendo arconte Calias, el año primero de la Olimpíada LXXV.

21. Pienso que Sócrates trató también de las cosas naturales, puesto que dice algo de la providencia, según escribe Jenofonte; aunque él mismo asegura que sólo disputó de lo perteneciente a la moral. Cuando Platón en su Apología hace memoria de Anaxágoras y otros físicos, dice de éstos muchas cosas que Sócrates niega, siendo así que todas las suyas las atribuye a Sócrates. Refiere Aristóteles que cierto mago venido de Siria a Atenas reprobó muchas cosas de Sócrates, y le predijo moriría de muerte violenta. El epitafio mío a Sócrates es el siguiente:

*Tú bebes con los dioses,
oh Sócrates, ahora.
Sabio te llamó Dios, que es sólo el sabio.
Y si los atenienses
la cicuta te dieron, brevemente
se la bebieron ellos por tu boca.*

22. Aristóteles dice en el libro II de su Poética que Sócrates tuvo disputas con cierto Antióloco de Lemnos y con Anfitrón, intérprete de portentos, al modo que Pitágoras las tuvo con Cidón y con Onata. Sagaris fue émulo de Homero cuando todavía vivía, y después de muerto lo fue Jenofonte Colofonio. Píndaro tuvo sus contenciones con Anfimenes Coo; Tales con Ferecides; Biante con Salaro Prieneo; Pítaco con Antiménides y con Alceo; Anaxágoras con Sosibio; y Simónides con Timocreón.

23. De los sucesores de Sócrates, llamados socráticos, los principales fueron Platón, Jenofonte y Antístenes. De los que llaman los diez, fueron cuatro los más ilustres, a saber: Esquines, Fenón, Euclides y Aristipo. Trataremos primero de Jenofonte. De Antístenes hablaremos entre los cínicos. Luego de los socráticos, y en último lugar de Platón, que es el jefe de las diez sectas e instituidor de la primera Academia. Este será el orden que guardaremos.

24. Hubo otro Sócrates historiador, que describió con exactitud la región argólica. Otro peripatético, natural de Bitinia. Otro poeta epigramático. Y otro natural de Coo, escritor de los sobrenombres de los dioses.

3
PLATÓN

Alfred North Whitehead, filósofo y matemático inglés de finales del siglo XIX y principios del XX, dijo en cierta ocasión que toda la filosofía occidental no era más que una serie de notas a pie de página de los *Diálogos* de Platón. Otros han dicho que el nombre de Platón no podría faltar en cualquier lista de los filósofos más grandes de la historia. Fue el más fiel discípulo de Sócrates y maestro, a su vez, de Aristóteles. Con estos dos filósofos, forma el trío que representa el esplendor de la filosofía helénica. Fundó la Academia en el 387 a. C., institución que duró cerca de nueve siglos (fue clausurada, junto con las demás escuelas filosóficas de la Antigüedad, por el emperador Justiniano en el 529 d. C.).

Platón, cuyo verdadero nombre, según Diógenes Laercio, era Aristocles, nació en Atenas en el 428 o 427 a. C. Su familia descendía en línea directa de Solón, el gran legislador de Atenas. Recibió la educación propia de un joven bien situado, y se le orientó a la vida política. En su famosa Carta VII cuenta cómo, en dos ocasiones, trató de poner en práctica sus ideas políticas en Siracusa, pero fracasó. En la segunda ocasión, terminó siendo vendido como esclavo. Uno de sus amigos pagó el precio de su rescate, y cuando Platón quiso devolver ese dinero, su amigo no lo aceptó. Entonces Platón, con ese dinero, compró un campo contiguo a la tumba del héroe mitológico Academo, donde fundo su famosa escuela.

A la edad de veinte años conoció a Sócrates. Se ha especulado mucho sobre la relación de Platón con Sócrates. Algunos han dicho que llegaba al punto de la dependencia, pero otros, basándose en el hecho de que Platón no estuvo entre quienes asistieron a la muerte de Sócrates, han especulado con que él no formaba parte del grupo de los íntimos. En todo caso, la admiración de Platón por Sócrates es evidente, y gracias a él conocemos su pensamiento. (Vale decir que los testimonios que quedan sobre la vida de Sócrates, debidos a la pluma de Platón, Jenofonte, Aristipo y Antístenes no son concordantes.

La amistad de Platón con Cármides y Critias, dos de los treinta tiranos que fueron impuestos por Esparta a Atenas tras de la derrota de ésta en la guerra del Peloponeso, lo volvió sospechoso a los ojos de los demócratas atenienses. Luego de la muerte de Sócrates, que para algunos se debió a su asociación con el régimen de los tiranos, Platón abandonó Atenas y se instaló en Megara. La tradición cuenta que en esa época viajó a Egipto y a Cirene, y que posteriormente fue a Italia, donde trabó amistad con Arquitas de Tarento. Estando en Italia, fue invitado por Dionisio a Siracusa, donde se hizo amigo de Dion, cuñado de Dionisio, con quien intentó poner en práctica sus ideas políticas en dos ocasiones. Pero, al parecer, Dionisio no compartía las ideas de Platón, y como ya dijimos, terminó éste siendo vendido como esclavo.

De vuelta en Atenas, en el 388 o 387, funda, como ya se dijo, la Academia. La Academia era una especie de universidad, donde se enseñaban matemáticas y diversas ciencias, además de filosofía. Se cuenta que en el frontispicio de la entrada a la Academia Platón había mandado poner: "nadie entre aquí que no sepa geometría" (o matemáticas, según otros). Parece ser que la Academia estaba organizada a modo de la escuela pitagórica, y que la pertenencia plena a la misma requería, como en esta última, ciertos ritos de iniciación.

En el 369 emprende un nuevo viaje a Siracusa, invitado siempre por Dion. Reinaba, entonces, Dionisio II, hijo de Dionisio I. Tampoco le fue bien a Platón en esta oportunidad (al parecer, permanecía en prisión domiciliar), y consigue volver a Atenas, esta vez, acompañado por Dion. Aun realiza Platón un tercer viaje a Siracusa, en el 361, pero vuelve a fracasar en su intento por poner en práctica sus ideas políticas. Vuelve a Atenas al año siguiente, y permanece allí hasta su muerte, ocurrida en el 348 o 347, dedicado a enseñar en la Academia, pero decepcionado y cansado por sus fracasos en Siracusa.

La teoría de las ideas

La teoría de las ideas representa el núcleo de la filosofía de Platón. No se encuentra desarrollada en un solo lugar, sino en varios de sus diálogos (*La República*, *Fedón* y *Fedro*). Pese a que algunos han sostenido que recoge el pensamiento de Sócrates, parece más probable que sea una teoría del Platón maduro.

Según la teoría de las ideas, estas existen en estado puro en otro mundo (el mundo inteligible), y son los arquetipos o modelos de las cosas de este mundo (el mundo sensible). Las ideas serían ingénitas, incorruptibles, inmutables y perfectas, mientras que las cosas del mundo sensible serían todo lo contrario: engendradas, corruptibles, mudables e imperfectas. Las cosas sensibles se asemejan a las ideas, de forma que, por ejemplo, todos los pinos de este mundo tienen como modelo la idea de pino, los caballos, la idea de caballo, etc. El mundo de las ideas es el verdadero ser, objeto de *episteme* (auténtico conocimiento), mientras que el mundo de las cosas es objeto de *doxa* (opinión).

La separación de la realidad en dos mundos, aunque cumple la función de explicar cómo es que conocemos lo que las cosas son (su esencia), implica varias dificultades. La primera y más fundamental es la relación entre ambos "mundos": ¿cómo se relaciona lo inteligible son lo sensible? La segunda: ¿los objetos tienen una esencia o varias? Un pino, por ejemplo, ¿tiene esencia de pino, de árbol, de vegetal..., o sólo una? Esto implicaría que la idea de "cosa" contiene a la de vegetal, que a su vez contiene a la de árbol, y ésta a la de pino (y aun se puede descender, si hablamos de las variedades de pino). En tercer lugar, está el problema de las cosas fabricadas. Si las ideas son únicas y eternas, ¿qué pasa cuando en este mundo un artesano inventa una máquina? ¿Se "crea" la idea correspondiente en el mundo inteligible? Por otra parte, si un objeto está formado de varias piezas (por ejemplo, un barco), ¿existe una idea para cada parte y una idea para el todo? Lo mismo puede decirse de las partes de un objeto natural, como el cuerpo humano: ¿existe una idea de hígado, de nariz, de pelo, etc, además de la idea de hombre?

Platón se planteó algunas de estas dificultades en su vejez, y las expone, sobre todo, en su diálogo *Parménides*. En relación con el problema de la relación entre las ideas y las cosas, Platón propone (por boca de Sócrates) que esta relación puede ser de semejanza o de participación. Pero si es de semejanza, aparece el llamado problema del "tercer hombre". El problema del "tercer hombre" consiste en que si decimos que dos cosas son semejantes en virtud de un modelo al que imitan, surge la pregunta: ¿en virtud de qué son semejantes las cosas y el modelo? Si se responde que en virtud de otro modelo, no hacemos más que trasladar el problema: habría que proponer un tercer modelo, al que imiten los otros dos modelos, y así, hasta el infinito.

En el *Parménides*, Sócrates también se niega a aceptar que las cosas innobles tengan un modelo ideal. Pero, ¿por qué no? Y si no lo tienen, ¿cómo las conocemos? Por otra parte, ¿quién decide que una cosa es innoble? ¿Es el corazón más noble que el hígado o el páncreas? Sócrates es incapaz de responder a las objeciones que le plantea Parménides, pero se niega a abandonar la teoría de las ideas. Y parece que ese fue el caso de Platón: a pesar de la cantidad de dificultades que él mismo se planteó, no abandonó su teoría.

Cosmología

Platón expone su visión del cosmos (de la creación) en su diálogo de vejez *Timeo*. Durante la alta Edad Media, este diálogo fue uno de los pocos que se conocieron, y ejerció un influjo notable en los pensadores cristianos, particularmente, en san Agustín.

En el *Timeo*, Platón introduce al Demiurgo, ese ser que, fascinado por la perfección de las ideas, las toma como modelo para moldear la materia y así producir las cosas. El Demiurgo, pues, es la causa eficiente de las cosas, que son imperfectas no por su acción, sino por la materia.

En el centro del mundo colocó el Demiurgo el alma del mundo, que se extiende por todo el universo y que participa de igual manera de las ideas y de la materia. Las almas inmortales también las formó el Demiurgo de ambos mundos, por lo que están en este mundo material, pero son capaces de conocer el inmaterial de las ideas.

El Demiurgo es, en la cosmología de Platón, el encargado de introducir el orden y la finalidad en el mundo. Frente al universo mecanicista de Demócrito, caótico y sin finalidad, Platón quiere presentar un mundo impregnado de finalidad: imitar la perfección y el orden del mundo de las ideas.

Antropología y psicología

El hombre, para Platón, es fundamentalmente su alma. Esta se encuentra unida accidentalmente al cuerpo, y le corresponde la misión de dirigirlo y gobernarlo. La concepción del hombre de Platón cambiará a lo largo de su obra, pero permanecerá la idea de la unión accidental y provisional de alma y cuerpo.

La idea del alma, desde luego, no es original de Platón. Él la toma de la tradición de su cultura, en la que el alma es vista como el "principio vital" de todo ser vivo, incluyendo, por supuesto, al hombre. Incluso se pensaba, como se ve en las obras de Homero, que el alma sobrevivía al cuerpo, aunque su vida separada del cuerpo era un simple remedo, triste y fantasmagórico, de la vida en la tierra.

Pero Platón no se limita a afirmar la existencia de un alma inmortal, sino que la hace el sujeto del conocimiento: por ser semejante a las ideas eternas, es como ellas, espiritual, y las puede conocer. Además, Platón piensa que las almas sufren numerosas encarnaciones: transmigran de un cuerpo a otro (*metempsicosis*). Esta doctrina le vino a Platón seguramente de los pitagóricos, que a su vez la habían tomado del orfismo, doctrina religiosa que se desarrolló en Grecia en el siglo VIII.

En el *Menón* defiende Platón la tesis de que el alma conoce por reminiscencia de su vida en otro mundo, en donde llevó una vida puramente espiritual. Solo así se explica el conocimiento, que versa sobre lo universal y necesario, por oposición a las cosas de este mundo, que son mudables y contingentes. En el *Menón* todavía no está desarrollada la teoría de las ideas, pero su doctrina va encaminada hacia ella.

En el *Fedón*, diálogo en el que se describen las circunstancias de la muerte de Sócrates y se transcribe la conversación que tuvo con sus discípulos en el momento final de su vida, Platón defiende la inmortalidad del alma, y sostiene que al alma de los justos le espera una vida feliz. El filósofo, dice Sócrates, debe desear la muerte, pues solo el alma separada del cuerpo puede conocer la verdad y alcanzar de esa forma la felicidad. La filosofía es una preparación para la muerte.

También defiende Platón en este diálogo la teoría del conocimiento como reminiscencia. Aquí ya se encuentra desarrollada la teoría de las ideas, y el conocimiento se explica porque el alma inmortal ha conocido en una vida anterior las ideas eternas.

La teoría de la reminiscencia le sirve también a Platón para aportar un argumento más en favor de la inmortalidad del alma: puesto que solo se conocen las cosas semejantes, el alma tiene que ser espiritual, semejante a las ideas; y si las ideas son simples, el alma también debe de ser simple, lo cual quiere decir inmortal, porque las cosas simples no se descomponen (la descomposición o muerte es la separación de las partes del todo; lo que no tiene partes no se puede descomponer, no puede perecer).

En el *Fedro* encontramos la explicación de que el alma, por ser principio de movimiento, principio vital, no puede perecer, pues sería contradictorio que aquello por lo que algo se mueve fuera perecedero:

> *Toda alma es inmortal. Pues aquello que está siempre en movimiento es inmortal. Todo aquello que mueve a otra cosa siendo, a su vez, movido por otra cosa, cuando cesa su movimiento, cesa también su vida. Sólo aquello que se mueve a sí mismo, al no fallar nunca, tampoco cesa nunca de moverse, sino que es la fuente y principio del movimiento para todas las otras cosas que mueve.*

En el *Fedro* presenta Platón el famoso mito del carro alado, haciendo una analogía con las partes del alma:

> *El alma es como un carro de caballos alados y un auriga que forman una unidad. Ahora bien: los caballos y aurigas de las almas de los dioses son todos buenos y de excelente linaje; los de las otras almas, sin embargo, son mezclados. Nuestro auriga gobierna a la pareja que conduce; uno de sus caballos es bello y bueno y de padres semejantes, el otro es lo contrario en ambos aspectos. De ahí que la conducción nos resulte dura y dificultosa.*

El auriga moderador representa la parte racional del alma; el caballo bello y bueno representa el apetito irascible, la parte del alma que impulsa a hacer cosas nobles, y el caballo malo e indócil representa la parte concupiscible del alma, o sea, la raíz de las pasiones y de los apetitos de las cosas materiales. Notemos que en este mito las pasiones ya no son algo propio solo del cuerpo, sino que tienen su origen en el alma, lo cual es un avance respecto a la visión dualista del *Fedón*.

En la *República*, Platón liga la doctrina de las partes del alma con su visión de la sociedad de clases. Las almas en las que predomina la razón son las almas de los gobernantes; las almas en las que predomina el apetito irascible, corresponden a los guerreros, encargados de defender la república, y las almas en las que predomina la parte concupiscible o pasional son las almas de la mayoría de la población, la de los comerciantes, agricultores y artesanos.

En el *Timeo*, añade Platón a esta doctrina de las partes del alma la idea de que las almas son creadas directamente por el Demiurgo. Este crea la parte racional tomándola del alma del mundo, la parte irascible la coloca en el tórax, y la parte concupiscible en el vientre.

En *La Republica*, así con en el *Gorgias* y en el *Fedón*, Platón presenta, siempre por medio de mitos, sus argumentos en favor del premio o castigo que espera al alma en la otra vida (en los dos últimos diálogos habla de un juicio final). Surge la pregunta: ¿subsisten todas las partes del alma, o solo la parte racional? Puesto que la parte irascible y la parte concupiscible están en función de la vida terrenal, parece lógico suponer que, para Platón, solamente la parte racional subsiste. De hecho, en el *Timeo* se llama a esta parte del alma, la "parte inmortal". El destino de esta parte inmortal del alma es reintegrarse con el alma del mundo.

Teoría del conocimiento

En el *Teeteto*, un diálogo enteramente dedicado al problema del conocimiento, Platón presenta, contra los sofistas, su tesis de que el verdadero conocimiento es el conocimiento de las ideas, que son inmutables y eternas. El conocimiento sensible es relativo y, en sentido propio, no es conocimiento, porque su objeto es mudable, y no hay conocimiento cierto sobre lo que cambia continuamente. Solo el conocimiento del ser es verdadero conocimiento.

Como ya dijimos más arriba, en el *Menón* Platón sostiene que el alma conoce por reminiscencia. No dice exactamente qué es lo que conoce en su vida anterior, pero puede inferirse que son las ideas, pues conocer en este mundo es identificar el elemento inmutable que sirvió de modelo al Demiurgo para moldear las cosas.

En la *República*, Platón habla de los dos tipos de conocimiento: la *doxa*, u opinión, que versa sobre lo sensible, y la *episteme*, o conocimiento intelectual, que versa sobre lo universal, eterno e inmutable. La dialéctica es el proceso por el que se asciende gradualmente al verdadero conocimiento, al conocimiento del ser, de lo universal, de la idea.

En la *República* se encuentra la famosa alegoría de la caverna, con el cual quiere Platón defender su teoría de las ideas. Se trata esta alegoría de unos hombres que están prisioneros en una caverna. Cerca de la entrada de la misma, otros hombres sostienen unos objetos de madera o de piedra frente a una fogata, de manera que las sombras de los objetos se proyectan el en fondo de la caverna. Los prisioneros solo pueden ver las sombras, y las toman por la realidad. Uno de los prisioneros logra escapar de la cueva. Al salir, ve las cosas que proyectan su sombra en el fondo de la caverna, la fogata y el Sol. Al principio, queda cegado por la luz, pues estaba hecho a la oscuridad de la caverna, pero pasado un tiempo puede ver bien. Una vez que ha conocido la realidad, regresa a la caverna para contar a sus compañeros lo que ha visto, pero estos no le creen y se burlan de él. Cuenta Platón, aludiendo seguramente a Sócrates, que estos hombres serán capaces de matar a su compañero, pues no soportan que les haga ver su ignorancia.

Sociedad y política

Platón sostiene una teoría de la sociabilidad natural del ser humano. A diferencia de los sofistas, para quienes la sociedad es puramente convencional, el fundador de la Academia cree que la sociedad es el medio de vida natural para el ser humano. Solo en sociedad, unido a otros, puede el hombre sobrevivir, y no solamente eso, sino alcanzar un modo de vida plenamente humano, orientado al conocimiento de la verdad y a la práctica de la virtud.

La sociedad ideal, para Platón, está dividida, como dijimos, en tres clases: los productores, artesanos y comerciantes, por una parte, y los militares y los gobernantes, por otra. A los militares o auxiliares y a los gobernantes o guardianes no se les permiten las posesiones privadas; todo lo tienen en común, y tampoco tienen familia. Esto, para que no caigan en la tentación de defender sus intereses y se centren en la defensa y gobierno de la república. Los productores (agricultores, artesanos, comerciantes, etc.) llevan una vida normal, pero tienen la obligación de proveer los bienes necesarios para el sustento de las otras clases. Cuando cada ciudadano cumple con su parte, de acuerdo a la clase social a la que pertenece, se produce la justicia.

¿Cómo se determina quién pertenece a cada clase? Según Platón, en cada individuo predomina una parte del alma, y según sea la parte del alma que en él predomine, formará parte de los productores, los auxiliares o los guardianes. A cada parte del alma, y por lo tanto a cada individuo, le corresponde una virtud. Así, la virtud propia de la razón, lo que equivale a decir de los gobernantes, es la prudencia o sabiduría; la virtud correspondiente al apetito irascible, o sea, a los militares, es la fortaleza o coraje, mientras que la virtud que deben practicar los productores es la templanza, que limita el apetito concupiscible (las pasiones y los deseos de cosas materiales).

La educación es fundamental para descubrir a qué clase social pertenecerá cada individuo. Esta la proporcionará el Estado, nunca las familias, a niños y niñas por igual. Las mujeres, para Platón, no son inferiores a los hombres.

Los gobernantes se eligen entre aquellos niños que destaquen en el estudio. Se les forma para eso: para indagar el bien. Para Platón, los gobernantes deben ser los filósofos. El gobierno es ejercido por varios de ellos y por un corto período de tiempo, para evitar los males que genera la persistencia en el poder.

Según sea la clase social que gobierne en la república, así será el tipo de gobierno.

La mejor forma de gobierno es la aristocracia, gobierno de los mejores, que para Platón son los filósofos. La segunda mejor forma de gobierno es la timocracia o gobierno de los militares. La oligarquía es el gobierno de los ricos. Seguidamente está la democracia, que Platón no ve con buenos ojos, pues implica igualar a los que no son iguales. (Democrático fue el régimen que condenó a Sócrates, con lo que se cometió la mayor de las injusticias.) La peor forma de gobierno es la tiranía, en la que un individuo se deja llevar por sus apetitos y actúa con crueldad contra todos los ciudadanos.

En el *Político* ofrece Platón una visión ligeramente distinta de las formas de gobierno. Según si éste esté en manos de pocos, de varios o de muchos, el gobierno se llamará monarquía, oligarquía o democracia. Si se respetan las leyes, la monarquía es la mejor forma de gobierno y la democracia la peor; pero si no se respetan las leyes, la jerarquía se invierte, porque los monarcas se convierten en tiranos.

Ética

La pregunta por la vida virtuosa, o sea, la mejor forma de vivir, es casi omnipresente en los diálogos platónicos. Sócrates es aquel personaje que afirma que "una vida no examinada no es digna de ser vivida", y que "la pregunta ¿cómo debemos vivir? debe interesar a cualquier hombre, con solo que tenga dos dedos de frente". También sabemos que Sócrates pensaba —y Platón seguramente compartía esa idea— que "es preferible padecer una injusticia a cometerla".

El individuo debe llevar una vida equilibrada, lo cual se logra cuando la parte racional domina a las restantes, especialmente a la concupiscible. Solo de esa forma, la persona es justa, y desempeña la función que le corresponde en la república. Los gobernantes están especialmente llamados a la contemplación de las ideas; este camino es facilitado por la belleza, la cual apreciamos primero en las cosas sensibles, luego en el ser humano y por último en sí misma, en la idea del Bien. Contemplar el bien es contemplar la belleza, la unidad y la verdad suprema.

La felicidad es el fin último del hombre, y se alcanza mediante la práctica de la virtud. Solo quien conoce el bien es capaz de obrar conforme a la virtud. Obrar mal es resultado de la ignorancia (Platón es deudor del intelectualismo socrático). Los gobernantes deben ser los filósofos, porque solo ellos conocen el verdadero Bien para todos.

La justicia, como ya se dijo, la concibe Platón como la virtud que resulta de que cada parte del alma cumpla con su función propia, a nivel individual, y en que cada individuo desempeñe la función que le corresponde, a nivel político o social.

El influjo de Platón en el pensamiento posterior, especialmente en los autores cristianos de la alta Edad Media, fue determinante para la configuración de lo que hoy conocemos como cultura occidental. Definitivamente, no se puede concebir esta cultura sin las ideas de Platón. A pesar de que a partir del siglo XIII, con el redescubrimiento de Aristóteles por santo Tomás de Aquino, el peso de Platón disminuye, nunca ha dejado de estar presente en la reflexión filosófica occidental. Aun hoy en día hay quienes se consideran platónicos, y se sigue estudiando y discutiendo su obra.

TEXTOS

I. La ciencia y la sensación, crítica de Protágoras[1]

Teeteto 151e-152a

Sócrates. —¿Dices que la ciencia es la sensación?
Teeteto. —Sí.
—Esta definición que das de la ciencia no es despreciable. Es la misma que ha dado Protágoras, aunque se expresó de otra manera. El hombre, dice Protágoras, es la medida de todas las cosas, para las que son, de su ser, para las que no son, de su no-ser. ¿Habrás leído esto sin duda?
—Sí, y más de una vez.
—¿Y no dice más o menos esto: las cosas son para mí tales como me parecen; y para ti tales como te parecen? Y tú y yo somos hombres.
—En efecto, es lo que dice.

Teeteto 161b_162a

Sócrates. —¿Sabes, Teodoro, qué es lo que me asombra en tu amigo Protágoras?
Teeteto. —¿Qué es?
—Me ha parecido bien todo lo que dice para probar que lo que le parece a cada cual es tal como le parece. Pero me ha sorprendido que al principio de su libro sobre la verdad no haya dicho que la medida de todas las cosas es el cerdo, el cinocéfalo o algún otro ser todavía más extraño de los que están dotados de sensación. Hubiese sido un conocimiento magnífico y completamente despreciativo para nuestra especie. Así hubiese demostrado que, mientras nosotros lo admiramos como a un dios por su sabiduría, no es superior en inteligencia, no ya a otro hombre, sino ni siquiera a una rana. ¿Qué podemos decir, pues Teodoro? Si las opiniones que se forman en nosotros por medio de las sensaciones son verdaderas para cada uno, si ninguno es más hábil que otro para distinguir la verdad o la falsedad de una opinión; si al contrario, como a menudo hemos dicho, cada cual juzga únicamente según sus impresiones, y si todos sus juicios son verdaderos y

---

[1] R. Verneaux, *Textos de los grandes filósofos. Edad antigua*, Barcelona: Herder, 1982, pp. 19-22.

rectos, ¿en virtud de qué privilegio Protágoras sería sabio hasta el extremo de creerse con derecho de enseñar a los demás y de poner precio tan alto a sus lecciones, mientras que nosotros no seríamos más que unos ignorantes, condenados a asistir a su escuela, puesto que cada cual es para sí mismo la medida de su propia sabiduría? ¿Cómo no decir que Protágoras ha dicho esto burlándose? Me callo en lo que a mí concierne y sobre mi talento, para hacer dar a luz a los espíritus; en su sistema este talento es extraordinariamente ridículo, igual, a mi parecer, que todo el arte de la dialéctica. Porque, ¿no es una extravagancia insigne tratar de examinar y refutarnos mutuamente nuestras opiniones, si todas son verdaderas para cada cual, y si la verdad es como la ha definido Protágoras, y si no ha hablado en broma del santuario de su libro?

Teeteto 186d, e

Sócrates. —Por consiguiente, el saber no radica en nuestras impresiones, sino en el razonamiento que hacemos acerca de éstas. Aquí, efectivamente, es posible aprehender el ser y la verdad, pero allí es imposible.
Teeteto. —Evidentemente.
—¿Vas a darle, entonces, el mismo nombre a una y a otra cosa, cuando son tan diferentes? —No sería justo, ciertamente.
—¿Qué nombre le atribuyes, pues, a aquello, al ver, oír, oler, sentir frío o calor?
—Yo lo llamo percibir. ¿Qué otro nombre podría darle?
—Luego a todo eso le das en conjunto el nombre de percepción.
—Necesariamente.
—Y decimos que esto no participa en la aprehensión de la verdad, pues no participa en la aprehensión del ser.
—Por supuesto que no.
—Luego tampoco en la aprehensión del saber.
—No, en efecto.
—Por consiguiente, Teeteto, la percepción y el saber nunca podrán ser una misma cosa.
—Parece que no, Sócrates. Ahora es cuando especialmente se ha puesto de manifiesto que el saber es algo diferente de la percepción.

Teeteto 170e_171c

Sócrates. —¿Y qué ocurre con el mismo Protágoras? Si no hubiese juzgado que el hombre es la medida de todas las cosas, y si el pueblo no lo pensara, como en efecto no lo piensa, ¿no sería necesario que la verdad tal como él la ha definido no existiese para nadie? Y si él ha creído esto, y la multitud piensa lo contrario, ¿no observas tú primeramente que en la misma medida que el número de los que no comparten su opinión sobrepasa el de sus partidarios, la verdad tal como él la entiende debe no existir más que existir?
—Esto es indudable, si existe o no existe, según cada opinión.
—Pero, en segundo lugar, lo más divertido de él es esto. Protágoras, al afirmar que lo que le parece a cada uno es verdadero, concede que es verdadera la opinión de los que contradicen la suya y creen que se equivoca.
—Efectivamente.
—Así pues, ¿es necesario que su opinión sea falsa, ya que reconoce como verdadera la opinión de los que creen que se equivocan?
—Necesariamente.
—Los otros, por su parte, ¿reconocen que se equivocan?
—No, ciertamente.
—Así pues, ¿está obligado aún a reconocer esta opinión como verdadera, según sus escritos?
—Aparentemente.
—Por consiguiente, habrá oposición por todos lados, empezando por el mismo Protágoras. ¿O más bien Protágoras, al admitir que piensa con verdad el que tiene una opinión contraria a la suya, admite que ni el perro ni ningún hombre es la medida de ninguna cosa si no la ha estudiado? ¿No es así?
—Si.
—Por consiguiente, ya que todos se oponen a ella, la verdad de Protágoras no es verdadera para nadie, ni para otro ni para él mismo.
—Sócrates, tratamos muy mal a mi amigo.

II. Teoría de las ideas[2]

Hipias Mayor, 287c-d

Sócrates. —¡Ay, qué bien hablas! Pero, puesto que tú me animas, me voy a convertir lo más posible en este hombre y voy a intentar preguntarte. Porque si tú le expusieras a él este discurso que dices sobre las ocupaciones bellas, te escucharía y, en cuanto terminaras de hablar, no te preguntaría más que sobre lo bello, pues tiene esta costumbre, y te diría: Extranjero de Elis, dime, por favor, ¿los que son justos no lo son por la justicia? Ten la bondad de responderme, Hipias.
Hipias. —Responderé que es por la justicia.
—¿Y la justicia no es algo en sí misma?
—Sin duda.
—Igualmente, ¿no son sabios los sabios por la sabiduría, y todo lo que es bueno, no lo es por el bien?
—¿Cómo podría ser de otro modo?
—¿Y son éstas cosas reales? ¿No lo negarás, sin duda?
—Sí, son reales.
—Y todas las cosas bellas, ¿no son bellas también por la belleza?
—Sí, por la belleza.
—Que es una cosa real.
—Real sin duda.

Fedón, 100a-c

—Voy a explicarme más claramente, dijo Sócrates, pues creo que aún no me comprendes.
—No, por Zeus, dijo Cebes, no te comprendo muy bien.
—Sin embargo, dijo Sócrates, no digo nada nuevo, nada que no haya dicho en mil ocasiones. Para explicarte el método que he utilizado en la búsqueda de las causas, vuelvo primero a lo que tanto he repetido. Así pues digo que existe una belleza en sí y por sí, un bien, una grandeza, y así todo lo demás. Si me concedes la existencia de estas cosas, espero demostrarte por medio de ellas por qué el alma es inmortal.
—Te lo concedo, dijo Cebes, no podrías acabar pronto tu demostración.

---

2 R. Verneaux, *Textos de los grandes filósofos. Edad antigua*, Barcelona: Herder, 1982, pp. 24-26.

—Fíjate bien en lo que va a seguir, y ve si no estás de acuerdo conmigo. Me parece que si hay alguna cosa bella, además de lo bello en sí, sólo puede ser bella porque participa en esta misma belleza; y así todas las demás cosas. ¿Me concedes esta causa? Sí, te la concedo.
—Entonces, no comprendo todas estas otras causas sabias. Si alguien me dice que lo que hace que una cosa sea bella, es la vivacidad de sus colores o la proporción de sus partes, o cualquier otra cosa semejante, dejo de lado todas estas razones que no hacen más que ofuscarme, y respondo sin ceremonia y sin arte, y tal vez demasiado simplemente, que nada la hace bella sino la presencia o la comunicación de esta belleza en sí, sea cual fuere el modo cómo esta comunicación se produzca. Pues yo no afirmo nada después de esto. Afirmo solamente que es por la belleza que son bellas todas las cosas bellas. Mientras me mantenga en este principio, no creo que pueda equivocarme, y estoy persuadido de que puedo responder con toda seguridad que las cosas bellas son bellas por la presencia de la belleza. ¿No te parece así también?
—Perfectamente.
—Del mismo modo, ¿no son grandes las cosas grandes por la grandeza, y las pequeñas no lo son por la pequeñez?
—Sí

República, 507a_c

—Primero es necesario, dije yo, que nos pongamos de acuerdo y os recuerdo lo que ya se ha dicho tantas veces.
—¿Y qué es?, preguntó.
—Hay muchas cosas bellas, y muchas buenas, e igualmente otras cuya existencia afirmamos y que distinguimos por el lenguaje.
—Sí, en efecto.
—Afirmamos también la existencia de lo bello en sí, del bien en sí, e igualmente, para todas las cosas que decimos múltiples afirmamos que a cada una corresponde una idea que es única y que llamamos su esencia.
—Es verdad.
—Y decimos de las cosas múltiples que son objeto de los sentidos, no del espíritu, mientras que las ideas son el objeto del espíritu, no de los sentidos.
—Perfectamente.

República, 508c_509b

—Cuando los ojos se dirigen hacia objetos que no están iluminados por la luz del día, sino por los astros de la noche, hallan dificultad en distinguirlos, parecen hasta un cierto punto afectos de ceguera.
—Así es.
—En cambio, cuando contemplan objetos iluminados por el Sol, los ven distintamente y manifiestan la facultad de ver de que están dotados.
—Sin duda.
—Comprende que lo mismo le pasa al alma. Cuando dirige su mirada a lo que está iluminado por la verdad y por el ser, lo comprende y lo conoce, y muestra que está dotada de inteligencia. Pero cuando vuelve su mirada hacia lo que está mezclado de obscuridad no tiene más que opiniones, y pasa sin cesar de la una a la otra; parece haber perdido la inteligencia.
—Así es.
—Así pues, ten por cierto que lo que comunica a los objetos conocidos la verdad y al alma la facultad de conocer, es la idea del bien. Comprende que esta idea es la causa de la ciencia y de la verdad, en tanto que entran en el conocimiento. Y por bellas que sean la ciencia y la verdad, no te equivocarás si piensas que la idea del bien es distinta de ellas y las supera en belleza. En efecto igual que en el mundo visible tenemos razón al pensar que la luz y la vista tienen analogía con el Sol y sería insensato decir que son el Sol, también en el mundo inteligible debemos ver que la ciencia y la verdad tienen analogía con el bien. Pero nos equivocaríamos si tomásemos a la una o la otra por el bien mismo que es de un valor mucho más elevado.
—Su belleza, dijo debe estar por encima de toda expresión, porque produce la ciencia y la verdad y es aún más bello que ellas.
—Reconocerás, según creo, que el Sol no sólo hace visibles las cosas visibles, sino que además les da la génesis, el crecimiento y el alimento, sin ser él la génesis.
—Sí.
—Igualmente reconocerás que los objetos cognoscibles no sólo tienen del bien lo que los hace cognoscibles, sino además su existencia y su esencia, aunque el bien mismo no sea esencia, sino algo que supera en mucho la esencia en dignidad y en poder.
—¡Gran Apolo!, gritó Glaucón burlándose. ¡Esto es algo maravilloso! Tú tienes también la culpa. repliqué, ¿por qué me obligas a decir lo que pienso sobre este asunto?

III. Alegoría de la caverna[3]

—Ahora, continué, imagínate nuestra naturaleza, por lo que se refiere a la ciencia, y a la ignorancia, mediante la siguiente escena. Imagina unos hombres en una habitación subterránea en forma de caverna con una gran abertura del lado de la luz. Se encuentran en ella desde su niñez, sujetos por cadenas que les inmovilizan las piernas y el cuello, de tal manera que no pueden ni cambiar de sitio ni volver la cabeza, y no ven más que lo que está delante de ellos. La luz les viene de un fuego encendido a una cierta distancia detrás de ellos sobre una eminencia del terreno. Entre ese fuego y los prisioneros, hay un camino elevado, a lo largo del cual debes imaginar un pequeño muro semejante a las barreras que los ilusionistas levantan entre ellos y los espectadores y por encima de las cuales muestran sus prodigios.
—Ya lo veo, dijo.
—Piensa ahora que a lo largo de este muro unos hombres llevan objetos de todas clases, figuras de hombres y de animales de madera o de piedra, y de mil formas distintas, de manera que aparecen por encima del muro. Y naturalmente entre los hombres que pasan, unos hablan y otros no dicen nada.
—Es esta una extraña escena y unos extraños prisioneros, dijo.
—Se parecen a nosotros, respondí. Y ante todo, ¿crees que en esta situación verán otra cosa de sí mismos y de los que están a su lado que unas sombras proyectadas por la luz del fuego sobre el fondo de la caverna que está frente a ellos?
—No, puesto que se ven forzados a mantener toda su vida la cabeza inmóvil.
—¿Y no ocurre lo mismo con los objetos que pasan por detrás de ellos?
—Sin duda.
—Y si estos hombres pudiesen conversar entre sí, ¿no crees que creerían nombrar a las cosas en sí nombrando las sombras que ven pasar?
—Necesariamente.
—Y si hubiese un eco que devolviese los sonidos desde el fondo de la prisión, cada vez que hablase uno de los que pasan, ¿no creerían que oyen hablar a la sombra misma que pasa ante sus ojos?
—Sí, por Zeus, exclamó.

---

3   R. Verneaux, *Textos de los grandes filósofos. Edad antigua*, Barcelona: Herder, 1982, pp. 26-30.

—En resumen, ¿estos prisioneros no atribuirán realidad más que a estas sombras?
—Es inevitable.
—Supongamos ahora que se les libre de sus cadenas y se les cure de su error; mira lo que resultaría naturalmente de la nueva situación en que vamos a colocarlos. Liberamos a uno de estos prisioneros. Le obligamos a levantarse, a volver la cabeza, a andar y a mirar hacia el lado de la luz: no podrá hacer nada de esto sin sufrir, y el deslumbramiento le impedirá distinguir los objetos cuyas sombras antes veía. Te pregunto qué podrá responder si alguien le dice que hasta entonces sólo había contemplado sombras vanas, pero que ahora, más cerca de la realidad y vuelto hacia objetos más reales, ve con más perfección; y si por último, mostrándole cada objeto a medida que pasa, se le obligase a fuerza de preguntas a decir qué es, ¿no crees que se encontrará en un apuro, y que le parecerá más verdadero lo que veía antes que lo que ahora le muestran?
—Sin duda, dijo.
—Y si se le obliga a mirar la misma luz, ¿no se le dañarían los ojos? ¿No apartará su mirada de ella para dirigirla a esas sombras que mira sin esfuerzo? ¿No creerá que estas sombras son realmente más visibles que los objetos que le enseñan?
—Seguramente.
—Y si ahora lo arrancamos de su caverna a viva fuerza y lo llevamos por el sendero áspero y escarpado hasta la claridad del Sol, ¿esta violencia no provocará sus quejas y su cólera? Y cuando esté ya a pleno Sol, deslumbrado por su resplandor, ¿podrá ver alguno de los objetos que llamamos verdaderos?
—No podrá, al menos los primeros instantes.
—Sus ojos deberán acostumbrarse poco a poco a esta región superior. Lo que más fácilmente verá al principio serán las sombras, después las imágenes de los hombres y de los demás objetos reflejadas en las aguas, y por último los objetos mismos. De ahí dirigirá sus miradas al cielo, y soportará más fácilmente la vista del cielo durante la noche, cuando contemple la Luna y las estrellas, que durante el día el Sol y su resplandor.
—Así lo creo.
—Y creo que al fin podrá no sólo ver al Sol reflejado en las aguas o en cualquier otra parte, sino contemplarlo a él mismo en su verdadero asiento.
—Indudablemente.

—Después de esto, poniéndose a pensar, llegará a la conclusión de que el Sol produce las estaciones y los años, lo gobierna todo en el mundo visible y es en cierto modo la causa de lo que ellos veían en la caverna.
—Es evidente que llegará a esta conclusión siguiendo estos pasos.
—Y al acordarse entonces de su primera habitación y de sus conocimientos allí y de sus compañeros de cautiverio, ¿no se sentirá feliz por su cambio y no compadecerá a los otros?
—Ciertamente.
—Y si en su vida anterior hubiese habido honores, alabanzas, recompensas públicas establecidas entre ellos para aquel que observase mejor las sombras a su paso, que recordase mejor en qué orden acostumbran a precederse, a seguirse o a aparecer juntas y que por ello fuese el más hábil en pronosticar su aparición, ¿crees que el hombre de que hablamos sentiría nostalgia de estas distinciones, y envidiaría a los más señalados por sus honores o autoridad entre sus compañeros de cautiverio? ¿No crees más bien que será como el héroe de Homero y preferirá mil veces no ser más "que un mozo de labranza al servicio de un pobre campesino" y sufrir todos los males posibles antes que volver a su primera ilusión y vivir como vivía?
—No dudo que estaría dispuesto a sufrirlo todo antes que vivir como anteriormente.
—Imagina ahora que este hombre vuelva a la caverna y se siente en su antiguo lugar. ¿No se le quedarían los ojos como cegados por este paso súbito a la obscuridad?
—Sí, no hay duda.
—Y si, mientras su vista aún está confusa, antes de que sus ojos se hayan acomodado de nuevo a la obscuridad, tuviese que dar su opinión sobre estas sombras y discutir sobre ellas con sus compañeros que no han abandonado el cautiverio, ¿no les daría que reír? ¿No dirán que por haber subido al exterior ha perdido la vista, y no vale la pena intentar la ascensión? Y si alguien intentase desatarlos y llevarlos allí, ¿no lo matarían, si pudiesen cogerlo y matarlo?
—Es muy probable.
—Ésta es precisamente, mi querido Glaucón, la imagen de nuestra condición. La caverna subterránea es el mundo visible. El fuego que la ilumina, es la luz del Sol. Este prisionero que sube a la región superior y contempla sus maravillas, es el alma que se eleva al mundo inteligible. Esto es lo que yo pienso, ya que quieres conocerlo; sólo Dios sabe si es verdad. En todo caso, yo creo que en los últimos límites del mundo inteligible está la idea

del Bien, que percibimos con dificultad, pero que no podemos contemplar sin concluir que ella es la causa de todo lo bello y bueno que existe. Que en el mundo visible es ella la que produce la luz y el astro de la que procede. Que en el mundo inteligible es ella también la que produce la verdad y la inteligencia. Y por último que es necesario mantener los ojos fijos en esta idea para conducirse con sabiduría, tanto en la vida privada como en la pública. Yo también lo veo de esta manera, dijo, hasta el punto de que puedo seguirte. [...]
—Por tanto, si todo esto es verdadero, dije yo, hemos de llegar a la conclusión de que la ciencia no se aprende del modo que algunos pretenden. Afirman que pueden hacerla entrar en el alma en donde no está, casi lo mismo que si diesen la vista a unos ojos ciegos.
—Así dicen, en efecto, dijo Glaucón.
—Ahora bien, lo que hemos dicho supone al contrario que toda alma posee la facultad de aprender, un órgano de la ciencia; y que, como unos ojos que no pudiesen volverse hacia la luz si no girase también el cuerpo entero, el órgano de la inteligencia debe volverse con el alma entera desde la visión de lo que nace hasta la contemplación de lo que es y lo que hay más luminoso en el ser; y a esto hemos llamado el bien, ¿no es así?
—Sí.
—Todo el arte, continué, consiste pues en buscar la manera más fácil y eficaz con que el alma pueda realizar la conversión que debe hacer. No se trata de darle la facultad de ver, ya la tiene. Pero su órgano no está dirigido en la buena dirección, no mira hacia donde debiera: esto es lo que se debe corregir.
—Así parece, dijo Glaucón

IV. Metáfora de la línea[4]

—Toma, pues, una línea que esté cortada en dos segmentos desiguales y vuelve a cortar cada uno de los segmentos, el del género visible y el del inteligible, siguiendo la misma proporción. Entonces tendrás, clasificados según la mayor claridad u oscuridad de cada uno: en el mundo visible, un primer segmento, el de las imágenes. Llamo, imágenes ante todo a las sombras, y en segundo lugar, a las figuras que se forman en el agua y en

---

4   *La República*, Madrid: Alianza, 2013, edición de J. M. Pabón y M. Fernández Galiano.

todo lo que es compacto, pulido y brillante, y a otras cosas semejantes, si es que me entiendes.
—Sí que te entiendo.
—En el segundo pon aquello de lo cual esto es imagen: los animales que nos rodean, todas las plantas y el género entero de las cosas fabricadas.
—Lo pongo— dijo.
—¿Accederías acaso —dije yo— a reconocer que lo visible se divide, en proporción a la verdad o a la carencia de ella, de modo que la imagen se halle, con respecto a aquello que imita, en la misma relación en que lo opinado con respecto a lo conocido?
—Desde luego que accedo— dijo.
—Considera, pues, ahora de qué modo hay que dividir el segmento de lo inteligible.
—¿Cómo?
—De modo que el alma se vea obligada a buscar la una de las partes sirviéndose, como de imágenes, de aquellas cosas que antes eran imitadas, partiendo de hipótesis y encaminándose así, no hacia el principio, sino hacia la conclusión; y la segunda, partiendo también de una hipótesis, pero para llegar a un principio no hipotético y llevando a cabo su investigación con la sola ayuda de las ideas tomadas en sí mismas y sin valerse de las imágenes a que en la búsqueda de aquello recurría.
—No he comprendido de modo suficiente —dijo— eso de que hablas.
—Pues lo diré otra vez contesté. Y lo entenderás mejor después del siguiente preámbulo. Creo que sabes que quienes se ocupan de geometría, aritmética y otros estudios similares, dan por supuestos los números impares y pares, las figuras, tres clases de ángulos y otras cosas emparentadas con éstas y distintas en cada caso; las adoptan como hipótesis, procediendo igual que si las conocieran, y no se creen ya en el deber de dar ninguna explicación ni a sí mismos ni a los demás con respecto a lo que consideran como evidente para todos, y de ahí es de donde parten las sucesivas y consecuentes deducciones que les llevan finalmente a aquello cuya investigación se proponían.
—Sé perfectamente todo eso —dijo—.
—¿Y no sabes también que se sirven de figuras visibles acerca de las cuales discurren, pero no pensando en ellas mismas, sino en aquello a que ellas se parecen, discurriendo, por ejemplo, acerca del cuadrado en sí y de su diagonal, pero no acerca del que ellos dibujan, e igualmente en los demás casos; y que así, las cosas modeladas y trazadas por ellos, de que son imá-

genes las sombras y reflejos producidos en el agua, las emplean, de modo que sean a su vez imágenes, en su deseo de ver aquellas cosas en sí que no pueden ser vistas de otra manera sino por medio del pensamiento?
—Tienes razón —dijo—.
—Y así, de esta clase de objetos decía yo que era inteligible, pero que en su investigación se ve el alma obligada a servirse de hipótesis y, como no puede remontarse por encima de éstas, no se encamina al principio, sino que usa como imágenes aquellos mismos objetos, imitados a su vez por los de abajo, que, por comparación con éstos, son también ellos estimados y honrados como cosas palpables.
—Ya comprendo —dijo—; te refieres a lo que se hace en geometría y en las ciencias afines a ella.
—Pues bien, aprende ahora que sitúo en el segundo segmento de la región inteligible aquello a que alcanza por sí misma la razón valiéndose del poder dialéctico y considerando las hipótesis no como principios, sino como verdaderas hipótesis, es decir, peldaños y trampolines que la eleven hasta lo no hipotético, hasta el principio de todo; y una vez haya llegado a éste, irá pasando de una a otra de las deducciones que de él dependen hasta que, de ese modo, descienda a la conclusión sin recurrir en absoluto a nada sensible, antes bien, usando solamente de las ideas tomadas en sí mismas, pasando de una a otra y terminando en las ideas.
—Ya me doy cuenta —dijo—, aunque no perfectamente, pues me parece muy grande la empresa a que te refieres, de que lo que intentas es dejar sentado que es más clara la visión del ser y de lo inteligible que proporciona la ciencia dialéctica que la que proporcionan las llamadas artes, a las cuales sirven de principios las hipótesis; pues aunque quienes las estudian se ven obligados a contemplar los objetos por medio del pensamiento y no de los sentidos, sin embargo, como no investigan remontándose al principio, sino partiendo de hipótesis, por eso te parece a ti que no adquieren conocimiento de esos objetos que son, empero, inteligibles cuando están en relación con un principio. Y creo también que a la operación de los geómetras y demás la llama pensamiento, pero no conocimiento, porque el pensamiento es algo que está entre la simple creencia y el conocimiento.
—Lo has entendido —dije— con toda perfección. Ahora aplícame a los cuatro segmentos estas cuatro operaciones que realiza el alma: la inteligencia, al más elevado; el pensamiento, al segundo; al tercero dale la creencia y al último la imaginación; y ponlos en orden, considerando que

cada uno de ellos participa tanto más de la claridad cuanto más participen de la verdad los objetos a que se aplica.
—Ya lo comprendo —dijo—; estoy de acuerdo y los ordeno como dices.

V. La reminiscencia[5]

—A menudo te he oído afirmar este principio, Sócrates, replicó Cebes, que conocer no es otra cosa que recordar. Si este principio es verdadero, es necesario que hayamos conocido en un tiempo anterior las cosas que en el presente recordamos; y esto es imposible si nuestra alma no existe antes de venir bajo esta forma humana. Es una nueva prueba de que nuestra alma es inmortal.
—Pero, Cebes, dijo Simias, ¿qué pruebas tenemos de este principio? Recuérdamelas, pues no me acuerdo de ellas ahora.
—No te diré más que una, pero muy hermosa, respondió Cebes. Y es que todos, si son bien interrogados, lo descubren todo por sí mismos; cosa que no harían nunca si no poseyeran ya la ciencia y un juicio recto. No hay más que preguntarles sobre las figuras de geometría y sobre otras cosas parecidas, no puede dejar de reconocerse que es así.
—Si de este modo no te has persuadido, Simias, dijo Sócrates, a ver si ésta te convencerá. ¿Te cuesta creer que conocer sea sólo recordar?
—No mucho, respondió Simias; pero necesito precisamente lo que tú dices, acordarme. Y gracias a lo que Cebes ha dicho, poco falta para que me acuerde y empiece a creer. Pero ello no impedirá que escuche con agrado las nuevas pruebas que quieres darme.
—Son éstas, replicó Sócrates. ¿Todos estamos de acuerdo en que para recordar, es necesario haber sabido antes la cosa que se recuerda?
—Sí.
—¿Y estamos de acuerdo también en que cuando la ciencia viene de un cierto modo, es una reminiscencia? Cuando digo de un cierto modo, es, por ejemplo, cuando un hombre, al ver o al oír algo, no adquiere sólo el conocimiento de la cosa percibida, sino que a la vez piensa en otra cosa cuyo conocimiento es para él de un género distinto que el primero. ¿No decimos con razón que este hombre se acuerda de la cosa en la que ha pensado ocasionalmente?
—¿Cómo dices?

---

5   R. Verneaux, *Textos de los grandes filósofos. Edad antigua*, Barcelona: Herder, 1982, pp. 36-40.

—Digo por ejemplo, que una cosa es el conocimiento de un hombre y otra el de una lira.
—Sin duda.
—Pues bien, continuó Sócrates, ¿no sabes lo que ocurre a los amantes cuando ven una lira, un vestido, o alguna otra cosa de que suele usar su amado? Al tener conocimiento de esta lira, se forman con el pensamiento la imagen de aquel a quien ha pertenecido la lira. Y esto es la reminiscencia. Igual que ocurre a menudo que al ver a Simias, nos acordemos de Cebes. Y podría citar otros mil ejemplos.
—Con seguridad millares, por Zeus, dijo Simias.
—¿Admitiremos pues, continuó Sócrates, que todo esto es recordar, sobre todo cuando se trata de cosas que el tiempo o la distancia han hecho olvidar?
—No veo dificultad en ello.
—¿Y viendo el dibujo de un caballo o de una lira, no se puede recordar a un hombre? ¿Viendo el retrato de Simias, no se puede recordar a Cebes?
—Sin duda.
—¿Y no ocurre que la reminiscencia se produce unas veces por la semejanza y otras por el contraste?
—Sí, así ocurre.
—Y cuando uno se acuerda de algo por la semejanza, ¿no ocurre necesariamente que el espíritu ve si le falta algo al retrato para su perfecto parecido con el original que recuerda, o si no le falta nada?
—Es necesario, dijo Simias.
—Considera ahora, dijo Sócrates, si eres de mi parecer. ¿No decimos que hay igualdad, no sólo entre un árbol y otro árbol, entre una piedra y otra piedra, sino alguna otra cosa distinta fuera de todo ello? ¿Decimos que la igualdad en sí es algo, o que no es nada?
—Sí, por Zeus, dijo Simias, decimos que es algo.
—¿Y conocemos esta igualdad en sí?
—Sin duda.
—¿De dónde hemos sacado este conocimiento? ¿No es de las cosas de que acabamos de hablar, de suerte que viendo árboles iguales, piedras iguales, nos hemos formado la idea de esta igualdad que no es ni estos árboles ni estas piedras, sino que es completamente diferente de ellos? Observa bien esto; las piedras y los árboles ¿no nos parecen unas veces iguales y otras desiguales, según los objetos con los que se los compare?
—Así es.

—Ciertamente, en algunos casos las cosas iguales te parecen desiguales; ¿ocurre lo mismo con la igualdad en sí, y te parece a veces desigualdad?
—Nunca, Sócrates.
—Así pues, ¿no es lo mismo la igualdad y lo que es igual?
—No, ciertamente.
—Sin embargo, ¿no es de estas cosas, iguales, que son diferentes de la igualdad, de donde tú has sacado la idea y el conocimiento de la igualdad?
—Esta es la verdad, Sócrates.
—¿Y esto tanto si se les parece como si no so les parece?
—Así es.
—En efecto, esto no constituye diferencia alguna. Cuando, viendo una cosa, piensas en otra, tanto si es semejante como si es diferente, ¿constituye ello necesariamente un acto de reminiscencia?
—Necesariamente.
—Pero, dime, continuó Sócrates, ¿en presencia de árboles que son iguales, o de otras cosas iguales, qué nos ocurre? ¿Encontramos estas cosas iguales como la igualdad en sí? ¿Y cuánto falta para que sean iguales como esta igualdad?
—Falta mucho.
—Estamos pues de acuerdo sobre esto. Cuando alguien, al ver una cosa, piensa: "Es cosa, que ahora veo, tiende a parecerse a otra, pero lejos de serle enteramente conforme, es inferior a ella", ¿es necesario que el que tenga este pensamiento haya visto y conocido antes esta otra cosa a la que dice que se parece la primera, aunque sea imperfectamente?
—Es necesario.
—¿Y no nos ocurre esto con las cosas iguales, cuando las compararnos con la igualdad?
—Así es.
—Por tanto ¿es necesario que hayamos visto esta igualdad antes del momento en que, al ver por primera vez cosas iguales, hemos pensado que tienden todas a ser iguales como la igualdad misma, y que no pueden conseguirlo?
—Es como dices.
—Y convenimos también en que hemos obtenido este pensamiento de la vista, del tacto, o de algún otro sentido; y lo que digo de un sentido, lo digo de todos.
—Con razón, Sócrates.

—Por tanto, ¿es necesario que sea de los sentidos mismos de donde saquemos el pensamiento de que todas las cesas iguales que son objeto de nuestros sentidos, tienden a esta igualdad en sí, aunque sean inferiores a ella? ¿es así?
—Sí, así es.
—Por consiguiente, antes de que hayamos empezado a ver, a oír y a sentir de cualquier manera, es necesario que hayamos tenido conocimiento de esta igualdad en sí en su realidad, para compararle, como hacemos, las cosas sensibles iguales, y ver que estas cosas aspiran a esta igualdad sin poder alcanzarla.
—Es una consecuencia necesaria de lo que se ha dicho, Sócrates.
—Pero, ¿no es verdad que inmediatamente después de nuestro nacimiento hemos visto, hemos oído, y hemos usado de todos nuestros sentidos?
—Es muy cierto.
—¿Es necesario, pues, que hayamos tenido conocimiento de la igualdad antes de este momento?
—Sí.
—Y por consiguiente, ¿es necesario que la hayamos conocido antes de nuestro nacimiento?
—Así parece.
—Si hemos tenido este conocimiento antes de nuestro nacimiento, conocemos antes de nacer no sólo la igualdad, sino la grandeza, la pequeñez, y muchas otras cosas de esta naturaleza. Pues lo que aquí decimos igualmente concierne a la igualdad que a lo bello en sí, al bien, a lo justo, lo santo, y todas las cosas que en nuestras palabras las señalamos con el carácter de ser en sí. De modo que es necesario que las hayamos conocido antes de nacer.
—Así es.
—Y si, después de haber poseído estos conocimientos, no los olvidáramos cuando entramos en la vida, naceríamos con la ciencia y la conservaríamos toda la vida. Pues saber consiste en esto: después de haber adquirido el conocimiento de algo, tenerlo y no perderlo. En cambio olvidar, Simias, ¿no es perder la ciencia que se tenía?
—Sin ninguna duda, Sócrates.
—Y si, habiendo poseído estos conocimientos antes de nacer y habiéndolos perdido en el momento de nacer, volvemos a adquirirlos utilizando nuestros sentidos, ¿lo que llamamos conocer no es volver a adquirir unos conocimientos que ya teníamos, y no lo llamaremos con razón acordarse?

—Sin duda.
—Pues nos ha parecido muy posible que aquel que ha visto una cosa, piense, con motivo de ella, en otra que ha olvidado y que tiene alguna relación con la que ha visto, ya sea que se le parezca, o que no se le parezca. Por consiguiente, repito, una de dos: o bien nacemos con estos conocimientos y los conservamos todos durante nuestra vida, o bien aquellos de quienes decimos que se instruyen no hacen más que acordarse, y entonces la ciencia es una reminiscencia.
—Así es necesariamente, Sócrates. [...]
—Por tanto, ocurre de este modo, Simias. Si todas estas cosas de que siempre hablamos existen verdaderamente, lo bello, el bien, y todas las demás esencias del mismo orden, si es cierto que nosotros les referimos todas las impresiones de los sentidos como a su tipo primitivo y si es cierto que las comparamos a este tipo, entonces necesariamente, igual que existen todas estas cosas, nuestra alma debe existir también, y debe existir antes de nuestro nacimiento. Pero si estas cosas no existen, todo nuestro razonamiento se derrumba. ¿No es así? ¿Y no es igualmente necesario que si estas cosas existen, nuestras almas existan también antes de nuestro nacimiento, y que si no existen, nuestras almas tampoco?
—Sin duda es igualmente necesario, Sócrates —dijo Simias. Y la consecuencia de todo ello es que nuestra alma existe antes de nuestro nacimiento, como las esencias de que has hablado. Pues, a mi parecer, nada hay más evidente. Todas estas cosas, lo bello, el bien, y las demás cosas de que hablabas, poseen la más alta existencia. Así pues, por mi parte, estoy satisfecho con esta demostración.

VI. La preexistencia de las almas[6]

—El alma que nunca ha visto la verdad no puede revestir la forma humana. En efecto, el hombre debe ejercitarse en comprender según la idea, es decir, elevarse de una multiplicidad de sensaciones a una unidad inteligible. Ahora bien, este acto no es otra cosa que el recuerdo de lo que nuestra alma ha visto antes, cuando seguía a un dios en sus evoluciones, cuando, apartando su mirada de lo que nosotros llamamos ser, levantaba la cabeza hacia el ser verdadero. Por eso es justo que sólo el pensamiento del filósofo tenga alas, puesto que se aplica siempre y en la medida de sus fuerzas a

---

6   R. Verneaux, *Textos de los grandes filósofos. Edad antigua*, Barcelona: Herder, 1982, pp. 46-48.

recordar las esencias a las que el mismo dios debe su divinidad. El hombre que sabe usar estas reminiscencias es iniciado sin cesar en los misterios de la divina perfección, y sólo él se hace realmente perfecto. Apartado de los cuidados que preocupan a los hombres y dedicado a lo divino, el vulgo pretende curarlo de su locura y no ve que está inspirado.

—A este punto quería llegar toda esta explicación sobre la cuarta especie de locura. Cuando un hombre percibe la belleza de aquí abajo y se acuerda de la belleza verdadera, a su alma le crecen alas y desea volar. Pero al advertir su impotencia, eleva como un pájaro los ojos al cielo, deja a un lado las ocupaciones del mundo y ve cómo le llaman insensato. Y así, de todas las clases de entusiasmo, éste es el más magnífico. [...] En efecto, como ya hemos dicho, toda alma humana por naturaleza ha contemplado las realidades: de otro modo no hubiese podido entrar en el cuerpo de un hombre. Pero los recuerdos de esta contemplación no se despiertan en todas las almas con la misma facilidad. Una apenas ha entrevisto las esencias. Otra, después de su caída a la tierra, ha tenido la desgracia de ser llevada a la injusticia por ciertos tratos humanos y de olvidar los sagrados misterios que había contemplado anteriormente. Sólo un pequeño número de almas conservan un recuerdo casi exacto. Estas almas, cuando ven alguna imagen de las cosas del cielo, se llenan de turbación y no pueden contenerse; pero no saben lo que experimentan, porque no pueden analizarse con precisión.

—Sin duda, la justicia, la sabiduría y todos los bienes del alma no brillan en sus imágenes terrestres; apenas la imperfección de nuestros órganos permite a un pequeño número de nosotros que en presencia de estas imágenes reconozcan el modelo que representan. Nos era dado contemplar la belleza con todo su esplendor cuando, unidos al coro de los bienaventurados, íbamos, unos siguiendo a Zeus, los otros siguiendo a otros dioses. Gozábamos entonces del más maravilloso espectáculo. Iniciados en un misterio que podemos llamar bienaventurado, lo celebrábamos, libres de la imperfección y de los males que nos esperaban después. Éramos admitidos a contemplar las esencias perfectas, simples, llenas de calma y felicidad, y las visiones irradiaban del seno de la más pura luz. Y nosotros mismos éramos puros, libres de esta tumba a la que llamamos cuerpo y que arrastramos con nosotros como la ostra arrastra su prisión.

VII. Las formas de gobierno[7]

Extranjero. —Di, pues, que de los tres regímenes políticos el mismo es tanto terriblemente difícil como el más fácil de soportar.
Joven Sócrates. —¿Cómo dices?
Extranjero. —Lo que quiero decir es sólo que la monarquía, el gobierno ejercido por pocos hombres y el ejercido por muchos son, precisamente, los tres regímenes políticos que mencionamos al comienzo de este discurso que ha desbordado su cauce como un torrente.
Joven Sócrates. —Ésos eran los tres, en efecto.
Extranjero. —Y si ahora seccionamos en dos cada uno de ellos, tendremos seis, tras haber discernido al régimen recto y haberlo puesto aparte de éstos como el séptimo.
Joven Sócrates. —¿Cómo?
Extranjero. —De la monarquía resultaban —decíamos— el gobierno real y la tiranía; del gobierno ejercido por quienes no son muchos, por su parte, proceden la aristocracia, cuyo nombre es de buenos auspicios, y la oligarquía. Y, finalmente, al gobierno ejercido por muchos lo considerábamos antes simple, llamándolo "democracia", pero ahora, en cambio, también a él debemos considerarlo doble.
Joven Sócrates. —¿Cómo es eso? ¿Y de qué modo lo dividiremos?
Extranjero —De uno que no difiere de los demás, aunque el nombre de ésta encierra ya un doble significado. Pero el gobernar conforme a leyes y el hacerlo contra las leyes se da tanto en éste como en los restantes regímenes.
Joven Sócrates. —Así es, en efecto.
Extranjero. —Por cierto, en el momento en que estábamos buscando el régimen político recto, este corte no nos era de utilidad, tal como antes lo demostramos. Pero, una vez que a aquél lo exceptuamos y consideramos forzosos a los demás, el hecho de que en éstos se dé la ilegalidad y la legalidad permite seccionar en dos porciones cada uno de ellos.
Joven Sócrates. —Así parece, en virtud de los argumentos que acabas de exponer.
Extranjero. —La monarquía, entonces, cuando está uncida al yugo de esos buenos escritos a los que llamamos leyes, es, de los seis regímenes, el mejor de todos; sin ley, en cambio, es la más difícil y la más dura de sobrellevar.
Joven Sócrates. —Muy posible.

---

7   *Político,* Madrid: Gredos, 1988.

Extranjero. —En cuanto al gobierno ejercido por quienes no son muchos, así como lo poco se halla en el medio entre uno y múltiple, lo consideramos, del mismo modo, intermedio entre ambos extremos. Por su parte, al gobierno ejercido por la muchedumbre lo consideramos débil en todo aspecto e incapaz de nada grande, ni bueno ni malo, en comparación con los demás, porque en él la autoridad está distribuida en pequeñas parcelas entre numerosos individuos. Por lo tanto, de todos los regímenes políticos que son legales, éste es el peor, pero de todos los que no observan las leyes es, por el contrario, el mejor. Y, si todos carecen de disciplina, es preferible vivir en democracia, pero si todos son ordenados, de ningún modo ha de vivirse en ella, sino que de lejos será mucho mejor vivir en el primero, si se exceptúa el séptimo. A éste, en efecto, no cabe duda que hay que ponerlo aparte —como a un dios frente a los hombres— de todos los demás regímenes políticos.

Joven Sócrates. —Es evidente que así son las cosas; procedamos, pues, del modo que dices.

Extranjero. —Por lo tanto, a quienes participan en todos estos regímenes políticos, excepción hecha del individuo que posee la ciencia, hay que excluirlos, dado que no son políticos sino sediciosos y, puesto que presiden las más grandes fantasmagorías, son ellos mismos fantasmas y, por ser los más grandes imitadores y embaucadores, son los más grandes sofistas de entre los sofistas.

VIII. La dialéctica[8]

XIII. —Y yo creo —dije—, con respecto al estudio de todas estas cosas que hemos enumerado, que si se llega por medio de él a descubrir la comunidad y afinidad existentes entre unas y otras y a colegir el aspecto en que son mutuamente afines, nos aportará alguno de los fines que perseguimos y nuestra labor no será inútil; pero en caso contrario lo será.

—Eso auguro yo también —dijo—. Pero es un enorme trabajo el que tú dices, ¡oh Sócrates!

—¿Te refieres al preludio —dije yo o a qué otra cosa? ¿O es que no sabemos que todas estas cosas no son más que el preludio de la melodía que hay que aprender? Pues no creo que te parezca que los entendidos en estas cosas son dialécticos.

---

8   Madrid: Alianza, 2013, edición de J. M. Pabón y M. Fernández Galiano.

—No, ¡por Zeus! —dijo—, excepto un pequeñísimo número de aquellos con los que me he encontrado.
—Pero entonces —dije—, quienes no son capaces de dar o pedir cuenta de nada, ¿crees que sabrán jamás algo de lo que decimos que es necesario saber?
—Tampoco eso lo creo —dijo.
—Entonces, ¡oh Glaucón! —dije—, ¿no tenemos ya aquí la melodía misma que el arte dialéctico ejecuta? La cual, aun siendo inteligible, es imitada por la facultad de la vista, de la que decíamos que intentaba ya mirar a los propios animales, y luego a los propios astros, y por fin, al mismo Sol. E igualmente, cuando uno se vale de la dialéctica para intentar dirigirse, con ayuda de la razón y sin intervención de ningún sentido, hacia lo que es cada cosa en sí, y cuando no desiste hasta alcanzar, con el solo auxilio de la inteligencia, lo que es el bien en sí, entonces llega ya al término mismo de lo inteligible, del mismo modo que aquél llegó entonces al de lo visible.
—Exactamente —dijo.
—¿Y qué? ¿No es este viaje lo que llamas dialéctica? —¿Cómo no?
—Y el liberarse de las cadenas —dije yo— y volverse de las sombras hacia las imágenes y el fuego, y ascender desde la caverna hasta el lugar iluminado por el Sol y no poder allí mirar todavía a los animales ni a las plantas ni a la luz solar, sino únicamente a los reflejos divinos que se ven en las aguas y a las sombras de seres reales, aunque no ya a las sombras de imágenes proyectadas por otra luz que, comparada con el Sol, es semejante a ellas; he aquí los efectos que produce todo ese estudio de las ciencias que hemos enumerado, el cual eleva a la mejor parte del alma hacia la contemplación del mejor de los seres, del mismo modo que antes elevaba a la parte más perspicaz del cuerpo hacia la contemplación de lo más luminoso que existe en la región material y visible.
—Por mi parte —dijo—, así lo admito. Sin embargo, me parece algo sumamente difícil de admitir, aunque es también difícil, por otra parte, el rechazarlo. De todos modos, como no son cosas que hayan de ser oídas solamente en este momento, sino que habrá que volver a ellas otras muchas veces, supongamos que esto es tal como ahora se ha dicho y vayamos a la melodía en sí y estudiémosla del mismo modo que lo hemos hecho con el proemio. Dinos, pues, cuál es la naturaleza de la facultad dialéctica y en cuántas especies se divide y cuáles son sus caminos, porque éstos parece que van por fin a ser los que conduzcan a aquel lugar una vez llegados al cual podamos descansar de nuestro viaje ya terminado.

—Pero no serás ya capaz de seguirme, querido Glaucón —dije— aunque no por falta de buena voluntad por mi parte; y entonces contemplarías, no ya la imagen de lo que decimos, sino la verdad en sí, o al menos lo que yo entiendo por tal. Será así o no lo será, que sobre eso no vale la pena de discutir; pero lo que sí se puede mantener es que hay algo semejante que es necesario ver. ¿No es eso?
—¿Cómo no?
—¿No es verdad que la facultad dialéctica es la única que puede mostrarlo a quien sea conocedor de lo que ha poco enumerábamos, y que no es posible llegar a ello por ningún otro medio?
—También esto merece ser mantenido —dijo.
—He aquí una cosa al menos —dije yo— que nadie podrá afirmar contra lo que decimos, y es que exista otro método que intente, en todo caso y con respecto a cada cosa en sí, aprehender de manera sistemática lo que es cada una de ellas. Pues casi todas las demás artes versan o sobre las opiniones y deseos de los hombres o sobre los nacimientos y fabricaciones, o bien están dedicadas por entero al cuidado de las cosas nacidas y fabricadas. Y las restantes, de las que decíamos que aprehendían algo de lo que existe, es decir, la geometría y las que le siguen, ya vemos que no hacen más que soñar con lo que existe, pero que serán incapaces de contemplarlo en vigilia mientras, valiéndose de hipótesis, dejen éstas intactas por no poder dar cuenta de ellas. En efecto, cuando el principio es lo que uno no sabe y la conclusión y parte intermedia están entretejidas con lo que uno no conoce, ¿qué posibilidad existe de que una semejante concatenación llegue jamás a ser conocimiento?.
—Ninguna —dijo.
XIV. —Entonces —dije yo—, el método dialéctico es el único que, echando abajo las hipótesis, se encamina hacia el principio mismo para pisar allí terreno firme; y al ojo del alma, que está verdaderamente sumido en un bárbaro lodazal, lo atrae con suavidad y lo eleva a las alturas, utilizando como auxiliares en esta labor de atracción a las artes ha poco enumeradas, que, aunque por rutina las hemos llamado muchas veces conocimientos, necesitan otro nombre que se pueda aplicar a algo más claro que la opinión, pero más oscuro que el conocimiento. En algún momento anterior empleamos la palabra "pensamiento"; pero no me parece a mí que deban discutir por los nombres quienes tienen ante sí una investigación sobre cosas tan importantes como ahora nosotros.
—No, en efecto —dijo.

—Pero ¿bastará con que el alma emplee solamente aquel nombre que en algún modo haga ver con claridad la condición de la cosa?
—Bastará.
—Bastará, pues —dije yo—, con llamar, lo mismo que antes, a la primera parte, conocimiento; a la segunda, pensamiento; a la tercera, creencia, e imaginación a la cuarta. Y a estas dos últimas juntas opinión; y a aquellas dos primeras juntas, inteligencia. La opinión se refiere a la generación, y la inteligencia, a la esencia; y lo que es la esencia con relación a la generación, lo es la inteligencia con relación a la opinión, y lo que la inteligencia con respecto a la opinión, el conocimiento con respecto a la creencia y el pensamiento con respecto a la imaginación. En cuanto a la correspondencia de aquello a que estas cosas se refieren y a la división en dos partes de cada una de las dos regiones, la sujeta a opinión y la inteligible, dejémoslo, ¡oh Glaucón!, para que no nos envuelva en una discusión muchas veces más larga que la anterior.
—Por mi parte —dijo—, estoy también de acuerdo con estas otras cosas en el grado en que puedo seguirte.
—¿Y llamas dialéctico al que adquiere noción de la esencia de cada cosa? Y el que no la tenga, ¿no dirás que tiene tanto menos conocimiento de algo cuanto más incapaz sea de darse cuenta de ello a sí mismo o darla a los demás? —¿Cómo no voy a decirlo? —replicó.
—Pues con el bien sucede lo mismo. Si hay alguien que no pueda definir con el razonamiento la idea del bien, separándola de todas las demás, ni abrirse paso, como en una batalla, a través de todas las críticas, esforzándose por fundar sus pruebas no en la apariencia, sino en la esencia, ni llegar al término de todos estos obstáculos con su argumentación invicta, ¿no dirás, de quien es de ese modo, que no conoce el bien en sí ni ninguna otra cosa buena, sino que, aun en el caso de que tal vez alcance alguna imagen del bien, la alcanzará por medio de la opinión, pero no del conocimiento; y que en su paso por esta vida no hace más que soñar, sumido en un sopor de que no despertará en este mundo, pues antes ha de marchar al Hades para dormir allí un sueño absoluto?
—Sí, ¡por Zeus! —exclamó—; todo eso lo diré, y con todas mis fuerzas.
—Entonces, si algún día hubieras de educar en realidad a esos tus hijos imaginarios a quienes ahora educas e instruyes, no les permitirás, creo yo, que sean gobernantes de la ciudad ni dueños de lo más grande que haya en ella mientras estén privados de razón, como líneas irracionales.
—No, en efecto —dijo.

—¿Les prescribirás, pues, que se apliquen particularmente a aquella enseñanza que les haga capaces de preguntar y responder con la máxima competencia posible?
—Se lo prescribiré —dijo—, pero de acuerdo contigo.
—¿Y no crees —dije yo— que tenemos la dialéctica en lo más alto, como una especie de remate de las demás enseñanzas, y que no hay ninguna otra disciplina que pueda ser justamente colocada por encima de ella, y que ha terminado ya lo referente a las enseñanzas?
—Sí que lo creo —dijo.

IX. El arte como imitación[9]

[...] Entre los artífices de esa clase está, sin duda, el pintor; ¿no es así?
—¿Cómo no?
—Y dirás, creo yo, que lo que él hace no son seres verdaderos; y, sin embargo, en algún modo el pintor hace camas también. ¿No es cierto?
—Sí dijo—; también hace una cama de apariencia.
—¿Y qué hace el fabricante de camas? ¿No acabas de decir que éste no hace la idea, que es, según conveníamos, la cama existente por sí, sino una cama determinada?
—Así lo decía.
—Si no hace, pues, lo que existe por sí, no hace lo real, sino algo que se le parece, pero que no es real; y si alguno dijera que la obra del fabricante de camas o de algún otro mecánico es completamente real, ¿no se pone en peligro de no decir verdad?
—No la diría —observó—, por lo menos a juicio de los que se dedican a estas cuestiones.
—No nos extrañemos, pues, de que esa obra resulte también algo oscuro en comparación con la verdad.
—No, por cierto.
—¿Quieres, pues —dije—, que, tomando por base esas obras, investiguemos cómo es ese otro imitador de que hablábamos?
—Si tú lo quieres —dijo.
—Conforme a lo dicho, resultan tres clases de camas: una, la que existe en la naturaleza, que, según creo, podríamos decir que es fabricada por Dios, porque, ¿quién otro podría hacerla?
—Nadie, creo yo.

---

9   Madrid: Alianza, 2013, edición de J. M. Pabón y M. Fernández Galiano.

—Otra, la que hace el carpintero.
—Sí —dijo.
—Y otra, la que hace el pintor; ¿no es así?
—Sea.
—Por tanto, el pintor, el fabricante de camas y Dios son los tres maestros de esas tres clases de camas.
—Sí, tres.
—Y Dios, ya porque no quiso, ya porque se le impuso alguna necesidad de no fabricar más que una cama en la naturaleza, así lo hizo: una cama sola, la cama en esencia; pero dos o más de ellas, ni fueron producidas por Dios, ni hay miedo de que se produzcan.
—¿Cómo así? —dijo.
—Porque si hiciera aunque no fueran más que dos —dije yo—, aparecería a su vez una de cuya idea participarían esas dos, y esta sería la cama por esencia, no las dos otras.
—Exacto —dijo.
—Y fue porque Dios sabe esto, creo yo, y porque quiere ser realmente creador de una cama realmente existente y no un fabricante cualquiera de cualquier clase de camas, por lo que hizo ésa, única en su ser natural.
—Es presumible.
—¿Te parece, pues, que le llamemos el creador de la naturaleza de ese objeto, o algo semejante? —Es justo —dijo—, puesto que ha producido la cama natural y todas las demás cosas de ese orden. —¿Y qué diremos del carpintero? ¿No es éste también artífice de camas?
—Sí.
—Y el pintor, ¿es también artífice y hacedor del mismo objeto?
—De ningún modo.
—Pues ¿qué dirás que es éste con respecto a la cama?
—Creo —dijo— que se le llamaría más adecuadamente imitador de aquello de que otros son artífices.
—Bien —dije—; según eso, ¿al autor de la tercera especie, empezando a contar por la natural, le llamas imitador?
—Exactamente —dijo.
—Pues eso será también el autor de tragedias, por ser imitador: un tercero en la sucesión que empieza en el rey y en la verdad; y lo mismo todos los demás imitadores.
—Tal parece.

—De acuerdo, pues, en lo que toca al imitador pero contéstame a esto otro acerca del pintor: ¿te parece que trata de imitar aquello mismo que existe en la naturaleza o las obras del artífice?
—Las obras del artífice —dijo.
—¿Tales como son o tales como aparecen? Discrimina también esto.
—¿Qué quieres decir? —preguntó.
—Lo siguiente: ¿una cama difiere en algo de sí misma según la mires de lado o de frente o en alguna otra dirección? ¿O no difiere en nada, sino que parece distinta? ¿Y otro tanto sucede con lo demás?
—Eso —dijo—; parece ser diferente, pero no lo es.
—Atiende ahora a esto otro: ¿a qué se endereza la pintura hecha de cada cosa? ¿A imitar la realidad según se da o a imitar lo aparente según aparece, y a ser imitación de una apariencia o de una verdad?
—De una apariencia —dijo.
—Bien lejos, pues, de lo verdadero está el arte imitativo; y según parece, la razón de que lo produzca todo está en que no alcanza sino muy poco de cada cosa y en que esto poco es un mero fantasma. Así, decimos que el pintor nos pintará un zapatero, un carpintero y los demás artesanos, sin entender nada de las artes de estos hombres; y no obstante, si es buen pintor, podrá, pintando un carpintero y mostrándolo desde lejos, engañar a niños y hombres necios con la ilusión de que es un carpintero de verdad.
—¿Cómo no?
—Y creo, amigo, que sobre todas estas cosas nuestro modo de pensar ha de ser el siguiente: cuando alguien nos anuncie que ha encontrado un hombre entendido en todos los oficios y en todos los asuntos que cada uno en particular conoce, y que lo sabe todo más perfectamente que cualquier otro, hay que responder a ese tal que es un simple y que probablemente ha sido engañado al topar con algún charlatán o imitador, que le ha parecido omnisciente por no ser él capaz de distinguir la ciencia, la ignorancia y la imitación.
—Es la pura verdad —dijo.

X. Sobre la escritura[10]

(Theuth mostró sus inventos al rey Thamus, afirmando que deberían darse a conocer ampliamente y ponerse a disposición de los egipcios.)

---

10   *Fedro*, en http://platon.idoneos.com/339014/

Thamus le pregunto por la utilidad de cada uno de ellos y, a medida que Theuth se la explicaba, expresaba su aprobación o desaprobación, según considerara que las afirmaciones del dios estuvieran bien o mal fundadas; llevaría demasiado tiempo reproducir todo lo que, según se cuenta Thamus dijo a favor o en contra de cada uno de los inventos de Theuth. Pero, cuando llegó la escritura, Theuth dijo:

"He aquí un logro, mi rey y señor, que aumentará la sabiduría y la memoria de los egipcios, pues he descubierto una medicina infalible para la memoria y la sabiduría".

A lo que Thamus replicó: "Theuth, paradigma de inventores, el descubridor de un arte no es el juez más apropiado del daño o provecho que aportará a quienes hagan uso de él. Así sucede en este caso; tú, que eres el padre de la criatura, has dejado patente tu afecto hacia tu creación atribuyéndole prácticamente lo contrario de su verdadera función. Porque aquellos que aprendan ese arte dejarán de ejercitar su memoria y se volverán olvidadizos; confiarán en la escritura para traer los recuerdos a su memoria mediante signos exteriores en lugar de mediante sus propios recursos internos. Lo que has descubierto es una medicina para el recuerdo, no para la memoria. Y, por lo que atañe a la sabiduría, tus alumnos tendrán reputación de poseerla, sin que sea verdadera: recibirán mucha información sin la instrucción apropiada y, en consecuencia, se pensará que son muy eruditos, cuando serán en gran medida ignorantes. Y como estarán llenos de la apariencia de la sabiduría, en lugar de la sabiduría verdadera, se convertirán en una carga para la sociedad".

4 ARISTÓTELES

Es difícil decir quién ha influido más en el pensamiento occidental, si Platón o Aristóteles, pero no cabe duda de que este filósofo, nacido en Macedonia, es uno de los más grandes pensadores de todos los tiempos. Durante veinte años fue discípulo de Platón en la Academia. Fue preceptor de Alejandro Magno y fundó el Liceo, que sería la segunda escuela más importante de Atenas. De orientación más científica que su maestro, dirigió numerosas investigaciones y publicó trabajos en casi todas las ramas del saber. Se le considera el inventor de la lógica.

Aristóteles había nacido en el año 384 o 383 a. C. en la ciudad de Estagira, en Macedonia. Su padre, Nicómaco, era médico en la corte del rey Amintas II. Diógenes Laercio nos describe a Aristóteles como "el discípulo más legítimo de Platón, y de voz balbuciente... que tenía las piernas delgadas y los ojos pequeños, que usaba vestidos preciosos y anillos, y que se cortaba la barba y el pelo".

A los diecisiete años, en el 368 a. C., Aristóteles se trasladó a Atenas para estudiar en la Academia, donde permanecería a lo largo de veinte años. A pesar de que la tradición ha querido ver una confrontación entre maestro y discípulo ("soy amigo de Platón, pero soy más amigo de la verdad", se cuenta que dijo una vez Aristóteles), la investigación reciente no encuentra justificada esa historia. Aristóteles habría sido, como dice Diógenes, el discípulo más fiel de Aristóteles, y su pensamiento habría evolucionado poco a poco, hasta desarrollar su propia doctrina, ya al frente del Liceo.

Al morir Platón, en el 347 a. C., su sobrino Espeusipo fue designado como director de la Academia, ya fuera por designación del mismo Platón, o por elección de sus discípulos. Espeusipo orientó la Academia hacia una dirección mística, lo cual no fue del agrado de Aristóteles, y la abandonó (aunque, según otros, el motivo de su salida fue el no haber sido nombrado director).

Al salir de la Academia, Aristóteles se dirigió a Assos, en compañía de Jenócrates, compañero suyo de estudios, y fundó en esa ciudad una escuela. Se hizo muy amigo del tirano de la ciudad, Hermias, y contrajo matrimonio con la hija adoptiva, o sobrina de éste, Pythia. En Assos permaneció tres años. Fue allí donde empezó a desarrollar sus propias ideas.

En el 345 o 344 se trasladó a Mitilene, en la isla de Lesbos. Allí conoció a quien sería el continuador de su obra al frente del Liceo, Teofrasto. Estando en Mitilene fue llamado por Filipo de Macedonia a su corte, para hacerse cargo de la educación de su hijo, el futuro Alejandro Magno. Alejandro tenía trece años; Aristóteles lo educó durante siete u ocho años.

El año 336 o el 335, cuando Alejandro subió al trono, Aristóteles volvió a Atenas. En el 335 a. C. fundó el Liceo, llamado así por estar situado dentro de un recinto dedicado a Apollo Licio. Cuenta Diógenes Laercio que el maestro tenía la costumbre de enseñar mientras caminaba por los amplios jardines del Liceo, por lo cual a los miembros de esta escuela se les conocía como "peripatéticos" (del griego *peripatein*, pasesar), y a la escuela misma, "peripatética".

En el año 338, Filipo de Macedonia había derrotado a los griegos en la batalla de Queronea. Filipo es asesinado por uno de sus generales en el 336 y le sucede en el trono su hijo Alejandro. Las ciudades griegas intentan entonces sacudirse el yugo macedónico, pero Alejandro las derrota definitivamente en el 335. Tras emprender numerosas conquistas en Asia y norte de África, Alejandro muere en el 323, y Aristóteles, temiendo entonces por su vida, se traslada a una propiedad de su madre en Calcis, en la isla de Eubea ("para que los atenienses no vuelvan a pecar contra la filosofía", se cuenta que dijo, en clara referencia a la condena de Sócrates). Muere al año siguiente, de una afección del estómago.

Lógica

Aristóteles fue el gran sistematizador de la lógica. Sus obras en esta materia (*Categorías, Sobre la interpretación, Primeros analíticos, Analíticos posteriores* y *Tópicos*) se consideraron durante siglos como la propedéutica (preparación) para cualquier estudio científico o filosófico. No fue sino hasta el siglo XIX que la lógica avanzó más allá de donde la había dejado Aristóteles.

La lógica aristotélica se ocupa del estudio de los conceptos, los juicios y el razonamiento.

Un concepto es una representación intelectual de algo. No debe confundirse con la imagen o representación figurativa de una cosa. El concepto "reloj", por ejemplo, se refiere a un objeto que da la hora (esa es su esencia), pero ese objeto puede ser de pulsera o de pared, de agujas o de números, de metal o de plástico, de agua, de arena o solar...

En los *Analíticos posteriores*, Aristóteles se refiere a cinco tipos de conceptos. Son estos el género, la especie, la diferencia, el propio y el accidente. Yo puedo referirme, por ejemplo, a la parte que es común a varias especies, como cuando digo "árbol", o bien puedo referirme a una especie concreta ("pino"). También puedo destacar una diferencia entre dos variedades de pino, o una propiedad que acompaña necesariamente a una especie (el aroma del pino, por ejemplo). Por último, puedo referirme a una propiedad como accidente (el color, el tamaño, la forma).

Las propiedades de los conceptos son la extensión (el número de objetos que abarca o a los que se refiere) y la comprensión (sus propiedades). Obviamente, entre mayor es la extensión, menor es la comprensión y viceversa. Así, el concepto de vehículo, por ejemplo, tiene una gran extensión (incluye carros, motos, camiones, camionetas, etc.), pero una comprensión limitada (medio de transporte de personas o cosas), mientras que el concepto motocicleta de 125 c.c., por el contrario, es más reducido en su extensión y más amplio en su comprensión.

Si pensamos en los conceptos como los géneros supremos en los que se pueden clasificar los seres, tenemos las categorías o predicamentos. En sus obras *Categorías* y *Tópicos*, Aristóteles dice que un ser es sustancia (lo que es en sí y no en otro; por ejemplo, un lápiz) o accidente (lo que es en otro y no en sí; por ejemplo, el color amarillo del lápiz). Los accidentes se clasifican en nueve tipos: cualidad, cantidad, relación, acción, pasión, lugar, tiempo, situación, hábito. Así, una sustancia cualquiera (por ejemplo, un gato) puede ser negro (cualidad), medir noventa centímetros de largo (cantidad), pertenecer a una persona (relación), maullar (acción), tener hambre (pasión), estar en la cocina (lugar), a las tres de la tarde (tiempo), sentado (situación o posición), y tener un collar (hábito —del latine *habeo*, tener).

La expresión verbal de un concepto se llama término. Los términos pueden ser unívocos, equívocos o análogos. Unívocos son los términos que remiten a un solo objeto y se aplican siempre con el mismo sentido o significado (por ejemplo, "lapicero"). Equívocos son los que pueden referirse a dos o más cosas distintas ("manzana", por ejemplo, puede referirse a la fruta o a una porción de terreno). Un término se aplica en sentido análogo a una cosa o situación, cuando esa cosa o situación guarda semejanza con el sentido original del término (se dice de una discusión, por ejemplo, que es "acalorada" cuando es agitada, de la misma manera que el calor es una agitación de las partículas).

La relación entre dos conceptos se llama "juicio". Los dos conceptos de que consta un juicio básico con el sujeto (de quien o de lo que se predica algo) y predicado (lo que se afirma o se niega del sujeto). Los juicios se clasifican en varios tipos. Según la cantidad del sujeto, pueden ser universales o particulares. Según la cualidad, afirmativos o negativos. Según la relación entre el sujeto y el predicado, pueden ser categóricos, hipotéticos o disyuntivos. Según el modo en que expresan la relación entre el sujeto y el predicado, pueden ser apodícticos, asertóricos y problemáticos. Cuando se combina la cantidad con la cualidad, los juicios categóricos pueden ser: universal negativo (A, de *Affirmo*; por ejemplo, "todo hombre es mortal"), universal negativo (E, de *nEgo*; "ningún hombre es mortal"), particular afirmativo (I, de *affIrmo*; "algún hombre es mortal"), o particular negativo (O, de *negO*; "algún hombre no es mortal").

La relación entre los juicios categóricos puede ser de contradicción, de contrariedad, de subcontrariedad o de subordinación, según el siguiente cuadro:

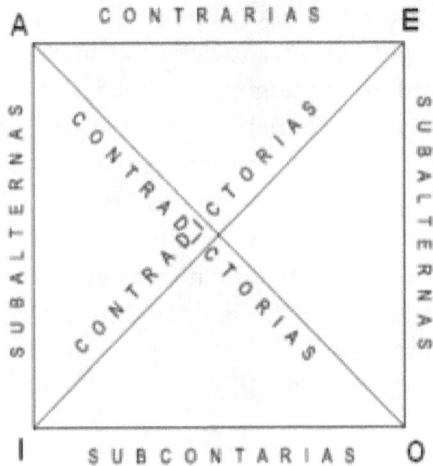

La expresión verbal de un juicio se llama proposición. El acto mental del juicio se puede expresar de distintas formas (en distintas proposiciones, según los idiomas), y una misma proposición se puede referir a distintos juicios (por ejemplo, la proposición "yo soy profesor" será verdadera o falsa según quien sea el sujeto que la emita).

El razonamiento es un encadenamiento de juicios en el que partiendo de una proposición conocida se descubre otra u otras desconocidas. El razonamiento puede ser deductivo, si va de lo general a lo particular, o inductivo, si es lo contrario. Aristóteles se ocupa, sobre todo, del primer tipo de razonamiento.

El razonamiento deductivo puede ser de tres clases: categórico, hipotético y disyuntivo, atendiendo al tipo de juicio (por la relación) que le sirva de punto de partida. Ejemplo de un razonamiento categórico es: "Todos los hombres son mortales. Juan es hombre. Por lo tanto, Juan es mortal". Un razonamiento hipotético es, por ejemplo, el siguiente: "Si ahorras, podrás comprarte un carro. Has ahorrado. Luego, podrás comprarte un carro". Finalmente, un razonamiento disyuntivo es: "Puedes ir de vacaciones a Madrid o a Roma. Vas a Madrid. Entonces, no vas a Roma".

Un silogismo es un razonamiento categórico deductivo mediante el cual, partiendo de dos proposiciones categóricas, inferimos una tercera. El silogismo consta de dos premisas y una conclusión, y contiene tres términos: el término mayor o predicado de la conclusión; el término menor, o sujeto de la conclusión, y el término medio, que es el que se repite en las premisas. La premisa que contiene el predicado de la conclusión se llama premisa mayor; la premisa que contiene el sujeto se llama premisa menor. El término medio puede ser el sujeto o el predicado de la premisa mayor y de la premisa menor. Cada uno de los términos puede ser universal afirmativo o negativo, o particular afirmativo o negativo. Según las anteriores combinaciones, podemos tener 64 tipos distintos de silogismos, de los cuales solo 19 son válidos.

Ejemplo de silogismo categórico:

Todo hombre es mortal	Todo M es P	A
Los guatemaltecos son hombres	Todo S es M	A
Los guatemaltecos son mortales	Todo S es P	A

Según la posición del término medio, los silogismos se clasifican en cuatro figuras:

Primera figura	*Segunda figura*	*Tercera figura*	*Cuarta figura*
M es P	P es M	M es P	P es M
S es M	S es M	M es S	M es S

(La conclusión siempre es S es P.)

Las reglas para determinar la validez de un silogismo son las siguientes: El silogismo no puede tener más de tres términos.
1. Los términos no deben tener mayor extensión en la conclusión que en las premisas.
2. El término medio no puede entrar en la conclusión.
3. El término medio ha de tomarse en su extensión universal por lo menos en una de las premisas.
4. De dos premisas negativas no puede obtenerse conclusión alguna.

5. De dos premisas afirmativas no puede sacarse una conclusión negativa.
6. La conclusión siempre sigue la peor parte. Entendiendo por peor parte, la negativa respecto a la afirmativa y lo particular respecto a lo universal.
7. De dos premisas particulares no se saca conclusión.

La primera regla advierte que cada uno de los términos del silogismo (S, M y P) debe ser tomado en el mismo sentido.

La extensión de los términos se refiere a su universalidad (A o E) o a su particularidad (I u O). El predicado de una proposición afirmativa es particular, mientras que el de una proposición negativa es universal. La segunda regla advierte que los términos no pueden tener mayor extensión en la conclusión que en las premisas. El siguiente silogismo viola esta regla:

Algunos hombres crueles son tacaños   Extensión del predicado: particular

Todos los dentistas son crueles

Ningún dentista es tacaño   Extensión. del predicado: universal

El silogismo anterior también viola la cuarta regla, porque el término medio es particular en ambas premisas (sujeto particular en la primera, y predicado de una proposición afirmativa, en la segunda).

La deducción supone ciertos principios evidentes, que no necesitan demostración. Estos son: el principio de contradicción o de no contradicción (algo no puede ser y no ser al mismo tiempo y en el mismo aspecto), el principio de identidad (todo objeto es igual a sí mismo), el principio del tercero excluido (entre la verdad y la falsedad no cabe una tercera opción) y el principio de igualdad (dos cosas iguales a una tercera son iguales entre sí).

Metafísica

La metafísica de Aristóteles es una reacción a la teoría de las ideas de Platón. Parece que Aristóteles comenzó a desarrollar su propia teoría al salir de la Academia. No hay que ver en esto, sin embargo, ninguna animadversión hacia Platón. Recordemos que ya el propio Platón había criticado la teoría de las ideas en el *Parménides*. Se trata, más bien, de un desarrollo normal del pensamiento de Aristóteles.

Aristóteles estaba de acuerdo con Platón en que en las cosas hay un elemento universal, que es objeto del conocimiento, pero no creía que ese elemento o esencia tuviera una existencia separada e independiente en otro mundo (el mundo de las ideas). Para el Estagirita, hablar de ideas separadas duplicaba innecesariamente la realidad.

Tampoco servían las ideas para explicar el cambio. Si las ideas eran fijas e inmóviles, y las cosas de este mundo eran reflejo de las ideas, también las cosas deberían ser fijas e inmóviles. Pero el hecho es que se transforman y se mueven. ¿De dónde, entonces, procede el movimiento?

En su crítica a la teoría de las ideas, Aristóteles insistirá en argumento del "tercer hombre", que ya había presentado Platón en el *Parménides*. Es una crítica a la existencia de ideas separadas de las cosas. Si un hombre, por ejemplo, es como su idea, esta semejanza debe de basarse en un modelo. Pero la idea de hombre se asemejará al modelo "hombre" en virtud de un tercer modelo, y este tercer modelo guardará semejanza con el segundo gracias a un cuarto modelo, y así, hasta el infinito. No puede ser, por lo tanto, que las ideas estén separadas de las cosas.

En la crítica de Aristóteles a la teoría de las ideas, que presenta en el primer libro de la *Metafísica*, se esboza ya su propuesta de solución al problema: su teoría de las cuatro causas del ser, su hilemorfismo (teoría de la materia y la forma) y su teoría de la potencia y el acto para explicar el movimiento.

Su teoría de las cuatro causas le sirve para explicar cómo surgen las cosas. Todo lo que es generado o producido tiene cuatro causas: material (la materia), formal (la forma o idea), eficiente (el productor o fabricante) y final (el propósito por el cual adviene o se produce). Así, en una escultura, por ejemplo, distinguimos su materia (el mármol), su forma (es una escultura de Zeus), su causa eficiente (el escultor) y su causa final (deleitar, representar al dios). Aristóteles comenta en el primer libro de la *Metafísica* que la causa material la habían buscado los filósofos milesios; Empédocles y Anaxágoras buscaron la causa eficiente (el amor y el odio), mientras que Platón se centró en la causa formal (las ideas). La causa final es su aporte; nadie antes había pensado en ella.

Aristóteles también propone distinguir entre ente sustancial (lo que es en sí y no en otro) y el ente accidental (lo que es en otro y no en sí). Como se vio en la lógica, la sustancia y los nueve tipos de accidente constituyen las categorías o modos de ser de la realidad. En términos lógicos se habla de predicamentos, mientras que en metafísica se llaman categorías.

La sustancia, por lo tanto, es un modo de ser privilegiado. El ser se dice de muchas maneras, pero sobre todo como sustancia. Sustancia es aquello que no se da en un sujeto sino que es ello mismo sujeto, mientras que accidente es lo que tiene su ser en la sustancia. El color, por ejemplo (accidente cualidad) no subsiste; no existe "el blanco", sino cosas blancas; no existen diez centímetros, sino cosas que miden diez centímetros. La inteligencia y la voluntad, por mucho que sean características definitorias de lo humano, no son sustancias, sino accidentes.

Aristóteles distingue, también, entre sustancia primera, que es la cosa concreta, y sustancia segunda, que es la esencia, aquello por lo que conocemos qué es una cosa.

Los entes corpóreos están compuestos, para Aristóteles, de materia (*hylé*) y forma (*morphé*). No hay que pensar en la materia como en algo ya constituido; no hay materia sin forma. Formas puras sí pueden existir (los espíritus), pero la materia siempre tendrá una forma. Materia y forma son coprincipios de los entes corpóreos, solo distinguibles con el entendimiento.

Cuando un cuerpo se transforma, cambia de forma. La materia de un árbol, por ejemplo (la madera), pasa a ser carbón cuando el árbol se quema, y luego ceniza. Pero no existe un momento en el que la materia esté como "esperando" una forma; siempre la materia será materia de algo, siempre tendrá una forma sustancial.

El principio de individuación de los entes corpóreos es la materia. Esto quiere decir que la forma, que es única, se "reproduce" y se individúa gracias a la materia. *Grosso modo*, y aunque la comparación no es exacta, podemos pensar en la forma como en el cuño de una moneda. Podemos acuñar tantas monedas como metal tengamos. Puedo contar las monedas (una por una) por la materia, pero puedo decir qué tipo de monedas son (de Q0.25, de Q1.00…) por su forma.

La esencia de algo es lo que lo hace ser lo que es y no otra cosa. No podemos decir que se identifica con la forma, porque la esencia de los entes corpóreos incluye la materia. Es decir: la esencia de un hombre, por ejemplo, es ser animal (lo corpóreo, la materia) racional (lo espiritual, la forma). La esencia se llama también sustancia segunda. La naturaleza es la misma esencia considerada como principio de operaciones. Así, corresponde a la naturaleza humana trabajar, tener experiencia estética, ayudar al prójimo, etc.

El movimiento lo explica Aristóteles por medio de dos conceptos: ser en acto y ser en potencia. Las cosas no son solo lo que son (en acto) sino que pueden ser o actuar (tienen potencia, pasiva o activa). Así, una persona está en acto en todos los aspectos en los que es, y está en potencia en otros aspectos. Decimos que tiene potencia pasiva de recibir determinaciones; por ejemplo, tiene potencia pasiva de aprender metafísica. Y decimos que tiene potencia activa de producir determinados efectos; por ejemplo, tiene potencia activa de enseñar metafísica.

El movimiento es, precisamente, el tránsito de la potencia al acto. El movimiento, en sí mismo, es un acto: el acto del ente en potencia, en cuanto está en potencia. Una persona, por ejemplo, camina hacia un determinado lugar. Antes de empezar a caminar, está en potencia de estar en otro lugar. Cuando camina, realiza el acto de moverse (el acto del ente en potencia *en cuanto está en potencia*, porque cuando llegue a su destino ya no estará en potencia, sino en acto, aunque, lógicamente, estará en potencia de moverse a otro lugar).

Cosmología

El universo que para Aristóteles es finito y eterno, se encuentra dividido en dos mundos: el mundo sublunar y el mundo supralunar. La Tierra y todo lo que contiene es el mundo sublunar, mientras que la Luna, el Sol, los planetas y las estrellas pertenecen al mundo supralunar. El mundo sublunar está compuesto por los cuatro elementos (tierra, aire, fuego y agua) y está sujeto a la generación y a la corrupción. El mundo supralunar, por el contrario, está formado por una sustancia incorruptible, el éter, que solo está sometido a un tipo de movimiento: el circular.

La Tierra, que es una esfera inmóvil y se encuentra en el centro del universo, está rodeada por distintas esferas, sobre las que giran el Sol, la Luna, los planetas y las estrellas. Las estrellas giran en la última esfera (la esfera estelar) impulsadas por un motor inmóvil. Más allá de la esfera estelar no hay nada.

La cosmología de Aristóteles no es obra enteramente suya, sino que sigue las teorías del astrónomo Eudoxo de Cnido y su discípulo Calipo.

Antropología y psicología

Si para Platón el hombre era, sobre todo su alma, y el cuerpo la cárcel del alma, para Aristóteles el hombre es una sustancia constituida de materia (el cuerpo) y forma (el alma). Cuando el hombre muere, se produce un cambio sustancial: la materia animada (con ánima, alma), pasa a tener forma de cadáver. El alma, por lo tanto, no subsiste. A diferencia de los espíritus o formas puras, el alma humana está llamada a ser forma de un cuerpo, y cuando el hombre muere, se transforma: pierde su forma (su alma).

A pesar de lo anterior, en el tratado Sobre el alma, Aristóteles dice que la parte activa del entendimiento es inmortal. Se ha discutido mucho si con esto Aristóteles quiere decir que el alma humana es inmortal, o si esta "parte activa del entendimiento" se identifica con Dios (y de ahí su inmortalidad).

Aristóteles habla de tres tipos de alma: alma vegetativa, que realiza las funciones de nutrición y reproducción (es el alma de las plantas); alma sensitiva (el alma de los animales), que, además de las funciones del alma vegetativa controla la percepción sensible, el deseo y el movimiento local; y alma racional, que es el alma del hombre. Gracias a su alma el hombre es capaz de conocer la verdad teórica y de deliberar con fines prácticos (conocimiento científico y prudencia, respectivamente). En *Sobre el alma*, Aristóteles define al hombre como animal racional, mientras que en la *Política* lo define como animal social o político.

Teoría del conocimiento

Aristóteles coincide con Platón en que el verdadero conocimiento es de lo universal, no de lo particular. Pero Aristóteles ve lo universal en cada cosa (es su esencia) y no como separada de ella (la idea). El hombre conoce por abstracción, no por recordación: el entendimiento paciente recibe la imagen sensible y el entendimiento agente realiza la separación de materia y forma, quedándose con esta última. El resultado de la abstracción es el concepto: la representación intelectual de la esencia.

Existen varios niveles de conocimiento. El más bajo es el conocimiento sensible; el más alto, el conocimiento por las causas (saber o ciencia).

El saber puede ser de tres tipos: el saber productivo (*episteme poietiké*), o saber hacer cosas, instrumentos; el saber práctico (*episteme praktiké*), o sea, el saber qué es lo que conviene hacer para llevar una vida recta; y el saber teórico o contemplativo (*episteme theoretiké*), que busca conocer la causa y finalidad de las cosas (es la forma más alta de conocimiento, conduce a la sabiduría).

Ética

Toda acción, dice Aristóteles en la Ética Nicomáquea, se hace con vistas a un fin, y se pregunta: ¿habrá un fin último, algo que no sea un medio para otra cosa, sino algo buscado en sí mismo? Lo que se busca como fin último, responde Aristóteles, es la felicidad. Pero no todos los hombres tienen la misma concepción de la felicidad. Para unos, la felicidad consiste en llevar una vida placentera; para otros, consiste en las riquezas, y para otros en el poder. ¿Es posible descubrir en qué consiste la verdadera felicidad?

Todas las cosas tienen una función propia, y el cumplimiento excelente de esa función propia constituye su virtud (*areté*). Así, un caballo debe correr bien; un cuchillo, cortar bien. El hombre, en cuanto hombre, también tiene una función propia; si actúa conforme a esa función propia será un "buen" hombre, y será un "mal" hombre en caso contrario. La felicidad consiste en realizar de manera excelente la función propia. Decir que alguien es "virtuoso" es lo mismo que decir que es excelente en el cumplimiento de su función propia. Los vicios apartan de ese cumplimiento, y corrompen al hombre.

¿Y cuál es la función propia del hombre? El hombre es una sustancia compuesta de alma y cuerpo; por lo tanto, hay unas virtudes propias de las tendencias apetitivas y unas virtudes propias de las tendencias intelectivas. Las primeras se llaman virtudes éticas (de *ethos*, carácter), y las segundas, virtudes dianoéticas (propias de la *diánoia*, el pensamiento).

La virtud es el hábito de decidir bien entre dos extremos igualmente viciosos. Dice Aristóteles:

> *La virtud es, por tanto, un hábito selectivo, consistente en una posición intermedia para nosotros, determinada por la razón y tal como la determinaría el hombre prudente. Posición intermedia entre dos vicios, el uno por exceso y el otro por defecto. Y así, unos vicios pecan por defecto y otros por exceso de lo debido en las pasiones y en las acciones, mientras que la virtud encuentra y elige el término medio. Por lo cual, según su sustancia y la definición que expresa su esencia, la virtud es*

medio, pero desde el punto de vista de la perfección y del bien, es extremo (Aristóteles, Ética a Nicómaco, libro 2, 6).

El término medio, obviamente, no es de la cosa, sino lo que es más conveniente para cada uno.

Aristóteles no da una lista de virtudes éticas; le parece a él que es a través de la experiencia como se va formando el hábito de hacer buenas elecciones. En todo caso, debemos tomar nuestras decisiones como lo haría el hombre prudente. La ética no es una ciencia exacta, pero esto no significa que sea relativa.

Las virtudes intelectuales o dianoéticas son la prudencia o racionalidad práctica (*phrónesis*) y la sabiduría propiamente dicha (*sophía*). La prudencia nos ayuda a elegir los medios más adecuados para llevar una vida recta y alcanzar la felicidad, y mediante la sabiduría conocemos el bien y la verdad, así como las causas últimas de las cosas. Según Aristóteles, la contemplación de la verdad es la función más propia del hombre, ya que lo que lo diferencia de los animales es la racionalidad; por lo tanto, la felicidad más pura se encuentra en el ejercicio de la sabiduría.

Política

El interés de Aristóteles por la política fue más teórico que práctico. Al Estagirita le interesa determinar las características que ha de tener la sociedad para que el hombre alcance su fin. Contrariamente a Platón, quien construye un modelo de la sociedad ideal, Aristóteles lleva a cabo una investigación empírica de las leyes que de hecho funcionan en las diversas ciudades griegas (*Constituciones*), aunque también hace un esbozo de lo que para él es una sociedad ideal (libros 7 y 8 de la *Política*).

Al igual que Platón, Aristóteles sostiene que el hombre es sociable por naturaleza, y que la sociedad es anterior al individuo y a la familia, lógica e históricamente. El hombre, pues, es un *zoon politikon*, un animal social, que necesita de los demás hombres para sobrevivir.

La familia es "la comunidad establecida por la naturaleza para la convivencia de todos los días" (*Política*). La unión de familias constituye la aldea, y la unión de aldeas da origen a la ciudad, que es la forma de organización social más perfecta.

Que el hombre naturalmente sociable se prueba, también, por el lenguaje. El lenguaje es el medio básico de comunicación entre las personas, y sería absurdo que la naturaleza nos hubiera dotado de ese medio si no lo empleáramos para comunicarnos. Y la comunicación implica intercambio de bienes y servicios; es decir, la vida social.

> *El porqué sea el hombre un animal político, más aún que las abejas y todo otro animal gregario, es evidente. La naturaleza —según hemos dicho— no hace nada en vano; ahora bien, el hombre es entre los animales el único que tiene palabra (Política, libro 1, 1).*

Aristóteles, al igual que Platón, considera que el fin de la comunidad política es garantizar el bien supremo para el hombre, es decir, su vida moral e intelectual. Por lo tanto, leyes justas son las que fomentan la vida virtuosa, e injustas las que entorpecen la práctica de la virtud.

En cuanto a las relaciones domésticas, Aristóteles es hijo de su tiempo, y piensa que es natural que el hombre tenga preeminencia sobre la mujer, los padres sobre los hijos, y los amos sobre los esclavos. Aristóteles llega a decir que la mujer es un "hombre incompleto", y que algunos han nacido para ser esclavos.

Respecto a la actividad económica, considera que hay una forma natural de enriquecimiento que es la derivada de las actividades tradicionales de pastoreo, caza, pesca y agricultura. Tiene dudas acerca de que el trueque sea una actividad natural, y considera que el préstamo con interés no es natural.

Aristóteles era monárquico, aunque pensaba que también la aristocracia y la democracia podían ser buenas formas de gobierno. La tiranía es la corrupción de la monarquía, la oligarquía de la aristocracia y la demagogia de la democracia.

TEXTOS

I. Ética y política[1]

"Felicidad"

Texto 1: "[...] Digamos [...] cuál es el supremo entre todos los bienes que pueden realizarse. Casi todo el mundo está de acuerdo en cuanto a su nombre, pues tanto la multitud como los refinados dicen que es la felicidad [*eudaimonía*], y admiten que vivir bien y obrar bien es lo mismo que ser feliz. Pero acerca de qué es la felicidad, dudan y no lo explican del mismo modo el vulgo y los sabios. Pues unos creen que es alguna de las cosas visibles y manifiestas, como el placer o la riqueza o los honores; otros, otra cosa; a menudo, incluso una misma persona opina cosas distintas: si está enfermo, la salud; si es pobre, la riqueza; [...] Pero algunos creen que, aparte de toda esta multitud de bienes, hay algún otro que es bueno por sí mismo y que es la causa de que todos aquéllos sean bienes" (Aristóteles, *Ética a Nicómaco*, 1095a, trad. de M. Araujo y J. Marías, Centro de Estudios Constitucionales, Madrid, 1989, p. 3).

Texto 2: "Llamamos más perfecto al fin que se persigue por sí mismo que al que se busca por otra cosa [...]. Tal parece ser eminentemente la felicidad, pues la elegimos siempre por ella misma y nunca por otra cosa, mientras que los honores, el placer, el entendimiento y toda virtud los deseamos ciertamente por sí mismos (pues aunque nada resultara de ellas, desearíamos todas estas cosas), pero también los deseamos en vista de la felicidad, pues creemos que seremos felices por medio de ellos" (*Ética a Nicómaco*, 1097b, cit., p. 7-8).

Texto 3: "Parece cierto y reconocido que la felicidad es lo mejor, y, sin embargo, sería deseable mostrar con mayor claridad qué es. Acaso se lograría esto si se comprendiera la función [*ergon*] del hombre. En efecto, del mismo modo que en el caso de un flautista, de un escultor y de todo artífice, y en general de los que hacen alguna obra o actividad, parece que lo bueno y el bien están en la función, así parecerá también en el caso del hombre si hay alguna función que le sea propia. [...] ¿Y cuál será ésta finalmente? Porque el vivir parece también común a las plantas, y se busca lo específico del hombre. Hay que dejar de lado, por tanto, la vida de nutrición y

---

[1] Fuente: personal.us.es/contrera/textosaristo.doc

crecimiento. Vendría después la sensitiva, pero parece que también ésta es común al caballo, al buey y a todos los animales. Queda, por último, cierta vida activa propia del ente que tiene razón; [...] Siendo esto así, decimos que la función del hombre es una cierta vida, y ésta una actividad del alma y acciones razonables, [...] y cada una se realiza bien según la virtud adecuada; y, si esto es así, el bien humano es una actividad del alma conforme a la virtud [...], y además en una vida entera. Porque una golondrina no hace verano, ni un solo día, y así tampoco hace venturoso y feliz un solo día o un poco tiempo" (*Ética a Nicómaco*, 1097b-1098a, cit., pp. 8-9).

Texto 4: "La vida de éstos [los que practican la virtud] no necesita en modo alguno del placer como de una especie de añadidura, sino que tiene el placer en sí misma. [...] Las acciones de acuerdo con la virtud serán por sí mismas agradables. [...] Por tanto, lo mejor, lo más hermoso y lo más agradable es la felicidad, y estas cosas no están separadas [...], sino que se dan todas juntas en las actividades mejores" (*Ética a Nicómaco*, 1099a, cit., p. 11).

Texto 5: "Es claro, no obstante, que [el hombre feliz-virtuoso] necesita además de ciertos bienes exteriores; pues es imposible o no es fácil hacer el bien cuando se está desprovisto de recursos. Muchas cosas, en efecto, se consiguen mediante los amigos y la riqueza y el poder político. Y la falta de algunas cosas empaña la felicidad: por ejemplo, la falta de nobleza de linaje, así como la carencia de buenos hijos o de belleza. Pues no puede ser feliz del todo aquel cuyo aspecto sea completamente repulsivo, o sea mal nacido [de clase inferior], o viva solo y sin hijos, y quizá menos aún aquel cuyos hijos o amigos fueran absolutamente depravados, o, siendo buenos, hubiesen muerto. Por consiguiente, la felicidad parece necesitar también de esta clase de prosperidad, y por eso algunos identifican la buena suerte con la felicidad, en tanto que otros la identifican con la virtud" [Y ambos —pretende decir Aristóteles— tienen parte de razón. Para alcanzar la eudaimonía es preciso practicar la virtud, pero también es necesario un mínimo de "buena suerte"] (*Ética a Nicómaco*, 1099a-1099b, cit., p. 11).

Texto 6: "Se discute también si la felicidad es algo que puede aprenderse o adquirirse por costumbre o ejercicio, o si sobreviene por algún destino divino o incluso por fortuna. Pues si alguna otra cosa es un don de los dioses a los hombres, es razonable que también lo sea la felicidad, y tanto más cuanto que es la mejor de las cosas humanas. Pero esto sería acaso más propio de otra investigación. Parece que aun cuando no sea enviada por los dioses, sino que sobrevenga mediante la virtud y cierto aprendizaje o ejercicio, se cuenta entre las cosas más divinas. [...] Pero si es mejor ser feliz así que por la fortuna, es razonable que sea de esta manera [...] Por otra parte, sería un gran error dejar a la fortuna lo más grande y hermoso" (*Ética a Nicómaco*, 1099b, cit., p. 12).

Texto 7: "Tiene sentido que no llamemos feliz al buey, ni al caballo, ni a ningún otro animal, pues ninguno de ellos es capaz de participar de tal actividad [la práctica de las virtudes]. Y por la misma causa tampoco el niño es feliz: pues por su edad no puede practicar tales cosas [...]. Pues la felicidad requiere, como dijimos, una virtud perfecta y una vida entera; pues ocurren muchos cambios y azares de todo género a lo largo de la vida, y es posible que el más próspero caiga a la vejez en grandes calamidades, como se cuenta de Príamo en los poemas troyanos, y nadie estima feliz al que ha sufrido tales azares y ha acabado miserablemente" (*Ética a Nicómaco*, 1100a, cit., p. 12).

Texto 8: "¿Es acaso el hombre feliz después de su muerte? ¿No es esto completamente absurdo, sobre todo para nosotros que decimos que la felicidad consiste en cierta actividad? [...] [Pero] parece que para el hombre muerto existen también un mal y un bien, pero no se da cuenta de ellos: por ejemplo, honores, deshonras, prosperidad o infortunio de sus hijos y en general de sus descendientes. [...] Pues al que ha vivido venturoso hasta la vejez y ha muerto de modo análogo, pueden ocurrirle muchos cambios en sus descendientes, ser algunos de ellos buenos y alcanzar la vida que merecen, y otros al contrario [...]. Sería, en verdad, absurdo pensar que con ellos cambia también el muerto, siendo tan pronto feliz como desgraciado; pero también es absurdo suponer que las cosas de los hijos pueden en algún momento [incluso tras la muerte] dejar de interesar a los padres" (*Ética a Nicómaco*, 1100a, cit., p. 13).

Texto 9: "Si los tiranos, por no haber gustado nunca un placer puro y libre, se entregan a los del cuerpo, no se ha de pensar por ello que éstos son preferibles: también los niños creen que lo que ellos estiman es lo mejor. [...] De modo que, como hemos dicho muchas veces, es valioso y agradable lo que lo es para el [hombre] bueno, [...], [es decir], la actividad conforme a la virtud. La felicidad, por tanto, no está en la diversión [que es a lo que se entregan los tiranos]. Sería en verdad absurdo que el fin del hombre fuera la diversión y que se ajetreara y padeciera toda la vida por divertirse. [...] La vida feliz es la que es conforme a la virtud: vida de esfuerzo serio, y no de juego" (*Ética a Nicómaco*, 1176b-1177a, cit., p. 165).

Texto 10: "Si la felicidad es una actividad conforme a la virtud, es razonable que sea [...] [una actividad] de lo mejor que hay en el hombre. [...] [Es decir, una actividad del] entendimiento, [...] [que es] lo más divino que hay en nosotros. La cual es una actividad contemplativa [...]. Esta actividad es la más excelente (pues también lo es el entendimiento entre todo lo que hay en nosotros [...]); además, es la más continua, pues podemos contemplar continuamente más que hacer cualquier otra cosa. Y [...] la búsqueda de la verdad es, de común acuerdo, la más agradable de las actividades conforme a la virtud; [...] la filosofía encierra placeres admirables por su pureza y por su firmeza [...]. Además, la suficiencia o autarquía se dará sobre todo en la actividad contemplativa: en efecto, [...] el sabio, aun estando solo, puede practicar la contemplación, y cuanto más sabio sea, más; quizá lo hace mejor si tiene quienes se entreguen con él a la misma actividad; pero, con todo, es el que más se basta a sí mismo" (*Ética a Nicómaco*, 1177a, cit., pp. 165-166).

Texto 11: "Lo que es propio de cada uno por naturaleza es también lo más excelente y lo más agradable para cada uno; para el hombre lo será, por tanto, la vida conforme a la mente, ya que eso es primariamente el hombre. Esta vida será también, por consiguiente, la más feliz" (*Ética a Nicómaco*, 1178a, cit., p. 167).

Technê, phronesis

Texto 12: "Toda técnica [technê] versa sobre el llegar a ser, y sobre el idear y considerar cómo puede producirse o llegar a ser algo que es susceptible tanto de ser como de no ser [...]. En efecto, la técnica no tiene que ver con las cosas que son o se producen necesariamente, ni con las que son o se producen de una manera natural [...]" (*Ética a Nicómaco*, 1140a, cit., p. 92).

Texto 13: "Parece propio del hombre prudente [*phronimos*] el poder discurrir bien sobre lo que es bueno y conveniente para él mismo, no en un sentido parcial, por ejemplo, para la salud o para la fuerza, sino para vivir bien en general" (*Ética a Nicómaco*, 1140a, cit., p. 92).

Libertad y virtud

Texto 14: "Está en nuestra mano hacer lo bueno y lo malo, e igualmente el no hacerlo. [...] Está en nuestro poder el ser virtuosos o viciosos [...]. De esto parecen dar testimonio tanto cada uno en particular como los propios legisladores: efectivamente, imponen castigos a todos los que han cometido malas acciones [...], y en cambio honran a los que hacen el bien, para estimular a éstos e impedir obrar a los otros" (*Ética a Nicómaco*, 1113b, cit., p. 39).

Texto 15: "Los hombres mismos son causantes de su modo de ser [...]. Esto es evidente en los que se entrenan para cualquier certamen o actividad: se ejercitan todo el tiempo. Desconocer que el practicar unas cosas u otras es lo que produce los hábitos es, pues, propio de un perfecto insensato. [...] El injusto y el licencioso podían en un principio no llegar a serlo, y por eso lo son voluntariamente; pero una vez que han llegado a serlo, ya no está en su mano no serlo. Como tampoco el que ha arrojado una piedra puede ya recobrarla; sin embargo, estaba en su mano no lanzarla, porque el principio estaba en él" (*Ética a Nicómaco*, 1114a, cit., p. 40).

Texto 16: "Cada uno es en cierto modo causante de su propio carácter" (*Ética a Nicómaco*, 1114b, cit., p. 40).

Texto 17: "Las virtudes [...] son términos medios y hábitos, generados por acciones que dependen de nosotros y son voluntarias, y que a su vez tienden a reproducir estas acciones. Pero las acciones no son voluntarias del mismo modo que los hábitos; de nuestras acciones somos dueños desde el principio hasta el fin [...]; de nuestros hábitos [somos dueños sólo] al principio, pero su incremento no es perceptible, como ocurre con las dolencias" (*Ética a Nicómaco*, 1114b-1115a, cit., p. 41).

Valentía

Texto 18: "El valor [...] es un término medio entre la cobardía y la temeridad [...]. Ahora bien, lo más temible es la muerte: es una terminación [...] Pero tampoco parece que el valiente lo sea ante la muerte en todos los casos: por ejemplo, en el mar o en las enfermedades. ¿En qué casos entonces [debe el valiente dominar su temor a la muerte]? ¡Sin duda en los más nobles! Tales son los de la guerra: ese riesgo es, en efecto, el mayor y el más noble [...]. En el más alto sentido se llama, pues, valiente al que no tiene miedo de una muerte gloriosa [en el campo de batalla]" (*Ética a Nicómaco*, 1115a, cit., p. 42).

Texto 19: "La muerte y las heridas serán penosas para el valiente y contra su voluntad, pero las soportará porque es hermoso [asumirlas], y porque es vergonzoso no hacerlo. Y cuanto más virtuoso y feliz sea, tanto más penosa le será la muerte, pues para un hombre así la vida es más preciosa que para nadie [...] Pero no por eso será menos valiente [...] Así pues, no todas las virtudes pueden practicarse con placer" (*Ética a Nicómaco*, 1117b, cit., p. 46-47).

Justicia

Texto 20: "De la justicia parcial [pues la justicia "total" consiste en la práctica de todas las demás virtudes], una especie [llamada "justicia distributiva"] es la que se practica en las distribuciones de honores, o dinero o cualquier otra cosa que se reparta entre los que tienen parte en el régimen, [...] y otra especie [la "justicia sinalagmática"] es la que regula o corrige los modos de intercambio o trato. Esta última tiene dos partes, pues unos modos de trato son voluntarios, como la compra, la venta, el préstamo de dinero, la fianza, [..], y otros involuntarios. Y de estos últimos, unos son clandestinos, como el robo, el adulterio, el envenenamiento [...], y otros son violentos, como el ultraje, el rapto, el homicidio [...]" (*Ética a Nicómaco*, 1130b-1131a, cit., p. 73-74).
Texto 21: "Todos están de acuerdo en que la justicia distributiva debe consistir en la conformidad de la distribución con determinados méritos, si bien no todos coinciden en cuanto al mérito mismo, pues los democráticos lo ponen en la libertad, los oligárquicos en la riqueza o nobleza, y los aristocráticos en la virtud. Lo justo es, pues, una proporción [entre el mérito acumulado y la porción distributiva recibida]" (*Ética a Nicómaco*, 1131a, cit., p. 74).

Equidad

Texto 22: "Hemos de hablar ahora de la equidad [epiekeia] [...] Lo equitativo es justo, pero no en el sentido de la ley, sino como una rectificación de la justicia legal. La causa de ello es que toda ley es universal, y hay cosas que no se pueden tratar rectamente de un modo universal. [...] Por tanto, cuando la ley se expresa universalmente y surge a propósito de esa cuestión algo que queda fuera de la formulación universal, entonces está bien, allí donde no alcanza el legislador [...], corregir la omisión, [añadiendo] aquello que el legislador mismo habría dicho si hubiera estado allí y habría hecho constar en la ley si hubiera sabido" (*Ética a Nicómaco*, 1137b, cit., p. 86-87).

Texto 23: "La asociación natural y permanente es la familia [...]. La asociación de muchas familias [...] es la aldea [...]. La asociación de muchas aldeas forma un Estado [polis] completo, que llega, si puede decirse así, a bastarse absolutamente a sí mismo, teniendo por origen las necesidades de la vida, y debiendo su subsistencia al hecho de ser éstas satisfechas" (Aristóteles, *Política*, I, 1, trad. de P. de Azcárate, Espasa-Calpe, Madrid, 1985, pp. 22-23).

El hombre como animal político; el Estado

Texto 24: "La ciudad [el Estado] no consiste en la comunidad de domicilio, ni en la garantía de los derechos individuales, ni en las relaciones mercantiles y de intercambio. Estas condiciones preliminares son muy indispensables para que la ciudad exista; pero, aun suponiéndolas reunidas, la ciudad no existe todavía. La ciudad es la asociación para el bienestar y la virtud, para bien de las familias y de las diversas clases de habitantes, para alcanzar una existencia completa que se basta a sí misma. [...] Y así, la asociación política tiene ciertamente por fin la virtud y la felicidad de los individuos, y no sólo la vida común" (*Política*, III, 5, cit., p. 90-91).

Texto 25: "Así, el Estado procede siempre de la naturaleza, lo mismo que las primeras asociaciones [la familia y la aldea], cuya culminación última es el Estado. Porque la naturaleza de una cosa es precisamente su fin, y lo que es cada uno de los seres cuando ha alcanzado su completo desenvolvimiento se dice que es su naturaleza propia [...]. De donde se concluye evidentemente que el Estado es un hecho natural, que el hombre es un ser naturalmente sociable, y que el que vive fuera de la sociedad [...] es, ciertamente, o un ser degradado, o un ser superior a la especie humana [un dios]" (*Política*, I, 1, cit., p. 23).

Texto 26: "La naturaleza no hace nada en vano. Pues bien, ella concede la palabra [el lenguaje] al hombre exclusivamente. [...] La palabra ha sido concedida para expresar el bien y el mal, lo justo y lo injusto, y el hombre tiene esto de especial entre todos los animales: que sólo él percibe el bien y el mal, lo justo y lo injusto, y todos los sentimientos del mismo orden cuya asociación constituye precisamente la familia y el Estado" (*Política*, I, 1, cit., p. 23-24).

Texto 27: "No puede ponerse en duda que el Estado está naturalmente sobre la familia y sobre cada individuo, porque el todo es necesariamente superior a la parte. Pues una vez destruido el todo, ya no hay partes, no hay pies, no hay manos [...]" (*Política*, I, 1, cit., p. 24).

Esclavitud

Texto 28: "La naturaleza [...] ha creado a unos seres para mandar, y a otros para obedecer. Ha querido que el ser dotado de razón y de previsión mande como dueño, y también que el ser capaz por sus facultades corporales de ejecutar las órdenes, obedezca como esclavo. Y, de esta suerte, el interés del señor y del esclavo se confunden" (*Política*, I, 1, cit., p. 22).

Texto 29: "Los poetas no se engañan cuando dicen: Sí, el griego tiene derecho a mandar sobre el bárbaro [Eurípides, Ifigenia, V, 1400]. Pues la naturaleza ha querido que bárbaro y esclavo fueran una misma cosa" (*Política*, I, 1, cit., p. 22).

Texto 30: "Cuando uno es inferior a sus semejantes, tanto como lo son el cuerpo respecto del alma y el animal respecto del hombre —y tal es la condición de aquellos en quienes el empleo de las fuerzas corporales es el mejor y único partido que puede sacarse de su ser— se es esclavo por naturaleza. Estos hombres [...] no pueden hacer cosa mejor que someterse a la autoridad de un señor. [...] La utilidad de los animales domesticados y la de los esclavos son poco más o menos del mismo género" (*Política*, I, 2, cit., p. 27).

Leyes

Texto 31: "La consecuencia más evidente que se desprende de nuestra discusión es que la soberanía debe pertenecer a las leyes fundadas en la razón, y que el magistrado, único o múltiple, sólo debe ser soberano en aquellos puntos en que la ley no ha dispuesto nada por la imposibilidad de precisar en reglamentos generales todos los pormenores" (*Política*, III, 6, cit., p. 94-95).

Texto 32: "Es preciso preferir la soberanía de la ley a la de uno de los ciudadanos. Y, por este mismo principio, si el poder debe ponerse en manos de muchos, sólo se les debe hacer guardianes y servidores de la ley. [...] Cuando se reclama la soberanía de la ley, se pide que la razón reine a la par que las leyes. En cambio, pedir la soberanía para un rey es hacer soberanos al hombre y a la bestia, porque los atractivos del instinto y las pasiones del corazón corrompen a los hombres cuando están en el poder, incluso a los mejores. La ley, por el contrario, es la inteligencia sin las ciegas pasiones" (*Política*, III, 11, cit., p. 106).

Texto 33: "Hay leyes fundadas en las costumbres que son mucho más poderosas e importantes que las leyes escritas. Y, si es posible que se encuentren en la voluntad de un monarca más garantías que en la ley escrita, seguramente se encontrarán menos que en estas leyes, cuya fuerza descansa por completo en las costumbres" (*Política*, III, 11, cit., p. 107).

Formas de gobierno

Texto 34: "Todas las constituciones hechas en vista del interés general son puras [...]; y todas las que sólo tienen en cuenta el interés personal de los gobernantes están viciadas en su base, y no son más que una corrupción de las buenas constituciones. Estas últimas se aproximan al poder del señor sobre el esclavo, siendo así que la ciudad [debe ser] una asociación de hombres libres" (*Política*, III, 4, cit., p. 86-87).

Texto 35: "Cuando el gobierno de uno solo tiene por objeto el interés general, se le llama monarquía. Con la misma condición, al gobierno de la minoría [...] se le llama aristocracia [= "gobierno de los mejores"]; y se la denomina así, ya porque el poder está en manos de los hombres de bien, y porque el poder no tiene otro fin que el mayor bien del Estado y de los asociados. Por último, cuando la mayoría gobierna en bien del interés general, al gobierno [...] se le llama república [*politeia*]" (*Política*, III, 5, cit., p. 87).

Texto 36: "Las desviaciones de estos gobiernos son: la tiranía, que es la corrupción de la monarquía; la oligarquía, que lo es de la aristocracia; la demagogia [*demokratía*], que lo es de la república. La tiranía es una monarquía que sólo tiene por fin el interés general del monarca; la oligarquía tiene en cuenta tan sólo el interés particular de los ricos; la demagogia, el de los pobres. Ninguno de estos gobiernos piensa en el interés general" (*Política*, III, 5, cit., p. 88).

Texto 37: [Sobre el "régimen mixto"]: "Tomando algunos principios de estas dos constituciones tan opuestas [la oligarquía —Aristóteles ha pasado aquí a usar el término en sentido neutro o genérico, abarcando indistintamente a la aristocracia y la oligarquía en sentido estricto— y la democracia], hemos de formar la república como se forma un símbolo amistoso, uniendo las partes separadas. Hay diversos modos posibles de combinación y de mezcla. [...] [Uno de ellos] consiste en tomar un término medio entre las disposiciones adoptadas por oligarquía y las de la democracia. En un lado [la democracia], por ejemplo, el derecho de entrar en la asamblea política se adquiere sin ninguna condición de riqueza, [...]; en el otro [la democracia], por el contrario, se exige una renta extremadamente elevada. El término medio consiste en no adoptar ninguna de estas tasas, y tomar el medio proporcional entre los dos. [...] [Otro modo de combinación consiste en] tomar, a la vez, de la ley oligárquica y de la democrática. Y así, el uso del sorteo para la designación de los magistrados es una institución democrática. El principio de la elección, por el contrario, es oligárquico. De otra parte, no exigir renta para el desempeño de las magistraturas es democrático, y el exigirlo es oligárquico. La constitución mixta aceptará estas dos disposiciones, tomando de la oligarquía la elección, y de la democracia la suspensión del censo. He aquí como pueden combinarse la oligarquía y la democracia" (*Política*, VI, 7, cit., p. 173-174). Texto 38: [Un ejemplo de democracia y otro de oligarquía]: "Se puede citar como ejemplo [de democracia] la constitución de Lacedemonia. [...] Efectivamente, se descubren en ella muchos elementos democráticos: por ejemplo, la educación común de los hijos, que es exactamente la misma para los de los ricos que para los de los pobres; la igualdad, que continúa en la edad adulta, sin distinción alguna entre el rico y el pobre; la igualdad perfecta en las comidas en común; la identidad de trajes, que hace que el rico ande vestido como un pobre cualquiera; en fin, la intervención del pueblo en las grandes magistraturas [senadores y éforos]. Por otra parte, se sostiene que la constitución de Esparta es una oligarquía, porque realmente encierra muchos elementos oligárquicos: así, los cargos públicos son todos electivos y no se confiere ni uno solo a la suerte; y algunos magistrados, pocos en número, acuerdan soberanamente el destierro o la muerte [de los condenados]" (*Política*, VI, 7, cit., p. 174).

II. Metafísica[2]

Libro primero, capítulo 1

Naturaleza de la ciencia; diferencia entre la ciencia y la experiencia.

Todos los hombres tienen naturalmente el deseo de saber. El placer que nos causan las percepciones de nuestros sentidos son una prueba de esta

---

2   Fuente: http://www.filosofia.org/cla/ari/azc10.htm

verdad. Nos agradan por sí mismas, independientemente de su utilidad, sobre todo las de la vista. En efecto, no sólo cuando tenemos intención de obrar, sino hasta cuando ningún objeto práctico nos proponemos, preferimos, por decirlo así, el conocimiento visible a todos los demás conocimientos que nos dan los demás sentidos. Y la razón es que la vista, mejor que los otros sentidos, nos da a conocer los objetos, y nos descubre entre ellos gran número de diferencias.

Los animales reciben de la naturaleza la facultad de conocer por los sentidos. Pero este conocimiento en unos no produce la memoria; al paso que en otros la produce. Y así los primeros son simplemente inteligentes; y los otros son más capaces de aprender que los que no tienen la facultad de acordarse. La inteligencia, sin la capacidad de aprender, es patrimonio de los que no tienen la facultad de percibir los sonidos, por ejemplo, la abeja y los demás animales que puedan hallarse en el mismo caso. La capacidad de aprender se encuentra en todos aquellos que reúnen a la memoria el sentido del oído. Mientras que los demás animales viven reducidos a las impresiones sensibles o a los recuerdos, y apenas se elevan a la experiencia, el género humano tiene, para conducirse, el arte y el razonamiento.

En los hombres la experiencia proviene de la memoria. En efecto, muchos recuerdos de una misma cosa constituyen una experiencia. Pero la experiencia al parecer se asimila casi a la ciencia y al arte. Por la experiencia, progresan la ciencia y el arte en el hombre. La experiencia, dice Polus, y con razón, ha creado el arte; la inexperiencia marcha a la aventura. El arte comienza, cuando de un gran número de nociones suministradas por la experiencia, se forma una sola concepción general que se aplica a todos los casos semejantes. Saber que tal remedio ha curado a Calias atacado de tal enfermedad, que ha producido el mismo efecto en Sócrates y en muchos otros tomados individualmente, constituye la experiencia; pero saber, que tal remedio ha curado toda clase de enfermos atacados de cierta enfermedad; los flemáticos, por ejemplo, los biliosos o los calenturientos, es arte. En la práctica la experiencia no parece diferir del arte, y se observa que hasta los mismos que sólo tienen experiencia consiguen mejor su objeto que los que poseen la teoría sin la experiencia. Esto consiste en que la experiencia es el conocimiento de las cosas particulares, y el arte, por lo contrario, el de lo general. Ahora bien, todos los actos, todos los hechos se dan en lo particular. Porque no es al hombre al que cura el médico, sino accidentalmente, y sí a Calias o Sócrates o a cualquier otro individuo que resulte pertenecer al género humano. Luego si alguno posee la teoría sin la experiencia, y conociendo lo general ignora lo particular en él contenido, errará muchas veces en el tratamiento de la enfermedad. En efecto, lo que se trata de curar es al individuo. Sin embargo, el conocimiento y la inteligencia, según la opinión común, son más bien patrimonio del arte que de la experiencia, y los hombres de arte pasan por ser más sabios que los hombres de experiencia, porque la sabiduría está en todos los hombres en razón de su saber. El motivo de esto es que los unos conocen la causa, y los otros la ignoran.

En efecto, los hombres de experiencia saben bien que tal cosa existe, pero no saben por qué existe; los hombres de arte, por lo contrario, conocen el porqué y la causa. Y así afirmamos verdaderamente que los directores de obras, cualquiera que sea el trabajo de que se trate, tienen más derecho a nuestro respeto que los simples operarios; tienen más conocimiento y son más sabios, porque saben las causas de lo que se hace; mientras que los operarios se parecen a esos seres inanimados que obran, pero sin conciencia de su acción, como el fuego, por ejemplo, que quema sin saberlo. En los seres inanimados una naturaleza particular es la que produce cada una de estas acciones; en los operarios es el hábito. La superioridad de los jefes sobre los operarios no se debe a su habilidad práctica, sino al hecho de poseer la teoría y conocer las causas. Añádase a esto, que el carácter principal de la ciencia consiste en poder ser transmitida por la enseñanza. Y así, según la opinión común, el arte, más que la experiencia, es ciencia; porque los hombres de arte pueden enseñar, y los hombres de experiencia no. Por otra parte, ninguna de las acciones sensibles constituye a nuestros ojos el verdadero saber, bien que sean el fundamento del conocimiento de las cosas particulares; pero no nos dicen el porqué de nada; por ejemplo, nos hacen ver que el fuego es caliente, pero sólo que es caliente.

No sin razón el primero que inventó un arte cualquiera, por encima de las nociones vulgares de los sentidos, fue admirado por los hombres, no sólo a causa de la utilidad de sus descubrimientos, sino a causa de su ciencia, y porque era superior a los demás. Las artes se multiplicaron, aplicándose las unas a las necesidades, las otras a los placeres de la vida; pero siempre los inventores de que se trata fueron mirados como superiores a los de todas las demás, porque su ciencia no tenía la utilidad por fin. Todas las artes de que hablamos estaban inventadas, cuando se descubrieron estas ciencias que no se aplican ni a los placeres ni a las necesidades de la vida. Nacieron primero en aquellos puntos donde los hombres gozaban de reposo. Las matemáticas fueron inventadas en Egipto, porque en este país se dejaba un gran solaz a la casta de los sacerdotes.

Hemos asentado en la Moral la diferencia que hay entre el arte, la ciencia y los demás conocimientos. Todo lo que sobre este punto nos proponemos decir ahora, es que la ciencia que se llama Filosofía es, según la idea que generalmente se tiene de ella, el estudio de las primeras causas y de los principios.

Por consiguiente, como acabamos de decir, el hombre de experiencia parece ser más sabio que el que sólo tiene conocimientos sensibles, cualesquiera que ellos sean; el hombre de arte lo es más que el hombre de experiencia; el operario es sobrepujado por el director del trabajo, y la especulación es superior a la práctica. Es, por tanto, evidente que la Filosofía es una ciencia que se ocupa de ciertas causas y de ciertos principios.

Libro primero, capítulo 2

La Filosofía se ocupa sobre todo de la indagación de las causas y de los principios.

Puesto que esta ciencia es el objeto de nuestras indagaciones, examinemos de qué causas y de qué principios se ocupa la filosofía como ciencia; cuestión que se aclarará mucho mejor si se examinan las diversas ideas que nos formamos del filósofo. Por de pronto concebimos al filósofo principalmente como conocedor del conjunto de las cosas, en cuanto es posible, pero sin tener la ciencia de cada una de ellas en particular. En seguida, el que puede llegar al conocimiento de las cosas arduas, aquellas a las que no se llega sino venciendo graves dificultades, ¿no le llamaremos filósofo? En efecto, conocer por los sentidos es una facultad común a todos, y un conocimiento que se adquiere sin esfuerzos no tiene nada de filosófico. Por último, el que tiene las nociones más rigurosas de las causas, y que mejor enseña estas nociones, es más filósofo que todos los demás en todas las ciencias. Y entre las ciencias, aquella que se busca por sí misma, sólo por el ansia de saber, es más filosófica que la que se estudia por sus resultados; así como la que domina a las demás es más filosófica que la que está subordinada a cualquiera otra. No, el filósofo no debe recibir leyes, y sí darlas; ni es preciso que obedezca a otro, sino que debe obedecerle el que sea menos filósofo.

Tales son, en suma, los modos que tenemos de concebir la filosofía y los filósofos. Ahora bien; el filósofo, que posee perfectamente la ciencia de lo general, tiene por necesidad la ciencia de todas las cosas, porque un hombre de tales circunstancias sabe en cierta manera todo lo que se encuentra comprendido bajo lo general. Pero puede decirse también, que es muy difícil al hombre llegar a los conocimientos más generales; como que las cosas que son objeto de ellos están mucho más lejos del alcance de los sentidos.

Entre todas las ciencias, son las más rigurosas las que son más ciencias de principios; las que recaen sobre un pequeño número de principios son más rigurosas que aquellas cuyo objeto es múltiple; la aritmética, por ejemplo, es más rigurosa que la geometría. La ciencia que estudia las causas es la que puede enseñar mejor; porque los que explican las causas de cada cosa son los que verdaderamente enseñan. Por último, conocer y saber con el solo objeto de saber y conocer, tal es por excelencia el carácter de la ciencia de lo más científico que existe. El que quiera estudiar una ciencia por sí misma, escogerá entre todas la que sea más ciencia, puesto que esta ciencia es la ciencia de lo que hay de más científico. Lo más científico que existe lo constituyen los principios y las causas. Por su medio conocemos las demás cosas, y no conocemos aquéllos por las demás cosas. Porque la ciencia soberana, la ciencia superior a toda ciencia subordinada, es aquella que conoce el por qué debe hacerse cada cosa. Y este por qué es el bien de cada ser, que, tomado en general, es lo mejor en todo el conjunto de los seres.

De todo lo que acabamos de decir sobre la ciencia misma, resulta la definición de la filosofía que buscamos. Es imprescindible que sea la ciencia teórica de los primeros principios y de las primeras causas, porque una de las causas es el bien, la razón final. Y que no es una ciencia práctica, lo prueba el ejemplo de los primeros que han filosofado. Lo que en un principio movió a los hombres a hacer las primeras indagaciones filosóficas fue, como lo es hoy, la admiración. Entre los objetos que admiraban y de que no podían darse razón, se aplicaron primero a los que estaban a su alcance; después, avanzando paso a paso, quisieron explicar los más grandes fenómenos; por ejemplo, las diversas fases de la Luna, el curso del Sol y de los astros, y, por último, la formación del universo. Ir en busca de una explicación y admirarse, es reconocer que se ignora. Y así, puede decirse, que el amigo de la ciencia lo es en cierta manera de los mitos, porque el asunto de los mitos es lo maravilloso. Por consiguiente, si los primeros filósofos filosofaron para librarse de la ignorancia, es evidente que se consagraron a la ciencia para saber, y no por miras de utilidad. El hecho mismo lo prueba, puesto que casi todas las artes que tienen relación con las necesidades, con el bienestar y con los placeres de la vida, eran ya conocidas cuando se comenzaron las indagaciones y las explicaciones de este género. Es por tanto evidente, que ningún interés extraño nos mueve a hacer el estudio de la filosofía.

Así como llamamos hombre libre al que se pertenece a sí mismo y no tiene dueño, en igual forma esta ciencia es la única entre todas las ciencias que puede llevar el nombre de libre. Sólo ella efectivamente depende de sí misma. Y así con razón debe mirarse como cosa sobrehumana la posesión de esta ciencia. Porque la naturaleza del hombre es esclava en tantos respectos, que sólo Dios, hablando como Simónides, debería disfrutar de este precioso privilegio. Sin embargo, es indigno del hombre no ir en busca de una ciencia a que puede aspirar. Si los poetas tienen razón diciendo que la divinidad es capaz de envidia, con ocasión de la filosofía podría aparecer principalmente esta envidia, y todos los que se elevan por el pensamiento deberían ser desgraciados. Pero no es posible que la divinidad sea envidiosa, y los poetas, como dice el proverbio, mienten muchas veces. Por último; no hay ciencia más digna de estimación que ésta; porque debe estimarse más la más divina, y ésta lo es en un doble concepto. En efecto, una ciencia que es principalmente patrimonio de Dios, y que trata de las cosas divinas, es divina entre todas las ciencias. Pues bien, sólo la filosofía tiene este doble carácter. Dios pasa por ser la causa y el principio de todas las cosas, y Dios sólo, o principalmente al menos, puede poseer una ciencia semejante. Todas las demás ciencias tienen, es cierto, más relación con nuestras necesidades que la filosofía, pero ninguna la supera.

El fin que nos proponemos en nuestra empresa, debe ser una admiración contraria, si puedo decirlo así, a la que provocan las primeras indagaciones en toda ciencia. En efecto, las ciencias, como ya hemos observado, tienen siempre su origen en la admiración o asombro que inspira el estado de las cosas; como, por ejemplo, por lo que hace a las maravillas que de suyo se presentan a nuestros ojos, el asombro que inspiran las revoluciones del Sol o lo inconmensurable de la relación del diámetro con la circunferencia a los que no han examinado aún la causa. Es cosa que sorprende a todos que una cantidad no pueda ser medida ni aun por una medida pequeñísima. Pues bien, nosotros necesitamos participar de una admiración contraria: lo mejor está al fin, como dice el proverbio. A este mejor, en los objetos de que se trata, se llega por el conocimiento, porque nada causaría más

asombro a un geómetra que el ver que la relación del diámetro con la circunferencia se hacía conmensurable.
Ya hemos dicho cuál es la naturaleza de la ciencia que investigamos, el fin de nuestro estudio y de todo este tratado.

Libro segundo, capítulo 1

El estudio de la verdad es en parte fácil, y en parte difícil. Diferencia entre la Filosofía y las ciencias prácticas. La Filosofía tiene por objeto las causas.

La ciencia, que tiene por objeto la verdad, es difícil bajo un punto de vista y fácil bajo otro. Lo prueba la imposibilidad que hay de alcanzar la completa verdad, y la imposibilidad de que se oculte por entero. Cada filósofo explica algún secreto de la naturaleza. Lo que cada cual en particular añade al conocimiento de la verdad no es nada, sin duda, o es muy poca cosa, pero la reunión de todas las ideas presenta importantes resultados. De suerte, que en este caso sucede a nuestro parecer como cuando decimos con el proverbio; ¿quién no clava la flecha en una puerta? Considerada de esta manera, esta ciencia es cosa fácil. Pero la imposibilidad de una posesión completa de la verdad en su conjunto y en sus partes, prueba todo lo difícil que es la indagación de que se trata. Esta dificultad es doble. Sin embargo, quizá la causa de ser así no está en las cosas, sino en nosotros mismos. En efecto, lo mismo que a los ojos de los murciélagos ofusca la luz del día, lo mismo a la inteligencia de nuestra alma ofuscan las cosas que tienen en sí mismas la más brillante evidencia.

Es justo, por tanto, mostrarse reconocidos, no sólo respecto de aquellos cuyas opiniones compartimos, sino también de los que han tratado las cuestiones de una manera un poco superficial, porque también éstos han contribuido por su parte. Estos han preparado con sus trabajos el estado actual de la ciencia. Si Timoteo no hubiera existido, no habríamos disfrutado de estas preciosas melodías, pero si no hubiera habido un Frinis no habría existido Timoteo. Lo mismo sucede con los que han expuesto sus ideas sobre la verdad. Nosotros hemos adoptado algunas de las opiniones de muchos filósofos, pero los anteriores filósofos han sido causa de la existencia de éstos.

En fin, con mucha razón se llama a la filosofía la ciencia teórica de la verdad. En efecto, el fin de la especulación es la verdad, el de la práctica es la mano de obra; y los prácticos, cuando consideran el porqué de las cosas, no examinan la causa en sí misma, sino con relación a un fin particular y para un interés presente. Ahora bien, nosotros no conocemos lo verdadero, si no sabemos la causa. Además, una cosa es verdadera por excelencia, cuando las demás cosas toman de ella lo que tienen de verdad, y de esta manera el fuego es caliente por excelencia, porque es la causa del calor de los demás seres. En igual forma, la cosa, que es la causa de la verdad en los seres que se derivan de esta cosa, es igualmente la verdad por excelencia. Por esta razón los principios de los seres eternos son sólo necesariamente la eterna verdad. Porque no son sólo en tal o cual circunstancia estos principios verdaderos, ni hay nada que sea la causa de su verdad; sino que, por lo contrario, son ellos mismos causa de la verdad de las demás cosas. De manera que tal es la dignidad de cada cosa en el orden del ser, tal es su dignidad en el orden de la verdad.

5
EL ESTOICISMO

Tras la muerte de Alejandro Magno, comienza lo que se conoce como período helenístico en la historia de la civilización occidental. Significa la difusión de la cultura griega por Asia y norte de África, a la par que la decadencia de las ciudades griegas. La filosofía de este período, que abarca hasta el siglo I a. C., abandona las especulaciones metafísicas y adopta un marcado carácter ético. Se espera que la filosofía "cure los males del alma" y que esté al alcance del hombre corriente.

Dos son las escuelas filosóficas que destacan en este período: la Stoa, fundada por Zenón de Citio, y el Jardín, fundado por Epicuro. Junto con la Academia y el Liceo constituirán las cuatro grandes escuelas filosóficas de la Antigüedad. Veremos primero el estoicismo y su influjo, que aún perdura.

Zenón de Citio

Zenón era originario de Chipre, y tenía ascendencia griega y oriental (algunos dicen que era fenicio). Había nacido en el 333 a. C., de padres comerciantes, en la ciudad griega de Citio. Él mismo se dedicó al comercio, hasta que, en el 311 se trasladó a Atenas. Se cuenta que en su decisión de abandonar el comercio influyó la experiencia de un naufragio, en el que casi pierde la vida. En Atenas asistió a la escuela de los cínicos, a la Academia, al Liceo y con los megáricos, pero ninguna de esas doctrinas le satisfizo, así que en el 301 o 300, empezó a dar sus propias lecciones. Reunía a sus discípulos en el pórtico pintado del ágora de Atenas —Stoa Poikile—, por lo que su escuela llegó a conocerse como la Stoa, y su filosofía, estoicismo. Murió en el 264/261 a. C.; algunos sostienen que por su propia mano. Diógenes Laercio nos ha transmitido los títulos de veintidós de sus obras, pero de ellas no se conservan más que fragmentos, de segunda o tercera mano.

La escuela

Zenón tuvo muchos discípulos que, tras su muerte, continuaron y expandieron su escuela. La Stoa continuó existiendo por espacio de ocho siglos, hasta que fue clausurada, junto con las otras tres grandes escuelas, en el 529, por orden del emperador Justiniano.

La historia de la escuela estoica tiene tres momentos o períodos: la Stoa antigua (siglos III – II a. C.). la Stoa Media (s. II – I a. C.) y la Stoa nueva o romana (s. I a. C. – III d. C.)

Al morir Zenón si hicieron cargo de la Escuela Cleantes y Crisipo. A Crisipo se le considera casi cofundador de la Escuela: "sin Crisipo no habría habido la Stóa", dice Diógenes. Durante su mandato se sistematiza la doctrina de Zenón, se fija el canon estoico y se profundiza en la lógica. Crisipo muere en el 208 a. C. Hoy, resulta complicado discernir qué partes del canon estoico corresponden a Zenón, a Cleantes o a Crisipo. De este período casi no se conserva nada escrito.

Después de Crisipo dirigieron la Stoa Diógenes de Babilonia y Antípater de Tarso. Inicia, entonces, el período de la Stoa media, que se caracteriza por la difusión de la doctrina por todo el mundo mediterráneo. En particular, el estoicismo arraigó entre los romanos (estoicos fueron Catón el Viejo, Escipión el Africano y Catón el Joven). Las principales figuras de este período son Panecio de Rodas (185–109 a. C.) y Posidonio de Apamea (135–51 a.C.).

Con el surgimiento del imperio romano, la filosofía estoica comienza una nueva etapa, esta vez, llevada a cabo por romanos de la talla de Séneca, el liberto Epicteto y el emperador Marco Aurelio. A diferencia de los períodos anteriores, de este período sí se conservan varias obras. No hay, sin embargo, mayor novedad o desarrollo en la doctrina. Predominan las preocupaciones éticas y sociales.

Se considera que el estoicismo entra en decadencia tras la muerte del emperador Marco Aurelio (180 d. C.). El neoplatonismo se convierte en la filosofía de las élites a partir del año 250. Posteriormente, con la cristianización del imperio romano, el estoicismo pierde más terreno, hasta que la Escuela madre (en Atenas), es clausurada por Justiniano (año 529).

Influjo

El estoicismo ejerció un notable influjo en los padres de la Iglesia de los primeros siglos. Se veía una gran semejanza entre la doctrina estoica y la cristiana, y circulaba la leyenda de que Séneca había mantenido correspondencia con san Pablo y que se había bautizado antes de morir. También se decía que Marco Aurelio había intercambiado mensajes con el papa y algunos cristianos romanos.

En el Renacimiento, varios intelectuales volvieron sus ojos al estoicismo, entre ellos, Erasmo, Juan Luis Vives y Miguel de Montaigne. También Descartes y Kant, ya en la edad moderna, fueron admiradores del estoicismo.

Rasgos generales de la filosofía estoica

La filosofía estoica es una filosofía de salvación: su interés primordial es "curar los males del alma". Para ello, aconseja "vivir conforme a naturaleza", esto es, vivir conforme a las exigencias de la naturaleza humana, que es racional. Como meta para la vida proponen la *ataraxia*, o ausencia de dolores en el cuerpo y males en el alma. Esta se alcanza evitando los placeres y tratando de ajustar la vida a los designios del Logos o Razón Universal. Ajustar la vida a la racionalidad del universo implica esforzarse por distinguir en todo aquello que podemos cambiar de lo que no podemos cambiar; ante lo que no podemos cambiar, debemos ser indiferentes. Lo que podemos cambiar es nuestra actitud ante los acontecimientos.

En su doctrina del Logos seguían a Heráclito. Los estoicos también eran materialistas (identificaban la sustancia primera con el fuego), pero creían que el alma individual, al morir la persona, se fundía en el Logos.

Esta concepción de una racionalidad universal hacía que fueran cosmopolitas, y que abogaran por una fraternidad y una religión universal.

Los estoicos dividían la filosofía en lógica (que comprendía la teoría del conocimiento y de la ciencia, así como la retórica y la dialéctica), física (ciencia de las cosas y del mundo) y ética (ciencia de la conducta).

En teoría del conocimiento, los estoicos son empiristas. Al nacer, nuestra mente está en blanco, como una tabla de cera. De las cosas se desprenden unos iconos que se fijan en la mente mediante la percepción y producen los conceptos. La verdad se explica porque los iconos nos afectan de la misma forma a todos. (Sin embargo, en el estoicismo nuevo esta doctrina se abandona, en favor de un innatismo de las ideas. Para Cicerón, por ejemplo, el conocimiento no se explica por un consenso entre los individuos, sino porque nacemos con ciertas ideas, entre las cuales están los principios morales y la idea de Dios.)

Los estoicos son panteístas, a la vez que materialistas. Creen que Dios, el Logos o Pneuma (espíritu, aire) divino lo penetra todo, a la manera del fuego. Por eso consideran que el universo está imbuido de racionalidad y de finalidad. Nada sucede por azar; todo lo que ocurre, ocurre según un propósito o plan. Si pudiéramos ver la conexión causal entre todas las cosas, el pasado tendría perfecto sentido y conoceríamos el futuro.

El Logos está presente en todas las cosas a la manera de razones seminales (*logoi spermatikoi*). El mundo es eterno y el Logos es siempre el mismo; por eso, la historia se repite en grandes ciclos cósmicos (idea del eterno retorno).

El hombre participa de manera especial en la racionalidad del universo. Solo él sabe que todo en el universo está conectado. El hombre sabio se esfuerza por conocer la verdad de las cosas, su razón de necesidad, y por aceptar su destino. El mal en sí no existe; es solo nuestra ignorancia la que nos hace ver ciertas cosas o acontecimientos como malos. El hombre es como un actor en el gran teatro del mundo: su misión consiste en desempeñar bien el papel que el destino le ha asignado. No importa si ese papel es el de emperador (Marco Aurelio) o el de esclavo (Epicteto); solo alcanzamos la paz al aceptar nuestro destino y papel en el mundo.

Escribe Marco Aurelio en sus *Meditaciones* o *Soliloquios*:

> *Cuando por la mañana te cueste trabajo despertar, ten presente este pensamiento: "Me despierto para llevar a cabo mi tarea como hombre." ¿Voy a estar de mal humor por tener que hacer*

aquello para lo que he sido hecho y colocado en el mundo? ¿Acaso he sido constituido para permanecer calentito debajo de la manta? "¡Eso es más agradable!", pero ¿has sido hecho entonces para el placer? En general ¿has sido hecho para la pasividad o para la actividad?

¿No ves que las plantas, los pájaros, las hormigas, las arañas, las abejas hacen las tareas que les corresponden, contribuyendo así a la armonía del mundo? Y ¿tú no quieres hacer lo que corresponde a un hombre, ni apresurarte a lo que está de acuerdo con tu naturaleza? "También hay que descansar." Sí, de acuerdo, pero la naturaleza ha fijado sus límites al reposo, igual que al comer y al beber, y sin embargo, tú traspasas esos límites y vas más allá de lo que es suficiente, excepto en tus acciones, en las que te quedas por debajo de tus posibilidades. Eso es porque no te amas, pues si lo hicieras amarías a tu naturaleza y su propósito. Otros, por los oficios que aman, se desviven dedicándose a ellos sin comer ni lavarse, ¿estimas tú menos a tu naturaleza que el cincelador su arte, o el bailarín la danza, o el avaro su dinero, o el vanidoso la jactancia?

Estos, cuando se apasionan, no quieren comer ni dormir, sino sólo ver progresar las cosas por las que se afanan. ¿Te parecen inferiores y que merecen menos cuidados las cosas útiles a la comunidad?

Los estoicos creían que la virtud era suficiente para ser feliz. La virtud consistía, para ellos, en adecuar su voluntad al destino; a esto lo llamaban *prohairesis*. El significado actual de la palabra "estoico" refleja esta imperturbabilidad de ánimo que los filósofos de esta escuela se esforzaban por adquirir

TEXTOS[1]

I. Epicteto, *Manual y Conversaciones*

Manual, 1. De todas las cosas del mundo, unas dependen de nosotros, y las otras no. Las que dependen de nosotros son la opinión, el querer, el deseo y la aversión; en una palabra, todas nuestras acciones.

2. Las que no dependen de nosotros son el cuerpo, los bienes, reputación, las dignidades; en una palabra, todas las cosas que no son acción nuestra.

3. Las cosas que dependen de nosotros son libres por su naturaleza, nada puede detenerlas ni estorbarlas; las que no dependen de nosotros se ven reducidas a impotencia, esclavizadas, sujetas a mil obstáculos, completamente extrañas a nosotros.

4. No olvides pues que si consideras libres las cosas que, por su naturaleza están esclavizadas, y tienes como propias las que dependen de otro, encontrarás obstáculos a cada paso, estarás triste, inquieto y dirigirás reproches a los dioses y a los hombres. En cambio, si sólo consideras tuyo lo que te pertenece y extraño a ti lo que pertenece a otro, nadie nunca te obligará a hacer lo que no quieres, ni te impedirá hacer tu voluntad. No recriminarás a nadie. No harán nada, ni la cosa más pequeña, contra tu voluntad. Nada te causará ningún daño, y no tendrás ningún enemigo, pues no te ocurrirá nada que pueda perjudicarte.

10. Lo que inquieta a los hombres no son las cosas, sino sus opiniones de las cosas. Por ejemplo, la muerte no es un mal, porque si lo fuera, así se lo habría parecido a Sócrates. Pero el mal es la opinión que se tiene de que la muerte es un mal. Por consiguiente, cuando nos sentimos contrariados, inquietos o tristes, no debemos acusar a nadie más que a nosotros mismos, es decir, a nuestras opiniones.

11. Es propio de un ignorante echar la culpa a los otros de sus desgracias; en cambio acusarse sólo a sí mismo, es propio de un hombre que empieza

---

1 Fuente: M. Polanco, *Antología de textos de ética*. Guatemala, 2014.

a instruirse; y no acusar ni a los demás, ni a sí mismo, es lo que hace el hombre instruido.

14. No pretendas que las cosas ocurran como tú deseas, sino desea que ocurran tal como se producen, y serás siempre feliz.

22. El verdadero dueño de cada uno de nosotros es aquel que puede darnos o quitarnos lo que queremos o lo que no queremos. Por tanto, si quieres ser libre, no desees o no huyas de nada de lo que dependa de los otros, si no, serás necesariamente esclavo.

25. No olvides que eres actor en una pieza en que el autor ha querido que intervengas. Si quiere que sea larga, represéntala larga, si la quiere corta, represéntala corta. Si quiere que desempeñes el papel de mendigo, hazlo lo mejor que puedas. E igualmente si quiere que hagas el papel de un príncipe, de un plebeyo, de un cojo. A ti te corresponde representar bien el personaje que se te ha dado; pero a otro corresponde elegírtelo.

27. Si quieres ser invencible, no te comprometas en una lucha más que cuando de ti dependa la victoria.

42. Debes saber que el principio de la religión consiste en tener opiniones acertadas sobre los dioses, creer que existen, extienden su providencia a todo, que gobiernan el mundo con sabiduría y justicia, que tú has sido creado para obedecerles, para aceptar todo lo que te sucede y para conformarte con ello voluntariamente como cosas que proceden de una providencia muy buena y sabia. De este modo nunca reprocharás a los dioses, y nunca los acusarán de no cuidar de ti. Pero sólo puedes tener estas disposiciones apartando el bien y el mal de las cosas que no dependen de nosotros, y situándolos en las que dependen de nosotros. Porque si consideras un bien o un mal alguna de las cosas que nos son extrañas, es de toda necesidad que, cuando estés frustrado en lo que deseas, o te suceda lo que temes, te lamentes y odies a los que son la causa de tu desgracia.

44. Igual que cuando caminas tienes cuidado de no pisar un clavo o de no torcerte el tobillo, también debes cuidar de que no dañes la parte que es dueña de ti, la razón que te conduce. Si en todas las acciones de nuestra vida observamos este precepto, obraremos rectamente.

81. Empieza todas tus acciones y todas tus empresas con esta súplica [de Cleanto]: "Condúceme, gran Zeus, y tú, poderoso Destino, al lugar donde habéis fijado que debo ir. Os seguiré resueltamente y sin duda. Y si quisiera resistirme a vuestras órdenes, además de volverme malvado e impío, siempre debería seguiros aún en contra de mi voluntad."

Conversaciones 1, 9. Si es cierto que hay un parentesco entre Dios y los hombres, como pretenden los filósofos ¿qué pueden hacer los hombres, sino imitar a Sócrates, y no responder nunca a quien les pregunta cuál es su país: "Soy [ciudadano] de Atenas, o de Corinto", sino: "Soy ciudadano del mundo"? Si hemos comprendido la organización del universo, si hemos comprendido que "la principal y más importante de todas las cosas, la más universal, es el sistema compuesto por los hombres y Dios, que de él proceden todos los orígenes de todo lo que tiene vida y crecimiento en la tierra, especialmente los seres racionales, porque ellos solos por naturaleza participan de la sociedad divina, por estar unidos a Dios por la razón", ¿por qué no nos hemos de llamar ciudadanos del mundo? ¿Y por qué no nos hemos de llamar hijos de Dios? ¿Por qué hemos de temer los acontecimientos, cualesquiera que sean? En Roma, el parentesco con César, o con algún hombre poderoso, basta para vivir con seguridad, para estar por encima de todo desprecio y de todo temor ¿y el hecho de tener a Dios por autor, por padre y por protector, no podrá bastarnos para liberarnos de pesares y terrores?

1, 12. El hombre de bien somete su voluntad al que gobierna el universo, como los buenos ciudadanos lo hacen a la ley de su ciudad. Y el que se instruye debe preguntarse: "¿Cómo podré seguir a los dioses en todo, y vivir contento bajo el mandato divino, y cómo podré llegar a ser libre?" Porque es libre aquel a quien todo le ocurre según su voluntad y a quien nadie puede obstaculizar. —Pero yo quiero que todo suceda según mi deseo, cualquiera que sea. —Tú desvarías. ¿No sabes que la libertad es algo bello y precioso? Y desear que se produzca lo que me place, puede no sólo no ser bello, sino ser lo más horrendo que hay. ¿Qué hacemos si se trata de escribir? ¿Me propongo escribir el nombre de Dios como me place? No, sino que me enseñan a escribirlo como debe hacerse. ¿Y cuando se trata de música? Lo mismo. ¿Y para las artes y las ciencias? [Lo mismo.] Sería inútil aprender las cosas, si cada uno pudiese acomodar sus conocimientos a su voluntad. ¿Y únicamente en el dominio más serio y más importante, el de la libertad, me sería permitido querer al azar? De ningún modo, sino que instruirse consiste precisamente en querer que cada cosa suceda como sucede. ¿Y cómo sucede? Como lo ha mandado el Ordenador.

II, 5. Es difícil unir y combinar estas dos [actitudes]: el cuidado del que está sometido a las influencias de las cosas, y la firmeza del que permanece indiferente. Pero no es imposible. Es como cuando debemos navegar. ¿Qué está en mis manos? La elección del piloto, de los marineros, del día, del momento. Después viene una tempestad: ¿qué debo hacer? Mi papel se ha terminado, corresponde actuar a otro, al piloto. Pero el barco se hunde: ¿qué debo hacer? Me limito a hacer lo que está en mi poder: ahogarme sin miedo, sin gritos, sin recriminar a Dios, sino pensando que lo que ha nacido debe también perecer. Yo no soy eterno, soy hombre, parte del todo como la hora [es parte] del día. Debo venir como hora y pasar como la hora. ¿Qué me importa cómo paso, si es ahogándome o por una fiebre? Debe pasar por cualquier medio de esta clase.

III, 19. Observaos a vosotros mismos, y descubriréis a qué secta pertenecéis. La mayoría descubriréis que sois epicúreos, algunos peripatéticos, y otros relajados. Porque ¿dónde habéis demostrado con vuestros actos que consideráis la virtud como igual y aún superior a todo lo demás? Mostradme un estoico, si tenéis alguno. (...) Mostradme un hombre enfermo y feliz, en peligro, y feliz, moribundo y feliz, exiliado y feliz, despreciado y feliz. Pero no podéis mostrarme al hombre así modelado. Mostradme al menos al que está orientado en esta dirección. ¿Creéis que debéis mostrarme al Zeus de Fidias o a la Atenea, un objeto de marfil o de oro? Es una alma lo que uno de vosotros debe mostrarme, una alma de hombre que quiera conformarse con el pensamiento de Dios, no proferir quejas contra Dios o contra un hombre, no caer en falta en sus empresas, no chocar con los obstáculos, no irritarse, no ceder a la envidia o los celos, sino (¿por qué usar circunloquios?) hacerse un Dios abandonando al hombre, y en este Cuerpo Mortal querer la sociedad de Zeus. Mostradlo. Pero no podéis.

II. Marco Aurelio, *Meditaciones*, Libro V

2. ¡Qué fácil es dejar de lado cualquier imaginación enojosa o extraña, y encontrar así, inmediatamente, una calma perfecta!

3. Considérate digno de cualquier palabra o hecho que estén en armonía con la naturaleza y no te retraigan las críticas. Si está bien hacer algo o decir algo, no te consideres indigno de ello. Los demás tienen su propio guía

interior y siguen sus propias inclinaciones. No te inquietes y sigue derecho tu camino, guiado por tu propia naturaleza y la naturaleza universal, pues ambas siguen el mismo camino.

4. Avanzo de acuerdo con el camino de la naturaleza hasta que caiga y descanse, exhalando mi último aliento en este aire que respiro, al caer sobre esta tierra de la que mi padre recogió la semilla, mi madre la sangre, mi nodriza la leche, tierra que desde hace tanto tiempo me da alimento y bebida, que me lleva cuando ando, y de la que obtengo tantos beneficios.

5. ¿Que no pueden admirar tu agudeza? Sea, pero todavía existen otras muchas cosas para las que has nacido con un don natural. Haz acopio, pues, de aquellas que dependen únicamente de ti: sinceridad, dignidad, fortaleza, moderación frente a los placeres, resignación ante el destino, necesidad de poco, bondad, libertad, sencillez, seriedad en los propósitos, grandeza de ánimo. ¿Te das cuenta de cuántas cosas puedes adquirir ya, sin que tengas ninguna incapacidad o insuficiencia natural que te sirva de excusa? Y sin embargo, de forma voluntaria, te encuentras todavía por debajo de tus posibilidades. ¿Es por culpa de un defecto en tu constitución por lo que te ves obligado a refunfuñar, a ser avaro, a adular, a culpar a tu cuerpo, a darte gusto, a andar sin rumbo, a hacer sufrir a tu alma tales oscilaciones? No, desde luego. Hace tiempo que podías haberte librado de estos defectos, y ser culpable sólo de cierta lentitud y torpeza para comprender. E incluso la lentitud puedes ejercitarla, y no resignarte ni complacerte en ella.

6. Existe un tipo de hombre dispuesto a cobrarse el favor que ha hecho a alguien. Un segundo tipo no obrará así, pero en su interior considerará al favorecido su deudor y será muy consciente de lo que ha hecho. Un tercero, en cierto modo, ni siquiera será consciente de su acción, pues es como una vid que, después de producir sus frutos, nada reclama, como un caballo que ha corrido, un perro que sigue el rastro, una abeja que produce miel. Del mismo modo que la vid pasa a producir nuevos frutos, este hombre que hizo un favor hará a continuación otro sin buscar beneficio. ¿Hay que ser como estos hombres que no son conscientes de lo que han hecho? Alguno responderá: "Sí, pero es preciso ser consciente, pues lo propio del hombre sociable es darse cuenta de que obra de acuerdo con el bien común y, ¡por Zeus! querer que su vecino también se dé cuenta."

Lo que dices es cierto, pero tuerces el verdadero sentido siendo como los que he mencionado, que se dejan engañar con argumentos aparentemente lógicos.

Intenta comprender el verdadero sentido de mis palabras y no temas que por ello vayas a dejar de hacer algo bueno para la sociedad.

7. Súplica de los atenienses: "Zeus amado, envíanos lluvia, envíanos lluvia a nuestros campos y cultivos." O no se reza, o se hace de esta manera, sencilla y francamente.

En el mismo sentido que decimos: "Asclepio ordenó a éste equitación, baños de agua fría, o caminar descalzo", decimos también: "La naturaleza universal le ha ordenado una enfermedad, una mutilación, una pérdida, o alguna otra cosa semejante." Pues en el primer caso, "ordenó" significa: "le mandó esto como apropiado para su salud", y en el segundo caso, "ordenó" significa que "le ha mandado esto como apropiado de alguna manera a su destino". Así, decimos que los acontecimientos nos convienen, igual que los albañiles dicen que las piedras cuadrangulares encajan unas con otras, en los muros o pirámides, según determinada combinación. Porque, en definitiva, no hay más que una sola armonía, y del mismo modo que un cuerpo como el mundo se completa con todos los cuerpos, una causa como el destino se completa con todas las causas. Hasta los más ignorantes entienden lo que quiero decir, pues dicen: "esto le traía el destino", por consiguiente, esto le era traído y esto le era ordenado. Aceptémoslo, pues, como prescripciones de Asclepio. Muchas de ellas son duras, pero las aceptamos con la esperanza de sanar. Considera del mismo modo lo que decide y hace la naturaleza común. Acoge todo lo que acontece, aunque te parezca duro, porque conduce a la salud del mundo, a la prosperidad y bienestar de Zeus. Todo lo que acontece a cada uno beneficia al conjunto, y todo lo que produce la naturaleza se adapta al ser que la gobierna. Así pues, hay dos razones para que estés contento con lo que te ocurra: una, porque ocurre por ti, para ti fue ordenado, y, de alguna manera, estaba relacionado contigo desde arriba, en una cadena de causas muy antiguas; la segunda, porque lo que ocurre a cada cual condiciona la prosperidad, perfeccionamiento y existencia misma del que gobierna el todo. Pues el todo queda mutilado si cortas cualquier conexión o encadenamiento, sea de sus partes o de sus causas. Y esto ocurre, en lo que de ti depende, cuando muestras disgusto por los acontecimientos o los destruyes de algún modo.

9. No te enfades, abandones, ni pierdas la paciencia, si a menudo no consigues actuar de acuerdo con principios rectos. Más bien, después de un fracaso, vuelve a intentarlo de nuevo y alégrate si la mayor parte de tus acciones son dignas de un ser humano. Ama aquello a lo que vuelves otra vez, y no regreses a la filosofía como a un maestro de escuela, sino con la misma disposición que el que padece una dolencia ocular recurre a aplicarse una esponja o huevo, o como el que se vale de un emplasto o un fomento. De esta manera, mostrarás que obedecer a la razón no es un gran asunto, sino que más bien encontrarás alivio en ello. Recuerda también que la naturaleza sólo quiere lo que está de acuerdo con tu propia naturaleza, mientras que tú querías otra cosa en desacuerdo con la naturaleza. ¿Qué es más agradable que seguirla? ¿Acaso no nos vence el placer por el agrado que nos produce? Examina si la magnanimidad, la libertad, la sencillez, la benevolencia, la piedad no son más agradables. Y en cuanto a la sabiduría ¿existe algo más agradable, si consideras que la capacidad para comprender y el conocimiento siempre procuran estabilidad y éxito?

10. Las cosas están cubiertas, por decirlo así, de un velo que hace que los principales filósofos las consideren incomprensibles, y que incluso a los estoicos les resulten difíciles de comprender. Cualquier asentimiento nuestro frente a las percepciones puede cambiar, pues ¿dónde está el hombre que no cambia jamás? Considera las cosas sujetas a la experiencia, ¡qué breves son, carecen de valor y pueden ser poseídas por un disoluto, una ramera o un bandido! Considera a continuación los caracteres de los que viven contigo, incluso el mejor de ellos es difícil de soportar; hasta es difícil soportarse a sí mismo. Entre tanta confusión y suciedad, tan rápido flujo del tiempo y la sustancia, y tanto movimiento, ¿qué hay que merezca nuestra mayor estima y afán? Yo no lo veo. Es preciso animarse a esperar la liberación natural y no irritarse por su demora, sino apaciguarse con estas dos ideas: una, que nada puede ocurrirme en desacuerdo con la naturaleza del conjunto; la otra, que está en mi poder el no hacer nada contrario a mi dios y genio interior. Pues nadie me obligará a ir contra éste.

Es preciso que siempre me haga esta pregunta: ¿para qué estoy usando ahora mi alma?, y que averigüe qué tengo en este momento en eso que llaman guía interior y qué clase de alma poseo ahora ¿la de un niño, un muchacho, un pusilánime, un déspota, una bestia, una fiera?

12. Qué cosas considera bienes la gente ignorante puedes entenderlo por lo siguiente. Si un hombre considerara que son auténticos bienes la sabiduría, la moderación, la justicia, la fortaleza, no le encajaría como apropiado el verso del poeta Menandro: "¡Es más rico que ... !" Sonaría a falso. Sin embargo, si de antemano considerara como bienes los que el vulgo considera como tales, oirá y aceptará estas palabras del poeta como adecuadas. ¡Hasta tal punto el vulgo percibe la diferencia! Si no fuera así, estas palabras aplicadas al primer caso no ofenderían y no serían rechazadas, mientras que en el caso de la riqueza y los beneficios que llevan al lujo y a la fama, nos parecen adecuadas las mismas palabras. Sigue, pues, y averigua si se deberían respetar y considerar como bienes las cosas que hicieran que al que las poseyera en abundancia, cuando uno las ha considerado bien, fuera posible concluir: "No tiene dónde evacuar."

13. Estoy compuesto de una causa formal y de materia. Ninguna de ellas pasará a la nada igual que no vinieron de la nada. Así pues, a cualquiera de las partes de las que estoy compuesto se le asignará, por transformación, cualquier otra parte en cualquier lugar del universo; a su vez se transformará en otra, ésta en otra, y así hasta el infinito. Gracias a una transformación semejante he nacido yo, y también mis padres, y así podríamos remontarnos hasta otro infinito. No hay motivo para no hablar así, aunque el universo se gobierne por periodos finitos.

14. La razón y el método de la razón son capacidades que se bastan a sí mismas y a sus propias operaciones. Tienen un punto de partida propio y caminan recto a la meta propuesta. Por eso, los actos racionales se denominan "acciones rectas" pues con este nombre se indica la rectitud de la vía.

15. Nadie debe apreciar ninguna cosa que no corresponda al hombre en tanto que hombre. No son requisitos del hombre, la naturaleza del hombre no anuncia ninguna de ellas, ni son perfecciones de ella. En ninguna de estas cosas está el fin del hombre, ni lo que completa su fin: el bien. Todavía más, si alguna de estas cosas le correspondiera, no sería atributo suyo el despreciarlas o sublevarse contra ellas. Tampoco sería alabado el hombre que pretendiera no tener necesidad de ellas, ni sería considerado hombre de bien el que tomara de ellas menos de lo que pudiera, en el caso de que realmente fueran bienes. Ahora bien, cuanto más se desprende un hombre de una o varias de ellas, o cuanto mejor soporta ser despojado, más hombre de bien es.

16. Tu inteligencia será lo que la hagan tus ideas, pues el alma se impregna de las ideas. Impregna, pues, la tuya con ideas como éstas: allí donde es posible vivir, es posible vivir bien. Si uno puede vivir en la corte, entonces también allí puede vivir bien. Todavía más: cada ser es conducido al fin por el que fue formado.

17. Sólo los locos persiguen lo imposible. Imposible es que los malos no cometan maldades.

18. Nada ocurre a nadie que no pueda soportarlo por naturaleza. Lo mismo que acontece a uno, le ocurre a otro que permanece firme e incólume porque desconoce lo que le pasa o por hacer gala de un gran espíritu. Terrible es que la ignorancia y la presunción puedan más que la sabiduría.

19. Las cosas, por sí solas, no tienen el más mínimo contacto con el alma; no pueden alcanzarla, modificarla ni ponerla en movimiento. A sí misma se modifica y ella sola se mueve, y hace que las cosas a ella sometidas se parezcan a los juicios que estima dignos de ella misma.

20. En el sentido de que debemos hacer el bien a los hombres y soportarlos, el hombre es lo más ligado a nosotros. Pero en el sentido de que algunos puedan serme obstáculos para llevar a cabo las tareas que me son propias, me resultan tan indiferentes como podrían serlo el Sol, el viento o una bestia salvaje. A causa de ellos, alguna de mis acciones podría verse estorbada, pero, gracias a mi capacidad de adaptación y de respuesta no hay obstáculos a mi impulso y disposición, pues el entendimiento transforma y altera cada obstáculo que se presenta para conseguir el objetivo propuesto, resultando que cada estorbo a una tarea se convierte en una ayuda, y cada obstáculo puesto en el camino se convierte en un impulso.

21. Reverencia lo más excelso que hay en el mundo: lo que de todo se sirve y todo cuida. De la misma manera, reverencia lo que es más excelso en ti mismo; es de la misma clase que lo anterior. Porque, en ti, eso es lo que se sirve de lo demás y dirige tu manera de vivir.

22. Lo que no es perjudicial para la ciudad, tampoco lo es para el ciudadano. Cuando pienses que se te ha perjudicado, aplica esta regla: si la ciudad no ha resultado perjudicada, tampoco yo. Y, si eso daña a la ciudad, no debes enfadarte, sino sólo mostrar lo que ha hecho al que la ha dañado.

23. Considera con frecuencia la rapidez con la que seres y acontecimientos pasan y desaparecen. Como un río, la sustancia fluye eternamente, las fuerzas cambian perpetuamente, las causas se modifican de mil maneras. Casi nada es estable, y los abismos del pasado y del futuro en los que todo se desvanece están muy próximos. ¡Qué loco el hombre que en semejante contexto se envanece o se desespera o se apesadumbra, como si algo le hubiera causado una perturbación durante un tiempo considerable!

24. Acuérdate de que sólo eres una mínima parte de la sustancia total, de que sólo dispones de un breve intervalo del tiempo global, y de que sólo dispones de un pequeñísimo lugar en el destino.

25. ¿Alguien comete una falta contra mí? Es cosa suya: tiene su propio temperamento, su propia forma de actuar. Yo, en ese momento, tengo lo que la naturaleza quiere que tenga y hago lo que mi propia naturaleza quiere que haga.

26. Que el guía interior y señor de tu alma permanezca indiferente al movimiento, suave o violento, que tiene lugar en la carne, que no se mezcle con ella sino que la rodee y limite esas pasiones al cuerpo. Cuando éstas llegan hasta la inteligencia por efecto de la simpatía que une, unas a otras, las partes de tu persona, que es indivisible, no te opongas a la sensación, pues es un fenómeno natural, ni emita tampoco tu guía interior, por sí mismo, el juicio de que se trata de algo bueno o malo.

27. "Vivir con los dioses." Así hace el que se muestra siempre satisfecho con la parte que le ha tocado, y cumple la voluntad del dios interior que a todos ha dado Zeus, parte de sí mismo, como señor y guía. Y este dios interior es la inteligencia y la razón.

28. ¿Te molesta el hombre que huele mal, o el hombre al que le huele la boca? ¿Qué puede hacer si su boca y sus axilas son así? Es inevitable que de tales causas se produzcan semejantes efluvios. "Pero el hombre es un ser racional y, si se detiene a pensar, puede entender que resulta ofensivo." ¡Bendito seas! También tú tienes razón. Estimula, pues, con tu capacidad lógica la suya, indícaselo, adviértele. Si te escucha, se curará, y no habrá necesidad de cólera. ¡Ni actor, ni prostituta!

29. Puedes vivir aquí de la misma forma que piensas que lo harás después de partir. Si no te lo permiten, abandona la vida, pero convencido de que con ello no sufres ningún mal. Como dice el dicho:

"Hay humo y me voy." ¿Por qué ver en ello un negocio? Mientras una razón semejante no me expulse, viviré libre sin que nadie me prohíba hacer lo que quiero, pues lo que quiero está de acuerdo con la naturaleza de una criatura racional y sociable.

30. La inteligencia del todo es sociable. Por ejemplo, ha hecho lo inferior a causa de lo superior, y ha relacionado unas con otras a las cosas superiores. Puedes ver cómo ha subordinado, coordinado y asignado a cada uno lo que merece, e inducido a los seres superiores a vivir en buena armonía.

31. ¿Cómo has sido hasta ahora con los dioses, con tus padres, tus hermanos y hermanas, tu mujer, tus hijos, tus maestros, tus preceptores, tus amigos, tus familiares, tus criados? ¿Has observado con ellos el precepto de "no hacer ni decir nada malo a nadie"? Acuérdate de lo que has pasado y soportado, y de que la historia de tu vida ya está escrita y tu servicio consumado. Cuántas cosas hermosas has contemplado, cuántos dolores y placeres has despreciado, cuántas ambiciones ignorado, con cuántos ingratos te has comportado con bondad.

32. ¿Cómo es que almas ignorantes e incultas confunden a otra sabia e instruida? ¿Qué alma es sabia e instruida? La que conoce el principio y el fin, y la razón que da forma a la sustancia toda y que, desde siempre, gobierna el todo siguiendo cielos fijados.

33. Pronto no serás más que ceniza o esqueleto, y un nombre (y tal vez ni siquiera eso); y el nombre, ruido y eco.

34. Puedes encaminar tu vida adecuadamente si tomas la senda correcta, si eres capaz de pensar y actuar con rectitud. Dos cosas son comunes al alma de dios y a la de las criaturas racionales: no ser estorbado por otro, hacer que el bien consista en una disposición y actuación rectas, y poner en ello el límite al deseo.

35. Si esto no es una maldad mía ni fruto de maldad mía, y no daña a la comunidad ¿por qué me preocupo? ¿Cuál es el daño para la comunidad?

36. ¡No te dejes arrastrar por tu imaginación! Ayúdalos conforme a tu capacidad y su mérito, aunque sólo hayan perdido cosas sin importancia. No sigas, no obstante, la mala costumbre de imaginar que se ha perdido algo. Como el anciano que al partir pedía la peonza a su hijo, sin olvidar nunca que sólo era una peonza, ¡haz tú lo mismo ahora que te lamentas! ¿Acaso has olvidado lo que realmente valen esas cosas? "No, pero otros ponen gran empeño en ellas." ¿Es eso razón suficiente para dejarte enloquecer?

37. Dices: "Hubo un tiempo en que fui afortunado, siempre y en cualquier lugar." Pero ser un hombre afortunado significa que tiene una buena fortuna, y una buena fortuna son las buenas inclinaciones del alma, los buenos impulsos, las buenas acciones.

III. Séneca, *Cartas morales a Lucilio* (selección)

Carta II

Viajes y lecturas

Por lo que me escribes, y por lo que siento, concibo buenas esperanzas, ya que no andas vagando y no te afanas en cambiar de lugar. Estas mutaciones son de alma enferma; creo que una de las primeras manifestaciones con que un alma bien ordenada revela serlo es su capacidad de poder fijarse en un lugar y de morar consigo misma. Atiende, empero, a que esta lectura de muchos volúmenes y muchos autores no tengan algo de caprichoso e inconstante. Precisa demorarse en ciertas mentalidades, y nutrirse de ellas, si quieres alcanzar provecho que pueda permanecer confiadamente asentado en tu alma. Quien está en todo lugar no está en parte alguna.

A los que pasan su vida corriendo por el mundo les viene a suceder que han encontrado muchas posadas, pero muy pocas amistades. Y asimismo es menester que acontezca a los que no quieren dedicarse a familiarizarse con un pensador, sino que prefieren pasar por todos somera y presurosamente. No aprovecha, no es asimilado por el cuerpo el alimento que se vomita a poco de haber penetrado en el estómago. Nada hay tan nocivo para la salud como un continuo cambio de remedios; no llega a cicatrizarse la herida en la cual los medicamentos no han sido más que ensayados; la planta que ha sido trasplantada repetidamente, no cobra vigor; nada llega a mostrarse tan útil que pueda rendir provecho sólo de pasada. Muchedumbre de libros disipa el espíritu; y por tanto, no pudiendo leer todo lo que tienes, basta que tengas lo que puedas leer. "Pero", me dices "harto me place hojear, ora este libro, ora aquél." Es propio de un estómago inapetente probar muchas cosas, las cuales, siendo opuestas y diversas, lejos de alimentar, corrompen. Lee, pues, siempre autores consagrados, y si alguna vez te viene en gana distraerte en otro, vuelve a los primeros. Procura cada día hallar alguna defensa contra la pobreza y contra la muerte, así como también contra otras calamidades; y luego de haber pasado por muchos pensamientos, escoge uno a fin de digerirlo aquel día. Yo también lo hago así: entre las muchas cosas que he leído, procuro retener alguna. La de hoy es ésta que he cazado en Epicuro —ya que acostumbro a pasar también a los campos enemigos, no como desertor, sino como explorador—: "Es cosa de mucha honra", dice, "la pobreza alegre". La pobreza, empero, ya no es pobreza si es alegre, por cuanto no es pobre quien poco posee, sino quien desea más de lo que tiene. Porque, ¿qué importa cuánto tiene aquel hombre en sus arcas, cuánto esconde en sus graneros, cuántos rebaños apacienta o cuántos réditos cobra, si anda codicioso de las riquezas ajenas, si no cuenta las cosas adquiridas, antes bien las que piensa poseer? ¿Me pides cuál es la medida de las riquezas? En primer lugar tener lo que es necesario; después, lo que es suficiente. Consérvate bueno.

Carta VII

Es menester huir de la turba

Me pides qué cosa hemos de evitar más: y te diré, la turba. Pero no puedes dejar de confiarte a ella sin peligro. Por lo que a mí atañe, harto te confesaré mi flaqueza: nunca vuelvo de ella con el mismo temple de alma con el que a ella había acudido. Tal como a los enfermos, que tras prolongada debilidad no pueden salir sin perjudicarse, nos acontece a nosotros, convalecientes de una prolongada enfermedad espiritual. El trato con la multitud es dañoso, pues entre ella no hay nadie que deje de recomendarnos un vicio, o no lo deje impreso en nosotros, o, sin que nos percatemos de ello, nos manche. Y cuanto mayor sea la muchedumbre con la cual nos mezclemos, tanto mayor será el peligro. Pero nada existe tan perjudicial a las buenas costumbres como la asistencia a espectáculos, ya que entonces, por medio del placer, los vicios penetran más fácilmente en nosotros. ¿Qué imaginas que quiero decir? Que voy tornándome más avaro, más ambicioso, más sensual, y hasta más cruel y más inhumano, por haber estado entre los hombres. Vino a acontecer que me hallase por azar en un espectáculo de mediodía, en el cual aguardaba juegos y jolgorio y algunas expansiones que descansasen los ojos del hombre de la vista de la sangre humana. Y todo fue al contrario. Tal como se había luchado antes, no era más que simple benignidad; ahora ya no son juegos, antes verdaderos homicidios; los luchadores no tienen nada con qué protegerse, todo su cuerpo queda expuesto a los golpes, y la mano no acomete sin herir. La mayoría prefiere esto a los combates ordinarios y a los de favor. ¿Cómo no preferirlos? Ni casco, ni escudos protegen del hierro. ¿Por qué armaduras y arte de esgrima? Todo ello no son más que dilaciones para la muerte. Por la mañana los hombres son colocados ante osos y leones; al mediodía, ante los espectadores. Estos mandan que los que han matado luchen con los que ahora los tienen que matar, reservándose el ganador para otra matanza; el fin de estos luchadores es la muerte; y la tarea se lleva a término por el hierro y el fuego. Así en la arena se ocupan los intermedios. "Pero es que tal o cual ha robado, ha matado hombres." Pues, ¿qué te has creído? Aquél tiene que sufrir estos males por haber matado; ¿qué merecerías, tú, miserable, por haberlo contemplado? "Hiere, azota, quema. ¿Por qué va contra el hierro con tan poco coraje? ¿Por qué muere de mala gana? Que de los azotes lo lleven a las heridas, que ambos presenten el pecho desnudo a los golpes." El espectáculo se interrumpe: "Mientras, para no quedarnos sin hacer nada, que ahoguen hombres." Muy bien, ¿pero no comprendes aún que el ejemplo del mal vuelve sobre aquel que lo realiza? Dad gracias a los dioses inmortales, que estáis enseñando a ser cruel a quien no puede aprenderlo. Es menester apartar del contacto con el pueblo a toda alma delicada y poco firme en la rectitud, ya que ponerse al lado de los más es cosa fácil. Aun Sócrates y Catón y Lelio habrían podido ver removida su virtud por una multitud tan desemejante: cuanto menos habríamos podido resistir el empuje de los vicios que vienen con tan numerosa compañía, nosotros que, a lo más, sólo estamos comenzando a poner orden en nuestra alma. Un solo ejemplo de lujuria o de avaricia ocasiona gran daño; el trato con un hombre voluptuoso nos enerva insensiblemente y nos ablanda, un vecino rico excita la codicia, un compañero maldiciente mancha con su herrumbre a la persona más franca e inocente; ¿qué piensas, pues, que va a ser de la moralidad de aquel sobre el cual recae la acometida de todo un pueblo? Precisa que seas o su imitador o su enemigo. Y es menester evitar tanto una cosa como otra: ni seas semejante a los malos porque son muchos, ni enemigo de muchos porque son desemejantes. Retírate en ti mismo todo cuanto sea posible; trátate con aquellos que pueden hacerte mejor, admite a aquellos a los cuales puedas mejorar; estas cosas tienen condición de recíprocas, ya que los hombres aprenden enseñando. Guárdate que la vanagloria de hacer notorio tu talento no te decida a presentarte ante el público a fin de leer o disertar; cosa que te dejaría hacer si pudieses ofrecer una mercancía adecuada a este pueblo, pero nadie de ellos puede entenderte. Tal vez sólo podrás ganar a uno o dos, y aun tendrás que formarlos y educarlos para que te entiendan. "Entonces, ¿para quién has aprendido estas cosas?" No temas haber trabajado en vano si las aprendiste para ti.

Pero, a fin de no sentirme solo en aprovechar de lo que hoy llevo aprendido, te comunicaré unas egregias frases que acabo de descubrir, casi sobre el mismo propósito, de las cuales una servirá para pagar la deuda de esta carta, y las otras dos recíbelas a manera de anticipo. Dice Demócrito: "Un solo hombre es para mí como todo un pueblo, y todo un pueblo es para mí como un solo hombre". Bellas también son las palabras de aquel, fuera quien fuese, ya que son de autor dudoso, el cual, preguntado por qué ponía tanta solicitud en unas obras que habían de llegar a poquísimos, dijo: "Aún me bastan pocos, me basta uno, puedo contentarme con ninguno". Y magnífica es la tercera sentencia, de Epicuro, que dijo escribiendo a uno de sus compañeros de estudio: "Esto no es para muchos, sino para ti, ya que somos el uno para el otro un gran espectáculo". Deposita, querido Lucilio, estas cosas en tu alma a fin de que llegues a menospreciar el afán de ser aplaudido por la muchedumbre. Una muchedumbre te alaba: ¿en qué puedes sentirte complacido si eres tal que esa muchedumbre te comprenda? Es en tu interior donde tienen que ser admiradas tus cualidades. Consérvate bueno.

Carta XVII

Es menester dejarlo todo por la filosofía

Tira todas estas cosas si eres sabio, y más aún si te afanas por serlo; a grandes pasos y con todas tus fuerzas tiende a la perfección de tu entendimiento: si alguna cosa te detiene, o desiste de tal empresa o córtala. "Me detiene", dices, "el ansia del patrimonio; el querer componer las cosas en forma que me rindan bastante sin trabajar, a fin de que la pobreza no pese sobre mí ni yo pese sobre otra persona." Al decir estas cosas no pareces conocer la fuerza y el poder del bien que meditas; ves, bien cierto, la parte poco profunda de la cuestión, es decir, el gran provecho de la filosofía, pero no distingues aún con la claridad necesaria, uno por uno, sus beneficios, ni llegas a comprender la gran ayuda que de ella recibimos en todo caso, cómo, usando una frase de Cicerón, nos asiste en las grandes necesidades y desciende hasta las más pequeñas. Llámala a consejo, créeme; ella sabrá persuadirte de que no es menester sentarte a sacar cuentas. Lo que buscas, lo que quieres conseguir con estos aplazamientos es no verte en la necesidad de temer la pobreza. Pero, ¿y si la pobreza fuese deseable? En muchos se da el caso de que para filosofar les estorban las riquezas; la pobreza resulta libre de obstáculos y segura. Cuando suena el clarín, sabe que no la llaman; cuando tocan a fuego, busca la manera de salir, pero no las cosas que tiene que llevarse. Cuando tiene que navegar, no llena de rumor los puertos, no conmueve las riberas con el acompañamiento de un solo hombre siquiera; no le rodea una turba de esclavos, para alimentar a los cuales precisa toda la fertilidad de las regiones ultramarinas. Es cosa fácil alimentar pocos vientres y bien acostumbrados, que no pretenden más que saciarse; el hambre sale barata, la desgana, muy cara. A la pobreza le basta con satisfacer las necesidades urgentes; ¿por qué, pues, rechazas este comensal del cual los ricos sensatos imitan las costumbres? Si quieres cultivar el espíritu precisa que seas pobre o que te hagas semejante a los pobres. El estudio de las cosas saludables no puede hacerse sin atender a conservar la frugalidad, y la frugalidad no es más que una pobreza voluntaria. Abandona, pues, semejantes excusas: "Aun no tengo lo suficiente; en cuanto alcance tal suma me entregaré por entero a la filosofía". ¡Pero si lo primero que precisa preparar es esto que tú difieres y dejas para lo último! ¡Si por ahí se ha de comenzar! "Primero —dices— quiero adquirir lo suficiente para poder vivir." Adquiérelo mientras vas aprendiendo; la cosa que te impide vivir bien no te impide morir bien. No existe ninguna razón que pueda hacernos creer que la pobreza, y ni tan sólo la indigencia, nos alejen de la filosofía. Los que se afanan por llegar a ella han de soportar incluso el hambre, como algunos han tenido que soportarla en ciudades sitiadas; ¿y qué premio podían recibir éstos de sus fatigas si no fuese el de no quedar a merced del vencedor? Cuánto mejor lo que aquí se promete: ¡la libertad perpetua y no vernos obligados a obedecer a ningún dios ni a ningún hombre! Hemos de alcanzar esta meta aunque sea pasando hambre. Los ejércitos han soportado, a lo peor, toda suerte de penalidades; a menudo han tenido que vivir de raíces, han tenido que saciar el hambre con cosas que produce asco mencionar. Y todo ello lo han padecido por un reino, y lo que maravillará más, por un reino que no era suyo. ¿Dudará nadie en soportar la pobreza a fin de liberar el alma de la furia de las pasiones? No precisa, pues, adquirir antes el dinero; a la filosofía puede llegarse incluso sin escote de viaje. ¿Es verdaderamente así? Cuando ya lo tengas todo, ¿querrás entonces también la filosofía? ¿Será la postrer cosa útil de la vida, y, para decirlo así, el añadido final? Tú, al contrario, si ya tienes alguna cosa —¿no has pensado si ya tienes en exceso?— entrégate a la filosofía; si no tienes nada, sea ella el primer bien de que vayas en pos. "Pero me faltaría lo necesario." En primer lugar no puede faltarte, ya que la Naturaleza pide muy poca cosa y el sabio se acomoda a la Naturaleza. Pero si le sobrevienen calamidades extremas, procurará desasirse pronto de la vida y así terminará de ser molesto por sí mismo. Y si son estrechos y menguados los recursos que halle para prolongar la vida, tomará en pago la razón, y sin ansia ni angustia, por lo sobrero, pagará la deuda de alimento al vientre y de abrigo a las espaldas y se reirá con toda seguridad y alegría de los tráfagos y competencias de los ricos que andan desazonados tras las riquezas, diciendo: "¿Por qué aplazas tanto tu bienestar? ¿Aguardas tal vez las ganancias de la usura, o los beneficios de una operación, o el testamento de un viejo rico, pudiendo así volverte rico de repente? La sabiduría substituye a las riquezas, ya que las concede a aquel para el cual son inútiles". Ello no reza para ti, que te hallas cerca de la opulencia. Cambia de siglo y encontrarás que tienes demasiado; en cambio, la suficiencia es igual en todos los siglos.

Aquí podría terminar la carta si no fuese porque te tengo mal acostumbrado. Nadie podía saludar a los reyes partos que no fuese con un presente; de igual manera no es posible despedirse de ti con las manos vacías. ¿Qué haré, pues? Pediré prestado a Epicuro: "Para muchos, haber ganado riquezas no fue acabamiento de sus miserias, sino cambio de unas por otras." No me causa esta sentencia ninguna extrañeza puesto que el mal no está en las cosas, sino en nuestra alma. Aquello mismo que nos hacía insoportable la pobreza nos hará insoportable la riqueza. Tal como es indiferente que pongas un enfermo en un lecho de madera o en uno de oro, pues donde sea que le acomodes llevará consigo la enfermedad; tampoco tiene ninguna importancia que una alma enferma se encuentre entre la riqueza o entre la pobreza: su mal le sigue por todas partes. Consérvate bueno.

Carta XXVIII

Los viajes no curan el espíritu

¿Por ventura crees que sólo a ti ha sucedido, y te admiras de ello como de algo nuevo, si en un viaje tan largo y por tanta variedad de países no has conseguido liberarte de la tristeza y la pesadez de corazón? Es el alma lo que tienes que cambiar, no el clima. Ni que cruces el mar, tan vasto, ni que, como dice nuestro Virgilio,

"se pierdan ya tierras y ciudades",

los vicios te seguirán doquiera que vayas. A uno que le preguntaba esto mismo, le respondió Sócrates: "¿Por qué te admiras de que los viajes no te aprovechan para nada si por todo vas contigo mismo? Va en pos de ti la misma causa que te empujaba a marcharte". ¿De qué puede servir la novedad de las tierras, el conocimiento de ciudades y países? Todos estos cambios son en vano. ¿Me preguntas por qué no has hallado consuelo en tu huída? Porque escapaste contigo mismo. Es el hato del alma lo que precisa abandonar; sin haber hecho esto no encontrarás agradable ningún lugar. Piensa que tu estado es el que Virgilio presta a aquella profetisa agitada y espoleada y llena de un espíritu extraño a ella:
"La profetisa se agita para expeler de su pecho al gran dios".

Vas de acá para allá a fin de sacudirte el peso que te acongoja, que se vuelve más imperioso con las mismas oscilaciones, tal como en las naves los fardos fijos pesan menos; si se mueven de un lado para otro, hunden aquella banda sobre la cual cargan. Cualquiera cosa que hagas lo haces contra ti mismo, y hasta el movimiento te daña porque sacudes a un enfermo. Pero cuando te hayas liberado de este mal, todo cambio de lugar te resultará delicioso; aunque te veas lanzado a las tierras más remotas o que te encuentres en un rincón cualquiera de un país bárbaro, toda estancia te resultará hospitalaria. Lo más importante no es adónde vas, sino quién eres tú que vas. Es menester vivir con este convencimiento: "Yo no he nacido para un rincón, mi patria es todo el mundo", Si vieses esto bien claro, no te extrañaría no encontrar consuelo en la diversidad de los países a los cuales emigras a menudo, fastidiado de aquellos donde vivías antes, ya que aquellos primeros te habrían gustado si todos los hubieses tenido por tuyos. Ahora, en realidad, no viajas, vas errante, eres impelido, y cambias de lugar, de un sitio a otro, siendo así que lo que buscas, es decir, vivir bien, se encuentra en todas partes. ¿Puede existir un lugar tan agitado como el Foro? Y, a pesar de todo, si precisa, se puede vivir allí tranquilamente. Pero si se pueden componer libremente las cosas, es preferible huir de la vista y de la vecindad del Foro; pues así como los lugares malsanos atacan la más firme salud, existen también lugares poco sanos para el alma convaleciente, no llegada aún a la perfección. Disiento de aquellos que se lanzan de cara a la borrasca y que, atraídos por la vida tumultuosa, luchan cada día con virilidad contra toda suerte de dificultades. El sabio lo soportará, pero no lo elegirá; preferirá mejor vivir en paz que en lucha. No servirá mucho haber abandonado los propios vicios si nos precisa luchar con los ajenos. "Treinta tiranos", me dirás, "rodearon a Sócrates y no pudieron quebrantar su espíritu." ¿Qué importa el número de los dueños? La esclavitud es sólo una, y quien la ha menospreciado es libre, por numerosa que sea la banda de gente que le domine.

 Es tiempo de acabar, si antes pago los portes. "Principio de la salud es el conocimiento del pecado." Egregia me parece esta sentencia de Epicuro, pues quien ignora que ha pecado no quiere ser corregido; antes que quepa la enmienda cuenta sus vicios como virtudes. Por esto, repréndete tú debes reconocer tu culpa. Algunos se jactan de sus vicios.

 ¿Por ventura crees que se preocupa de los remedios quien mismo tanto como puedas, infórmate contra ti mismo; desempeña primero el oficio de acusador, después el de juez, defensor y alguna vez castígate. Consérvate bueno.

Carta XXXI

Desdén de la opinión del vulgo

Reconozco a mi Lucilio: ahora comienza a mostrarse tal como prometía. Ve siguiendo este empuje el espíritu que te conduce a todos los bienes superiores, haciendo que el vulgo te menosprecie; no te deseo ni que seas más grande ni más bueno de lo que aspiras a ser. Tus fundamentos ocupan gran espacio: realiza, pues, todo aquello que te has propuesto y pon en orden todos los planes de tu alma. En una palabra: alcanzarás la sabiduría si te obturas los oídos, aunque no basta con cubrirlos con un poco de cera, sino que precisa un espesor más duro que aquel que se cuenta que fue usado por Ulises con sus compañeros. La voz que entonces se temía era seductora, mas no era la de todos; pero la que tememos ahora no resuena en un único escollo, antes en todos los puntos de la Tierra. Se percibe, no en un lugar determinado peligroso por las asechanzas de los placeres, sino en todas las ciudades; hazte sordo incluso ante aquellos que más te quieren, pues, aun con la mejor intención, sólo te desean males. Y si quieres ser feliz, pide a los dioses que no te acontezca nada de lo que ésos te desean. No son verdaderos bienes aquellas cosas de las que ellos quieren verte colmado: el bien no es más que uno, causa y sostén de la vida feliz, la confianza en sí mismo. Pero este bien no podremos captarlo si no menospreciamos la fatiga, contándola entre aquellas cosas que no son ni buenas ni malas; ya que no es posible que una misma cosa sea unas veces mala y otras buena, unas veces liviana y soportable, otras temible. La fatiga no es un bien. ¿Qué es, pues, un bien? El menosprecio de la fatiga. Por esta razón atacaría a los que se afanan por nada; al contrario, aprobaría a los que luchan por ser honestos, tanto más cuanto más se esfuercen en ello, sin dejarse vencer ni detener. Yo exclamaré dirigiéndome a ellos: "Valor, erguíos y respirad ampliamente, y ascended, si podéis, esta cuesta de un solo aliento". La fatiga es el alimento de las almas nobles. No quieras, pues, elegir, según los antiguos votos de tus padres, lo que querrías obtener, lo que desearías; a un varón que ha seguido todo el mundo de los honores tiene que serle vergonzoso importunar a los dioses. ¿Qué necesidad existe de expresarles nuestros deseos? Hazte tú mismo feliz, y ciertamente lo conseguirás si comprendes que es bueno todo aquello que va acompañado de una virtud y que es deshonesto todo lo que va acompañado de malicia. Así como sin la compañía de la luz no hay nada que sea brillante ni que sea negro, a menos que en sí mismo contenga la tiniebla o implique alguna oscuridad; así como sin obra del fuego no existe nada caliente, ni nada frío sin el aire, así también lo honesto y lo deshonesto resultan de la compañía de la virtud o de la malicia. ¿Qué es, pues, el bien? La ciencia. ¿Qué es el mal? La ignorancia. El varón prudente y diestro elegirá o rechazará, según el tiempo, las cosas, sin temer, empero, lo que rechace ni admirar aquello que elija, si es que tiene una alma grande e invencible. Te he prohibido deprimirte y desfallecer. Es poco aún que no rechaces el trabajo: es menester que lo andes buscando. "¿Pues, qué —me dices—, el trabajo frívolo y superfluo, y el inspirado por causas innobles, ¿no es malo? " No lo es más que aquel que aplicamos a causas nobles, por cuanto es siempre la misma paciencia del alma, que exhorta ella misma a las cosas ásperas y duras diciendo: "¿Por qué desfalleces? No es propio de hombre temer la propia fatiga". Para que la virtud sea perfecta precisa añadir a todo ello una igualdad de vida y un tono sostenido, siempre de acuerdo consigo mismo, lo cual no puede ser si no se posee la ciencia y el arte que hace conocer las cosas humanas y las divinas. He aquí todo el bien supremo; si lo alcanzas comienzas a ser, no el suplicante de los dioses, sino su compañero. "¿Cómo se llega a este lugar?", me dices. No por la montaña Apenina, ni por la Graciana, ni por el desierto de Candavia; no es menester que pases por las Sirtes, ni por Scila y Caribdis, por entre las cuales, a pesar de todo, pasaste por la golosina de un pequeño gobierno: el camino, para el cual la Naturaleza te ha provisto adecuadamente, es seguro y agradable. Ella te ha procurado dones, que si no los abandonas te elevarán a la altura de Dios. Pero el dinero no te sabrá hacer igual a Dios, porque Dios no tiene nada. No te hará igual a Dios la pretexta, porque Dios está desnudo. No te hará igual a Dios la fama, ni la ostentación propia, ni la notoriedad del nombre difundido por los pueblos, ya que nadie conoce a Dios, y además muchos piensan en él con malos pensamientos sin recibir castigo por ello. Como tampoco una banda de servidores conduciendo tu litera por los paseos urbanos y en los largos viajes, puesto que Dios máximo y poderosísimo es el que conduce todas las cosas. Como tampoco podrán hacerte feliz la belleza ni la fuerza, ya que ninguna de estas cosas resiste el paso del tiempo. Es menester encontrar algo que no desmerezca con la edad, que no pueda encontrar obstáculo. ¿Cuál es? El alma; pero el alma recta, buena, grande, a la que, ¿cómo nombrarás si no es llamándola un dios habitador del cuerpo humano? Esta alma tanto puede pertenecer a un caballero romano como a un liberto y como a un esclavo. Porque, ¿qué cosas son un caballero romano, un liberto, un esclavo? No son sino nombres nacidos de la ambición o de la injusticia. Es posible ascender al cielo desde un rincón, con tal que te yergas "y tomes una forma digna de un dios". No tomarás esta forma por medio del oro ni de la plata, pues con estas materias no es posible reproducir la imagen divina; recuerda que cuando los dioses nos eran propicios eran de arcilla. Consérvate bueno.

Carta LII

Elección de maestro

¿Cuál es, Lucilio, esta fuerza que nos atrae en un sentido cuando nosotros tendemos hacia otro, y nos empuja al lugar adonde no queremos ir? ¿Qué es esto que lucha contra nuestra alma y que no permite que nosotros queramos una cosa de una vez para siempre? Fluctuamos entre diversos propósitos: no queremos nada con voluntad libre, absoluta, perpetua. "Es", me dices "la estulticia, Que no se detiene ante nada, a la que nada place mucho tiempo." Pero ¿cómo y cuándo nos desasiremos de ella? Nadie por sí mismo tiene poder bastante para elevarse por encima de la estulticia; es menester que alguien le tienda la mano, que alguien le levante. Dice Epicuro que algunos alcanzaron la verdad sin ayuda de nadie, pues ellos mismos se abrieron camino. Es a éstos a quienes dedica las mayores alabanzas, por haber sabido ponerse en marcha por sí mismos, por haber sabido provocar el cambio espontáneamente; pero muchos otros precisan de ayuda extraña, incapaces de caminar si no hay quien les preceda, mas harto capaces de seguir. Dice que pertenece a este segundo grupo Metrodoro, espíritu noble, sin duda, aunque de segundo orden. Nosotros no somos del primer grupo, y bien contentos si nos vemos aceptados en el segundo. No menosprecies, pues, al hombre que se salva por influjo de otro: ya es mucho el deseo de salvarse. A más de estos dos grupos encontrarás otro, que tampoco debe ser rechazado, de hombres que pueden ser arrastrados, y aun forzados, al bien; a estos hombres les precisa no sólo que les guiemos, sino que les ayudemos, y casi que les coaccionemos. Ello constituye el tercer matiz. Si también de éstos quieres un ejemplo, Epicuro dice que Hermarco era uno de ellos. Epicuro felicita al primero, pero admira más al segundo, porque, por más que ambos alcancen el mismo fin, merece ser más alabado haber hecho lo mismo con un carácter más difícil. Figúrate que se han alzado dos edificios, desiguales en sus cimientos, pero iguales en altura y magnificencia; mientras uno de ellos, establecido sobre basamentos firmes, ha podido alzarse rápidamente, el otro, empero, tiene los cimientos trabajosamente construidos sobre tierra blanda y húmeda y ha sido menester grande esfuerzo antes de que se haya podido alcanzar la roca firme. Quien contemple las dos obras realizadas deberá comprender que la segunda oculta una labor más grandiosa y difícil. Existen caracteres fáciles y prontos; otros han de ser trabajados a mano, según suele decirse, y para sentarlos sobre buenos cimientos dan mucho trabajo. Yo no tendré por más feliz aquel que no haya tenido que luchar con su propio temperamento; pues no cabe duda que ha merecido más de sí mismo quien ha tenido que vencer el desorden de su naturaleza, y, más que encaminarse, ha tenido que arrastrarse hacia la filosofía. Sobre que este temperamento duro y laborioso es el que nos ha sido dado: caminamos entre obstáculos. Nos precisa, pues, luchar y reclamar el auxilio de alguien. "¿A quién reclamaré?", me dices. A uno u otro. Pero vuelve a los primitivos, que siempre encontrarás a tu disposición; pues no sólo pueden prestarnos ayuda los que son, sino también los que han sido. Y entre los que son actualmente no debemos escoger aquellos que hablan atropelladamente, que revuelven muchedumbre de lugares comunes y no son pocos los mitones que les rodean, antes bien, aquellos que enseñan con el ejemplo, que después de haber expuesto lo que debe hacerse, lo corroboran con sus actos, que nos muestran lo que es obligado evitar y nunca aparecen sorprendidos por las cosas que dieron por vedadas. Escoge un auxiliar que te despierte más admiración cuando lo veas que cuando lo oigas. No por esto te prohibiré escuchar a aquellos que acostumbran admitir a la turba en sus discursos, siempre que su propósito al hablar ante la multitud sea el de tornarse mejores y hacer que los demás también progresen en la virtud, siempre que no obren por ambición. Pues, ¿qué cosa puede ser más vergonzosa para la filosofía que andar a la zaga de las aclamaciones? ¿Por ventura el enfermo alaba al médico que le corta las carnes? Callad, mostrad reverencia, prestaos a ser curados; aunque me dediquéis vuestras aclamaciones no haría mayor caso que si, tocando vuestros vicios en lo vivo, os pusieseis a gemir. ¿Queréis dar pruebas de lo atentos que sois y de la emoción que sentís por las cosas grandes? Sea. ¿Cómo no permitir que juzguéis y emitáis sufragio sobre lo que sea más excelente? En la escuela de Pitágoras, los discípulos tenían que callar durante cinco años; ¿por ventura crees que después se les concedía de buenas a primeras el derecho de hablar y alabar? ¡Cuán grande es la demencia de aquel que sale sonriendo del auditorio de ignorantes que le ha aplaudido! ¿Por qué te alegras de ser alabado por aquellos hombres que tú no puedes alabar? Fabiano disertaba en público, pero era escuchado en silencio; si de vez en cuando estallaban las aclamaciones y los elogios, eran provocados por la grandeza de sus ideas y no por la sonoridad del discurso pronunciado con voz muelle e inofensiva. Es menester que haya alguna diferencia entre los elogios del teatro y los de la escuela, pues no dejan de existir alabanzas indiscretas. Si se observa bien, todas las cosas tienen sus indicios, y aun de los actos más pequeños puede sacarse argumento bastante para conocer las costumbres: el impúdico es traicionado por su andar, por el movimiento de su mano, a veces por una simple respuesta, por la manera de dar en su cabeza con un dedo, por la mirada extraviada; la risa delata al malvado; el rostro y el continente, al orate. Estos defectos son puestos de manifiesto por los respectivos síntomas: sabrás cómo cada uno es, si consideras cómo elogia y cómo es elogiado. Aquí y allá ciertos filósofos son aplaudidos por los oyentes, y la turba de los admiradores está pendiente de ellos; pero si entiendes bien la cosa, no es que los alaben, los aclaman. Pero, con todo, hay que dejar estas aclamaciones para aquellas profesiones que se proponen agradar a la turba; la filosofía tiene que ser adorada. Es preciso permitir a los jóvenes que alguna vez sigan los impulsos del corazón, pero sólo cuando se abren, por impulso y no sean capaces de imponerse silencio: tal elogio es como si prestase ánimo al auditorio y obra como un estimulante en los adolescentes. Es de desear que se conmuevan por las ideas, no por las palabras sonoras, pues de otro modo la elocuencia podría serles nociva; no les despertaría el afán de la verdad, sino de la elocuencia en sí misma. Por ahora diferiré esta cuestión, pues exigiría un desarrollo más propio y más extenso para tratar de cómo se ha de hablar al pueblo, qué debemos permitirnos delante de él, y qué ha de permitir el pueblo ante él. No existe duda alguna que la filosofía ha sufrido grandes daños por haberse mercantilizado; pero puede mostrarse en su santuario a condición de ser servida, no por un mercader, sino por un sacerdote. Consérvate bueno.

Carta LXII

Empleo del tiempo

Mienten aquellos que quieren hacer ver que la multitud de asuntos les impide atender a los estudios liberales, simulan ocupaciones y las multiplican, y se estorban ellos mismos; yo, querido Lucilio, tengo mi ocio, y dondequiera que me encuentre me pertenezco. No me entrego a las cosas, sino que me doy a ellas de prestado; no ando corriendo detrás de las ocasiones de perder tiempo, antes bien, me detengo en cualquier lugar, me entrego a mis pensamientos y medito alguna cosa saludable. Cuando me doy a los amigos, no por ello me substraigo a mí mismo, ni me detengo con aquellos con quienes me ha reunido alguna circunstancia o algún deber cuidadoso, sino que permanezco con los mejores de los hombres: en cualquier lugar, en cualquier siglo que hayan existido, hacia ellos dirijo mi alma. Siempre traigo conmigo a Demetrio, el mejor de los hombres, y, abandonando a los purpurados, hablo con aquel hombre medio desnudo y le admiro. ¿Cómo no admirarlo si veo que no le falta nada? Podemos menospreciar todas las cosas, pero a nadie le es posible tenerlas todas: el camino más breve hacia la riqueza es el menospreciarla. Y nuestro Demetrio vivió no como quien menosprecia todas las cosas, sino como quien las cede a los otros. Consérvate bueno.

Carta LXXV

De la simplicidad del estilo

Te quejas que mi estilo carece de pulimento. Pero, ¿quién es el que pretende hablar con elegancia sino aquel que desea hablar amaneradamente? Tal como sería de llana y espontánea nuestra conversación si estuviéramos sentados platicando, o anduviésemos juntos de camino, así quiero que sean mis cartas, que no tengan nada de rebuscado ni de fingido. Si fuese posible, preferiría presentar aquellas cosas que oído decir. Ni en una discusión pernearía o bracearía o levantaría la voz, antes bien, dejaría estas cosas a los oradores, contentándome con que mis pensamientos llegasen a ti sin adornarlos ni envilecerlos. De una sola cosa querría convencerte: de que siento cuanto digo, y no solamente lo siento, sino que le tengo afecto. Los hombres besan de una manera a su amiga, y de otra a sus hijas; con todo, también en este beso, tan honorable y casto, se manifiesta claramente el afecto. No querría, ¡por Hércules!, que fuesen secas y áridas las palabras que expresen tan grandes cosas, pues la filosofía no renuncia al ingenio, pero tampoco es menester gastar grandes esfuerzos en las palabras. Todo nuestro propósito debe reducirse a decir lo que sentimos y a sentir lo que andamos diciendo: nuestra palabra tiene que estar de acuerdo con nuestra vida. Ha cumplido rectamente su encomienda aquel que encuentras igual tanto cuando es visto como cuando es oído. Ya veremos qué especie de hombre es y dónde llega, pero sea primero sólo un hombre. No es placer, sino provecho que tienen que producir nuestras palabras. Pero si podemos contar con la elocuencia sin buscarla, si se tiene a mano, lléguese en buena hora a ponerse al servicio de las ideas nobles, pero compórtese de manera que más que enseñarse ella misma nos enseñe las ideas. Las otras artes sólo atienden al ingenio de la expresión, pero aquí se trata del gran negocio del alma. El enfermo no busca un médico que sea elocuente; mas si acierta a suceder que el que sabe curar sea por otra parte capaz de expresarse con elegancia, todo eso tendrá de más. Pero no hallará motivo alguno para felicitarse de estar en manos de un médico elocuente, pues esta cualidad es para un médico como la belleza para un piloto hábil. ¿Por qué me cosquilleas los oídos? ¿Por qué me los llenas de delicias? Bien otra cosa es lo que conviene: el cauterio, el cuchillo, la dieta. Para ello has sido llamado: tienes que curar una enfermedad antigua, grave, general; tienes entre manos un asunto tan serio como el de un médico en una epidemia. ¿Y te preocupas de las palabras? Puedes sentirte contento si prestas alcance a las cosas. ¿Cuándo aprenderás tantas como precisa aprender? ¿Cuándo las asimilarás tan íntimamente que ya no puedas olvidarlas? ¿Cuándo las probarás con la experiencia? Pues no es suficiente, como en otras materias, confiarlas a la memoria: precisa ensayarlas en la práctica. "¿Pues, qué? ¿No existen entre los sabios grados intermedios? ¿No hallamos el precipicio junto a la sabiduría?" No lo creo así, pues aquel que progresa se puede contar aún entre el número de los faltos de juicio, pero ya le separa de éstos una gran distancia, y aun entre los mismos que progresan existen grandes diferencias. Según algunos, se dividen en tres clases: los primeros son aquellos que aun no han adquirido la filosofía, pero ya han conseguido sentar la planta en sus contornos; mas una cosa cercana queda, a pesar de todo, todavía fuera. ¿Me preguntas quiénes son ésos? Aquellos que ya han dejado todas las pasiones y todos los vicios, que ya han escogido aquellas cosas en las que pretenden asentar su afecto, aunque la confianza que abrigan no ha sido experimentada aún. No gozan todavía del uso de su bien, pero ya no pueden recaer en aquellas cosas de las cuales huyeron. Ya han alcanzado aquel punto del cual no se puede resbalar hacia atrás, mas esto no consta aún a su propio espíritu: según recuerdo haber escrito en una carta, en aquella sazón "no sabemos que sabemos". Tienen la fortuna de gozar de su bien, pero no la de confiar en él. Algunos definen esta especie de proficientes de que estoy hablando, diciendo que ya se han liberado de las dolencias del alma, pero aun no de las pasiones, y que se encuentran todavía en terreno resbaladizo; por cuanto nadie se encuentra fuera de todo peligro de mal si no se lo ha sacudido del todo de encima, y sólo lo ha sacudido del todo quien ha puesto en lugar de él la sabiduría. La diferencia entre las enfermedades del alma y las pasiones ya ha sido expuesta por mí repetidas veces. Pero te la voy a recordar una vez más: las enfermedades son los vicios inveterados y endurecidos, como la avaricia y la ambición, las cuales han atado el alma con gran violencia y se han convertido en dolencias permanentes. Para definirla brevemente te diré que la enfermedad del alma es la pertinacia del juicio en el mal, como, por ejemplo, creer que es deseable en gran manera aquello que sólo lo es levemente; pero, si lo prefieres, podemos definirla así: buscar con demasiado afán las cosas poco deseables o indeseables del todo, o tener en gran estima aquello que sólo merece poca o ninguna. Las pasiones son movimientos reprobables, súbitos e impetuosos del alma, los cuales, si se hacen frecuentes y son desatendidos, acarrean la enfermedad, tal como un catarro que no se ha tornado crónico causa tos, pero un catarro persistente e inveterado produce la tisis. Así vemos que los que han progresado mucho quedan fuera del alcance de las enfermedades, mas a pesar de hallarse cerca de los perfectos experimentan todavía las pasiones. La segunda clase es la de aquellos que han abandonado las más peligrosas dolencias del alma y también las pasiones, pero no tienen una posesión firme de su seguridad, ya que pueden recaer en aquéllas. La tercera clase se ha liberado de muchos y grandes vicios, mas no de todos. Se ha desasido de la avaricia, pero aun experimenta la ira; ya no le tienta la lujuria, aunque sí la ambición; ya no tiene apetitos, pero todavía tiene temores en los cuales se muestra bastante firme delante de ciertas cosas, pero cede delante de otras; menosprecia la muerte, mas le asusta el dolor. Meditemos un poco sobre ésta clase. Estemos contentos de nuestra suerte si somos admitidos en aquélla. Precisa un temperamento muy afortunado y una asidua aplicación al estudio para ocupar el segundo rango, pero el tercero tampoco es despreciable. Piensa cuánta copia de males ves en derredor tuyo, fíjate cómo no hay ningún crimen sin ejemplo, cómo de día en día avanza la maldad, cómo se peca en privado y en público, y entenderás que bastante hemos conseguido si no somos de los pésimos. "Pero yo —dices— espero poder penetrar en un rango más honorable." Para nosotros lo desearía más que lo prometería: el mal nos ha captado por adelantado, nos esforzamos hacia la virtud con el impedimento de los vicios. Da vergüenza tenerlo que decir: cultivamos la virtud en los momentos de ocio. ¡Pero qué premio tan grande nos aguarda si quebramos todos los estorbos y las malas tendencias tan tenaces! Ya no nos maltratarán los apetitos ni el temor; inmóviles ante todos los terrores, incorruptibles ante todos los deleites, ni la muerte ni los dioses nos aterrorizarán, pues sabremos que la muerte no es ningún mal y que los dioses no son poderes malignos. Tan débil cosa es lo que mueve como lo que es movido: las cosas excelentes están faltas de virtud nociva. Si llegamos a levantarnos de este fango hacia aquella región sublime y excelsa, nos aguarda allí una gran tranquilidad de espíritu y una absoluta libertad franca de todo error. ¿Preguntas qué libertad? No temer a los hombres ni a los dioses, no desear nada deshonesto ni desmesurado, tener absoluta posesión de sí mismo: tesoro inestimable es hacerse dueño de nuestro propio ser. Consérvate bueno.

Carta LXIX

Los viajes frecuentes son un obstáculo a la sabiduría

No querría que cambiases de lugar, que fueses saltando de uno a otro, primeramente porque estas mudanzas tan frecuentes son propias de un alma inconstante, a la cual la quietud no procurará consistencia si no pierde sir vagabundeo y su curiosidad. Detén este prurito de tu cuerpo a fin de poder contener al espíritu. En segundo lugar, los remedios son de mayor provecho cuando son continuados; por ello no precisa interrumpir la quietud y el olvido de la vida pasada. Deja que tus ojos desaprendan, que tus oídos se acostumbren a palabras saludables; cada vez que salgas, se te ofrecerán al paso cosas que renovarán tus apetitos. Así como aquel que quiere desasirse de un amor ha de evitar todo recuerdo de la persona amada —pues nada como el amor para las fáciles recidivas—, asimismo quien quiera abandonar los deseos de todas las cosas, en el afán de las cuales había llameado, debe apartar ojos y oídos de las cosas que abandona. Fácilmente se rebela la pasión; a dondequiera que se vuelva descubrirá la presencia de un objeto que deleite su atención. No existe ningún mal sin su golosina: la avaricia ofrece dinero; la lujuria, muchos y variados deleites; la ambición, la púrpura y el aplauso, de donde más tarde la influencia y todo lo que la influencia implica. Los vicios te solicitan prometiéndote recompensas, pero aquí, en el ocio, has de vivir sin ellas. Apenas podemos conseguir en toda la vida de un hombre que los vicios, enardecidos por una licencia tan larga, se sujeten y acepten el yugo, y mucho menos si la fragmentamos en pedazos. Ninguna cosa puede ser llevada a la perfección sino con atención y vigilancia asiduas. Si quieres escucharme, medita la muerte y ejercítate en aceptarla, y si las circunstancias lo aconsejan invítala, pues poco importa que ella venga a nosotros o que nosotros vayamos a ella. Persuádete de la falsedad de aquellas palabras, propias de todos los ignorantes: "Bella cosa es morir de la propia muerte". Nadie muere de otra cosa que de su propia muerte. Piensa, además, que sólo morimos en el día que nos corresponde. Y no pierdes el tiempo muriéndote, porque lo que dejas.

6
EL EPICUREÍSMO

El epicureísmo es la escuela filosófica fundada por Epicuro, en el 307 a. C., en Atenas. Epicuro había empezado su escuela en el jardín de su casa, por lo que se le conoció como Escuela del Jardín. Es una de las cuatro grandes escuelas filosóficas de la Antigüedad. Fue contendiente del estoicismo. La Escuela del Jardín se asocia frecuentemente con el hedonismo, lo cual tiene un fundamento, pues Epicuro pensaba que el único bien intrínseco es el placer, pero no debemos suponer por esto que el epicureísmo recomendara llevar una vida entregado a los placeres; por el contrario, el filósofo pensaba que la felicidad consistía en la tranquilidad del alma (*ataraxia*) y la ausencia de dolores en el cuerpo (*aponía*), lo cual solo se conseguía mediante una vida ordenada y virtuosa.

Epicuro y su Jardín

Epicuro nació en la isla de Samos, en el 341 a. C. Heredó la ciudadanía ateniense de su padre, que era u maestro de escuela. Se cuenta que su madre era adivina. Desde muy joven se interesó por la filosofía; a los catorce años fue discípulo de Pánfilo, un académico que vivía en la isla. Más tarde, Epicuro rechazaría la doctrina platónica.

A los dieciocho años, se trasladó a Atenas para cumplir el servicio militar. Dos años más tarde, se trasladó con su familia a Colofón, pues habían perdido su propiedad de Samos. En Colofón estudió con el atomista Nausífanes, quien ejercería gran influjo en su pensamiento. Intentó después dirigir una escuela de filosofía, pero fracasó, debido a rivalidades con los de las otras escuelas.

En el 306, a los 35 años, vuelve a Atenas y compra una casa. En su casa, que poseía un amplio jardín, empezó su escuela. Más que una escuela, era un lugar de reunión de intelectuales. Tenían cabida los esclavos y las mujeres, lo cual era excepcional en su tiempo. Fue muy apreciado por sus discípulos. Murió en el 270 a. C., a la edad de 72 años, aquejado del mal de piedras en los riñones. Dejó alrededor de 300 manuscritos, de los cuales solo se conservan cuarenta máximas y tres cartas.

Doctrina

Epicuro dividía la filosofía en tres partes: la gnoseología o canónica, por la cual investigamos los criterios para distinguir lo verdadero de lo falso; la física, o estudio de la naturaleza; y la ética, o estudio de la conducta humana. La gnoseología y la física estaban subordinadas a la ética, pues el conocimiento no se busca por sí mismo sino para alcanzar la felicidad.

En canónica o teoría del conocimiento, los epicúreos son empiristas: todo lo que conocemos, lo conocemos a través de los sentidos. En el conocimiento podemos distinguir tres formas: la sensación, el sentimiento y las ideas generales. Las ideas generales se forman por repetición de sensaciones. Las sensaciones también provocan en nosotros placer o dolor, lo cual da lugar a los sentimientos, que son la base de la moral. También se habla (Diógenes Laercio lo menciona) de un cuarto proceso de conocimiento: la proyección imaginativa, por la cual imaginamos cosas que no podemos ver, como los átomos.

En física, los epicúreos parten de la teoría atómica de Demócrito: lo único que existe son los átomos, o partículas indivisibles que constituyen todas las cosas, y el vacío. Sin embargo, no son deterministas como el filósofo de Abdera. Epicuro cree en la libertad, base de la ética, y por ello introduce en el atomismo una modificación: en su caída o movimiento en el vacío, los átomos, por una razón desconocida, experimentan una desviación o inclinación (llamada *clinamen*); esto introduce el azar y la indeterminación en la realidad, y explica la libertad.

El hombre, como no podía ser de otra forma, está constituido por átomos. Su alma también es material: está formada por un tipo especial de átomos, más sutiles que los del cuerpo. Al morir el hombre, sus átomos se dispersan; el alma, como el cuerpo, es perecedera.

La ética es la parte más importante de la filosofía, para los epicúreos. Queremos conocer qué es la realidad para ser felices. De la canónica y la física se desprende que el único bien en sí, lo que todo hombre busca, es el placer. La ética, que debe interesar a todos los hombres, tiene como objetivo descubrir las vías por las que podemos llevar una vida placentera, pero larga y tranquila (los epicúreos también proponen la ataraxia como ideal de vida).

En todo buscamos el placer, pero no todo placer es conveniente. Hay placeres naturales y necesarios (como comer, beber, abrigarse y dormir), placeres naturales e innecesarios (una conversación, la actividad sexual y la contemplación estética), y placeres no naturales e innecesarios (entre los que Epicuro pone la fama y el poder político). Epicuro recomendaba satisfacer los deseos naturales y necesarios del modo más económico posible, y no caer en excesos. Los placeres innecesarios son peligrosos, porque nos atraen más que los necesarios. Se deben evitar los placeres no naturales.

Por otra parte, Epicuro distingue entre placeres espirituales y placeres corporales. Los placeres del alma o espirituales son superiores a los del cuerpo, porque son más duraderos y además pueden eliminar o atenuar los dolores del cuerpo. Además, los placeres del cuerpo, si se buscan insistentemente, terminan produciendo dolor.

En definitiva, Epicuro sostiene que la felicidad se alcanza llevando una vida que nos permita disfrutar de los placeres, a condición de que estos sean más espirituales que materiales, más duraderos que intensos, y naturales. La forma de vida que nos permite llevar una vida así es la virtuosa. Resulta, entonces, que virtud y felicidad se identifican. El hombre sabio lleva una vida virtuosa, disfrutando de los placeres simples.

Además de saber distinguir los placeres para saber cuáles podemos buscar y cuáles debemos evitar, Epicuro aconseja afrontar los temores infundados, que quitan la paz. Estos temores son: el temor a los dioses, el temor a la muerte y el temor al futuro.

No debemos temer a los dioses, dice Epicuro, porque o bien estos no existen, o si existen, están demasiado ocupados como para ocuparse de las cosas de los hombres. Los dioses no nos escuchan; si nos escucharan, todos habríamos perecido, porque los hombres estamos deseando continuamente males para los otros.

Temer a la muerte es ridículo, porque la muerte es simplemente el final de la vida. No hay otra vida; el alma se desintegra al morir la persona. Mientras vivimos, la muerte no está presente, y cuando llega, nosotros ya no estamos.

Tampoco tiene sentido temer al futuro: "el futuro —dice Epicuro— ni depende enteramente de nosotros, ni tampoco nos es totalmente ajeno, de modo que no debemos esperarlo como si hubiera de venir infaliblemente ni tampoco desesperarnos como si no hubiera de venir nunca".

Por último, a Epicuro se la atribuye una paradoja, con que se pretende poner en duda la existencia de Dios. Es el problema del mal en el mundo:

> *¿Es que Dios quiere prevenir la maldad, pero no es capaz? Entonces no es omnipotente. ¿Es capaz, pero no desea hacerlo? Entonces es malévolo. ¿Es capaz y desea hacerlo? ¿De dónde surge entonces la maldad? ¿Es que no es capaz ni desea hacerlo? ¿Entonces por qué llamarlo Dios?*

En Roma, el epicureísmo también tuvo numerosos adeptos. El más destacado de ellos, sin duda alguna, fue el poeta Tito Lucrecio Caro (99 – 55 a. C.), quien escribió un extenso poema (*De Rerum Natura, De la naturaleza de las cosas*), en el que expone con todo detalle el sistema epicureísta.

FILÓSOFOS ANTIGUOS Y MODERNOS

TEXTOS

I. Epicuro, Carta a Meneceo[1]

Cuando se es joven, no hay que vacilar en filosofar, y cuando se es viejo, no hay que cansarse de filosofar. Porque nadie es demasiado joven o demasiado viejo para cuidar su alma. Aquel que dice que la hora de filosofar aún no ha llegado, o que ha pasado ya, se parece al que dijese que no ha llegado aún, el momento de ser feliz, o que ya ha pasado. Así pues, es necesario filosofar cuando se es joven y cuando se es viejo: en el segundo caso para rejuvenecerse con el recuerdo de los bienes pasados, y en el primer caso para ser, aún siendo joven, tan intrépido como un viejo ante el porvenir. Por tanto hay que estudiar los métodos de alcanzar la felicidad, porque, cuando la tenemos, lo tenemos todo, y cuando no la tenemos lo hacemos todo para conseguirla.

Por consiguiente, medita y practica las enseñanzas que constantemente te he dado, pensando que son los principios de una vida bella.

En primer lugar, debes saber que Dios es un ser viviente inmortal y bienaventurado, como indica la noción común de la divinidad, y no le atribuyas nunca ningún carácter opuesto a su inmortalidad y a su bienaventuranza. Al contrario, cree en todo lo que puede conservarle esta bienaventuranza y esta inmortalidad. Porque los dioses existen, tenemos de ellos un conocimiento evidente; pero no son como cree la mayoría de los hombres. No es impío el que niega los dioses del común de los hombres, sino al contrario, el que aplica a los dioses las opiniones de esa mayoría. Porque las afirmaciones de la mayoría no son anticipaciones, sino conjeturas engañosas. De ahí procede la opinión de que los dioses causan a los malvados los mayores males y a los buenos los más grandes bienes. La multitud, acostumbrada a sus propias virtudes, sólo acepta a los dioses conformes con esta virtud y encuentra extraño todo lo que es distinto de ella.

En segundo lugar, acostúmbrate a pensar que la muerte no es nada para nosotros, puesto que el bien y el mal no existen más que en la sensación, y la muerte es la privación de sensación. Un conocimiento exacto de este hecho, que la muerte no es nada para nosotros, permite gozar de esta vida mortal evitándonos añadirle la idea de una duración eterna y

---

[1] Fuente: R. Verneaux, *Textos de los grandes filósofos. Edad Antigua.* Barcelona: Herder, 1970.

quitándonos el deseo de la inmortalidad. Pues en la vida nada hay temible para el que ha comprendido que no hay nada temible en el hecho de no vivir. Es necio quien dice que teme la muerte, no porque es temible una vez llegada, sino porque es temible el esperarla. Porque si una cosa no nos causa ningún daño con su presencia, es necio entristecerse por esperarla. Así pues, el más espantoso de todos los males, la muerte no es nada para nosotros porque, mientras vivimos, no existe la muerte, y cuando la muerte existe, nosotros ya no somos. Por tanto la muerte no existe ni para los vivos ni para los muertos porque para los unos no existe, y los otros ya no son. La mayoría de los hombres, unas veces teme la muerte como el peor de los males, y otras veces la desea como el término de los males de la vida. [El sabio, por el contrario, ni desea] ni teme la muerte, ya que la vida no le es una carga, y tampoco cree que sea un mal el no existir. Igual que no es la abundancia de los alimentos, sino su calidad lo que nos place, tampoco es la duración de la vida la que nos agrada, sino que sea grata. En cuanto a los que aconsejan al joven vivir bien y al viejo morir bien, son necios, no sólo porque la vida tiene su encanto, incluso para el viejo, sino porque el cuidado de vivir bien y el cuidado de morir bien son lo mismo. Y mucho más necio es aún aquel que pretende que lo mejor es no nacer, "y cuando se ha nacido, franquear lo antes posible las puertas del Hades". Porque, si habla con convicción, ¿por qué él no sale de la vida? Le sería fácil si está decidido a ello. Pero si lo dice en broma, se muestra frívolo en una cuestión que no lo es. Así pues, conviene recordar que el futuro ni está enteramente en nuestras manos, ni completamente fuera de nuestro alcance, de suerte que no debemos ni esperarlo como si tuviese que llegar con seguridad, ni desesperar como si no tuviese que llegar con certeza.

En tercer lugar, hay que comprender que entre los deseos, unos son naturales y los otros vanos, y que entre, los deseos naturales, unos son necesarios y los otros sólo naturales. Por último, entre los deseos necesarios, unos son necesarios para la felicidad, otros para la tranquilidad del cuerpo, y los otros para la vida misma. Una teoría verídica de los deseos refiere toda preferencia y toda aversión a la salud del cuerpo y a la ataraxia [del alma], ya que en ello está la perfección de la vida feliz, y todas nuestras acciones tienen como fin evitar a la vez el sufrimiento y la inquietud. Y una vez lo hemos conseguido, se dispersan todas las tormentas del alma, porque el ser vivo ya no tiene que dirigirse hacia algo, que no tiene, ni buscar otra cosa que pueda completar la felicidad del alma y del cuerpo.

Ya que buscamos el placer solamente cuando su ausencia nos causa un sufrimiento. Cuando no sufrimos no tenemos ya necesidad del placer.

Por ello decimos que el placer es el principio y el fin de la vida feliz. Lo hemos reconocido como el primero de los bienes y conforme a nuestra naturaleza, él es el que nos hace preferir o rechazar las cosas, y a él tendemos tomando la sensibilidad como criterio del bien. Y puesto que el placer es el primer bien natural, se sigue de ello que no buscamos cualquier placer, sino que en ciertos casos despreciamos muchos placeres cuando tienen como consecuencia un dolor mayor. Por otra parte, hay muchos sufrimientos que consideramos preferibles a los placeres, cuando nos producen un placer mayor después de haberlos soportado durante largo tiempo. Por consiguiente, todo placer, por su misma naturaleza, es un bien, pero todo placer no es deseable. Igualmente todo dolor es un mal, pero no debemos huir necesariamente de todo dolor. Y por tanto, todas las cosas deben ser apreciadas por una prudente consideración de las ventajas y molestias que proporcionan. En efecto, en algunos casos tratamos el bien como un mal, y en otros el mal como un bien.

A nuestro entender la autarquía es un gran bien. No es que debamos siempre contentarnos con poco, sino que, cuando nos falta la abundancia, debemos poder contentarnos con poco, estando persuadidos de que gozan más de la riqueza los que tienen menos necesidad de ella, y que todo lo que es natural se obtiene fácilmente, mientras que lo que no lo es se obtiene difícilmente. Los alimentos más sencillos producen tanto placer como la mesa más suntuosa, cuando está ausente el sufrimiento que causa la necesidad; y el pan y el agua proporcionan el más vivo placer cuando se toman después de una larga privación. El habituarse a una vida sencilla y modesta es pues un buen modo de cuidar la salud y además hace al hombre animoso para realizar las tareas que debe desempeñar necesariamente en la vida. Le permite también gozar mejor de una vida opulenta cuando la ocasión se presente, y lo fortalece contra los reveses de la fortuna. Por consiguiente, cuando decimos que el placer es el soberano bien, no hablamos de los placeres de los pervertidos, ni de los placeres sensuales, como pretenden algunos ignorantes que nos atacan y desfiguran nuestro pensamiento. Hablamos de la ausencia de sufrimiento para el cuerpo y de la ausencia de inquietud para el alma. Porque no son ni las borracheras ni los banquetes continuos, ni el goce de los jóvenes o de las mujeres, ni los pescados y las carnes con que se colman las mesas suntuosas, los que proporcionan una vida feliz, sino la razón, buscando sin cesar los motivos legítimos de elección o de aversión, y apartando las opiniones que pueden aportar al alma la mayor inquietud.

Por tanto, el principio de todo esto, y a la vez el mayor bien, es la sabiduría. Debemos considerarla superior a la misma filosofía, porque es la fuente de todas las virtudes y nos enseña que no puede llegarse a la vida feliz sin la sabiduría, la honestidad y la justicia, y que la sabiduría, la honestidad y la justicia no pueden obtenerse sin el placer. En efecto, las virtudes están unidas a la vida feliz, que a su vez es inseparable de las virtudes.

¿Existe alguien al que puedas poner por encima del sabio? El sabio tiene opiniones piadosas sobre los dioses, no teme nunca la muerte, comprende cuál es el fin de la naturaleza, sabe que es fácil alcanzar y poseer el supremo bien, y que el mal extremo tiene una duración o una gravedad limitadas.

En cuanto al destino, que algunos miran como un déspota, el sabio se ríe de él. Valdría más, en efecto, aceptar los relatos mitológicos sobre los dioses que hacerse esclavo de la fatalidad de los físicos: porque el mito deja la esperanza de que honrando a los dioses los haremos propicios mientras que la fatalidad es inexorable. En cuanto al azar (fortuna, suerte), el sabio no cree, como la mayoría, que sea un dios, porque un dios no puede obrar de un modo desordenado, ni como una causa inconstante. No cree que el azar distribuya a los hombres el bien y el mal, en lo referente a la vida feliz, sino que sabe que él aporta los principios de los grandes bienes o de los grandes males. Considera que vale más mala suerte razonando bien, que buena suerte razonando mal. Y lo mejor en las acciones es que la suerte dé el éxito a lo que ha sido bien calculado.

Por consiguiente, medita estas cosas y las que son del mismo género, medítalas día y noche, tú solo y con un amigo semejante a ti. Así nunca sentirás inquietud ni en tus sueños, ni en tus vigilias y vivirás entre los hombres como un dios. Porque el hombre que vive en medio de los bienes inmortales ya no tiene nada que se parezca a un mortal.

II. Epicuro, *Carta a Herodoto*[2]

Sección 1. *La verdad sólo puede establecerse mediante el estudio de la evidencia que la naturaleza nos proporciona y la organización de esa*

---

2   Fuente: https://sociedadepicuro.wordpress.com/2015/08/28/epistola-de-epicuro-a-herodoto/

evidencia en nuestras mentes.

1. Epicuro a Herodoto, deseando que esté bien.

2. Muchos de los estudiantes que se dedican al estudio de la naturaleza no pueden, Herodoto, elaborar en detalle todos los muchos volúmenes que he escrito sobre el tema. **3.** Para estos estudiantes, ya he preparado un largo resumen de todo el sistema, para que tengan en cuenta los principios más generales y la comprensión de los puntos más importantes.

4. Incluso aquellos que han hecho considerable progreso en la comprensión de los principios fundamentales deben tener en cuenta un esquema de los elementos esenciales de todo el sistema, **5.** ya que a menudo tenemos necesidad del entendimiento en general, pero con menos frecuencia necesitamos los detalles. **6.** Y es necesario centrarse en los principios fundamentales y memorizarlos firmemente si vamos a ganar la comprensión más esencial de la verdad. **7.** Esto se debe a que un conocimiento exacto de los detalles se puede obtener sólo si los principios generales en los distintos departamentos se comprenden a fondo. **8.** Incluso para aquellos que están bien educados, la característica más esencial de todo conocimiento preciso es la capacidad de hacer uso rápido de ese conocimiento, y esto sólo se puede hacer si los datos se resumen en sus principios y fórmulas elementales.

9. Porque no es posible comprender el curso completo a través de todo el sistema a menos que uno pueda captar en la propia mente las fórmulas breves que establecen los principios que controlan los detalles.

10. Dado que este método que he descrito es esencial para la adecuada investigación de la naturaleza, y ya que yo mismo insto a otros a estudiar la naturaleza constantemente y encuentro mi propia tranquilidad sobre todo en una vida dedicada a ese estudio, he compuesto para usted un resumen corto de los principios de toda la doctrina, el cual ahora le relataré.

11. Pero en primer lugar, Herodoto, antes de comenzar la investigación de nuestras opiniones, hay que captar firmemente las ideas que se adjuntan a nuestras palabras de modo que podamos referirnos a ellas a medida que avancemos. **12.** A menos que tengamos una firme comprensión del significado de cada palabra, dejamos todo incierto, y llegaremos hasta el infinito usando palabras vacías que carecen de significado. **13.** Por lo tanto, es esencial que nos basemos en la primera imagen mental asociada a cada palabra, sin necesidad de explicación, si queremos tener un estándar firme al que referirnos a medida que avanzamos en nuestro estudio.

14. Por encima de todo, debemos mantener nuestras investigaciones estrictamente de acuerdo con la evidencia de los sentidos. **15.** Debemos asegurarnos de mantener nuestras conclusiones consistentes con las cosas que ya hemos establecido claramente a través de nuestras sensaciones, de nuestros sentimientos de dolor y placer, y de las aprensiones mentales que recibimos a través de anticipaciones. **16.** Siempre debemos tomar como verdad las cosas que ya han sido claramente establecidas y referirnos a ellos como bases para nuestros nuevos juicios. **17.** Este es el método que empleamos en la investigación de todas las nuevas preguntas, independientemente de que el objeto de la pregunta pueda ser percibido directamente por los sentidos o de que sólo pueda ser entendido por el razonamiento en base a lo que ya se ha percibido.

Sección 2. La evidencia que la naturaleza coloca claramente ante nosotros revela que el universo es eterno y opera según principios naturales.

18. Siempre debemos primero determinar con claridad las cosas que son perceptibles a los sentidos, y cuando nos volvemos a los asuntos más allá del alcance de los sentidos, hay que juzgarlos por lo que ya hemos comprendido como verdadero. **19.** Utilizamos este proceso para llegar a varias conclusiones de especial importancia:

20. En primer lugar, nada puede ser creado a partir de lo que no existe. **21.** Llegamos a la conclusión que esto es cierto, porque si las cosas pudieran ser creadas a partir de lo que no existe, veríamos todas las cosas siendo creadas de todo sin necesidad de semillas, y nuestra experiencia nos demuestra que esto no es cierto.

22. En segundo lugar, nada es completamente destruido por medio de la no existencia. **23.** Concluimos esto porque si las cosas que se disuelven de nuestra vista completamente dejaron de existir, todas las cosas habrían perecido a la nada hace mucho tiempo. **24.** Si todas las cosas se hubieran disuelto a la no existencia, nada existiría para la creación de cosas nuevas, y ya hemos visto que nada puede venir de lo que no existe.

25. En tercer lugar, el universo en su conjunto ha sido siempre como es ahora y siempre será el mismo. **26.** Concluimos este porque el universo en su conjunto es todo lo que existe y no hay nada fuera del universo en lo que pueda transformarse, o que pueda entrar en el universo desde fuera de el para lograr un cambio.

27. En cuarto lugar, no existe nada en el universo excepto cuerpos y espacio. **28.** Llegamos a la conclusión de que los cuerpos existen ya que es la experiencia de todos los hombres, a través de nuestros sentidos, que los cuerpos existen. **29.** Como ya he dicho, debemos juzgar necesariamente todas las cosas, incluso aquellas cosas que los sentidos no pueden percibir, con razonamiento que esté totalmente de acuerdo con la evidencia que los sentidos perciben. **30.** Y llegamos a la conclusión de que existe espacio porque, si no existiera, los cuerpos no tendrían donde existir ni a través de donde moverse, y vemos que los cuerpos se mueven. **31.** Además de estos dos, los cuerpos y el espacio, y las propiedades que son incidentales a combinaciones de cuerpos y espacio, nada más en absoluto existe, ni hay evidencia en base a la cual se pueda especular que exista otra cosa que no tenga su fundamento en los cuerpos y el espacio.

32. En quinto lugar, los cuerpos que hemos descrito son o bien partículas finales o compuestos de esas partículas. **33.** Y llegamos a la conclusión de que estas partículas deben ser indivisibles e inalterables porque si no fuera así, todas las cosas se hubieran desintegrado en lo que no existe. **34.** Pero vemos que restos permanentes queda atrás cuando se disuelven todos los compuestos. **35.** Estas partículas deben ser completamente sólidas e indivisibles, con el fin de constituir los primeros inicios del universo.

36. En sexto lugar, el universo en su conjunto no tiene límites. **37.** Concluimos esto porque todo lo que está delimitado tiene un punto extremo y este punto extremo puede ser visto en relieve contra otra cosa. **38.** Pero el universo, como un todo, no puede tener un punto extremo y por lo tanto puede no tener límite. **39.** No puede haber nada fuera del término que utilizamos para todo lo que existe, por lo que hay que concluir que el universo, en su conjunto, no tiene límite y es infinito.

40. En séptimo lugar, el universo es infinito tanto en el número de cuerpos como en la cantidad de espacio vacío. **41.** Concluimos esto porque, si el espacio vacío fuera infinito pero el número de cuerpos fuera limitado, los cuerpos serían llevados y estarían dispersos a través del vacío infinito, sin otros cuerpos para apoyarlos y mantenerlos en su lugar. **42.** Por otro lado, si el espacio se limita, pero el número de cuerpos fuera infinito, los cuerpos llenarían el universo y no existiría espacio para los cuerpos moverse o tomar su propio lugar.

43. En octavo lugar, las partículas del universo tienen una cantidad de formas innumerable, pero no infinita. **44.** Concluimos este porque no es posible que las grandes variedades de cosas que vemos surjan de partículas con sólo unas pocas formas. **45.** Por otro lado, aunque el número de formas está más allá de nuestra capacidad de contar, el número de formas no es infinito. **46.** Concluimos esto porque vemos que aunque es mucha la variedad de las formas, no es infinita.

47. En noveno lugar, las partículas del universo están en continuo movimiento por toda la eternidad. **48.** Algunos viajan largas distancias, mientras que otras rebotan en sus movimientos, ya que están entrelazadas con otras alrededor de ellas. **49.** Concluimos esto ya que el espacio alrededor de las partículas no les ofrece ninguna resistencia. **50.** Por otra parte, las partículas son sólidas, por lo que se resisten unas a las otras y después de chocar, deben retroceder a la distancia que permita su trayectoria entrelazada.

51. En décimo lugar, los movimientos de las partículas últimas no tienen punto de comienzo en el tiempo. **52.** Concluimos esto porque las partículas y el espacio han existido desde la eternidad, ya que nada puede ser, o ha sido alguna vez, creado de la nada.

Sección 3. La evidencia que la naturaleza coloca a cierta distancia de nosotros requiere la consideración de cómo las partículas se mueven y la posibilidad de error.

53. Y ahora, firmes sobre la verdad de lo que hemos probado hasta ahora y siempre teniendo en cuenta lo que ya se ha demostrado como una prueba de nuestras próximas conclusiones, consideremos el movimiento de las partículas elementales.

54. En primer lugar, existe un número infinito de mundos en el universo, algunos de los cuales son como este mundo y algunos de los cuales son diferentes al nuestro. **55.** Concluimos esto porque las partículas últimas son infinitas en número, como ya fue demostrado. **56.** No importa lo lejos que se muevan en el espacio, no es posible que el número de partículas se ha gastado del todo en la formación de cierto número de mundos. **57.** Por lo tanto no hay ningún obstáculo para la existencia de un número infinito de planetas, y llegamos a la conclusión de que hay innumerables mundos en el universo incluyendo aquellos que, como el nuestro, contienen seres vivientes.

58. En segundo lugar, es la naturaleza de todos los cuerpos, ya que se han formado por la unión de partículas, que esos mismos cuerpos también emitan partículas. **59.** Estas partículas son emitidas en la forma de los objetos de los que proceden y así las llamamos "imágenes". **60.** Estas imágenes son demasiado finas como para ser perceptibles en sí mismas, pero la evidencia apoya la conclusión de que existen y que a medida que se mueven preservan, en cierto grado, las respectivas posiciones que tenían en los cuerpos sólidos de los que proceden.

61. En tercer lugar, estas imágenes se mueven a una velocidad insuperable. **62.** Concluimos esto porque el movimiento de todas las partículas es uniforme en velocidad, y para una sustancia tan fina como las imágenes hay pocas colisiones para impedir su progreso, como sería el caso si su cantidad fuera mayor. **63.** Una vez más nuestra conclusión es coherente con nuestros principios fundamentales y no hay evidencia que contradiga la conclusión de que estas imágenes son increíblemente finas.

64. En cuarto lugar, la creación de imágenes sucede instantáneamente, tan rápido como nuestros propios pensamientos. **65.** Ya que el flujo de partículas que salen de la superficie de los cuerpos parece ser continua, sin embargo no podemos detectar ninguna disminución en el tamaño del objeto, porque lo que se pierde se vuelve a llenar constantemente. **66.** Este flujo continuo de imágenes conserva durante un tiempo la posición y el orden de las partículas tal como existían en el cuerpo sólido, pero a medida que viajan más allá de las imágenes, finalmente, llegan a distorsionarse.

67. En quinto lugar, las imágenes a veces se pueden formar en el aire sin haber originado en un cuerpo sólido. **68.** Concluimos esto porque nuestros sentidos proporcionan una clara evidencia de que este tipo de imágenes se forman bajo ciertas condiciones. **69.** Como siempre, llegamos a esta conclusión en base a la evidencia de nuestros sentidos, que nos permite juzgar la continuidad del flujo de todas las partículas que observamos, y nos encontramos con que no hay nada en esta conclusión que contradiga las sensaciones o nuestros primeros principios.

Sección 4. Juzgue cosas que son obscuras clasificando como verdad sólo lo que es claro.

70. Aquí vamos a dar un paso atrás por un momento. **71.** Llegamos a la conclusión, por la experiencia, de que cuando las partículas que se originan en otros cuerpos como imágenes chocan con nosotros, percibimos las formas de estas otras entidades en nuestras mentes. **72.** Y llegamos a la conclusión de que deben existir las imágenes, pues no podríamos percibir el color o la forma de los objetos externos por medio del aire que se encuentra entre nosotros y ellos, o por medio de imágenes o partículas de cualquier tipo que pasan de nosotros a ellos.

73. Debemos concluir que las impresiones que percibimos en nuestra mente surgen de estas imágenes, que son similares en color y forma a los objetos que han dejado. **74.** Y estas imágenes se mueven rápidamente, emitidas continuamente por la vibración de las partículas del cuerpo sólido del que proceden. **75.** Y a partir de esas imágenes que nos llegan, nuestras mentes reproducen una visión de una sola cosa continua, preservando la correspondiente secuencia de cualidades y movimientos del objeto original. **76.** Este es el caso en cada acto de aprehensión de la mente o de cualquier órgano sensorial. **77.** Nuestro acto de percepción consiste en percibir la forma y otras propiedades transmitidas a nosotros por la imagen.

78. Comprender este proceso nos permite darnos cuenta del origen de la falsedad y la incomprensión. **79.** Pues sólo percibimos lo que las imágenes nos transmiten, pero nuestras mentes al razonar agregan opinión a lo que se recibe, la cual no siempre se confirma. 80. A veces las imágenes adicionales no confirman nuestra opinión, o de hecho pueden contradecirla.

81. Por lo tanto, siempre hay que entender que las imágenes mentales que percibimos mientras dormimos o por medio de cualquier actividad de nuestros órganos de los sentidos, pueden ser infieles a los hechos. 82. No hay que etiquetar un asunto como verdadero y real hasta que sea confirmado en el tiempo mediante la observación repetida.

83. De modo que el error no existiría si nuestras mentes al razonar no añadieran opinión a las cosas que nuestros órganos de los sentidos perciben. 84. Ya que el error se produce cuando se origina un movimiento dentro de nuestras mentes que, aunque vinculado al objeto, se diferencia de él de una manera que no se confirma o se contradice, otra observación del mismo objeto.

85. Comprender este proceso es importante porque siempre debemos esforzarnos por preservar nuestro estándar de juicio, y para ello debemos darnos cuenta de que nuestro juicio depende de una visión clara. 86. Nunca debemos permitir que nuestra determinación de depender de la visión clara se vea socavada. 87. Si siempre establecemos nuestros juicios sobre la visión clara, ningún error puede llegar a establecerse tan firmemente como la verdad, pero si seguimos opiniones que no se basan en una visión clara, todo será lanzado a la confusión.

88. Revisemos este proceso a la audición, que se produce cuando un flujo de partículas se realiza fuera de un objeto que hace ruido. 89. Este flujo de partículas, cada una reflejando el conjunto, conserva durante un tiempo una correspondencia de las cualidades una con otra que se remonta al objeto que emite el sonido. 90. Es esta correspondencia la que produce conciencia o comprensión en el receptor.

91. Si no se produce esta transferencia de la correspondencia de las cualidades del objeto, no tendríamos los medios para comprender el sonido. 92. Por lo tanto, no hay que suponer que el aire se moldea en una forma por la voz que está hablando. 93. Es más bien el caso de que, cuando ha-

blamos, emitimos partículas, lo que produce un flujo de tal carácter que nos permite la sensación de audiencia.

94. El mismo proceso opera en relación con el sentido del olfato. **95.** No seríamos capaces de oler un objeto, a menos que deseche partículas de tamaño adecuado, que luego afectan nuestras narices en formas que son a veces ordenadas y a veces desordenadas.

Sección 5. Conforme sus juicios a las propiedades eternas de las partículas, pero recuerde que las propiedades no existen por separado.

96. Ahora vamos a discutir las partículas que componen las imágenes y todos los demás cuerpos.

97. Recordemos, de nuestros primeros principios, que las partículas últimas no poseen ninguna de las cualidades de las cosas perceptibles, excepto el peso, tamaño, forma, y esas cosas que necesariamente van con la forma. **98.** Porque mientras se ve que las cualidades de las cosas que son perceptibles para nosotros cambian, las partículas elementales no cambian en absoluto, ya que debe haber algo que permanece eternamente igual. **99.** Estas últimas partículas pueden causar cambios en los cuerpos que forman por las posiciones y combinaciones de desplazamiento, pero ellas mismas no pueden ser a su vez modificadas, creadas o destruidas. **100.** Esto lo vemos en el hecho de que las cosas que son perceptibles para nosotros, y que disminuyen ante nuestros ojos, sin embargo, conservan una forma de algún tipo mientras son perceptibles, incluso cuando cambian todas las demás cualidades del objeto. **101.** Son estas últimas partículas, que se quedan atrás cuando un objeto se erosiona, que dan cuenta de las diferencias en los cuerpos compuestos y que nunca se destruyen hasta llegar a ser inexistentes.

102. Y les recuerdo de otro principio. **103.** Llegamos a la conclusión de que pueden existir partículas finales en muchas variaciones de tamaño, ya que esto es consistente con lo que percibimos en nuestras sensaciones. **104.** Sin embargo, no debemos suponer que pueden existir partículas finales en todos los tamaños posibles en absoluto. **105.** Esto se debe a que no hay partículas tan grandes como para ser vistas con nuestros ojos, y de hecho, no sería posible concebir una partícula visible.

106. Por lo tanto hemos establecido que las partículas finales pueden ser sólo tan grandes, y no más. **107.** Pero es igualmente importante observar que las partículas finales sólo pueden ser tan pequeñas, y no menores. **108.** Concluimos esto porque no hay que suponer que un cuerpo de tamaño finito puede estar compuesto de un número infinito de partes. **109.** Hay que descartar la idea de que una cosa se pueda dividir en partes cada vez más pequeñas hasta el infinito, porque si ese fuera el caso, todas las cosas serían débiles y finalmente erosionan en la no-existencia.

110. Si tuviéramos que decir que hay una infinidad de piezas pequeñas en un cuerpo, ¿cómo pudo ese cuerpo ser de tamaño limitado, pues es obvio que estas infinitas partículas deben ser de cierto tamaño u otro? **111.** Por más pequeñas que especulemos que sean esas partículas, el tamaño de un cuerpo compuesto de un número infinito de partículas también sería infinito.

112. También observamos que cada cuerpo finito tiene un punto extremo que es distinguible, aunque las últimas partículas que lo componen no son distinguibles. **113.** Por ello, no concuerda con los hechos suponer que se podía dividir algún objeto en la dirección de su punto extremo un número infinito de veces.

114. También observamos que la partícula más pequeña perceptible a nuestros sentidos no es ni exactamente como la cosa de la que procede, ni es diferente en todos los aspectos, sin embargo, no puede en sí misma ser dividida en partes. **115.** Pero cuando tratamos de razonar que podemos extender esta analogía más allá del nivel de la percepción, a las dimensiones aún más pequeñas, es necesario razonar que encontraremos otro punto como el primero. **116.** Cuando razonamos sobre estos puntos en sucesión, separando una partícula de otra que aún posee un tamaño de su cuenta, nos encontramos con más de tales partículas en un cuerpo mayor y un menor número de este tipo de partículas en un cuerpo más pequeño, por lo que llegamos a la conclusión de que en algún momento más división debe ser imposible.

117. Además, debemos tener en cuenta estos puntos indivisibles como límites, proporcionando en sí mismos unidades primarias por las cuales podemos medir el tamaño de las partículas. **118.** Entonces podemos utilizar estas unidades para comparar las partículas más pequeñas y más grandes al razonar acerca de ellas, y al considerarlas sin cambio y sin embargo siempre en movimiento.

119. En lo que respecta a los movimientos de las partículas últimas, no hay que hablar de "arriba" o "abajo" como si nos refiriéramos a altos o bajos absolutos. **120.** Es posible proceder infinitamente lejos en cualquier dirección, por lo que nunca vamos a llegar a un punto más alto o más bajo durante el viaje en esa dirección. **121.** "Arriba" y "abajo" no son más que términos que se aplican desde el punto de vista de un observador.

122. Y en sus movimientos, las partículas se mueven con la misma velocidad a medida que avanzan a través del espacio, siempre y cuando nada choque con ellas. **123.** Las partículas grandes y pesadas no se mueven más rápido que las partículas pequeñas y ligeras, porque lo que percibimos como más rápido o más lento surge sólo porque las partículas en su movimiento chocan con otras partículas.

124. En cuanto a su velocidad, las partículas viajan cada distancia que es perceptible para nosotros en un tiempo inconcebiblemente corto. **125.** Es sólo la colisión, o ausencia de colisión, con otras partículas que proporciona para nosotros el aspecto exterior de la lentitud o rapidez.

126. Así que no debe confundirse con la creencia de que, cuando percibimos un cuerpo que se mueve, las partículas de ese cuerpo en movimiento están viajando más rápido que las partículas en un cuerpo que percibimos como inmóvil. **127.** Si tenemos en cuenta el constante movimiento a empujones de las partículas, en lugar de la apariencia externa de los cuerpos que componen, entenderemos que la velocidad de los empujones de las partículas sigue siendo igual en ambos cuerpos.

128. Este es un ejemplo de cómo la adición de opinión en nuestro razonamiento nos puede conducir a error. **129.** Porque así como las partículas que componen un objeto no comparten el color del objeto tal como lo percibimos, no es correcto suponer que las partículas en el nivel por debajo de nuestra percepción asumen el movimiento del objeto tal como lo percibimos que se mueve.

130. Aquí, de nuevo, al determinar lo que es verdad, debemos restringir nuestras opiniones para ajustarnos a los hechos que hemos captado previamente. **131.** Para ello no debe suponerse que los movimientos de un cuerpo, como un todo, son los mismos que los movimientos de sus partículas componentes. **132.** La verdad es que las partículas que componen el cuerpo se mueven en una dirección y luego otra dirección después de la colisión, sólo en el tiempo que es apreciable por nuestro pensamiento y no por nuestros sentidos. **133.** El movimiento de todo el cuerpo es lo único que es evidente para nosotros y esto no refleja las colisiones internas de sus partículas. **134.** Es otro error de opinión que asumamos que el movimiento de las partículas, a velocidades que se pueden entender sólo a través del pensamiento, aparece a nuestros sentidos como movimiento continuo. **135.** Debemos recordar, aquí como siempre, la regla de nuestro Canon de la verdad. **136.** Sólo cuando se confirma un asunto, después de repetidas observaciones directas de los sentidos y de la aprehensión directa de nuestra mente, podemos considerar que es verdad.

Sección 6. El alma humana está compuesta de partículas eternas que experimentan sensación sólo mientras están unidas con el cuerpo.

137. Ahora tomemos lo que hemos llegado a concluir que es verdad sobre la naturaleza de las partículas elementales y apliquemos estas lecciones a lo que llamamos nuestra alma.

138. Una vez más, nos referimos a nuestras sensaciones, a nuestros sentimientos de dolor y placer, ya nuestras percepciones mentales a través de las anticipaciones, ya que estas nos proporcionan la única base confiable para la creencia. **139.** En base a nuestros principios hasta ahora, y sabiendo que el alma existe, ya que actúa y se actúa sobre ella, se concluye que el alma está compuesta de partículas muy finas, similares al aire mezclado con el calor, y se distribuye a lo largo de toda la estructura del cuerpo. **140.** Estas partículas del alma deben más finas incluso que el viento, porque vemos que son capaces de proporcionar sensación en toda la estructura del cuerpo. **141.** Llegamos a estas conclusiones porque de lo que observamos acerca de las acciones del alma y de sus sentimientos, y sobre la rapidez de sus movimientos, y sobre sus procesos de pensamiento, y sobre lo que observamos que se pierde en el momento de muerte.

142. De estas observaciones, se concluye que el alma posee la principal causa de la sensación. **143.** Sin embargo, el alma no podría tener sensación, a menos que estuviese encerrada dentro del cuerpo. **144.** Y por el hecho de que encierra el alma, el cuerpo a su vez adquiere una participación en las capacidades del alma. **145.** Sin embargo, el cuerpo no adquiere todas las capacidades que posee el alma, y cuando el alma se va del cuerpo, el cuerpo ya no tiene sensación. **146.** Y así vemos que el cuerpo nunca posee el poder de la sensación en sí mismo, sino que permite al alma sólo la oportunidad de experimentar la sensación. **147.** De esto vemos que el cuerpo y el alma fueron traídos a la existencia al mismo tiempo, y que por medio de los movimientos del alma y de sus interconexiones con el cuerpo, el alma imparte conciencia al cuerpo.

148. Y vemos también que mientras el alma permanece en el cuerpo, no pierde la sensación, a pesar de que algunas partes del cuerpo se pueden perder. **149.** Este es el caso a pesar de que partes del alma estaban encerradas en las partes del cuerpo que han sido removidas. **150.** Por otro lado, el resto del cuerpo, a pesar de que puede seguir existiendo, no retiene sensación una vez que ha perdido esa suma de partículas, por pequeña que sea, que se unen para producir el alma.

151. Una vez que se disuelve toda la estructura, sin embargo, el alma se dispersa y ya no tiene el poder de realizar sus movimientos, y por lo tanto no posee sensación tampoco. **152.** Es imposible imaginar que el alma pueda experimentar sensación fuera del organismo en el que surgió, y, puesto que sólo es capaz de sus poderes y movimientos.

153. Habiendo observado estas cosas, seguramente debemos entender que la idea general de que el alma es "incorpórea" e independiente del cuerpo, está mal. **154.** Pues es imposible concebir nada incorpóreo, excepto el vacío, y el vacío no puede actuar ni se puede actuar sobre él. **155.** El único atributo del vacío es que permite que los cuerpos se muevan a través de su espacio.

156. Los que dicen que el alma es incorpórea están hablando en vano, porque el alma no sería capaz de actuar o de que se actúe sobre ella, en ningún respecto, si su única característica fuera la de proporcionar un espacio vacío. **157.** Pero vemos que el alma es algo que puede actuar y se puede actuar sobre ella, y como tal, está claramente compuesta de partículas, al igual que todas las demás cosas que existen.

158. Así que aquí hemos proporcionado los principios a los que podemos referir todos nuestros razonamientos acerca del alma. **159.** Así podemos aquí, como en todas las otras cosas, llevar nuestras opiniones en línea con nuestras sensaciones, con nuestros sentimientos de dolor y placer, y con nuestras anticipaciones.

Sección 7. Conforme sus juicios también a las cualidades incidentales de los cuerpos, pero recuerde que las cualidades no existen por separado.

160. Vamos ahora a distinguir las cosas que son propiedades eternas de las partículas de las cosas que son incidentales a la disposición de combinaciones de partículas en los cuerpos en cualquier momento en el tiempo.

161. En lo que se refiere a la forma y el color y el tamaño y peso, y todas las otras cosas que están asociadas con los cuerpos, no debemos suponer que estas cualidades son existencias independientes con sus propias piezas materiales o naturales. **162.** Pero es igualmente erróneo considerar que estas cualidades no tienen existencia en absoluto, o que tienen algún tipo de existencia incorpórea. **163.** La verdad es que estas cualidades son características de los cuerpos bajo ciertas condiciones. **164.** No son existencias separadas que se han reunido desde el exterior para formar el cuerpo. **165.** Es a través de cualidades como éstas que un cuerpo tiene su identidad.

166. Debemos distinguir a las partículas, que tienen propiedades eternas y esenciales, de los cuerpos, que son combinaciones de partículas y vacío y que tienen cualidades que son meramente transitorias mientras están combinados. **167.** Estas cualidades temporales las llamamos "incidentales" a los organismos con los que están asociadas. **168.** Al igual que con las propiedades permanentes de las partículas, las cualidades incidentales transitorias de los cuerpos no tienen existencias materiales propias ni pueden ser clasificadas como incorpóreas. **169.** Cuando nos referimos a algo como de calidad accesoria o incidental, debemos dejar claro que esta cualidad incidental no es esencial para el cuerpo, ni una propiedad permanente del cuerpo, ni algo sin lo cual no podríamos concebir el cuerpo como existente. **170.** En cambio, las cualidades accidentales de un cuerpo son el resultado de nuestra aprehensión que acompañan el cuerpo sólo por un tiempo.

171. Aunque esas cualidades que son incidentales no son eternas, o incluso esenciales, no hay que desterrar cuestiones incidentales de nuestras mentes. **172.** Las cualidades incidentales en el fondo no tienen una existencia material, ni tampoco existen independientemente de alguna realidad que está más allá de nuestra comprensión. **173.** Debemos, en cambio, considerar las cualidades incidentales de los cuerpos como poseedoras exactamente del carácter que nuestras sensaciones revelan que poseen.

174. Por ejemplo, es importante captar firmemente que "el tiempo" ni tiene una existencia material ni existe independientemente aparte de los cuerpos. **175.** Tampoco debemos pensar en el "tiempo" como una concepción general, como aquellas concepciones que se forman por el razonamiento en nuestras mentes. **176.** A cambio, tenemos que pensar sobre el tiempo haciendo referencia a nuestras intuiciones, nuestras prenociones mentales formadas por las anticipaciones, y es en este contexto que se habla de un "largo tiempo", o un "tiempo corto", aplicando nuestras intuiciones como se hace con otras cualidades incidentales.

177. Al evaluar el tiempo como una cualidad incidental, no hay que buscar a términos que podamos considerar mejores que los que son de uso común y no debemos creer que el tiempo tiene propiedades aparte de ser un incidente de los cuerpos. **178.** Debemos evaluar el tiempo solamente de acuerdo con nuestras intuiciones o anticipaciones.

179. Porque en verdad, no necesitamos demostración sino sólo reflexionar, para ver que asociamos tiempo con días y noches y con nuestros sentimientos internos y con nuestro estado de reposo. **180.** Estas percepciones de cualidades incidentales son la raíz de lo que llamamos "tiempo".

Sección 8. Las cualidades incidentales de los cuerpos no son sobrenaturalmente creadas o gobernadas, pero tampoco son todas las posibles combinaciones y cualidades de las partículas. Las cualidades incidentales de los cuerpos se rigen por las propiedades eternas de las partículas que las componen.

181. Y ahora, al aplicar nuestros principios al universo una vez más, llegamos a la conclusión de que, desde el cuerpo más pequeño que vemos hasta el mundo en sí, todo se forman a partir de partículas eternas. **182.** Algunos cuerpos se reunieron en un momento particular, algunos más rápido y otros más lento, y luego se disolvieron, algunos por una causa y otros por otra causa.

183. Debemos ver también que no todos los mundos se crean con la misma configuración, pero tampoco es cierto que todo tipo de configuración es posible. **184.** Los únicos cuerpos y mundos que existen y son posibles, son los que están de acuerdo con las propiedades de las partículas elementales eternas.

185. Esto significa que en los innumerables mundos que existen, hay criaturas y plantas vivientes, algunas de los cuales son similares y otras diferentes a las nuestras. **186.** Y también la evidencia apoya la conclusión de que algunos mundos tienen semillas similares, y otros diferentes, a las semillas que existen en nuestro propio mundo.

187. Y debemos concluir que la naturaleza ha enseñado y obligado a hacer muchas cosas a la naturaleza humana, según las circunstancias. **188.** Sólo más tarde fue que los hombres, por medio del razonamiento, elaboraron lo que antes había sido sugerido por la naturaleza con el fin de hacer más inventos. **189.** En algunos asuntos estas invenciones ocurrieron rápidamente, en algunos asuntos lentamente, y en diferentes lugares y tiempos, en mayor o menor grado.

190. Y fue de este mismo modo que el lenguaje se desarrolló, no dando nombres a las cosas deliberadamente, sino por la naturaleza de los hombres, de acuerdo con sus diferentes nacionalidades y sus propias impresiones peculiares, cada uno emitiendo sonidos de acuerdo a sus propios sentimientos e impresiones. **191.** Sólo después, por medio del acuerdo común en cada nación, nombres especiales fueron dados para hacer que los significados fueran menos ambiguos y más fáciles de demostrar. **192.** En algunos casos, hombres de una nación trajeron nuevas cosas hasta ahora desconocidas, y se asignaron sonidos, en algunos casos de acuerdo con los dictados de la naturaleza, y en otros casos la elección de los sonidos fue por la razón, de acuerdo con la costumbre imperante.

193. Otra categoría de cualidades incidentales que es de particular importancia es la de los movimientos de los cuerpos celestes. **194.** Estas salidas y puestas y eclipses no deben ser considerados como causados por un ser sobrenatural, que de alguna manera ordena y controla estos movimientos mientras que, al mismo tiempo, experimenta felicidad perfecta e inmortalidad. **195.** La ordenación y el control de los fenómenos celestes no es consistentes con la bienaventuranza perfecta. **196.** Asuntos como los problemas y la preocupación, la ira y la bondad, se producen sólo cuando hay debilidad y miedo, y dependencia en los demás.

197. De hecho, los cuerpos celestes brillantes no son más que masas de fuego y nunca debemos creer que estas masas poseen divinidad, o que asumen sus movimientos ellos mismos voluntariamente. **198.** Debemos preservar el pleno sentido majestuoso de todas nuestras anticipaciones sobre la naturaleza de la divinidad. **199.** Por encima de todo, nunca debemos permitirnos entretener opiniones sobre la naturaleza divina que sean inconsistentes con esta majestuosidad, ya que las opiniones que contradicen nuestras anticipaciones claras acerca de la divinidad causan el mayor de los disturbios en las almas de los hombres.

200. De manera que no hay que atribuir los movimientos celestiales a los dioses. **201.** En su lugar, la evidencia nos lleva a concluir que la sucesión regular de salidas y puestas se ha producido debido a las propiedades de estas partículas que se unieron para componer las estrellas cuando primero se formaron.

Sección 9. Las propiedades eternas de las partículas, junto con las cualidades incidentales de los cuerpos, constituyen los principios de la naturaleza que gobiernan todas las cosas. Para vivir feliz, debe estudiar y vivir de acuerdo con estos principios.

202. La función de la ciencia de la naturaleza es descubrir las propiedades y las causas de las cosas que son esenciales para nosotros, ya que nuestra felicidad depende del conocimiento de los asuntos esenciales, como el hecho de que los cuerpos celestes no son divinidades. **203.** En estos puntos esenciales no podemos estar satisfechos con múltiples posibilidades, pues debemos descartar todas las teorías de que los movimientos de los cielos son causados por los dioses. **204.** Tales teorías son totalmente incompatibles con nuestras anticipaciones de la divinidad, y la mente es completamente capaz de comprender esta verdad con certeza.

205. Pero las cosas tales como salidas y puestas y eclipses son cualidades incidentales, y el conocimiento preciso de la forma en que se producen no es esencial para la felicidad. **206.** De hecho, las personas que estudian las salidas y puestas y eclipses lo suficiente como para saber que se producen, pero no lo suficiente como para conocer su verdadera naturaleza y causas esenciales, se encuentran tan sumidos en el miedo como si no supieran nada acerca de estas cosas en absoluto. **207.** De hecho, el miedo que atormenta a estas personas pueden ser incluso mayor, ya que su observación inspira asombro, pero sus mentes no logran encontrar ninguna solución para cómo se producen de forma natural estos fenómenos.

208. Hemos determinado con certeza que las salidas y puestas se derivan de las propiedades de las partículas involucradas y que no son causados por las divinidades, y que salidas y puestas sólo son cualidades incidentales. **209.** Por tanto, debemos estar satisfechos si somos capaces de determinar varias causas posibles para estos fenómenos. **210.** Hemos llegado a un nivel de precisión suficiente para asegurar nuestra felicidad una vez que hayamos confirmado que estos eventos no son producidos por los dioses y una vez que hemos descartado la idea de que sus movimientos constituyen pruebas que contradicen nuestras anticipaciones de la naturaleza divina. **211.** Al investigar cómo se producen las salidas, puestas y eclipses, debemos considerar cómo las apariencias similares ocurren aquí en la tierra, y esto nos llevará hacia posibles teorías para explicar estos fenómenos en el cielo.

212. Tenga en mente que se encontrará con personas que se niegan a admitir que hay más de una forma en la que puede ocurrir una cosa, incluso en asuntos en los que las pruebas sólo pueden ser observadas a distancia y la evidencia es necesariamente incompleta. **213.** Las personas que toman esta posición son ignorantes de las condiciones que hacen posible la paz de la mente y las actitudes como ésta usted las debe despreciar.

214. En cuanto a nosotros, si somos capaces de determinar que hay varias maneras posibles en que puede ocurrir un fenómeno y todas esas formas son naturales y no perturban nuestra tranquilidad, entonces estamos tan bien como si supiéramos con certeza de la manera exacta en que se produce.

215. Una vez más, algunos hombres piensan que los cuerpos celestes son dioses y que estos dioses muestran voluntades y acciones incompatibles con nuestras anticipaciones de la divinidad. **216.** Estos hombres siempre esperan o imaginan el tipo de miseria eterna que se representa en las leyendas, o temen la pérdida de la sensibilidad en la muerte como uno se debiera preocupar ahora de eso, mientras uno vive. **217.** Algunos hombres ni siquiera caen en esta situación por la opinión religiosa falsa, sino simplemente por ideas irracionales. **218.** Debido a que estos hombres no entienden los límites del dolor, sufren una alteración tan grande o mayor que si hubieran llegado a esta creencia a través de la religión.

219. Pero la paz de la mente requiere que nos auto-emancipemos de toda esta confusión, manteniendo constantemente en nuestras mentes un resumen de los principios esenciales de la naturaleza.

220. Por las razones que ya he dicho, siempre hay que prestar mucha atención a nuestras percepciones de los sentidos, a nuestros sentimientos de dolor y placer y a nuestras anticipaciones, tanto las que recibimos nosotros mismos como las recibidas por otros hombres. **221.** Porque es necesario conformar nuestros juicios a la clara evidencia disponible a nosotros a través de cada uno de los estándares de la verdad. **222.** Si siempre nos mantenemos fieles a estos, podemos rastrear correctamente las causas de nuestros disturbios y temores. **223.** Por medio de la búsqueda de las verdaderas causas de las cualidades incidentales, como las que se observan de vez en cuando en el cielo, nos liberaremos de la duda que producen los peores temores en otros hombres.

224. He aquí, pues, Herodoto, hemos completado nuestro resumen de los principios fundamentales de la naturaleza, abreviados para que pueda memorizarlos con exactitud.

225. Si este resumen se mantiene y aplica sistemáticamente, incluso aquellos que son incapaces de continuar con el estudio de los detalles pueden obtener una fuerza sin igual en comparación con otros hombres. **226.** De hecho, simplemente almacenando el resumen en la mente de uno y refiriéndose a él constantemente como asistencia, un hombre puede aclarar muchos de los detalles. **227.** Pues tal es la naturaleza de este resumen que, sin importar el grado de su progreso, un estudiante de la naturaleza lo encontrará de gran valor para la organización de sus investigaciones.

228. E incluso aquellos que no están muy avanzados en su conocimiento de la naturaleza pueden utilizar este resumen y explorar en sus propias mentes, de manera silenciosa y rápida como el pensamiento, las doctrinas más importantes para su felicidad.

7
EL ESCEPTICISMO ANTIGUO

El escepticismo es tanto una postura como una escuela de filosofía. Como postura, se encuentra en varios pensadores a lo largo de la historia. Consiste en negar que podamos conocer la verdad; o bien en que, si la conocemos, no podemos decir cómo llegamos a ella. Esta última posición distingue entre verdad y justificación: una cosa es tener una creencia cierta o verdadera, y otra tener buenas razones para aceptar esa creencia. Los escépticos se centran más en las razones: no podemos explicar o justificar la verdad de nuestras creencias o afirmaciones.

En el mundo antiguo hubo dos grandes escuelas o tradiciones escépticas: el escepticismo académico y el escepticismo pirrónico. Este último tuvo un momento inicial, con Pirrón, y un momento de restauración y difusión, en las figuras de Enesidemo y Sexto Empírico.

El pirronismo

El escepticismo pirrónico toma su nombre de Pirrón de Elis, quien nació hacia el 360 y acompañó a Alejandro Magno en sus expediciones de conquista por Egipto y Asia. Diógenes Laercio dice que había sido pintor, y que su inclinación a la filosofía la debía a Demócrito. Al volver de Asia, se retiró a Elis, donde vivió como solitario, tal vez influido por la filosofía oriental. Se cuenta que murió a los 90 años y que fue muy apreciado por sus discípulos.

Pirrón negaba que el hombre pudiera conocer la verdad o la esencia de las cosas, pero no negaba la experiencia sensorial. El hombre debe actuar de conformidad con las leyes, pero debe abstenerse de afirmar cosa alguna sobre la realidad, ni material ni espiritual. Su escepticismo llegaba a tal punto que, según el testimonio de Sexto Empírico, negaba que se pudiera llegar a los primeros principios de la deducción aristotélica. Su frase célebre era "suspende el juicio" (*epoché*), y se cuenta que hasta tal punto fue fiel a ella que llegó a enmudecer.

La escuela de Pirrón duró poco tiempo. Entre sus discípulos sobresale Timón el Silógrafo, o Timón de Fliunte, médico, quien difundió el escepticismo pirrónico a través de poemas, sátiras, tragedias y escritos en prosa. Al igual que su maestro, piensa que al hombre solo le es dado conocer lo que parece, aquello de lo que los sentidos nos informan, pero no lo que las cosas son en sí.

Escepticismo académico

Arcesilao (315-240 a. C.), el sexto sucesor de Platón al frente de la Academia, orientó a esta hacia el escepticismo, que sería la característica dominante de lo que se ha llamado Segunda Academia o Academia Media (entre el 264 y el 160 a. C.). En su afán por polemizar con los estoicos, sus contrincantes filosóficos, Arcesilao revivió el método socrático, llevándolo al extremo. Sócrates había dicho: "solo sé que no sé nada", y Arcesilao agregaba: "ni aun se de cierto que no sé nada". Su escepticismo, sin embargo, se limitaba al orden epistemológico y metafísico; en ética era conservador, y estaba de acuerdo con los estoicos.

Carnéades, con quien se inicia el tercer período de la Academia, en el 160 a. C., era enemigo de todo dogmatismo, y sostenía la imposibilidad tanto de la certeza total como de la incertidumbre completa. Propuso como solución al problema del conocimiento el probabilismo, según el cual nuestros juicios solo pueden ser probables o verosímiles. Las condiciones para la verosimilitud de un juicio serían las siguientes: no debe ser vago o confuso, no debe ser contradicho y debe haber sido examinado en todos sus detalles. Se le ha objetado que algo sea verosímil debe existir alguna verdad que sirva como fundamento de esa verosimilitud. A esto suelen responder los probabilistas que, para ellos, la noción de verdad sólo expresa una serie de características a las que aspira un juicio, sin suponer necesariamente la existencia de algo verdadero[1]. Por otra parte, se puede decir que el probabilismo sí tiene un criterio de verificación: los fenómenos. Se puede decir que, para los probabilistas, nada es cierto, excepto el fenómeno. Hay que advertir, sin embargo, la distinción entre verdad y certeza. La certeza es subjetiva, y no compromete con la verdad.

Por lo demás, las diferencias entre Carnéades y Arcesilao, entre la Academia Media y la Academia Nueva, son más sobre el procedimiento apropiado para la investigación filosófica que sobre el fondo. Carnéades, por otra parte, critica a más sistemas filosóficos y con más sutiliza que su predecesor. En especial, Carnéades se empeñó en atacar y destruir el estoicismo.

Con Filón de Larisa (145 – 80 a. C.), sucesor de Carnéades después de Clitómaco y maestro de Cicerón en Roma, la Academia volvió a la moderación. Aunque al principio Filón compartía el escepticismo moderado de Carnéades y Arcesilao, luego lo abandonó en favor de una postura más realista. Según Sexto Empírico, Filón reconocía la posibilidad de conocer los objetos con certeza, y admitía, además, ciertas proposiciones lógicas como absolutamente ciertas y verdaderas.

El escepticismo de Enesidemo y Sexto Empírico

A Enesidemo de Cnosos (80 – 10 a. C.) se le considera el segundo fundador de la escuela escéptica. Inicialmente fue académico, en un período en el que la Academia se inclinaba hacia el estoicismo. Decepcionado por esta orientación, Enesidemo resucitó el pirronismo y fundó su propia escuela, en Alejandría. Son famosos sus tropos o dificultades, recogidos por su correligionario Sexto Empírico, con los que trata de demostrar la imposibilidad del conocimiento verdadero. Estos son algunos de ellos:
1) La diversidad de los animales, lo cual implica diferentes formas de percepción.

---

1   Una posición similar a la de Carnéades fue sostenida en el siglo XX por el filósofo de la ciencia Thomas Kuhn. Para Kuhn, las teorías científicas no nos dan la verdad sobre la realidad, pero sí puede decirse que unas teorías son mejores que otras, con base en criterios como la simplicidad, la capacidad predictiva y el alcance.

2) Las diferencias entre los hombres: unos sienten frío al Sol y calor en la sombra; unos se embriagan con el vino que a otros solo pone alegres; unos prefieren la vida activa y otros la contemplativa…

3) La diversidad *de los sentidos*. Los órganos sensoriales nos entregan sensaciones heterogéneas unas de otras.

4) Las circunstancias, o los hábitos, las disposiciones o condiciones particulares que hacen variar las percepciones. Por ejemplo, alguien con ictericia siente que la miel es amarga.

5) Las situaciones: las distancias y los lugares. Un barco parece pequeño e inmóvil a lo lejos; una rama metida en un pozo parece quebrada. ¿Cómo conocer las cosas haciendo abstracción del lugar que ocupan, de la distancia a la que se encuentran de nosotros o de su posición?

6) Las mezclas. Los objetos nunca se nos muestran solos, sino rodeados de aire, luz, calor, etc. No podemos aislar al objeto en sí.

7) La relación. El día es relativo a la noche, lo alto a lo bajo, lo grande a lo pequeño. Nada se conoce en sí.

8) Las costumbres, leyes y opiniones. Todas estas varían de pueblo en pueblo.

Enesidemo lanza, también, el primer ataque sistemático que se conoce a la noción de causalidad. "La palabra causalidad —dice Sexto Empírico— expresará solamente la relación combinada de dos términos, sin que haya razón para atribuir la propiedad de causa a la una más bien que a la otra, toda vez que el uno de los términos no puede prescindir del otro".

Entre los sucesores de Enesidemo, se distinguen Agripa y Sexto Empírico. El primero redujo a cinco los tropos de los pirrónicos: 1.º, la discordancia y contradicción en las opiniones y sistemas de los filósofos; 2.º, la necesidad de proceder in infinitum en lo que se llama demostración, puesto que las premisas de toda demostración necesitan a su vez ser demostradas; 3.º, la relatividad, o, mejor dicho, la subjetividad de nuestras sensaciones e ideas; 4.º, el abuso de la hipótesis, o sea la conversión de hipótesis en tesis; 5.º, el empleo frecuente del círculo vicioso.

Sexto Empírico (ca. 160 – 210 d. C.), por su parte, reunió, desarrolló y sintetizó todos los argumentos escépticos, desde Pirrón hasta su época, en dos obras: *Contra los matemáticos* o *Contra los profesores* (en realidad, contiene argumentos contra cualquier ciencia) y *Esbozos Pirrónicos*. En sus *Esbozos*, define el escepticismo de la siguiente manera: "El escepticismo es la facultad de oponer de todas las maneras posibles las representaciones sensibles o fenómenos y las concepciones inteligibles o noúmenos; y de ahí llegamos, por el equilibrio de las cosas y de las razones opuestas (*isostenía*), primero a la suspensión del juicio (*epoché*) y, después, a la imperturbabilidad (*ataraxía*)".

El médico Sexto, que vivió en Atenas, Alejandría y Roma, es relativista y fenomenista. Según él, hay cosas, pero lo único que podemos saber y decir de ellas es de qué manera nos afectan, no lo que son en sí mismas. En ética, aunque como pirroniano acepta la indiferencia (*adiaphora*) respecto de todas las soluciones morales, aconseja guiarse el sentido común, que sintetiza en los siguientes principios: la experiencia de la vida, las indicaciones que la naturaleza nos da a través *de los sentidos*, las necesidades del cuerpo y las reglas de las artes.

El escepticismo pirroniano se distingue del académico en que es más estricto: el escéptico académico empieza con la duda, pero al final admite la solución o la descripción que le parece más probable. El pirrónico no se inclina por ninguna postura: en todo suspende el juicio. El académico afirma que todas las cosas son incomprensibles; el pirrónico no lo afirma ni lo niega.

El fin al que debe aspirar el escéptico es —como era común en la cultura helenística— la ataraxia o imperturbabilidad. El hombre alcanza la tranquilidad perfecta cuando no afirma ni niega nada, cuando no considera nada bueno o malo en sí y se limita a satisfacer sus necesidades naturales y a seguir sencillamente las indicaciones de la costumbre y de la ley.

Los libros de Sexto Empírico, además de exponer su propia doctrina, exponen muy bien la de los sistemas filosóficos contra los que argumenta, por lo que a lo largo de los siglos han sido fuente de conocimiento del pensamiento antiguo.

TEXTOS

I. Diógenes Laercio, Biografía de Pirrón[2]

1. Pirrón Eliense fue hijo de Plistarco; lo que también escribe Diocles, como dice Apolodoro en sus Crónicas. Primero fue pintor, y luego se hizo discípulo de Drusón, hijo de Estilpón, según Alejandro en las Sucesiones. Después lo fue de Anaxarco, y siempre tan unido a él que anduvo en su compañía a los gimnosofistas de la India, y aun a los magos. Parece, pues, que Pirrón filosofó nobilísimamente, introduciendo cierta especie de incomprensibilidad e irresolución en las cosas, como dice Arcanio Abderita. Decía que "no hay cosa alguna honesta ni torpe, justa o injusta". Asimismo decidía acerca de todo lo demás; v.gr., que "nada hay realmente cierto, sino que los hombres hacen todas las cosas por ley o por costumbre; y que no hay más ni menos en una cosa que en otra". Su vida era consiguiente a esto, no rehusando nada, ni nada abrazando; v.gr., si ocurrían carros, precipicios, perros y cosas semejantes; no fiando cosa alguna a los sentidos; pero de todo esto lo libraban sus amigos que le seguían, como dice Antígono Caristio. No obstante, dice Enesidemo que Pirrón filosofó según su sistema de irresolución e incertidumbre, pero que no hizo todas las cosas inconsideradamente. Vivió hasta noventa años.

2. Antígono Caristio en la *Vida de Pirrón* dice de él: "Que al principio fue desconocido, pobre y pintor, y que en el gimnasio de Élide se conservan de él los Lamparistas, pintura de un mérito mediano. Que unas veces iba divagando, y otras se estaba solo, dejándose ver apenas ni aun de sus domésticos. Que hacía esto por haber oído a un indio que acusaba a Anaxarco de que a nadie enseñaba a ser bueno, siendo así que andaba siempre en los palacios reales. Que siempre estaba de un mismo semblante, de manera que si uno se lo dejaba en mitad de alguna razón, él, no obstante, la concluía; y esto aun durante su juventud, en que era más vivo. Muchas veces, prosigue, emprendía viajes sin decirlo a nadie, acompañándose de quien quería. Que habiendo una vez Anaxarco caído en un cenagal, pasó adelante Pirrón sin socorrerlo. Culpáronlo muchos de ello; pero el mismo Anaxarco lo alabó como a un hombre indiferente y sin afectos".

---

[2] Fuente: Biblioteca del pensamiento, http://www.e-torredebabel.com/Biblioteca/Diogenes-Laercio/Vida-Filosofos-Ilustres-Pirron.htm.

3. Hallado en cierta ocasión hablando consigo mismo, y preguntándole la causa, dijo: "Estoy meditando el ser bueno". Nadie se fastidiaba de él en las cuestiones o preguntas, por más que se alargase en digresiones acerca de lo preguntado, por lo cual se le unió Nausifanes, siendo todavía joven; y decía que "convenía seguir a Pirrón en las disposiciones, pero a él en las palabras"; añadiendo que, admirado Epicuro de la conversación de Pirrón, le preguntaba de él a menudo. Teníalo su patria en tanto, que lo hizo sumo sacerdote, y por su respeto dio decreto de inmunidad a los filósofos. Tuvo muchos imitadores en aquella su negligencia de las cosas. Así, Timón en su *Pitón* y en sus *Sátiras* habla de él en esta forma:

> *¿Cómo, dime, pudiste, anciano Pirro,*
> *librarte del obsequio y servidumbre*
> *de tantas opiniones de sofistas,*
> *llenas de vanidad y falsa ciencia?*
> *¿Cómo cortar el lazo*
> *de toda persuasión y engaño todo?*
> *No fue, no, tu cuidado*
> *las auras indagar que Grecia espira;*
> *ni menos cómo o dónde*
> *en otra se convierta cada cosa.*
> *Y en sus Imágenes:*
> *¡Saber, oh Pirro, mi ánimo quisiera*
> *cómo, siendo aún mortal, de esa manera*
> *con tal tranquilidad vivir supiste,*
> *que sólo dios entre los hombres fuiste!*

Honraron a éste los atenienses haciéndolo su ciudadano, como dice Diocles, por haber quitado la vida a Cotis de Tracia.

4. Vivió tan pacífica y amorosamente con su hermana, que era obstetriz, según dice Eratóstenes en su libro *De la riqueza y pobreza*, que él mismo solía llevar a vender a la plaza los pollos, y aun lechoncillos, si se ofrecía, y en casa cuidaba indiferentemente de la limpieza. Dicen que con esta misma indiferencia se ponía a lavar un lechón. Estando una vez airado con su hermana (se llamaba Filista), a uno que lo cogió acerca de su indiferencia, le dijo que "no se había de buscar en una mujercilla el testimonio de su indiferencia". Otra vez que fue acometido de un perro, como se sobresaltase y lo repeliese, a uno que lo motejaba por esto, le respondió que "era cosa difícil desnudarse enteramente de hombre; y que se ha de combatir lo posible contra las cosas, primeramente con obras, y si no, con la razón".

5. Se dice que en una llaga que tuvo sufrió los medicamentos supurantes, los cortes y las ustiones sin hacer siquiera un movimiento de cejas. Timón manifiesta su disposición de ánimo en sus *Disertaciones a Pitón*. Filón Ateniense, amigo suyo, decía que se acordaba mucho de Demócrito, como también de Homero con gran maravilla, repitiendo muchas veces:

> *Como la de las hojas*
> *es la naturaleza de los hombres.*
> *y agradándose mucho de que comparase los hombres a las moscas y aves. Recitaba también estos versos:*
> *Mas muere tú también, amigo mío.*
> *¿Por qué lloras así? Murió Patroclo,*
> *que era mejor que tú de todos modos.*

y todas las expresiones acerca de la debilidad, vanos cuidados y puerilidades de los hombres.

6. Posidonio cuenta de él que, como en una navegación estuviesen todos amedrentados de una borrasca, él se estaba tranquilo de ánimo, y mostrando un lechoncito que allí estaba comiendo, dijo: "conviene que el sabio permanezca en tal sosiego". Numenio sólo dice que también estableció dogmas. Entre sus discípulos hubo algunos célebres, uno de los cuales es Euríloco. De éste se refiere el defecto que a veces se tomaba tanto de la ira, que hubo vez en que, cogiendo un asador con carne y todo, siguió con él al cocinero hasta la plaza; y en Élide, fatigado ya de las muchas preguntas que en la conversación se le hacían, arrojando el palio, se echó al río Alfeo y lo pasó a nado. Era muy enemigo de los sofistas, como dicen lo fue Timón; pero Filón raciocinaba más. Así, Timón dice de él:

> *O ya bien retirado de los hombres,*
> *o ya bien meditando,*
> *o ya hablando también consigo mismo,*
> *hallaréis a Filón, sin que lo capten*
> *la gloria ni el amor de la disputa.*

7. Además de éstos, oyeron también a Pirrón Hecateo Abderita, Timón Fliasio, poeta satírico de quien trataremos adelante, y Nausifanes Teyo, cuyo discípulo fue Epicuro, como algunos dicen. Todos éstos se llamaron pirrónicos por el nombre del maestro, y por el dogma aporéticos, escépticos, efécticos y zetéticos. La filosofía zetética se llamó así porque siempre va en busca de la verdad. La escéptica, porque siempre la busca y nunca la halla. La eféctica, porque después de haber buscado queda sin deliberación alguna. Y la aporética, porque sus secuaces lo dudan todo.

8. Teodosio, en sus *Capítulos escépticos*, dice: "Que la secta pirrónica no debe llamarse escéptica, porque si la agitación del entendimiento a una y otra parte es incomprensible, tampoco sabremos la disposición o habitud de Pirrón: no sabiéndola, de ningún modo nos llamaremos pirrónicos. Además, que ni Pirrón fue el inventor del escepticismo, ni éste tiene dogma alguno. Así, que mejor se podría llamar secta parecida al pirronismo. En efecto, algunos hacen su inventor a Homero, pues éste habla con más variedad que ningún otro acerca de unas cosas mismas, y nada resuelve definitivamente. También los siete sabios usaron el escepticismo, de los cuales son las sentencias: No hagan exceso en nada, y Haz fianza, cerca está el daño; con lo cual se expresa que quien asegura o sale cara por alguno, luego le sobreviene el daño. Aun Arquíloco y Eurípides fueron escépticos. Arquíloco cuando dijo:

> *Tal es, oh Glauco de Leptinas hijo,*
> *la mente de los hombres,*
> *cual el día que Jove nos dispensa;*
> *y Eurípides, diciendo:*
> *¿Y qué cosa es, en suma,*
> *lo que saben los míseros mortales?*
> *De ti solo pendemos;*
> *y aquello que tú quieres sólo hacemos.*
> *9. No menos, según los referidos, son escépticos Jenófanes,*
> *Zenón Eleate y Demócrito, pues Jenófanes dice:*
> *Nadie hay que algo sepa*
> *con toda perfección, ni lo habrá nunca.*

Zenón niega el movimiento, diciendo: Lo que se mueve, ni se mueve en el lugar en que está ni en aquél en que no está. Demócrito, excluyendo las cualidades, cuando dice: Por ley frígido, por ley cálido; pero en la realidad los átomos y el vacuo. Y después: Nada sabemos de cierto, pues la verdad está en lo profundo. Platón atribuye el saber la verdad a los dioses y a los hijos de los dioses; pero él indaga sólo la razón probable. Eurípides dice:

> *¿Quién sabe acaso si esta vida es muerte,*
> *o si es morir seguro esto que los mortales vivir llaman*

Empédocles dice que muchas cosas ni las ven los hombres, ni las oyen, ni las comprenden con su entendimiento. Y antes había dicho que sólo persuade aquello que uno ve y toca. Y Heráclito, que de las cosas grandes nada se ha de resolver temerariamente. Y por último, Hipócrates habla siempre dudosamente y como hombre; y antes que él, Homero así:

> *La lengua de los hombres*
> *es muy voluble y de palabras llena.*
> *Por una y otra parte*
> *el campo de palabras es inmenso.*
> *Tal palabra oirás cual la dijeres.*

Significando por esto la ambigüedad y contrariedad de las palabras.

10. Los escépticos, pues, procuran aniquilar todos los dogmas de las demás sectas, y no definir ellos dogmáticamente cosa alguna. Sin embargo de que proferían y publicaban los dogmas de los otros, nada definían, ni aun esto mismo; como que quitaban todo cuanto fuese definir; v.gr.: Nada definimos (pues en tal caso definieran algo). Decían, pues: Pronunciamos las opiniones o pareceres en las cosas, indicando la irresolución o la ninguna propensión en ellas, como si concediendo esto admitiese ya la explicación. Por las palabras, pues, nada definimos se expresa la pasión del ánimo, llamada ἀρρεψία (*arrepsía*) Y lo mismo por las expresiones: No esto más que aquello, A toda razón se opone otra, y demás semejantes. Dícese el No esto más que aquello también positivamente, como de algunos semejantes; v.gr.: No es más pernicioso el pirata que el mentiroso. Pero los escépticos no lo dicen positivamente, sino negativa o destructivamente y como quien reprueba, diciendo: No existió más Escila que la Quimera. El mismo más se pronuncia algunas veces comparativamente, como cuando decimos: Más dulce es la miel que las pasas. Positiva, y aun negativamente, como cuando decimos: La virtud aprovecha más que daña, pues significamos que la virtud aprovecha y no daña. Pero los escépticos quitan hasta la misma expresión No esto más que aquello, pues como no hay más providencia que deja de haberla, así también el No esto más que aquello no más es que deja de ser. Significa, pues, esta frase (como dice Timón en su *Pitón*) no el definir nada, sino el quedar ambiguo.

11. Asimismo la frase A toda razón, etc., induce también indeliberación, porque si en las cosas discrepantes tienen igual fuerza las razones, se sigue la ignorancia de la verdad. Aun a esta razón hay otra opuesta, la cual, después de destruir otras, se pervierte y destruye ella misma, al modo de los purgantes, que arrojando primero la materia, son también ellos arrojados y destruidos. A esto dicen los dogmáticos que no es esto quitar la razón, sino confundirla. Usaban, pues, de las razones sólo como de ministros, pues no era dable que una razón no destruyese a otra, al modo que cuando decimos no hay lugar, es forzoso decir lugar; pero no dogmática, sino demostrativamente. Y lo mismo cuando decimos nada se hace por necesidad o necesariamente, es fuerza poner la voz necesidad. Este es el modo que usaban en las interpretaciones: Que las cosas no son tales cuales aparecen, sino que sólo parecen. Decían que inquirían, no las cosas que entendían (pues lo que se entiende ya consta), sino las que percibían los sentidos. Así, que la razón pirrónica es una significación de las cosas que aparecen o que de uno u otro modo se perciben, según la cual todas las cosas se comparan con todas las cosas mismas, y ya comparadas, hallamos que tienen muchísima inutilidad y confusión. Así se explica Enesidemo en su *Bosquejo*, o *Aparato al pirronismo*.

12. En cuanto a las antítesis o contrariedades que hay en las especulaciones, preindicando los modos de persuadir las cosas, quitan por ellos mismos la creencia en ellas; pues persuaden las cosas que según los sentidos son cónsonas entre sí, y las que nunca o raras veces degeneran o disienten; las acostumbradas, las dispuestas por las leyes, las que deleitan y las que admiran. Demostraban, pues, que en las cosas contrarias por persuasiones de la razón, estas persuasiones son iguales. Las ambigüedades que enseñaban en las concordancias de las cosas aparentes o concebidas por el entendimiento son de diez modos, según los cuales parecen diferentes los sujetos. El primero de estos modos es el de la diferencia de los animales para el deleite, el dolor, el daño, el provecho. Colígese de aquí que estos mismos no nos producen unas mismas fantasías o imaginaciones, y que la indeliberación es secuela de esta pugna o combate; pues de los animales, unos son engendrados sin unión de sexos, como los que viven en el fuego, el fénix árabe y los gusanillos de la putrefacción. Otros, por dicha unión, como los hombres, etc.; de manera que unos son concretados o compuestos de un modo, otros de otro. Por lo cual difieren aun en los sentidos; v.gr., el gavilán, agudísimo de vista, y el perro, de olfato. Así, es conforme a razón que las cosas diferentes a la vista nos produzcan también fantasías diferentes; pues los tallos y renuevos del olivo son pábulo a la cabra, y para el hombre son amargos; la cicuta alimenta a la codorniz, y al hombre lo mata; el cerdo come excremento humano, y el caballo no lo come.

13. El segundo modo es el de la naturaleza de los hombres, según la variedad de cosas y temperamentos. Demofón, repostero de Alejandro, tenía calor a la sombra, y al Sol frío. Andrón Argivo (como dice Aristóteles) viajaba sin beber en los áridos países de Egipto. Más: uno es aficionado a la medicina, otro a la agricultura, otro a la mercancía, y aun estas mismas cosas a unos dañan y a otros aprovechan. Así, se debe contener el ascenso. El tercer modo es el de la diversidad de poros en los sentidos; v.gr., una manzana a la vista es amarilla, al gusto es dulce y al olfato grata por su fragancia. Aun una misma figura se mira diversa según la variedad de espejos. De lo cual se sigue que no es más lo que aparece que otra cosa diversa de lo que aparece.

14. El cuarto modo se acerca de las disposiciones o afectos, y en común acerca de las mudanzas; v.gr., la sanidad, la enfermedad, el sueño, la vigilia o el despertarse, el gozo, el dolor, la tristeza, la juventud, la vejez, la audacia, el miedo, la indigencia, la abundancia, ,el odio, la amistad, el calor, el frío; ora se respire, ora se supriman los poros. Así, que aparecen diversas las cosas que se nos presentan a causa de ciertas particulares disposiciones. En efecto, los furiosos no están fuera de la naturaleza; pues ¿qué cosa tienen ellos más que nosotros? El Sol lo vemos como si estuviese parado. Teón Titoreo, estoico, solía caminar durmiendo, y también un esclavo de Pericles andaba por lo más alto del tejado.

15. El quinto modo es acerca de la educación, leyes, creencia de fábulas, convenciones artificiales y opiniones dogmáticas. En este modo se contienen las cosas controvertidas acerca de lo honesto y torpe, de lo verdadero y falso, de lo bueno y malo, de los dioses, y de la generación y corrupción de todo lo visible. Una misma cosa entre unos es justa, entre otros injusta; para unos buena, para otros mala; pues los persas no tienen por absurdo o incongruo casarse con sus hijas; pero es cosa inicua entre los griegos. Entre los masagetas, como dice Eudoxo en el primer libro de su Período, las mujeres son comunes; entre los griegos no. En orden a los dioses, también cada cual tiene los suyos: uno dice que tienen providencia, otro que no. Los egipcios entierran sus muertos embalsamándolos, los romanos quemándolos, y de los peonios echándolos a las lagunas. Así, que respecto a la verdad se debe suspender la resolución.

16. El sexto modo es acerca de las mezclas y confusiones de unas cosas con otras; según el cual nada se ve absolutamente simple y sincero, sino mezclado con el aire, luz, líquido, sólido, cálido, frígido, movimiento, evaporaciones y otras potestades. La púrpura muestra diverso color a la luz del Sol, a la de la Luna y a la artificial. Asimismo, nuestro color de un estado aparece al Mediodía, y de otro al Ocaso. Una piedra que en el aire requiere dos hombres para ser transportada, se transporta en el agua fácilmente; ya sea esto por que siendo grave el agua la aligera, ya que siendo ligera, el aire la agrava. Así, que ignoramos cuál sea cada cosa de por sí, como el aceite mezclado con ungüento.

17. El séptimo modo es acerca de las sustancias de algunas posiciones, lugares y cosas que hay en ellos. Por este modo las cosas que creemos grandes aparecen pequeñas, las cuadradas cilíndricas, las llanas con eminencias, las rectas quebradas y de otro color las amarillas. El Sol, pues, por su mucha distancia aparece de magnitud moderada. Los montes apartados se dejan ver caliginosos y sin aspereza; de cerca son ásperos. Más: el Sol cuando sale aparece de una manera; al medio del cielo ya no aparece de la misma. Un mismo cuerpo puesto en un bosque parece una cosa, en campo abierto parece otra. Las imágenes colocadas en cierta posición también parecen otra cosa, y con el movimiento aparece vario el cuello de la paloma. Así, por cuanto estas cosas no pueden considerarse fuera de su lugar y estado, se ignora su naturaleza.

18. El octavo modo es acerca de las cantidades de las cosas, calores, frialdades, velocidades, lentitudes, amarilleces y otra variedad de colores. Así, el vino tomado con modo concilia fuerzas; con exceso las quita. Lo mismo es de la comida y otras cosas. El modo noveno es acerca de lo peregrino y raro que continuamente ocurre. Los terremotos, donde los hay con frecuencia, no causan susto; ni el Sol nos admira, porque cada día lo vemos. (Este modo noveno Favorino lo hace octavo, y Sexto y Enesidemo lo hacen décimo, poniendo Enesidemo el décimo en lugar del octavo, y Favorino en lugar del noveno). El modo décimo, pues, versa sobre la mutua comparación de las cosas entre sí; a saber, lo leve con lo grave, lo fuerte con lo flaco, lo mayor con lo menor, lo superior con lo inferior. Así, el lado derecho no es derecho por naturaleza, sino que se toma por tal comparado con el izquierdo; quítese éste, no habrá lado derecho. Asimismo, las voces padre, hermano hacen relación a otro; día la hace, v.gr., al Sol; y todas las cosas la hacen a la mente. Por tanto, se ignora lo que es relativo a algo, igualmente que lo que es de por sí.

19. Hasta aquí los diez modos; pero Agripa añadió otros cinco, a saber: el que procede de la discordancia, el de la progresión o proceso en infinito, el relativo a otro, el nacido de suposición y el que es por reciprocidad. El de discordancia es aquel por el cual se demuestra llena de perturbación y discordia cualquiera cuestión propuesta entre los filósofos, o bien las que ellos suelen tener. El modo procedente en infinito es el que no permite se afirme el cuesito, por razón de que una cosa recibe la fe de otra; y así infinitamente. El modo relativo a otra cosa dice que nada se recibe por sí, sino con otro; y así todo vienen a ser incógnito. El modo que consta de suposiciones es cuando algunos establecen que deben admitirse en sí mismos ciertos principios de las cosas como fieles y seguros, y no inquirir más. Lo cual es una necedad, pues cualquiera opondrá lo contrario. Y el modo llamado por reciprocidad es cuando aquello que ha de dar firmeza a la cosa cuestionada, ello mismo tiene necesidad de que la tal cosa cuestionada lo corrobore y acredite; v.gr., si uno afirma que hay poros porque hay sudor, toma esto mismo para probarlo, esto es, que hay sudor.

20. Niegan también estos filósofos toda demostración, criterio, signo, causa, movimiento, disciplina, generación y que haya cosa alguna buena y mala por naturaleza. Toda demostración, dicen, o consta de cosas demostradas o no demostradas: si de cosas demostradas, aun éstas necesitarán de alguna demostración, y así en infinito; si constan de cosas indemostradas, y todas, algunas, o una sola discuerda, ya todo carece de demostración. Si pareciere a algunos, dicen, que hay cosas que no necesitan demostración, son éstos admirables en su sentencia, no viendo que el que de estas cosas reciban otras la creencia es lo primero que necesita probarse; pues no hemos de probar que los elementos son cuatro, porque son cuatro los elementos. Además, si son inciertas las demostraciones particulares, también lo será la demostración general. Para saber, pues, que hay demostración es menester criterio, y para saber que hay criterio es menester demostración. Así, que remitiéndose o refiriéndose mutuamente una a otra, ambas son incomprensibles. Pues ¿de qué modo se comprenderán las cosas inciertas ignorando la demostración? No se inquiere si aparecen tales, sino si son tales esencialmente.

21. Tratan de necios a los dogmáticos; pues lo que se concluye de una hipótesis no tiene razón de investigación, sino de posición. Por esta regla también sería dado el disputar de imposibles. Acerca de lo que opinan que no se debe juzgar la verdad por las circunstancias, ni establecer leyes por las cosas conformes o según la naturaleza, dicen que determinan medidas para todo, no haciéndose cargo de que todo lo que aparece aparece según la antiperístasis y disposición. Así, o se ha de decir que todas las cosas son verdaderas, o todas falsas; porque si hay algunas verdaderas, ¿cómo las discerniremos? No por el sentido discerniremos las que le son conformes, pues a éste todas le parecen iguales; ni tampoco por la mente, por la misma causa. Excluso, pues, todo esto, no se ve ya vía alguna para juzgar. Aquel, dicen, que resuelve de una cosa, sea sensible o intelectual, debe lo primero establecer las opiniones que hay acerca de ella, pues unos quitaron unas cosas y otros otras. Es preciso juzgar por los sentidos o por el entendimiento; y de ambas es la ambigüedad y controversia. Así, que no es posible juzgar las opiniones de las cosas sensibles e intelectuales; y por la contención que hay en las inteligencias es menester negarlo todo y quitar la medida con que parece se juzgan todas las cosas, y se tendrán todas por iguales.

22. Además, dicen, o lo que aparece es o no probable al que disputa con nosotros; si le es probable, nada podrá decir contra él aquél que siente lo contrario; porque si es fidedigno quien afirma que la cosa es evidente, lo es también el que lo contradice; y si no es fidedigno, tampoco se dará crédito a quien dice es evidente. Lo que sólo persuade no se ha de tener por cierto, pues de una misma cosa ni se persuaden todos, ni siempre. La persuasión

se hace por cosos extrínsecas; v.gr., la celeridad de quien persuade, o por su solicitud y diligencia, o por su gracia en el decir, o por la costumbre, o finalmente porque agrada. Quitaban el criterio con esta argumentación: "O el criterio está ya juzgado, o no: si no está juzgado, ningún crédito se le debe, y peca tanto en verdadero como en falso; si está juzgado, será una de las cosas juzgadas por partes o en parte. Y así, una misma cosa será la que juzga y la juzgada: el juez del criterio será juzgado por el otro; éste, por otro, y así en infinito. Además, que hay discrepancia acerca del criterio, diciendo unos que es el hombre, otros que los sentidos, otros que la razón y otros que la fantasía o imaginación comprensiva o perceptiva. Pero el hombre discuerda, ya de sí mismo, ya de los otros hombres, como consta de la diversidad de leyes y costumbres: los sentidos engañan; la razón discuerda; la fantasía perceptiva es juzgada por el entendimiento, y finalmente, el entendimiento es vario y mudable. Así que es incógnito el criterio, y por lo mismo lo es la verdad."

23. Niegan también todo signo; porque si hay signo, dicen, o es sensible o intelectual; no es sensible porque lo sensible es común y el signo es propio. Más: lo sensible se considera según la diferencia, y el signo según la relación a otra cosa. Tampoco es intelectual, pues lo intelectual lo es, o patente de patente, u oculto de oculto, u oculto de patente, o patente de oculto. Nada de esto es: luego no hay signo. No es patente de patente, porque lo patente no necesita de signo. No es oculto de oculto, porque lo que se manifiesta, por alguno se ha de manifestar. Signo oculto de cosa patente no es posible, pues lo que da a otro facultad de manifestarse debe estar manifiesto. Y signo patente de cosa oculta tampoco lo hay, porque el signo, siendo relativo a otra cosa, debe comprenderse junto con la cosa misma de quien es signo. Nada hay de todo esto: luego ninguna cosa no evidente puede ser comprendida y, por consiguiente, se engañan los que dicen que las cosas ocultas pueden comprenderse por medio de los signos.

24. La causa la quitan así: la causa es cosa relativa a algo; v.gr., a la causa misma; la relación a otro es cosa sólo intelectual, no real o existente: luego la causa solamente se entiende o comprende. Porque si es causa, debe tener aquello de quien se llama causa; de otra forma, no lo será. Y así como el padre, no habiendo nadie de quien padre se diga, no es padre; lo mismo es de la causa. No aparece de quién la causa se entienda o a quien se refiera (ni por generación, ni por corrupción, ni por otro modo): luego no es causa. Más: si es causa, o ésta es cuerpo de causa de otro cuerpo, o incorpóreo causa de incorpóreo; nada de esto es: luego no hay tal causa. En efecto, el cuerpo no es causa del cuerpo, porque así ambos tendrían una misma naturaleza; y si uno de ellos se llama causa en cuanto tal cuerpo, siéndolo también el otro se hará igualmente causa: siendo causa ambos en común, ninguno será paciente. Por la misma razón tampoco lo incorpóreo es causa de lo incorpóreo. Ni lo incorpóreo es causa de cuerpo alguno, pues ningún incorpóreo produce cuerpo. Ni menos el cuerpo es causa de lo incorpóreo, porque lo que se hace debe hacerse de la materia paciente, y ningún incorpóreo es paciente, ni menos es hecho por otro: luego no es causa. De lo cual se colige que no son subsistentes los principios de cosas, pues siempre debe ser algo quien hace y opera.

25. Tampoco hay movimiento, pues lo que se mueve, o se mueve en donde está o en donde no está: en donde está no se mueve, ni menos se mueve en donde no está: luego no hay movimiento. Quitan igualmente las disciplinas diciendo: si se enseña algo, o lo que es se enseña porque es, o lo que no es porque no es: no se enseña lo que es porque es, pues la naturaleza de todas las cosas que son a todos está patente y todos la conocen; ni menos lo que no es porque no es, pues a quien no es nada le sobreviene, ni aun el ser enseñado. Dicen asimismo que no hay generación, pues no se engendra lo que es, puesto que ya es; ni lo que no es, puesto que no existe, y lo que no existe, ni es ni le aconteció el ser hecho. Que nada hay bueno o malo por naturaleza, porque si hubiese algo bueno o malo por naturaleza, debería ser bueno o malo para todos, como, por ejemplo, la nieve, fría para todos; ninguna cosa es buena o mala comúnmente para todos: luego no hay cosa buena o mala por naturaleza. Porque o se ha de llamar bueno todo lo que alguno juzga bueno, o no todo; es así que no todo se ha de llamar tal, pues una misma cosa es por alguno juzgada buena, v.gr., el deleite, que Epicuro lo tiene por bueno, y Antístenes por malo; luego sucedería que una misma cosa sería buena y mala. Si no todo lo que uno juzga bueno lo llamamos tal, será fuerza discernamos las opiniones; esto no es admisible, por causa de la igualdad de fuerza en las razones: luego se ignora qué cosa es buena por naturaleza.

26. Todo el modo u orden de las elecciones se puede ver en los escritos que han quedado, porque aunque Pirrón mismo no dejó obra alguna, sus discípulos Timón, Enesidemo, Numenio, Nausifanes y otros las dejaron.

Contradicen a esto los dogmáticos diciendo que los tales comprenden o resuelven y tienen dogmas, pues sólo con que disputan consta que comprenden, y solamente con que afirman establecen dogmas. En efecto, cuando dicen que nada definen, y que para toda razón hay otra opuesta, ya definen esto mismo por lo menos, y lo establecen por dogma. Responden a éstos diciendo: "Acerca de las cosas que como hombres padecemos lo confesamos, pues que hay día, que vivimos, y muchas otras cosas a todos manifiestas, lo sabemos; pero acerca de las cosas que los dogmáticos establecen por raciocinio, diciendo que las comprenden, suspendemos el ascenso como inciertas, y sólo admitimos las pasiones. Confesamos también que vemos, y conocemos que entendemos; pero cómo vemos o cómo entendemos, lo ignoramos. Que esto, v.gr., aparezca blanco, lo decimos narrativamente, mas no estableciendo que realmente lo sea. Acerca de la frase: Nada defino, y semejantes, decimos que por ellas no establecemos dogmas, no siendo lo mismo que decir: el mundo es esférico; pues esto es incierto, y aquéllas son admitidas y confesadas. Con decir, pues, no definir nada, tampoco definimos esto mismo."

27. Dicen además los dogmáticos que los pirrónicos niegan también la vida con quitar todas las cosas de que la vida consta. Pero éstos les responden que mienten en ello; "pues nosotros, dicen, no quitamos, v.gr., la vista, sino que afirmamos se ignora cómo se hace la visión. Lo que aparece, lo establecemos; mas no que tal sea indubitablemente. Sentimos que el fuego quema, pero nos abstenemos de resolver si lo hace por naturaleza ustiva que tenga. Que las cosas se mueven y perecen, lo vemos; cómo se hagan estas cosas, no lo sabemos. Nosotros, dicen, sólo nos oponemos a las cosas inciertas que van entretejidas con las manifiestas; y cuando decimos que una pintura tiene relieve, exponemos lo que aparece, y cuando decimos que no lo tiene, ya no hablamos de lo que aparece, sino de otra cosa". Así, Timón dice en su Pitón que Pirrón no se apartó de la costumbre. Y en sus Imágenes habla así:

> *Pero lo que aparece*
> *siempre Pirro siguió con toda fuerza.*

Y en el libro *De los sentidos* dice: "Que esto sea dulce, no lo resuelvo; pero confieso que lo parece."

28. Enesidemo dice también en el libro primero De los raciocinios de Pirrón que éste nada define dogmáticamente por causa de la contrariedad de razones; pero sigue las apariencias. Lo mismo dice en el libro *De la sabiduría*, y aun en el *De la cuestión*. Zeuxis, igualmente familiar de Enesidemo, en el libro De las dobles razones, Antíoco de Laodicea, y Apellas en su *Agripa* sólo establecen las cosas como aparecen, o lo que aparece. Según los escépticos, pues, solamente lo que aparece es el criterio, como lo dice Enesidemo. Lo mismo afirma Epicuro; y Demócrito dice que ninguna cosa es lo que aparece, y que alguna de ellas ni aun existe.

29. Contra este criterio de las apariencias dicen los dogmáticos que cuando de ellas nos vienen diversas fantasías, v.gr., de una torre cilíndrica o cuadrada, si el escéptico no prefiere ninguna de ellas, no hace nada; pero cuando siga una, ya no da, dicen, igual valor a las apariencias. Respóndenles los escépticos que cuando inciden fantasías diversas, dicen que ambas aparecen; y que por eso establecen las cosas aparentes, porque aparecen.

30. Los escépticos dicen que el fin es la indeliberación, a quien la tranquilidad sigue como sombra, según dicen Timón y Enesidemo; "pues no elegimos estas cosas o evitamos aquellas que están en nosotros o que no están en nosotros, sino que vienen por necesidad, no podemos evitadas; v.gr., el hambre, la sed, el dolor; pues la razón no puede quitar estas cosas". Diciendo los dogmáticos que cómo puede vivir el escéptico cuando no rehúsa si le mandan matar a su padre, responden los escépticos: "¿Y cómo puede vivir el dogmático sin inquirir ni aun las cosas de la vida común y observables? Así que nosotros, dicen, elegimos las cosas y las evitamos según la costumbre, y usamos de las leyes." Algunos afirman que los escépticos ponen por fin la tranquilidad de ánimo, y otros que la mansedumbre.

II. Sexto Empírico, *Esbozos Pirrónicos* (fragmentos del libro I)[3]

I. De la diferencia, a grandes rasgos, entre los sistemas filosóficos

Para los que investigan un asunto es natural acogerse o a una solución o al rechazo de cualquier solución y al consiguiente acuerdo sobre su ina-

---

[3] Fuente: Sexto Empírico, *Esbozos pirrónicos*. Introducción, traducción y notas de Antonio Gallego Cao y Teresa Muñoz Diego. Madrid: Gredos, 1993.

prehensibilidad o a una continuación de la investigación. Y por eso seguramente, sobre las cosas que se investigan desde el punto de vista de la Filosofía, unos dijeron haber encontrado la verdad, otros declararon que no era posible que eso se hubiera conseguido y otros aun investigan.

Y creen haberla encontrado los llamados propiamente dogmáticos; como por ejemplo los seguidores de Aristóteles y Epicuro, los estoicos y algunos otros. De la misma manera que se manifestaron por lo inaprehensible los seguidores de Clitómaco y Carnéades y otros académicos. E investigan los escépticos

De donde, con mucha razón, se considera que los sistemas filosóficos son —en líneas generales— tres: dogmático, académico y escéptico.

Naturalmente, sobre los otros sistemas corresponderá hablar a otras personas. Nosotros hablaremos, de forma esquemática por el momento, sobre la orientación filosófica escéptica; advirtiendo de entrada que sobre nada de lo que se va a decir nos pronunciamos como si fuera forzosamente tal como nosotros decimos, sino que tratamos todas las cosas al modo de los historiadores: según lo que nos resulta evidente en el momento actual.

II. De los modos de exposición del escepticismo

Pues bien, un modo de exposición de la filosofía escéptica recibe el nombre de "estudio general" y el otro "específico". El general es aquel en que exponemos lo característico del escepticismo explicando cuál es su definición, cuáles sus principios y cuáles sus razonamientos, así como cuáles su criterio, cuál su finalidad, cuáles los tropos de la suspensión del juicio[4], en qué sentido tomamos las afirmaciones escépticas y la distinción entre el escepticismo y los sistemas filosóficos próximos a él.

El específico es aquel en que argüimos contra cada uno de los apartados de la llamada Filosofía. Naturalmente nos ocupamos en primer lugar del estudio general, comenzando por una guía de los nombres de la orientación escéptica.

III. De las denominaciones del escepticismo

---

4 El termino griego *ho trópos* significa en general "dirección, modo, etc.". Los escépticos lo popularizaron en el sentido específico que tienen en este libro: métodos estándar para buscar contradicciones. Se exponen en los párrafos 36 SS., de este Libro I. El término griego para "suspensión del juicio" es el conocido *hé epoché*.

La orientación escéptica recibe también el nombre de Zetética[5] por el empeño en investigar y observar, el de Eféctica por la actitud mental que surge en el estudio de lo que se investiga y el de Aporética bien —como dicen algunos— por investigar y dudar de todo, bien por dudar frente a la afirmación y la negación.

También recibe el nombre de Pirronismo por parecernos que Pirrón se acercó al escepticismo de forma más tangible y expresa que sus predecesores.

IV. Qué es el escepticismo

Y el escepticismo es la capacidad de establecer antítesis en los fenómenos y en las consideraciones teóricas, según cualquiera de los tropos; gracias a la cual nos encaminamos —en virtud de la equivalencia entre las cosas y proposiciones contrapuestas— primero hacia la suspensión del juicio y después hacia la ataraxia.

Hablamos de "capacidad", desde luego no por capricho sino sencillamente en el sentido de que uno sea capaz. Aquí entendemos por "fenómenos" lo sensible; por lo que definimos lo "teórico" por oposición a ellos. Lo de "según cualquiera de los tropos" puede aplicarse tanto a la capacidad —empleando el término "capacidad" simplemente en el sentido que hemos dicho— como a lo de "establecer antítesis en los fenómenos y en las consideraciones teóricas", pues decimos lo de "según cualquiera de los tropos" porque contraponemos esas cosas de muy diversas maneras, contraponiendo —para abarcar todas las antítesis— fenómenos a fenómenos, consideraciones teóricas a consideraciones teóricas o los unos a las otras.

También añadimos lo de "según cualquiera de los tropos" a lo de "en los fenómenos y en las consideraciones teóricas" para que no entremos en cómo se manifiestan los fenómenos o en cómo se forman en la mente las consideraciones teóricas, sino que sencillamente los tomemos tal como aparecen.

Y en absoluto tomamos "proposiciones contrapuestas" como "afirmación y negación"; simplemente como "proposiciones enfrentadas". Y llamamos equivalencia a su igualdad respecto a la credibilidad o no credi-

---

[5] Zetética es la raíz de *zeteo* (buscar, investigar). Eféctica es de la raíz de *epecho* (mantener en suspenso), la misma de he *epoche*. Aporética es de la raíz de *aporía* (falta de camino). Escepticismo es de la raíz de *skopeo* (observar, mirar).

bilidad, de forma que ninguna de las proposiciones enfrentadas aventaje a ninguna como si fuera más fiable.

La suspensión del juicio es ese equilibrio de la mente por el que ni rechazamos ni ponemos nada. Y la ataraxia es bienestar y serenidad de espíritu. Y de como la ataraxia sigue a la suspensión del juicio trataremos en el capítulo "Sobre los fines"'.

V. Del escéptico

E implícitamente, con la noción de orientación filosófica escéptica también ha quedado definido el filósofo pirrónico. Es en efecto el que participa de la citada capacidad.

VI. Sobre los fundamentos del escepticismo

Con razón decimos que el fundamento del escepticismo es la esperanza de conservar la serenidad de espíritu. En efecto, los hombres mejor nacidos, angustiados por la confusión existente en las cosas y dudando de con cual hay que estar más de acuerdo, dieron en investigar qué es la Verdad en las cosas y qué la Falsedad; ¡como si por la solución de esas cuestiones se mantuviera la serenidad de espíritu! Por el contrario el fundamento de la construcción escéptica es ante todo que a cada proposición se le opone otra proposición de igual validez. A partir de eso, en efecto, esperamos llegar a no dogmatizar.

VII. Si el escéptico dogmatiza

Que el escéptico no dogmatiza no lo decimos en el sentido de dogma en que algunos dicen que "dogma es aprobar algo en términos más o menos generales", pues el escéptico asiente a las sensaciones que se imponen a su imaginación; por ejemplo, al sentir calor o frio, no diría "creo que no siento calor" o "no siento frio". Sino que decimos que no dogmatiza en el sentido en que otros dicen que "dogma es la aceptación en ciertas cuestiones, después de analizadas científicamente, de cosas no manifiestas"; el pirrónico en efecto no asiente a ninguna de las cosas no manifiestas. Y tampoco dogmatiza al enunciar expresiones escépticas sobre las cosas no manifiestas como, por ejemplo, la expresión "ninguna cosa es más que otra" o "yo no determino nada" o alguna de las otras sobre las que después hablaremos.

En efecto, el que dogmatiza establece como real el asunto sobre el que se dice que dogmatiza, mientras que el escéptico no establece sus expresiones como si fueran totalmente reales; pues supone que del mismo modo que la expresión "todo es falso" dice que, junto con las otras cosas, también ella es falsa e igualmente la expresión "nada es verdad": así también la expresión "ninguna cosa es más" dice que, junto con las otras cosas, tampoco ella es más y por eso se autolimita a sí misma junto con las demás cosas. Y lo mismo decimos de las restantes expresiones escépticas. Por lo demás, si el dogmatismo establece como realmente existente aquello que da como dogma, mientras que el escéptico presenta sus expresiones de forma que implícitamente se autolimitan, no se diga que el escéptico dogmatiza en la exposición de ellas. Y lo más importante: en la exposición de esas expresiones dice lo que a él le resulta evidente y expone sin dogmatismos su sentir, sin asegurar nada sobre la realidad exterior.

VIII. Si el escéptico tiene un sistema

También en lo de preguntarnos si el escéptico tiene un sistema nos conducimos de forma parecida. Pues si alguien dice que "un sistema es la inclinación a muchos dogmas que tienen conexión entre sí y con los fenómenos" y llama dogma al asentimiento a una cosa no evidente, entonces diremos que no tiene sistema. Pero si uno afirma que un sistema es una orientación que obedece a cierto tipo de razonamiento acorde con lo manifiesto, y en el supuesto de que ese razonamiento nos enseñe cómo es posible imaginar correctamente la vida —tomándose el "correctamente" no solo en cuanto a la virtud, sino en un sentido más amplio— y que se oriente a lo de ser capaces de suspender el juicio: entonces sí decimos que tiene un sistema.

Seguimos en efecto un tipo de razonamiento acorde con lo manifiesto, que nos enseña a vivir según las costumbres patrias, las leyes, las enseñanzas recibidas y los sentimientos naturales.

IX. Si el escéptico estudia la realidad

Cosas parecidas decimos también al plantear la cuestión de si por parte del escéptico se ha de estudiar la realidad

No nos ocupamos, en efecto, de la realidad para emitir opiniones con firme convicción sobre alguna de las cosas admitidas como dogma en el estudio de la realidad, sino que nos ocupamos de ese estudio para poder contraponer a cada proposición una proposición de igual validez y para conseguir la serenidad de espíritu. Y en el mismo sentido nos acercamos también a la rama de la Lógica y a la de la Ética en lo que se entiende por Filosofía.

X. Si los escépticos invalidan los fenómenos

Quienes dicen que los escépticos invalidan los fenómenos me parece a mí que son desconocedores de lo que entre nosotros se dice. En efecto, nosotros no echamos abajo las cosas que, según una imagen sensible y sin mediar nuestra voluntad, nos inducen al asentimiento; como ya dijimos. Y eso precisamente son los fenómenos.

Sin embargo, cuando nos dedicamos a indagar si el objeto es tal como se manifiesta, estamos concediendo que se manifiesta y en ese caso investigamos no sobre el fenómeno, sino sobre lo que se piensa del fenómeno. Y eso es distinto a investigar el propio fenómeno.

La miel, por ejemplo, nos parece que tiene sabor dulce. Eso lo aceptamos, porque percibimos el dulzor sensitivamente. Tratamos de saber si, además, literalmente "es" dulce. Lo cual no es el fenómeno, sino lo que se piensa del fenómeno. Y además, si en público planteamos problemas sobre los fenómenos no los ponemos con la intención de invalidar los fenómenos, sino para hacer ver la temeridad de los dogmáticos; pues si la Razón es tan engañosa que casi nos arrebata hasta lo que percibimos por nuestros ojos, ¿cómo no habrá que mirarla con recelo en las cosas no evidentes, para no precipitarnos cuando la seguimos?

XI. Del criterio del escepticismo

Que atendemos a los fenómenos es evidente a partir de lo ya dicho por nosotros acerca del criterio de la orientación escéptica.

De criterio se habla en dos sentidos: el que se acepta en relación con la creencia en la realidad o no realidad —sobre el que trataremos en el estudio de las refutaciones— y el de actuar, fiándonos del cual hacemos en la vida unas cosas sí y otras no; del cual tratamos ahora.

Pues bien, decimos que el criterio de la orientación escéptica es el fenómeno, llamando implícitamente así a la representación mental. Consistiendo, en efecto, en una impresión y en una sensación involuntaria, es incuestionable; por lo cual, nadie seguramente disputará sobre si el objeto se percibe en tal o cual forma, sino que se discute sobre si es tal cual se percibe.

Atendiendo, pues, a los fenómenos, vivimos sin dogmatismos, en la observancia de las exigencias vitales, ya que no podemos estar completamente inactivos.

Y parece que esa observancia de las exigencias vitales es de cuatro clases y que una consiste en la guía natural, otra en el apremio de las pasiones, otra en el legado de leyes y costumbres, otra en el aprendizaje de las artes. En la guía natural, según la cual somos por naturaleza capaces de sentir y pensar. En el apremio de las pasiones, según el cual el hambre nos incita a la comida y la sed a la bebida. En el legado de leyes y costumbres, según el cual asumimos en la vida como bueno el ser piadosos y como malo el ser impíos. Y en el aprendizaje de las artes, según el cual no somos inútiles en aquellas artes para las que nos instruimos.

Pero todo esto lo decimos sin dogmatismos.

XII. *Cuál es la finalidad del escepticismo*

Y lo siguiente seria tratar de la finalidad de la orientación escéptica.

Desde luego, un fin es "aquello en función de lo cual se hacen o consideran todas las cosas y él en función de ninguna" o bien "el término de las cosas a las que se aspira".

Pues bien, desde ahora decimos que el fin del escepticismo es la serenidad de espíritu en las cosas que dependen de la opinión de uno y el control del sufrimiento en las que se padecen por necesidad.

En efecto, cuando el escéptico, para adquirir la serenidad de espíritu, comenzó a filosofar sobre lo de enjuiciar las representaciones mentales y lo de captar cuales son verdaderas y cuales falsas, se vio envuelto en la oposición de conocimientos de igual validez y, no pudiendo resolverla, suspendió sus juicios y, al suspender sus juicios, le llegó como por azar la serenidad de espíritu en las cosas que dependen de la opinión. Pues quien opina que algo es por naturaleza bueno o malo se turba por todo, y cuando le falta lo que parece que es bueno cree estar atormentado por cosas malas por naturaleza y corre tras lo —según él piensa— bueno y, habiéndolo conseguido, cae en más preocupaciones al estar excitado fuera de toda razón y sin medida y, temiendo el cambio, hace cualquier cosa para no perder lo que a él le parece bueno. Por el contrario, el que no se define sobre lo bueno o malo por naturaleza no evita ni persigue nada con exasperación, por lo cual mantiene la serenidad de espíritu.

La verdad es que al escéptico le ocurrió lo que se cuenta del pintor Apeles. Dicen, en efecto, que —estando pintando un caballo y queriendo imitar en la pintura la baba del caballo— tenía tan poco éxito en ello que desistió del empeño y arrojó contra el cuadro la esponja donde mezclaba los colores del pincel, y que cuando esta chocó contra él plasmó la forma de la baba del caballo. También los escépticos, en efecto, esperaban recobrar la serenidad de espíritu a base de enjuiciar la disparidad de los fenómenos y de las consideraciones teóricas; pero no siendo capaces de hacer eso suspendieron sus juicios y, al suspender sus juicios, les acompañó como por azar la serenidad de espíritu, lo mismo que la sombra sigue al cuerpo.

Ciertamente no pensamos que el escéptico este inmune por completo a la turbación, sino que reconocemos que se turba con las necesidades; pues estamos de acuerdo en que también él experimenta a veces frío, igual que sed y otras cosas por el estilo. Pero incluso en esas cosas la gente corriente se atormenta por partida doble: por sus sufrimientos y —no menos— por el hecho de creer que esas situaciones son objetivamente malas; mientras que el escéptico, al evitar pensar que cada una de esas cosas es objetivamente mala, incluso en ellas se maneja con más mesura. Por eso, desde luego, decimos que el objetivo del escéptico es la serenidad de espíritu en las cosas que dependen de la opinión de uno y el control del sufrimiento en lo que se padece por necesidad. Algunos escépticos ilustres añadieron a eso, además, la suspensión del juicio en las investigaciones.

8
EL NEO PLATONISMO

Con el nombre de neoplatonismo se conoce la tradición filosófica que surgió en el siglo III d. C. y perduró hasta la clausura de la Academia por Justiniano en el 529 d. C. Es una tradición que, como su nombre lo indica, se nutre de Platón, pero también de toda la filosofía que se produjo en la Academia antigua, media y nueva. Su característica principal es su orientación religiosa y mística. Se considera a Plotino el fundador de esta escuela, cuyo maestro, Amonio Saca o Saccas, habría sido influido por el hinduismo.

El neoplatonismo ha sido muy influyente a lo largo de la historia. En la Edad Media, por ejemplo, los filósofos árabes Al-Faravi y Avicena recibieron su influjo, así como el filósofo judío español Moisés Maimónides, entre otros muchos. Santo Tomás de Aquino, en el siglo XIII, tuvo acceso directo a las obras de los neoplatónicos Proclo, Simplicio y el Pseudo Dionisio Areopagita, y conocía por otras fuentes el pensamiento de Plotino y Porfirio. En el Renacimiento, Pico della Mirandola y Marsilio Ficino fueron destacados neoplatónicos, y ya en el siglo XX reconocían su afinidad al pensamiento neoplatónico los poetas William Yeats y T. S. Eliot, entre muchos otros.

Antecesores

Entre los antecesores o precursores del neoplatonismo se encuentran el sacerdote (pagano) e historiador Plutarco, el neopitagórico Numenio de Apamea y el filósofo judío Filón de Alejandría, que "tradujo" el judaísmo en términos estoicos, platónicos y neopitagóricos. Filón sostenía que Dios era "suprarracional", y que solo se podía conocer mediante éctasis. Entre los primeros filósofos cristianos también hubo quienes intentaron tender lazos entre el platonismo y su religión, como san Justino y Atenágoras.

Enseñanzas

El neoplatonismo es una especie de monismo idealista combinado con elementos de politeísmo.

Aunque algunos consideran a Amonio Saca el fundador del neoplatonismo, las *Enéades* de su discípulo Plotino han quedado como la fuente principal de conocimiento de esta doctrina. Las *Enéades* contienen elementos teóricos y prácticos; la primera parte trata sobre el origen del alma humana y muestra cómo se ha apartado de su estado primitivo, mientras que la segunda pretende enseñarle al alma el camino de vuelta al principio supremo y eterno de todo. Hay una clara distinción entre el mundo sensible y el mundo invisible, en el cual mora el Uno; del Uno emana eternamente el Nous, y este, a su vez, produce el alma del mundo.

El Uno es el centro del sistema de Plotino. Es el principio simple y eterno del cual todo procede por emanación. Es incognoscible y está "más allá del ser". Parece ser que Plotino se inspira en Platón cuando éste, en el libro VI de *La República* habla de la idea del Bien, que está más allá del ser en poder y dignidad, y que en ese libro compara con el Sol.

Del Uno emana eternamente el *Nous* o Demiurgo, su imagen perfecta y arquetipo de todas las cosas que existen. El Demiurgo es simultáneamente ser y pensamiento, idea y Modelo; es la esfera más alta de la realidad que los hombres pueden comprender. El Demiurgo produce el mundo y lo organiza, a través del alma del mundo.

Lo primero que el Demiurgo crea es el alma del mundo. Esta también es espiritual, pero ya se mezcla con las cosas. Como principio de unidad, pertenece al *Nous*, pero tiene la posibilidad de unirse a las cosas materiales y a los hombres, con lo cual ocupa una posición intermedia entre el *Nous* y el mundo. Los hombres pueden elegir unirse al alma del mundo, con lo cual inician su retorno al Uno, o bien, entregarse a las cosas materiales, con lo cual se alejan de su origen y se pierden.

El alma del mundo genera las cosas materiales o fenoménicas. Su relación con el Demiurgo es la misma que éste tiene con el Uno. Las cosas materiales, unidas al alma del mundo, mantienen su unidad y son bellas; pero la materia de la que están compuestas las cosas las inclina hacia la nada. En cuanto que está desprovista de alma, la materia es mala, pues no tiene existencia por sí misma, pero en cuanto es capaz de ser informada por el alma del mundo, es neutral.

El hombre ocupa una posición intermedia entre el alma del mundo y las cosas, porque posee un alma espiritual. Él nota dentro de sí la atracción de la materia, pero si quiere mantener su unidad y su armonía debe lograr que su alma esté unida al alma del mundo. Para eso, debe practicar las virtudes, de las cuales las cívicas son las inferiores y las divinas, las superiores. Por medio de la práctica de las virtudes superiores (por medio de la ascesis), el hombre se purifica y emprende el camino de vuelta al Bien supremo. Pero no es suficiente para el hombre llevar una vida sin pecado, es necesario que se haga como Dios (*henosis*); esto se alcanza por medio de la contemplación del Uno (no una contemplación intelectual, sino extática). Para llegar al éxtasis divino se debe comenzar por la contemplación de las cosas de este mundo; las cosas lo remiten a las ideas, y de esa manera conoce el hombre al *Nous*. Pero no le basta con la contemplación de las ideas; él sabe que ellas no se han hecho a sí mismas. Finalmente, olvidado de todas las cosas y aun de sí mismo, el alma alcanza a ver a Dios, la fuente del ser, el origen de todo bien, la raíz del alma, y se siente inundada de felicidad. Queda el alma como sumergida en la eternidad y lo ve todo en Dios. Porfirio cuenta que Plotino tuvo cuatro de estos éxtasis, en los años en que vivió a su lado.

Los sucesores de Plotino, especialmente Jámblico de Calcis, agregaron una multitud de seres intermedios entre el Uno y el mundo: dioses, ángeles y demonios. Por supuesto, estos seres espirituales no eran como los antiguos dioses del Olimpo, sino seres más perfectos que el hombre.

Los neoplatónicos no creían que el mal fuera una realidad; lo definían, más bien, como ausencia de bien, así como la oscuridad es ausencia de luz. La materia es lo que está más separado del Bien, pero puede ser redimida en la medida en que participa de la vida del espíritu. Todas las cosas buscan, aun sin saberlo, su fuente; todas las cosas buscan retornar a su origen.

El alma humana, que es inmortal, se reencarna en diferentes personas, o incluso animales, según la vida que lleve en esta tierra, atada al cuerpo. Las almas que se han purificado en esta tierra alcanzan a desligarse totalmente de la materia y viven para siempre en las regiones celestes, gozando de la contemplación del Uno. En la otra vida hay diversas regiones; en las regiones más altas habitan las almas más puras, que ya no se reencarnan.

Tras la muerte de Porfirio (232 – 309 d. C.), las obras de Aristóteles (no las de biología) pasaron a formar parte del de las materias de estudio de la Academia. La introducción (*Isagoge*) que Porfirio había hecho a las *Categorías* de Aristóteles fue ampliamente usada durante la Edad Media, y de esta manera el estudio de Aristóteles se convirtió en una introducción al estudio de Platón en el platonismo tardío de Atenas y Alejandría. Los comentadores de estas escuelas trataron de unir el aristotelismo con el platonismo y el estoicismo.

Entre los directores de la academia de Alejandría, cabe mencionar a Hipatia, astrónoma, matemática y filósofa nacida en Egipto en el 355 o 370 de nuestra era. Sobre ella, dice Sócrates Escolástico[1]:

> *Había una mujer en Alejandría que se llamaba Hipatia, hija del filósofo Teón, que logró tales conocimientos en literatura y ciencia, que sobrepasó en mucho a todos los filósofos de su propio tiempo. Habiendo sucedido a la escuela de Platón y Plotino, explicaba los principios de la filosofía a sus oyentes, muchos de los cuales venían de lejos para recibir su instrucción.*

En las circunstancias de su muerte (fue asesinada por una turba de cristianos en el 415 o 416), algunos han querido ver motivaciones religiosas, convirtiendo a esta seguidora de Plotino en una "mártir de la ciencia". Pero el caso es que la motivación de los asesinos y su vinculación o no con la autoridad eclesiástica se desconocen.

---

1 Historiador griego nacido en Constantinopla hacia el 380 d. C.

TEXTOS

Plotino, *Enéades* **(selección)[2]**

1. La purificación del alma

1, 6, 5-9. "Tal vez será útil a nuestra investigación saber qué es la fealdad y por qué se manifiesta. Consideremos una alma fea, intemperante e injusta. Está llena de los mayores deseos y de la mayor inquietud, temerosa por cobardía, envidiosa por mezquindad. Indudablemente piensa, pero sólo piensa en objetos bajos y mortales. Ama los placeres impuros, vive la vida de las pasiones corporales, halla su placer en la fealdad. [...] Lleva una vida oscurecida por la mezcla del mal, una vida unida a mucho de muerte. No ve lo que un alma debe ver. No puede permanecer en sí misma, porque sin cesar se ve llamada hacia lo exterior, lo inferior y lo obscuro. [...] Como si alguien, hundido en el fango de un cenagal, no mostrase ya la belleza que poseía, y como si sólo se viese de él el fango que lo cubre. La fealdad le ha llegado por la adición de un elemento extraño, y si debe volver a ser bello, le costará lavarse y purificarse para ser lo que era. [...] La fealdad para el alma es no ser ni limpia ni pura, igual que para el oro, es estar lleno de tierra: si se separa esta tierra, queda el oro y es bello cuando está separado de las demás cosas y queda solo consigo mismo. Del mismo modo, el alma, separada de los deseos que tiene por el cuerpo, y de los que se ocupa demasiado, liberada de las demás pasiones, purificada de lo que contiene cuando está unida al cuerpo, deja toda la fealdad que le produce la otra naturaleza.

Según un dicho antiguo, la templanza, el valor, toda virtud, y la misma prudencia, son purificaciones. Por ello los misterios dicen con palabras encubiertas que el hombre que desciende al Hades sin haberse purificado será colocado en un cenagal, porque el impuro ama los fangales a causa de sus vicios, como se complacen con ellos los cerdos, cuyo cuerpo es impuro. ¿Qué será pues la templanza, sino separarse de los placeres del cuerpo y aun huir de ellos, porque son inmundos y no son los de un ser puro? El valor consiste en no temer a la muerte. Ahora bien, la muerte es la separación del alma y el cuerpo. Y no temerá esta separación aquel que

---

[2] Fuente: R. Verneaux *Textos de los grandes filósofos. Edad Antigua*, Barcelona: Herder, 1982, pp. 113-129.

desea estar separado del cuerpo. La grandeza del alma es el desprecio de las cosas de este mundo. La prudencia es el pensamiento que se aparta de las cosas de abajo y conduce al alma hacia las cosas de arriba. El alma, una vez purificada, se hace forma, razón, enteramente incorpórea, espiritual; pertenece entera a lo divino donde está el origen de la belleza. Por tanto el alma, reducida a la inteligencia, es mucho más bella. Pero la inteligencia es para el alma una belleza propia y no extraña, porque el alma está entonces realmente aislada. Por ello se dice con razón que el bien y la belleza del alma consisten en hacerse semejantes a Dios, porque de Dios viene lo bello y el destino de los seres. [...]

Hay pues que remontarse hacia el bien que toda alma desea. Si alguien lo ha visto, sabe lo que quiero decir y qué bello es. Como bien, es deseado, y el deseo tiende hacia él. Pero sólo lo alcanzan los que suben hacia arriba, se vuelven hacia él, y se despojan de los ropajes de los que se han revestido en su descenso; como los que se dirigen a los santuarios de los templos deben purificarse, quitarse sus antiguos vestidos y entrar sin ellos. Hasta que, habiendo abandonado en esta subida todo lo que es extraño a Dios, uno ve a solas en su aislamiento, su simplicidad y su pureza, a aquel de quien todo depende, hacia el que todo mira, por quien todo es, vive y piensa; porque él es la causa de la vida, de la inteligencia y del ser.

Si lo vemos, ¡qué amor y qué deseos sentiremos queriéndonos unir a él! ¡Qué asombro unido a qué placer! Porque el que no lo ha visto todavía puede tender hacia él como hacia un bien; pero el que lo ha visto, tiene que amarlo por su belleza, estar lleno de espanto y de placer, vivir en un espasmo bienhechor, amarlo con un amor verdadero lleno de ardientes deseos, reírse de los demás amores, y despreciar las pretendidas bellezas de antes. [...] Todas las demás bellezas son adquiridas, mezcladas, derivadas, venidas de él. Por tanto, si viésemos a aquel que da la belleza a todas las cosas, pero que la da permaneciendo el mismo y que no recibe nada en él, si permaneciésemos en esta contemplación, ¿de qué belleza careceríamos aún? Porque él es la verdadera y primera belleza, que hace bellos y amables a los que lo aman.

Por tanto se impone al alma un gran y supremo combate en que emplee todo su esfuerzo, a fin de no quedarse sin participar en la mejor de las visiones. El que la alcanza es feliz, disfrutando de esta visión dichosa. El que no la consigue es verdaderamente desgraciado. Porque el que no haya bellos colores o bellos cuerpos es tan desgraciado como el que no alcanza el poder, la magistratura o la realeza. [Mas es desgraciado quien no halla lo bello] en sí y solo. Debemos abandonar los reinos y la dominación de la tierra entera, del mar y del cielo, si por este abandono y este desprecio podemos volvernos hacia él y verlo.

Huyamos pues hacia nuestra bienamada patria, éste es el mejor consejo que puede darse. Pero ¿cuál es esta huida y cómo subir? Como Ulises que escapó, según dicen, de la maga Circe y de Calipso, es decir, según me parece, que no consintió en quedarse a su lado, a pesar de los placeres de los ojos y de todas las bellezas sensibles que allí encontraba. La patria es para nosotros el lugar de donde venimos y donde está nuestro padre. ¿Qué son pues este viaje y esta huida? No debemos realizarla con nuestros pies, porque nuestros pies nos llevan de una tierra a otra. Tampoco debemos preparar un tronco de caballos o un barco, sino que hay que dejar todo de lado y cesar de mirar, cambiar esta vista por otra y despertar la que todos poseen, pero que usan poco.

¿Y qué ve este ojo interior? Cuando se despierta, no puede ver bien los objetos brillantes. El alma misma debe acostumbrarse a ver, primero las ocupaciones bellas, después las obras bellas, no las que ejecutan las artes, sino las de los hombres de bien; después el alma de los que realizan estas obras bellas. ¿Cómo puede verse que el alma buena es semejante a lo bello? Vuelve sobre ti mismo y mira. Si no ves aún la belleza en ti, haz como el escultor de una estatua que debe llegar a ser bella: quita esto, rasca aquello, pule, alisa, hasta que saca del mármol una bella figura. Del mismo modo tú también quita lo superfluo, endereza lo que está torcido, limpia lo que está empañado para hacerlo brillante, y no ceses de esculpir tu propia estatua hasta que se manifieste el resplandor divino de la virtud, hasta que veas la templanza sentada en un trono sagrado. ¿Has llegado a esto? ¿Ves esto? ¿Tienes contigo mismo un trato puro, sin ningún obstáculo para tu unificación, sin que nada ajeno esté mezclado contigo mismo en tu interior? ¿Eres todo tú una luz verdadera, no una luz de tamaño y forma mensurables, sino una luz absolutamente sin medida, porque es superior a toda medida y toda cualidad? ¿Te ves en este estado? Entonces te has hecho visión. Ten confianza en ti: aún permaneciendo aquí, has subido y ya no necesitas guía. Dirige tu mirada y mira. Porque es el único ojo que ve la gran belleza. Pero si mira con las legañas del vicio sin estar purificado, o si es débil, tiene poca fuerza para ver los objetos muy brillantes, y no ve nada, aunque se halle en presencia de un objeto que puede ser visto. Porque es preciso que el ojo se haga semejante y connatural a su objeto para que pueda contemplarlo. Nunca un ojo verá el Sol sin haberse hecho semejante al Sol, ni una alma verá lo bello sin haberse hecho bella. Por tanto que cada cual se haga primero divino y bello si quiere contemplar a Dios y la belleza".

II. El éxtasis

V, 5, 7-8. "Hay dos maneras de ver en acto. Para el ojo, por ejemplo, hay, por una parte, un objeto de visión que es la forma de la cosa sensible, y por otra parte [la luz] gracias a la que ve el objeto. La luz es vista por el ojo, aunque sea diferente de la forma; es la causa por la que ve la forma; pero es vista en la forma y con ella; por ello no tenemos sensación distinta de ella, ya que la mirada se dirige hacia el objeto iluminado. Pero cuando no hay nada más que la luz, se la ve de golpe por intuición. Sin embargo, incluso en este caso, sólo la vemos porque reposa en un objeto diferente [de ella]; si estuviese sola y sin sujeto, el sentido no podría percibirla. Así la luz del Sol escaparía sin duda a los sentidos si no estuviese unida a ella una masa sólida. Pero si suponemos que el Sol es todo luz, se comprenderá lo que quiero decir: la luz no estará unida entonces a la forma de un objeto visible, y será visible ella sola.

Igualmente, la visión de la inteligencia alcanza también los objetos iluminados por una luz diferente [de ellos]; ve realmente en ellos esta luz. Cuando su atención se dirige hacia la naturaleza de los objetos iluminados, la ve menos bien. Pero si deja estos objetos y mira la luz gracias a la que los ve, ve entonces la luz y el principio de la luz. [...]

También la inteligencia, corriendo un velo sobre los demás objetos y recogiéndose en su intimidad, no ve ya ningún objeto. Pero contempla entonces una luz que no es otra cosa, sino que le aparece súbitamente sola, pura y existente en sí misma.

No sabe de dónde ha salido esta luz: de fuera o de dentro. Cuando ha cesado de verla, dice: "Era interior y sin embargo no lo era." Y es que no hay que preguntar de dónde viene; no tiene lugar de origen; no viene para partir después, sino que a veces se muestra y a veces no se muestra. Por ello no debemos perseguirla, sino esperar tranquilamente a que aparezca, como el ojo espera la salida del Sol. El astro, elevándose por encima del horizonte, saliendo del océano, como dicen los poetas, se ofrece a la vista para ser contemplado. Pero ¿de dónde se elevará aquel cuya imagen es nuestro sol? ¿Qué línea debe cruzar para aparecer? Debe elevarse por encima de la inteligencia que contempla. La inteligencia queda entonces inmóvil en su contemplación. No mira otra cosa que lo bello, y se vuelve hacia él y se entrega a él enteramente. Erguida y llena de vigor. ve que se hace más bella y más brillante, porque está cerca del principio. Sin embargo éste no viene, o si viene, es sin venir; y aparece, aunque no venga, porque está ahí antes que todo, incluso antes de la llegada de la inteligencia. Es la inteligencia la que se ve obligada a ir y venir, porque no sabe dónde debe quedarse y dónde reside el principio que no está en nada. Si a la inteligencia le fuese posible no quedarse en ninguna parte, no cesaría de ver el principio; o más bien no lo vería, sino que sería uno con él. Pero actualmente, porque es inteligencia, lo contempla, y lo contempla por esta parte que no es inteligencia en ella.

Esto es algo maravilloso: cómo está presente sin haber llegado, cómo, no estando en ninguna parte, no existe ningún lugar en donde no esté. Causa asombro. Pero para el que sabe, sería asombroso lo contrario".

VI, 7, 3135. "Cuando el alma se inflama de amor por él, se despoja de todas sus formas, incluso de la forma de lo inteligible que había en ella. No puede ni verlo ni armonizarse con él, si continúa ocupándose de otras cosas. No debe guardar nada para sí, ni el mal, ni aun el bien, a fin de recibirlo a solas. Supongamos que el alma tenga la suerte de que llegue a ella, o mejor aún que su presencia se le manifieste, cuando ella se ha apartado de las cosas presentes, y cuando se ha preparado haciéndose tan bella y tan parecida a él como le es posible, preparación y arreglo interiores muy conocidos de aquellos que los practican. Entonces lo ve aparecer súbitamente en ella. No hay nada entre ella y él. Ya no son dos, sino que los dos no hacen más que uno. Ya no hay distinción posible, mientras está allí. No siente su cuerpo porque está en él, ni dice que es ninguna otra cosa, ni un hombre, ni un ser vivo, ni un ser, ni nada: mirar estos objetos sería inconstancia, y ella no tiene ni tiempo ni deseo de hacerlo. Lo busca y cuando se presenta, ya no se ve a sí misma sino a él. ¿Qué es ella, pues, para ver? Es lo que ya no tiene tiempo de considerar. No cambiaría nada por él, aunque le prometiesen el cielo entero, porque sabe bien que nada es mejor y preferible al bien. No puede subir más alto, y las demás cosas, por altas que fuesen, la obligarían a descender. En este estado, puede juzgar y conocer que él es lo que ella deseaba, y puede afirmar que no hay nada por encima. No hay error aquí: ¿dónde puede hallarse algo más verdadero que lo verdadero? Así pues lo que dice existe; lo dice más tarde, lo dice tácitamente; la alegría que siente no es falsa. [...] Todo lo que antes era motivo de placer, dignidades, poder, riqueza, belleza, ciencia, todo lo desprecia, y lo dice; ¿lo diría si no hubiese encontrado el mejor de los bienes? No teme ningún mal mientras está con él y lo ve. Y si todo fuese destruido a su alrededor, lo permitiría de buena gana a fin de estar cerca de él a solas: tal es el exceso de su alegría.

Cuando lo ve, lo abandona todo. Del mismo modo que un hombre, cuando entra en una casa ricamente adornada, contempla y admira todas estas riquezas antes de ver al dueño de la casa. Pero cuando ve y ama a este dueño que no es una estatua sino que merece realmente ser contemplado, deja todo lo demás para contemplarlo a él sólo; fija la mirada en él y ya no la separa. Y a fuerza de mirarlo ya no ve más; el objeto de su visión acaba por confundirse con su misma visión. Lo que primero era un objeto se ha hecho visión, y olvida todos los demás espectáculos. Tal vez mantendríamos mejor la analogía si dijésemos que ante el visitante de la casa se presenta no ya un hombre sino un dios, y que no aparece ante los ojos del cuerpo sino que llena el alma con su presencia".

VI, 9, 9-II. "El verdadero objeto de nuestro amor está aquí abajo, y podemos unirnos a él, tomar nuestra parte de él y poseerlo realmente dejando de disiparnos en la carne. Todos los que han visto saben lo que digo. Saben que el alma tiene otra vida cuando se acerca a él, se mantiene cerca de él y participa de él. Entonces sabe que el que da la verdadera vida está ahí, y ya no necesita nada. Al contrario, debe rechazar todo lo demás y contentarse con él solo; debe hacerse el solo, suprimiendo todo lo que ha sido añadido. Entonces nos esforzamos en salir de aquí, rompemos los lazos que nos atan a las otras cosas, nos replegamos en nosotros mismos a fin de que no haya ninguna parte de nosotros que no esté en contacto con Dios. Aquí mismo es posible verlo y verse, en la medida en que es posible tener tales visiones. Nos vemos resplandecientes de luz y llenos de la luz inteligible, o nos convertimos nosotros mismos en una luz pura, un ser ligero y sin peso. Nos hacemos, o más bien somos un dios inflamado de amor, hasta que caemos bajo el peso y esta flor se marchita.

¿Por qué no nos quedamos allí arriba? Porque aún no hemos salido de aquí totalmente. Pero llegará un momento en que la contemplación será continua y sin el obstáculo del cuerpo. [...] Si aquel que ve se ve a sí mismo en este momento, se sentirá semejante a este objeto y tan simple como él. Pero tal vez no se debe emplear la expresión: verá. El objeto que ve (puesto que es preciso decir que hay dos cosas, un sujeto que ve y un objeto que es visto; decir que los dos son lo mismo, sería una gran audacia), lo que ve, por tanto, no lo ve como distinto de él y no se representa dos seres. Se ha hecho el otro, ya no es él; aquí abajo no subsiste nada de él; se ha hecho uno con él, como si hubiese hecho coincidir su propio centro con el centro universal. Incluso aquí abajo, cuando se encuentran no son más que uno, y sólo son dos cuando se separan. Y por ello es tan difícil expresar qué es esta contemplación. ¿Cómo declarar que es diferente de nosotros mismos, si no lo vemos diferente, sino formando uno con nosotros, cuando lo contemplamos?

Esto es lo que significa la orden que se da en los misterios de no revelar nada a los no-iniciados: porque lo divino no puede revelarse, se prohíbe darlo a conocer a quien no ha tenido la buena suerte de verlo él mismo. Como aquí no hay dos cosas, como aquel que ve es uno con lo que es visto, o unido a él más que visto, si se acuerda después de esta unión con él, tendrá en sí mismo una imagen de él. El ser que contemplaba era entonces uno; no tenía en él ninguna diferencia consigo mismo, no había en él ninguna emoción; en su ascensión no tenía ni cólera ni deseo, ni razón, ni aun pensamiento. Y puesto que es preciso decirlo, él mismo ya no es: arrancado de sí mismo y arrebatado por el entusiasmo, se halla en un estado de calma y sosiego. No apartándose del ser [del bien], ya no da vueltas en torno a sí mismo, sino que permanece completamente inmóvil, convirtiéndose en la inmovilidad misma. Las cosas hermosas ya no atraen sus miradas, porque contempla por encima la belleza misma. Ha superado el coro de las virtudes como el hombre que entra en el santuario deja detrás de sí las estatuas situadas en el pórtico; y es lo primero que volverá a ver cuando saldrá del santuario después de haber contemplado en él y haberse unido no a una estatua ni a una imagen del dios, sino al mismo dios. Pero la contemplación que tenía en el santuario ¿era una contemplación? No, sin duda, sino un modo de visión completamente distinto: éxtasis, simplificación, abandono de sí mismo, deseo de un contacto, reposo, conocimiento de una conformidad, si contempla lo que está en el santuario. Si se mira de otro modo, ya nada le es presente.

Estas cosas son imágenes y modos con que los más sabios de los profetas han explicado en enigmas cómo es visto Dios. Pero un sacerdote sabio comprende el enigma, y llegado allí, comprende la contemplación del santuario. Y aún no llegando a él, aunque piense que el santuario es invisible, que es la fuente y el principio, sabrá que al principio se le ve por el principio, y que sólo lo semejante se une con lo semejante, y no descubrirá ninguno de los elementos divinos que el alma puede contener; y antes de la contemplación, pide lo demás a la contemplación.

Lo demás es para el que ha ascendido por encima de todas las cosas; porque es antes que todas las cosas. Porque el alma, por naturaleza, se niega a ir hasta la nada absoluta; cuando desciende, llega hasta el mal, que es un no-ser, pero no el no-ser absoluto. Y en dirección contraria, no va a un ser diferente de ella, sino que entra en sí misma, y entonces no está en otra cosa que en sí misma. Pero cuando está en ella sola y no en el ser, por ello mismo está en él. Porque él es una realidad que no es una esencia, sino que está más allá de la esencia, a la que el alma se une. Si uno pues se ve a sí mismo convertirse en él, se considera como una imagen de él. Partiendo de él, progresa como una imagen hasta su modelo (arquetipo) y llega al fin del viaje. Si el hombre decae en la contemplación, puede reavivar la virtud que hay en él. Comprende entonces su hermoso orden interior y recobra su ligereza de alma. Por la virtud llega hasta la inteligencia, y por la sabiduría hasta él. Tal es la vida de los dioses y de los hombres divinos y bienaventurados: liberarse de las cosas de este mundo, vivir sin hallar placer en ellas, huir solo hacia él solo".

III. El uno. La teología negativa

V, 3, 13. "El uno es anterior al algo. Por ello en verdad es inefable. Con cualquier cosa que se diga, se dirá algo. Y lo que está más allá de todas las cosas, más allá de la más alta inteligencia [lo que está más allá] de la verdad que hay en todas las, cosas, no tiene nombre. Porque este nombre sería una cosa distinta de él. No es una cosa más, ni tiene nombre porque nada se dice de él [como de un sujeto]. Sin embargo tratamos de designárnoslo a nosotros mismos tanto como sea posible".

V, 3, 14. "-¿Cómo podemos entonces hablar de él? —Podemos hablar de él, pero no expresarlo. No tenemos de él ni conocimiento ni pensamiento. —¿Cómo podemos hablar de él si no lo conocemos? —Porque sin aprehenderlo por el conocimiento, no nos quedamos del todo sin aprehenderlo. Lo aprehendemos lo suficiente para hablar de él, pero sin que nuestras palabras lo expresen en sí mismo. No decimos lo que es, sino que decimos lo que no es. Hablamos de él al hablar de las cosas que le son inferiores. Pero nada impide que lo aprehendamos sin expresarlo con palabras. Igual que los inspirados y los posesos ven hasta un cierto punto que tienen en sí algo más grande que ellos; no ven lo que es, pero de sus movimientos y de sus palabras sacan un cierto sentimiento de lo que los mueve, aunque estos movimientos sean distintos de lo que los mueve. Y parece que nosotros tenemos una relación análoga con él. Cuando alcanzamos la inteligencia pura y podemos usarla, vemos que él es la intimidad misma de la inteligencia, el que da la esencia y sus elementos. Él no es nada de todo esto, es superior a lo que nosotros llamamos el ser, es demasiado alto y demasiado grande para ser llamado ser. Superior al verbo, a la inteligencia y a la sensación, puesto que él las ha dado, no es ninguno de ellos".

V, 5, 6. "La esencia nacida de[l uno] es forma, porque no puede decirse que el uno engendre otra cosa [que una forma]. Pero no es la forma de algo, es la forma de todo que no deja fuera de ella ninguna otra [forma]. Es pues necesario que el uno sea sin forma. Siendo sin forma, no es esencia, porque la esencia debe ser esto o aquello, por tanto un ser determinado. Ahora bien, no es posible comprender el uno como algo concreto, porque no sería ya el principio, sino sólo aquello que enunciaríais. Si por otra parte, el ser engendrado contiene todas las cosas, ¿por cuál de ellas designaríais al uno? Puesto que no es ninguna de ellas, sólo puede decirse que está más allá de todas. Y estas cosas son los seres y el ser; por tanto está más allá del ser. Decir que está más allá del ser, no es decir que es esto o aquello, ya que nada se afirma de él; no es decir su nombre, sólo es afirmar que no es esto o aquello. Esta expresión de ningún modo lo encierra, porque sería ridículo tratar de encerrar una inmensidad como la suya. Pretender hacerlo es apartarse del camino que conduce al débil vestigio que podemos tener de él. Del mismo modo que, para ver la naturaleza inteligible, es necesario no tener ninguna imagen de las cosas sensibles y contemplar lo que está más allá de lo sensible, así también para ver lo que está más allá de lo inteligible, es necesario apartar todo lo inteligible. Gracias a lo inteligible se conoce su existencia; pero para saber qué es, es preciso abandonar lo inteligible. Por otra parte su cualidad es no tener cualidad. El que no tiene *quidditas* tampoco tiene cualidad. No veis sufrir en la incertidumbre de lo que se debe decir: porque hablamos de una cosa inefable, y le damos nombres para designárnosla a nosotros mismos como podemos. Tal vez este nombre de uno no contiene nada más que la negación de lo múltiple. Los pitagóricos lo designaban simbólicamente entre ellos por Apolo, que significa la negación de la pluralidad. Si la palabra uno, y la cosa que designa, se tomase en un sentido positivo, [el principio] se haría menos claro para nosotros que si careciese completamente de nombre. Se emplea la palabra uno para empezar la investigación por el nombre que designa la máxima simplicidad; pero finalmente hay que negarle incluso este atributo que no es más digno que los otros de designar esta naturaleza que no puede conocerse por el oído, ni puede comprenderla el que la oye nombrar, sino tal vez solamente el que la ve. Y aun, si el que la ve trata de contemplar su forma, no la conocería".

VI, 7, 38. "No digamos tampoco que es, porque no tiene necesidad de ser. No digamos tampoco que es bueno, porque esto sólo conviene a una cosa de la que se dice que es. Si decimos que es. no es en el sentido con que se dice una cosa de otra, sino para designar que es. Decir de él que es el bien, no es decir que el bien le pertenece como atributo, sino que es designarlo a él mismo. Tampoco puede decirse: bien, sin hacerlo preceder del artículo. porque si se suprime el artículo, no hay nada que designar. [...] —Pero, ¿quién admitirá que una naturaleza así no tenga el sentimiento de sí misma'? ¿Por qué no tendrá este conocimiento: yo soy?—Esto no es posible. —¿Por qué no dirá de sí mismo: yo soy el bien? —Porque sería también decir de él que es.—Pero diciendo simplemente: el bien, ¿qué añadirá? Sin duda puede pensarse el bien sin añadir que es, si no se atribuye a un sujeto. Pero el que se piensa a sí mismo como el bien deberá absolutamente pensar: yo soy el bien. Si no, pensará el bien, pero no tendrá presente que este pensamiento es él. Debe pues pensar: yo soy el bien.—Si el bien es este pensamiento mismo, será el pensamiento no de él mismo, sino del bien, y él no será el bien sino el pensamiento. Si el pensamiento del bien es diferente del bien, cl bien es pues anterior al pensamiento que tiene de él. Y si es anterior al pensamiento, se basta a sí mismo y para ser el bien no necesita pensarse a sí mismo. Por tanto no es en cuanto bien que se piensa, sino en cuanto será un ser determinado. Así pues no le pertenece nada más que una cierta aplicación simple a sí mismo".

VI, 8, 19-20. "Sin duda hay que comprender en este sentido la frase enigmática de los antiguos: está más allá de la esencia. No quiere decir sólo que engendra la esencia, sino que no es esclavo de una esencia. Es principio de la esencia que no ha hecho para él, sino que la ha dejado fuera de él porque no necesita de un ser que él haya hecho.

—¿Qué ocurre pues? ¿No resulta de esto que ha existido antes de nacer? Si se produce a sí mismo, en tanto que es producido, no existe aún; pero en tanto que produce. existe ya. Por tanto, existe antes de sí mismo, si es un propio producto.—Hay que responder que no debe considerarse un producto, sino un productor. Su producción de sí mismo está libre de toda traba, no tiene como fin ejecutar una obra, es un acto que no realiza un trabajo sino que es trabajo todo él porque entero. [Él y su producción de sí mismo] no son dos cosas, sino una sola.

No hay que temer poner un acto sin un ser [que actúe] porque es el acto primero; sino que hay que pensar que este acto es él mismo su sujeto. Si se pone como un sujeto sin acto, es defectuoso, él que es el principio, y es imperfecto, él que es más perfecto que todo. Si se añade el acto al sujeto, no se le conserva su unidad. Puesto que el acto es más perfecto que la esencia. y puesto que el principio es perfecto, se sigue que es acto. Cuando actúa, es él mismo. No puede decirse que existía antes de nacer, porque [cuando actúa] ya está entero. Su acto pues no está sometido a una esencia, sino que es pura libertad. Así [el uno] es por sí mismo lo que es. Si estuviese mantenido en la existencia por otra cosa, no sería el principio que procede de sí mismo. Si se dice, y con razón, que se contiene a sí mismo, es que se produce él mismo; ya que lo que contiene a una cosa por naturaleza, hace, también primero que exista. Si hubiese un tiempo en que hubiese empezado a ser, podría decirse, en sentido propio, que él se ha producido. Pero si es lo que es antes de toda la eternidad, al decir que se ha hecho él mismo, se quiere decir que el acto de hacer y él coinciden. Su ser es uno con su producción y en cierto modo con su generación eterna".

VI, 9, 3. "Siendo la naturaleza del uno productora de todas las cosas, no es nada de lo que produce. No es una cosa, no tiene cualidad ni cantidad, no es ni inteligencia ni alma, ano está en movimiento ni en reposo, no está en un lugar ni en el tiempo"; ella es en sí, esencia aislada de las otras, o mejor aún, es sin esencia porque es antes de toda esencia, antes del movimiento y el reposo; ya que estas propiedades se hallan en el ser y lo hacen múltiple.

—Pero, si no está en movimiento, ¿cómo no está en reposo? —Porque una de estas propiedades, o ambas, se hallan necesariamente en un ser, ya que lo que está en reposo participa del reposo y no es idéntico al reposo; por tanto el reposo es un accidente que se le añade, y entonces ya no es simple. Decimos que es una causa. Pero esto es atribuir un accidente no a él, sino a nosotros: es decir que tenemos algo de él, mientras que él permanece en sí mismo. Hablando con exactitud, no debe decirse esto ni aquello, sino tratar de enunciar con palabras nuestros propios sentimientos, abordándolo desde el exterior y dando vueltas en torno a él, unas veces de cerca, otra veces más lejos, por las dificultades que presenta".

VI, 9, 6. "Tampoco hay que decir de él: está consigo mismo bajo pena de no conservarle su unidad. Debe negársele el acto de pensar y de comprender, el pensamiento de sí mismo y de las demás cosas. Hay que situarlo, no en la categoría de los entes pensantes, sino más bien en la de pensamiento, porque el pensamiento no piensa, sino que es la causa de que otro piense; y la causa no es idéntica al efecto. Por consiguiente lo que es causa de todas las cosas, no es ninguna de ellas. Tampoco hay que llamarlo bien, porque produce el bien. Pero en otro sentido, es el bien que está por encima de todos los demás bienes".

IV. La procesión de los seres

1, 8, 7. "En la cuestión de la necesidad del mal, puede responderse también así. Puesto que el bien no existe solo, hay necesariamente en la serie de las cosas que salen de él, o si se quiere que descienden o se apartan de él, un término último después del cual ya no puede ser producido nada más. Este término es el mal. Hay necesariamente alguna cosa después del primero; por tanto hay un término último. Este término es la materia que ya no tiene ninguna parte de bien. Tal es la necesidad del mal".

III, 8, 9-10. "El principio no es todas las cosas. sino que todas las cosas proceden de él. No es todas las cosas; no es ninguna de ellas a fin de poder producirlas todas. No es una multiplicidad a fin de ser el principio de la multiplicidad, porque el generador es siempre más simple que lo generado. Si ha producido la inteligencia debe ser más simple que ella. Suponiendo que el uno sea todas las cosas, o bien será todas las cosas una a una, o bien será todas a la vez. Si es un conjunto de todas las cosas, será posterior a las cosas; si es anterior a ellas, será diferente de ellas; si es simultáneo a ellas. no será su principio. Y es necesario que sea principio, y por consiguiente que sea anterior a todas las cosas a fin de que todas vengan después de él. Y [por otra parte] si es cada cosa una a una, cualquier cosa será idéntica a cualquier cosa, todo se confundirá, no habrá ninguna distinción. Por tanto el uno no es ninguno de los seres, sino que es anterior a todos los seres.

Así pues ¿qué es? La potencia de todo. Si no es, nada existe, ni los seres, ni la inteligencia, ni la vida primera ni ninguna otra. Siendo la causa de la vida, está por encima de la vida. La actividad de la vida, que es todo, no es primera, sino que mana de él como de una fuente. Imaginad una fuente que no tiene origen; da su agua a todos los ríos, pero no se agota por ello, permanece tranquila [en el mismo nivel]. Los ríos salidos de ella confunden al principio sus aguas, antes de que cada uno tome su curso particular, pero ya cada uno sabe a dónde lo arrastrará su fluir. [Imaginad también] la vida de un árbol inmenso. La vida circula a través del árbol entero; pero el principio de la vida permanece inmóvil; no se dispersa por todo el árbol sino que tiene su asiento en la raíz. Este principio proporciona a la planta la vida en sus manifestaciones múltiples. Y él permanece inmóvil. No es múltiple y es el principio de esta multiplicidad.

No hay en ello nada asombroso. [...] El principio no se reparte en el universo. Si se repartiese, el universo perecería; y no renacería más si su principio no permaneciese en sí mismo y diferente [de él]".

V, 2, 1-2. "El uno es todas las cosas y no es ninguna de ellas. Principio de todas las cosas, no es todas las cosas; pero es todas las cosas ya que todas en cierto modo vuelven a él; o más bien desde este punto de vista no son aún, pero serán.—¿Cómo vienen del uno, que es simple y que en su identidad no muestra ninguna diversidad, ningún doblez?—Porque ninguna está en él, todas vienen de él. Para que el ser sea el uno no es el ser, sino el productor del ser. El ser es como su primogénito. El uno es perfecto porque no busca nada, no posee nada y no necesita nada. Siendo perfecto, sobreabunda, y esta sobreabundancia produce otra cosa. La cosa producida se vuelve hacia él, es fecundada y volviendo su mirada hacia él, se hace inteligencia. Su detención, con referencia al uno, la produce como ser, y su mirada vuelta hacia él, como inteligencia. Y como se ha detenido para contemplarlo, se hace a la vez inteligencia y ser.

Siendo semejante al uno, produce como él, derramando su múltiple potencia. Lo que produce es una imagen de Sí misma. Se derrama como se ha derramado el uno, que es antes que ella. Este acto, que procede del ser, es el alma. Y en esta generación la inteligencia permanece inmóvil. Lo mismo que el uno, que es antes que la inteligencia, permanece inmóvil produciendo la inteligencia.

Pero el alma no permanece inmóvil al producir; se mueve para engendrar una imagen [de sí misma]. Volviéndose hacia [el ser] de donde procede, es fecundada; y avanzando con un movimiento inverso, engendra esta imagen de sí misma que es la sensación y la naturaleza vegetal. Pero nada está separado ni cortado de lo que le precede. Así el alma parece progresar hasta las plantas. Progresa de un cierto modo, porque el principio vegetativo le pertenece: pero no progresa entera en las plantas porque, al descender hasta ahí, produce otra hipóstasis por esta misma procesión y por benevolencia hacia sus inferiores. Pero deja que permanezca inmóvil en sí misma esta parte superior de sí misma que está unida a la inteligencia y constituye su propia inteligencia.

La procesión se efectúa pues del primero al último. Cada cosa permanece siempre en su lugar. La cosa producida tiene un rango inferior a su productor. Y cada cosa .se hace idéntica a su guía en tanto que lo sigue. [...]

Así todas las cosas son el principio y no son el principio. Son el principio porque derivan de él; no son el principio porque éste permanece en sí mismo al darles la existencia. Todas las cosas son pues como un camino que se extiende en línea recta. Cada uno de los puntos sucesivos de la línea es diferente, pero la línea entera es continua. Tiene puntos siempre diferentes, pero el punto anterior no muere en el que lo sigue".

V, 3, 12. "Es razonable admitir que el acto que emana de algún modo del uno es como la luz que emana del Sol. Toda la naturaleza inteligible es una luz. De pie en la cima de lo inteligible y por encima de él reina el uno, que no lanza fuera de si la luz que irradia. O aún admitiremos que el uno es, antes de la luz, otra luz que resplandece sobre lo inteligible permaneciendo inmóvil. El ser que viene del uno no se separa de él y no es idéntico a él; no carece de esencia y no es como un ciego: ve, se conoce a sí mismo, es el primer [ser] que conoce. El uno está más allá del conocimiento, igual que está más allá de la inteligencia, no tiene más necesidad de la inteligencia que de otra cosa. El conocimiento está en una naturaleza de segundo rango. Porque el conocimiento es una cierta unidad; y él es simplemente unidad. Si fuese una cierta unidad, no sería el uno en sí. Y el uno es anterior a cualquier cosa".

VI, 9, 9. "En esta danza [sagrada] se contempla la fuente de la vida, la fuente de la inteligencia, el principio del ser, la causa del bien, la raíz del alma. Todas estas cosas no se derraman de él disminuyéndolo, porque no es una masa corpórea: de otro modo, serían perecederos sus productos, y son eternos porque su principio permanece idéntico a sí mismo. No se reparte entre ellos, sino que permanece entero. Por ello sus productos son también permanentes, como la luz que subsiste mientras subsiste el Sol. Porque no hay corte entre él y nosotros, ni estamos separados de él, aunque la naturaleza corpórea, al introducirse, tira de nosotros hacia ella. Por él nos es dado vivir y conservarnos; pero no retira sus dones; continúa siempre dándonoslos, mientras sea lo que es."

BIBLIOGRAFÍA

Abbagnano, N. (1981). *Historia de la filosofía*.
Barcelona: Hora.

Bréhier, É. (1948). *Historia de la filosofía* (3ª ed.).
Buenos Aires: Editorial Sudamericana.

Capelle, W. (2009). *Historia de la filosofía griega*.
Madrid: Editorial Gredos.

Copleston, F. (2000). *Historia de la filosofía*.
Barcelona: Ariel.

Empírico, S. (1993). *Esbozos pirrónicos*.
Madrid: Gredos.

Entralgo, P. L., & Marías, J. (1964). *Historia de la filosofía y de la ciencia*.
Madrid: Guadarrama.

Fraile O.P., G., & Urdánoz O.P., T. (1997). *Historia de la Filosofía* (Vol. 9).
Madrid: Biblioteca de Autores Cristianos.

Gambra, R. (2005). *Historia sencilla de la filosofía* (26ª ed.).
Madrid: Rialp.

García Morente, M. (1943). *Lecciones preliminares de filosofía* (3. ed.). *Biblioteca filosófica*.
Buenos Aires: Editorial Losada.

Giannini, H. (2005). *Breve historia de la filosofía* (20ª ed.). Santiago de Chile: Catalonia.

González, Z. (2016). *Historia de la Filosofía. Tomo I*. Recuperado de http://www.e-torredebabel.com/historia-filosofia-gonzalez/historiafilosofiagriega-gonzalez.htm

Goñi Zubieta, C., Forment Giralt, E., Fazio, M., & Fernández Labastida, F. (2002-2009). *Historia de la filosofía. Colección Albatros. Manuales de Filosofía: 3, 4, 5, 6*. Madrid: Palabra.

Guthrie, W. K. C. (1992). *Historia de la filosofía griega*. Madrid: Gredos.

Laercio, D., & García Gual, C. (2007). *Vidas y opiniones de los filósofos ilustres*. Madrid: Alianza.

Marías, J. *Historia de la filosofía*. Madrid: Revista de Occidente.

Platón. (imp. 1988). *Diálogos: Teeteto; Sofista; Político. Biblioteca Clásica Gredos: Vol. 117*. Madrid: Gredos.

Platón, Pabón, J. M., & Fernández-Galiano, M. (2013). *La república* (3ª ed.). *El libro de bolsillo: GR15*. Madrid: Alianza Editorial.

Russell, B. (1946). *A History of Western Philosophy*. Gran Bretaña: Allen & Unwin.

Störig, H. J. (2012). *Historia universal de la filosofía* (3ª ed.). Madrid: Tecnos.

Tarnas, R. (2013). *La pasión de la mente occidental.*
Vilaür: Ediciones Atalanta.

Verneaux, R., Medrano, L., & Canals Vidal, F. (1982). *Textos de los grandes filósofos.*
Barcelona: Herder.

Von Fritz, K., & Fritz, K. von. Encyclopædia Britannica Online.
En *Western philosophy.*

SEGUNDA PARTE: FILÓSOFOS MODERNOS

I
DESCARTES

Se ha dicho que la filosofía moderna comenzó con Descartes. Desde luego, no fue de súbito que empezó lo que hoy llamamos modernidad en filosofía. Como hemos visto en otro lugar[1], este cambio se empezó a gestar en el siglo XIV, con el nominalismo de Guillermo de Ockham. Pero nadie como Descartes había llegado tan lejos en el subjetivismo. En su afán por romper con la escolástica, Descartes inició una nueva era en la historia del pensamiento.

Algunos han señalado que los aportes más fundamentales de Descartes, aquello por lo que es más conocido en filosofía, el *Cogito* y el método, no son originales de Descartes. Es cierto que ya san Agustín había esgrimido un argumento similar al del "Pienso, luego existo", de Descartes[2], y que una formulación casi idéntica a la del francés se encuentra en la obra del filósofo español Gómez de Pereira[3]. También es verdad que su método

---

1 Moris Polanco, *Historia de la filosofía medieval* (Miami: Editorial Arjé, 2017).
2 "Si yerro, soy", escribió san Agustín en *La ciudad de Dios*.
3 Médico y filósofo español del siglo XVI, formuló el principio de la siguiente manera: "Conozco que yo conozco algo. Todo lo que conoce es: Luego yo soy".

de la duda fue anticipado por el escéptico Francisco Sánchez, en 1576[4]. Pero solo Descartes hizo del problema del conocimiento la cuestión central de la filosofía, y esto es lo que más caracteriza a la filosofía moderna.

Además de filósofo, Descartes fue matemático y físico. En matemática, es el creador de la geometría analítica, y en física, se le considera uno de los fundadores del mecanicismo[5]. Mantenía correspondencia con los científicos más afamados de su tiempo y conocía perfectamente la obra de Galileo. Viajó por los Países Bajos, Dinamarca, Alemania e Italia, y murió en Estocolmo, a la edad de 53 años.

Vida

Descartes nació en 1596, en una ciudad de la región de Tours que hoy lleva su nombre. Su padre era Joachim Descartes, consejero del parlamento de Bretaña; su madre falleció poco después de su nacimiento, por lo que fue criado por una nodriza, en la casa de su abuela materna.

A los once años entra a estudiar al colegio jesuita Enrique IV, en La Flèche (Loira). Pronto destacó en matemáticas, pero no guardó buenos recuerdos de su educación en general, principalmente por el énfasis que en el colegio se le daba al método escolástico, que a Descartes le parecía totalmente inadecuado para el desarrollo de la razón. Pero pudo aprender latín y griego, leyendo a los clásicos. En filosofía, sólo se ensañaba la obra de Aristóteles, acompañada de comentarios de escolásticos españoles (sobre todo, Francisco Suárez). También recibió instrucción en arquitectura, música y astronomía en los seis años que estuvo de La Flèche.

A los dieciocho años entra a la universidad de Poitiers a estudiar medicina y derecho. A los veinte o veintiún años obtiene el título de licenciado en derecho. A los veintidós, parte a los Países Bajos, donde observa los preparativos para la guerra que más tarde se llamará "de los Treinta Años". Algunos piensan que Descartes viajó a los Países Bajos en una misión de espionaje para los jesuitas[6], quienes apoyaban a los Austria (enemigos de

---

[4] Escribió Sánchez: "Daba vueltas a los dichos de los antiguos, tanteaba el sentir de los presentes: respondían lo mismo; mas, que me diera satisfacción, absolutamente nada... En consecuencia, retorné a mí mismo, y poniendo todo en duda como si nadie hubiera dicho nada jamás, comencé a examinar las cosas mismas, que es el verdadero saber. Analizaba hasta alcanzar los principios últimos. Haciendo de ello el inicio de la contemplación, cuanto más pienso más dudo..." (*Quod nihil Scitur*, 1576).
[5] El otro es Thomas Hobbes.
[6] Es lo que sostiene, al menos, Anthony Grayling, en su biografía de Descartes Anthony Grayling, *La vida de René Descartes en su lugar y en su tiempo* (Valencia:

Francia). Lo cierto es que en 1619 abandona la vida militar y viaja por Dinamarca y Alemania. Regresa a Francia en 1622, y luego pasa una temporada en Italia (entre 1623 y 1625).

En 1619, estando acuartelado cerca de Baviera, había tenido sus famosos tres sueños, que interpretó como un mensaje divino para dedicar su vida a la investigación[7]. De esa época data probablemente su descubrimiento de la geometría analítica y del teorema de los poliedros de Euler. En los años que pasa entre París e Italia (1622 a 1628) lleva una vida agitada. Su fama de intelectual se extiende, y en su casa se forman con frecuencia tertulias de intelectuales. En 1628 libra un duelo, tras el cual comentó: "no he hallado una mujer cuya belleza pueda compararse a la de la verdad".

En 1629 se traslada definitivamente a los Países Bajos, con la intención de dedicarse al estudio. Lleva una vida tranquila, a pesar de que se ve obligado a cambiar muchas veces de residencia para permanecer oculto (debido, quizás, al asunto del duelo). Permanece allí hasta 1649, aunque viaja una vez a Dinamarca y tres a Francia. Mientras tanto, Europa se desangraba en la Guerra de los Treinta Años, que terminaría en 1648.

En 1649 se traslada a Estocolmo, donde había sido llamado por la reina Cristina de Suecia. Allí murió el 11 de febrero de 1650. La versión oficial dice que fue de neumonía, aunque según la descripción de los síntomas que presentaba hecha por el médico alemán Eike Pies en una carta descubierta en 1980, parece que fue envenenado con arsénico. Sus restos fueron inhumados en 1676 y trasladados a París, donde, después de varios traslados, reposan en la Abadía de Saint-Germain-des-Prés, a excepción de su cráneo, que se conserva en el Museo del Hombre en París.

Obra

Descartes escribió su primera obra a los 32 años. Llevaba por título *Reglas para la dirección del espíritu*, pero quedó inconclusa; se publicó póstumamente en 1701. En 1633 escribió *El mundo o tratado de la luz* y *El hombre*, pero se apresuró a sacarlas de la imprenta cuando se enteró de la condena a Galileo. Esas obras se publicaron posteriormente, a instancias de Gottfried Leibniz. El *Discurso del método para dirigir bien la razón y hallar la*

Pre-Textos, 2007).
[7] Vislumbró la posibilidad de desarrollar "una ciencia maravillosa", dice en *El discurso del método*.

verdad en las ciencias se publicó anónimamente en Leiden (Holanda), en 1637. Esa obra constituía, en realidad, el prólogo a tres ensayos: *Dióptrica, Meteoros* y *Geometría*; agrupados bajo el título conjunto de *Ensayos filosóficos*. En una carta que dirigía a Marin Mersenne, Descartes le explica que llamó a esa obra *Discurso*, y no *Tratado*, para indicar que no tenía ninguna intención de enseñar, sino solo de hablar, esperando con ello escapar de una condena similar a la de Galileo.

Las *Meditaciones metafísicas* fueron publicadas en 1641, acompañadas de un conjunto de objeciones y réplicas. Las volvió a publicar en 1642. En ese año también escribió su obra póstuma, el diálogo *La búsqueda de la verdad mediante la razón natural*.

En 1664 publica una obra que había escrito para la enseñanza: *Principios de filosofía*. En 1648 le concedió una entrevista a un joven estudiante de teología, Frans Burman, quien le hace preguntas sobre sus textos filosóficos. Burman registró cuidadosamente las respuestas, y estas se consideran legítimas. En 1649 publicó un último tratado, *Las pasiones del alma*. También se conserva una abundante correspondencia, la mayor parte con Mersenne, y varias obras que dejó sin publicar.

El método

El discurso del método es, sin lugar a dudas, la obra más famosa de Descartes, aunque para comprender bien a este filósofo es necesario leer también sus *Meditaciones metafísicas*[8]. Como sea, el *Discurso* ha pasado a la historia como la mejor descripción de su proyecto filosófico, y como una especie de confesión.

El Discurso comienza diciéndonos qué partes contiene, y de qué materia trata cada parte:

> *en la primera se hallarán diferentes consideraciones acerca de las ciencias; en la segunda, las reglas principales del método que el autor ha buscado; en la tercera, algunas otras de moral que ha podido sacar de aquel método; en la cuarta, las razones con que prueba la existencia de Dios y del alma humana, que son los fundamentos de su metafísica; en la quinta, el orden*

---

[8] De hecho, en la cuarta parte del Discurso se refiere a las Meditaciones: "No sé si debo hablaros de las primeras meditaciones que hice allí, pues son tan metafísicas y tan fuera de lo común, que quizá no gusten a todo el mundo".

> *de las cuestiones de física, que ha investigado y, en particular, la explicación del movimiento del corazón y de algunas otras dificultades que atañen a la medicina, y también la diferencia que hay entre nuestra alma y la de los animales; y en la última, las cosas que cree necesarias para llegar, en la investigación de la naturaleza, más allá de donde él ha llegado, y las razones que le han impulsado a escribir[9].*

En la primera parte, Descartes cuenta las circunstancias de su vida que lo llevaron a romper con la tradición y a no fiarse más que de su propio razonamiento. Hace una profunda crítica de la ciencia y la filosofía de su época, y concluye diciendo que sólo las matemáticas y el conocimiento de otras personas, mediante los viajes, ofrecen un saber seguro (aunque después rechaza los viajes, concluyendo que las diferentes costumbres que existen entre los pueblos no le facilitan encontrar la verdad).

La segunda parte comienza con la narración del famoso episodio de la estufa:

> *Hallábame, por entonces, en Alemania, adonde me llamara la ocasión de unas guerras que aún no han terminado; y volviendo de la coronación del Emperador hacia el ejército, cogiome el comienzo del invierno en un lugar en donde, no encontrando conversación alguna que me divirtiera y no teniendo tampoco, por fortuna, cuidados ni pasiones que perturbaran mi ánimo, permanecía el día entero solo y encerrado, junto a una estufa, con toda la tranquilidad necesaria para entregarme a mis pensamientos[10].*

Continúa diciendo que se dio cuenta de que las ciencias cultivadas por muchos no son portadoras de la verdad, porque cada uno busca imponer su propia opinión. Decide, entonces, dudar de la verdad de todo lo que hasta entonces había aprendido, y comenzar el edificio del saber desde su base, utilizando solo su propio intelecto y tomando como modelo de razonamiento la geometría y la matemática. Así es como llega a la conclusión de que necesita cuatro preceptos para razonar correctamente:

---

9 René Descartes, *El discurso del método* (Tres Cantos: Akal, 2007).
10 Descartes, *El discurso del método*.

Fue el primero, no admitir como verdadera cosa alguna, como no supiese con evidencia que lo es; es decir, evitar cuidadosamente la precipitación y la prevención, y no comprender en mis juicios nada más que lo que se presentase tan clara y distintamente a mí espíritu, que no hubiese ninguna ocasión de ponerlo en duda.

El segundo, dividir cada una de las dificultades, que examinare, en cuantas partes fuere posible y en cuantas requiriese su mejor solución.

El tercero, conducir ordenadamente mis pensamientos, empezando por los objetos más simples y más fáciles de conocer, para ir ascendiendo poco a poco, gradualmente, hasta el conocimiento de los más compuestos, e incluso suponiendo un orden entre los que no se preceden naturalmente.

Y el último, hacer en todo unos recuentos tan integrales y unas revisiones tan generales, que llegase a estar seguro de no omitir nada[11].

En la segunda parte ha dicho Descartes que va a dudar de todo; en la tercera, se da cuenta de que necesita una moral provisional que rija su vida. Análogamente a los preceptos anteriores, se propone vivir tres reglas:

La primera fue seguir las leyes y las costumbres de mi país, conservando constantemente la religión en que la gracia de Dios hizo que me instruyeran desde niño, rigiéndome en todo lo demás por las opiniones más moderadas y más apartadas de todo exceso, que fuesen comúnmente admitidas en la práctica por los más sensatos de aquellos con quienes tendría que vivir. [...]

Mi segunda máxima fue la de ser en mis acciones lo más firme y resuelto que pudiera y seguir tan constante en las más dudosas opiniones, una vez determinado a ellas, como si fuesen segurísimas, imitando en esto a los caminantes que, extraviados por algún bosque, no deben andar errantes dando vueltas por una y otra parte [...]

---

11 Descartes, *El discurso del método*.

> *Mi tercera máxima fue procurar siempre vencerme a mí mismo antes que a la fortuna, y alterar mis deseos antes que el orden del mundo, y generalmente acostumbrarme a creer que nada hay que esté enteramente en nuestro poder sino nuestros propios pensamientos [...]*[12].

La cuarta parte es donde expone su famoso principio del "cogito" ("pienso, luego existo"). Ha dicho antes que va a dudar de todo: de los conocimientos previamente adquiridos, de la información que le proporcionan los sentidos y hasta de su propia existencia. Pero se da cuenta de que no puede dudar de que duda, y si duda, piensa, y si piensa, existe. Ese es el primer principio que buscaba, sobre el cual va a fundar toda su filosofía. A partir de ese primer principio, Descartes establece la existencia de Dios, mediante tres argumentos. El primero dice que tenemos conciencia de nuestra imperfección; pero lo imperfecto solo se entiende en relación con lo perfecto, de manera que tiene que existir esa perfección, que es Dios. El segundo argumento hace ver que si nosotros nos hubiéramos creado a nosotros mismos, nos habríamos hecho perfectos; por lo tanto, se requiere un creador de nuestro ser, que es perfecto. El tercer argumento es idéntico al argumento (mal llamado) ontológico de san Anselmo: tengo en mi mente la idea de un ser perfecto; ese ser tiene que existir, porque si no existiera no sería perfecto.

De la existencia de Dios deriva Descartes la existencia del mundo: Dios no nos puede engañar haciéndonos pensar que lo que vemos, no existe.

La quinta parte, entre otras cosas, está dedicada a explicar que los hombres tenemos un alma inmortal, superior a la de los animales, porque podemos razonar, y los animales, no.

La sexta parte es una serie de disquisiciones sobre la conveniencia o no de publicar sus investigaciones, porque teme a las controversias teológicas que estas puedan despertar, que le harían perder el tiempo. Al final de la obra, dice que va a consagrarse a la medicina, y que él no quiere ser nadie importante en el mundo, sino solo dedicarse a estudiar.

---

12 Descartes, *El discurso del método*.

Ideas claras y distintas

El problema que Descartes se plantea en sus *Meditaciones metafísicas* es si hay conocimiento genuino y cómo reconocerlo. Para resolver ese problema, se propone seguir el método de la duda. Podemos dudar, dice Descartes, de nuestras percepciones sensoriales, especialmente las que se producen en condiciones desfavorables o las que se refieren a objetos lejanos; podemos dudar, también, de que estemos despiertos: podría ser que estuviéramos soñando y que nuestras percepciones fueran creación de nuestra mente; finalmente, podría ser que un genio maligno estuviera manipulando nuestras percepciones, y nos hiciera creer que lo que vemos es real, cuando no lo es:

> *Así pues, supondré que hay, no un verdadero Dios —que es fuente suprema de verdad—, sino cierto genio maligno, no menos artero y engañador que poderoso, el cual ha usado de toda su industria para engañarme. Pensaré que el cielo, el aire, la tierra, los colores, las figuras, los sonidos y las demás cosas exteriores, no son sino ilusiones y ensueños, de los que él se sirve para atrapar mi credulidad. Me consideraré a mí mismo como sin manos, sin ojos, sin carne, ni sangre, sin sentido alguno, y creyendo falsamente que tengo todo eso. Permaneceré obstinadamente fijo en ese pensamiento, y, si, por dicho medio, no me es posible llegar al conocimiento de alguna verdad, al menos está en mi mano suspender el juicio. Por ello, tendré sumo cuidado en no dar crédito a ninguna falsedad, y dispondré tan bien mi espíritu contra las malas artes de ese gran engañador que, por muy poderoso y astuto que sea, nunca podrá imponerme nada*[13].

Para resolver este problema, Descartes se propone "no admitir como verdadera cosa alguna, como no supiese con evidencia que lo es; es decir, evitar cuidadosamente la precipitación y la prevención, y no comprender en mis juicios nada más que lo que se presentase tan clara y distintamente a mí espíritu, que no hubiese ninguna ocasión de ponerlo en duda"[14]. Lo

---

13 René. Descartes, *Meditaciones metafísicas* (Escuela de Filosofía Universidad ARCIS, s. f.), www.philosophia.cl.
14 Descartes, *El discurso del método*.

que Descartes no puede poner en duda, es que duda; él es, por lo tanto, "una cosa o sustancia pensante". Esa es la primera idea clara y distinta en su sistema. La segunda idea clara y distinta es la idea de Dios; él descubre en su interior la idea de un ser perfecto; Dios es perfecto; la existencia es una perfección; por lo tanto, Dios existe. La tercera idea de esta naturaleza es la idea de extensión: la materia es pura extensión, contrapuesta al pensamiento.

Ya hemos visto cómo Descartes, a partir de estas tres ideas (o, mejor dicho, a partir de las cualidades de Dios), demuestra la existencia del mundo y las cosas materiales: las cosas que veo y siento existen, pues lo contrario sería opuesto a la bondad de Dios; Dios no puede complacerse en mantenerme engañado, creyendo que lo que veo es real.

Toda esta argumentación supone que tenemos ideas innatas, ideas con las que ya nacemos. El innatismo es una propiedad de los sistemas racionalistas. Los racionalistas afirman que al menos algunos de nuestros conocimientos no proceden de los sentidos, mientras que los empiristas sostienen que "nada hay en el pensamiento que no haya pasado antes por los sentidos".

Es interesante notar que todos los racionalistas han visto en la matemática el modelo de conocimiento; desde Platón, el primero de los racionalistas, hasta Malebranche, Spinoza y Leibniz, todos han creído que el conocimiento auténtico es el que procede de la razón, mientras que el conocimiento que nos proporcionan los sentidos es imperfecto y conduce con frecuencia al error. Los empiristas, en cambio, desde Aristóteles hasta Locke y Hume, creen que el pensamiento se nutre de la información que le proporcionan los sentidos. Siglo y medio después de Descartes, Kant tratará de unir estas tradiciones, como veremos más adelante.

Verdad y certeza

Otro punto que conviene anotar es que Descartes sustituye la verdad por la certeza; o bien, que considera que la certeza es un requisito indispensable de la verdad.

En el pasado, se había definido la verdad como "*adaequatio intellectus et rei*" (adecuación entre el intelecto y las cosas). Pero Descartes parte del supuesto de la desconfianza: los sentidos nos pueden engañar. Él busca un fundamento inconmovible para construir su sistema, y esta noción de verdad es "vulnerable". Para Descartes, no es evidente que existan las cosas, la realidad extramental. La postura natural y espontánea le parece a él ingenua o, al menos, atacable. Quién sabe hasta qué punto pesaron en él las lecturas de los pirrónicos y los escépticos académicos; el punto es que se los toma en serio, y desecha la antigua noción de verdad.

Descartes pone en la certeza el criterio de verdad. Pero verdad y certeza no son lo mismo: yo puedo tener la certeza de que hoy es lunes, cuando en realidad es martes. O bien, el caso contrario: puedo estar bien informado (tener la verdad) sobre las causas de un accidente, por ejemplo, pero no estar convencido. En principio, la verdad es objetiva[15] mientras que la certeza es subjetiva. Pero Descartes no hace esta distinción; o bien, le da más importancia a la certeza. Por eso se dice, entre otras cosas, que a Descartes se debe el "giro antropológico e inmanentista" en filosofía. Si no fuera porque su duda es metódica y no "real", de Descartes se podría decir que abraza el relativismo y el subjetivismo de Protágoras: el hombre es la medida de todas las cosas.

Dualismo

Las conclusiones a las que llega Descartes le resuelven un problema (ha "probado" la existencia del alma, de Dios y del mundo), pero le crean otro: ¿cómo se comunican las sustancias?; ¿cómo se comunica la *res cogintans* (el pensamiento, la mente, el alma), con la *res extensa* (la materia) si, en principio, son radicalmente distintas? Yo soy algo que piensa, pero tengo cuerpo. ¿Cómo influye el alma en el cuerpo, y al contrario? Descartes (que siempre quiso estudiar medicina) propone una solución más bien absurda: las sustancias de las que está compuesto el hombre se comunican en la glándula pineal o pituitaria. Por supuesto, Descartes nunca pudo verificar su teoría, y heredó el problema a los racionalistas de la siguiente generación.

Hay dos tipos de dualismo: el dualismo mente-cuerpo, y el dualismo materia-espíritu. Obviamente, ambos están relacionados: mi cuerpo es material y mi mente es espiritual. Teóricamente, se podría ser un dualista metafísico (sostener que la materia es distinta del espíritu) y un monista-materialista con relación al hombre (creer que el hombre es solo materia).

---

15 "Verdad es —decía Aristóteles— decir que lo que es, es, y que lo que no es, no es".

El problema del dualismo mente-cuerpo es abordado hoy en día por la filosofía de la mente. La filosofía de la mente se pregunta qué es la mente, en qué consisten los procesos mentales, qué es la consciencia (psicológica), en qué consiste la identidad personal, cuál es la relación mente-cerebro y problemas de este tipo. Explicar qué es la consciencia está considerado como uno de los problemas más difíciles de la filosofía.

Filosofía moral

Como vimos, ya desde el *Discurso del método* Descartes aborda el problema de la moral. Pero es sobre todo en la edad madura, hacia el final de su vida, que se ocupa con más interés de esta área de la filosofía.

Descartes construye su filosofía moral sobre tres bases: la metafísica, la razón y la tradición estoica. Considera que la ética o filosofía moral es una ciencia —la más alta y perfecta—, que tiene sus raíces en la metafísica. En efecto, son de orden metafísico las preguntas relativas a la existencia de Dios, la inmortalidad del alma y el libre arbitrio; de las respuestas que demos a estas preguntas fundamentales dependerá nuestra orientación moral.

En ética, el racionalismo de Descartes se evidencia en que, para él, la razón es suficiente para descubrir el bien, y también cuando afirma que la virtud consiste en el "razonamiento correcto" que debería guiar nuestras acciones. Aunque no llega a sostener, como Sócrates, que el hombre obra mal por ignorancia, sí hay un cierto intelectualismo, en cuanto cree que para tomar buenas decisiones se necesita tener una mente bien formada.

Por otra parte, Descartes cree que una filosofía moral completa debe incluir el estudio del funcionamiento del organismo humano. Esta convicción lo llevó a escribir, ya hacia el final de su vida, un tratado sobre *Las pasiones del alma*, que contiene un estudio de los procesos y reacciones psicosomáticos en el hombre, con un énfasis en las emociones y pasiones.

Para Descartes, como para Zenón de Citio, el bien supremo, que el hombre debe buscar, es la virtud. Solo la virtud produce la felicidad; una felicidad que, desde luego, es superior a los placeres del cuerpo. También está de acuerdo Descartes con Aristóteles, en que cierta buena fortuna y medios materiales son necesarios para la felicidad, aunque nos advierte que los bienes de la fortuna no dependen de nosotros y que, por lo tanto, no debemos apegarnos a ellos.

TEXTOS

I. Discurso del método[16]

Segunda parte

Hallábame, por entonces, en Alemania, adonde me llamara la ocasión de unas guerras (13) que aún no han terminado; y volviendo de la coronación del Emperador (14) hacia el ejército, cogiome el comienzo del invierno en un lugar en donde, no encontrando conversación alguna que me divirtiera y no teniendo tampoco, por fortuna, cuidados ni pasiones que perturbaran mi ánimo, permanecía el día entero solo y encerrado, junto a una estufa, con toda la tranquilidad necesaria para entregarme a mis pensamientos (15). Entre los cuales, fue uno de los primeros el ocurrírseme considerar que muchas veces sucede que no hay tanta perfección en las obras compuestas de varios trozos y hechas por las manos de muchos maestros, como en aquellas en que uno solo ha trabajado. Así vemos que los edificios, que un solo arquitecto ha comenzado y rematado, suelen ser más hermosos y mejor ordenados que aquellos otros, que varios han tratado de componer y arreglar, utilizando antiguos muros, construidos para otros fines. Esas viejas ciudades, que no fueron al principio sino aldeas, y que, con el transcurso del tiempo han llegado a ser grandes urbes, están, por lo común, muy mal trazadas y acompasadas, si las comparamos con esas otras plazas regulares que un ingeniero diseña, según su fantasía, en una llanura; y, aunque considerando sus edificios uno por uno encontremos a menudo en ellos tanto o más arte que en los de estas últimas ciudades nuevas, sin embargo, viendo cómo están arreglados, aquí uno grande, allá otro pequeño, y cómo hacen las calles curvas y desiguales, diríase que más bien es la fortuna que la voluntad de unos hombres provistos de razón, la que los ha dispuesto de esa suerte. Y si se considera que, sin embargo, siempre ha habido unos oficiales encargados de cuidar de que los edificios de los particulares sirvan al ornato público, bien se reconocerá cuán difícil es hacer cumplidamente las cosas cuando se trabaja sobre lo hecho por otros. Así también, imaginaba yo que esos pueblos que fueron antaño medio salvajes y han ido civilizándose poco a

---

16 Descartes, *El discurso del método*.

poco, haciendo sus leyes conforme les iba obligando la incomodidad de los crímenes y peleas, no pueden estar tan bien constituidos como los que, desde que se juntaron, han venido observando las constituciones de algún prudente legislador (16). Como también es muy cierto, que el estado de la verdadera religión, cuyas ordenanzas Dios solo ha instituido, debe estar incomparablemente mejor arreglado que todos los demás. Y para hablar de las cosas humanas, creo que si Esparta ha sido antaño muy floreciente, no fue por causa de la bondad de cada una de sus leyes en particular, que algunas eran muy extrañas y hasta contrarias a las buenas costumbres, sino porque, habiendo sido inventadas por uno solo, todas tendían al mismo fin. Y así pensé yo que las ciencias de los libros, por lo menos aquellas cuyas razones son solo probables y carecen de demostraciones, habiéndose compuesto y aumentado poco a poco con las opiniones de varias personas diferentes, no son tan próximas a la verdad como los simples razonamientos que un hombre de buen sentido puede hacer, naturalmente, acerca de las cosas que se presentan. Y también pensaba yo que, como hemos sido todos nosotros niños antes de ser hombres y hemos tenido que dejarnos regir durante mucho tiempo por nuestros apetitos y nuestros preceptores, que muchas veces eran contrarios unos a otros, y ni unos ni otros nos aconsejaban acaso siempre lo mejor, es casi imposible que sean nuestros juicios tan puros y tan sólidos como lo fueran si, desde el momento de nacer, tuviéramos el uso pleno de nuestra razón y no hubiéramos sido nunca dirigidos más que por ésta.

Verdad es que no vemos que se derriben todas las casas de una ciudad con el único propósito de reconstruirlas en otra manera y de hacer más hermosas las calles; pero vemos que muchos particulares mandan echar abajo sus viviendas para reedificarlas y, muchas veces, son forzados a ello, cuando los edificios están en peligro de caerse, por no ser ya muy firmes los cimientos. Ante cuyo ejemplo, llegué a persuadirme de que no sería en verdad sensato que un particular se propusiera reformar un Estado cambiándolo todo, desde los cimientos, y derribándolo para enderezarlo; ni aun siquiera reformar el cuerpo de las ciencias o el orden establecido en las escuelas para su enseñanza; pero que, por lo que toca a las opiniones, a que hasta entonces había dado mi crédito, no podía yo hacer nada mejor que emprender de una vez la labor de suprimirlas, para sustituirlas luego por otras mejores o por las mismas, cuando las hubiere ajustado al nivel de la razón. Y tuve firmemente por cierto que, por este medio, conseguiría dirigir mi vida mucho mejor que si me contentase con edificar sobre cimientos viejos y me apoyase solamente en los principios que había aprendido siendo joven, sin haber examinado nunca si eran o no verdaderos. Pues si bien en esta empresa veía varias dificultades, no eran, empero, de las que no tienen remedio; ni pueden compararse con las que hay en la reforma de las menores cosas que atañen a lo público. Estos grandes cuerpos políticos, es muy difícil levantarlos, una vez que han sido derribados, o aun sostenerlos en pie cuando se tambalean, y sus caídas son necesariamente muy duras. Además, en lo tocante a sus imperfecciones, si las tienen —y sólo la diversidad que existe entre ellos basta para asegurar que varios las tienen—, el uso las ha suavizado mucho sin duda, y hasta ha evitado o corregido insensiblemente no pocas de entre ellas, que con la prudencia no hubieran podido remediarse tan eficazmente; y por último, son casi siempre más soportables que lo sería el cambiarlas, como los caminos reales, que serpentean por las montañas, se hacen poco a poco tan llanos y cómodos, por, el mucho tránsito, que es muy preferible seguirlos, que no meterse en acortar, saltando por encima de las rocas y bajando hasta el fondo de las simas.

Por todo esto, no puedo en modo alguno aplaudir a esos hombres de carácter inquieto y atropellado que, sin ser llamados ni por su alcurnia ni por su fortuna al manejo de los negocios públicos, no dejan de hacer siempre, en idea, alguna reforma nueva; y si creyera que hay en este escrito la menor cosa que pudiera hacerme sospechoso de semejante insensatez, no hubiera consentido en su publicación (17). Mis designios no han sido nunca otros que tratar de reformar mis propios pensamientos y edificar sobre un terreno que me pertenece a mí solo. Si, habiéndome gustado bastante mi obra, os enseño aquí el modelo, no significa esto que quiera yo aconsejar a nadie que me imite. Los que hayan recibido de Dios mejores y más abundantes mercedes, tendrán, sin duda, más levantados propósitos; pero mucho me temo que éste mío no sea ya demasiado audaz para algunas personas. Ya la mera resolución de deshacerse de todas las opiniones recibidas anteriormente no es un ejemplo que todos deban seguir. Y el mundo se compone casi sólo de dos especies de ingenios, a quienes este ejemplo no conviene, en modo alguno, y son, a saber: de los que, creyéndose más hábiles de lo que son, no pueden contener la precipitación de sus juicios ni conservar la bastante paciencia para conducir ordenadamente todos sus pensamientos; por donde sucede que, si una vez se hubiesen tomado la libertad de dudar de los principios que han recibido y de apartarse del camino común, nunca podrán mantenerse en la senda que hay que seguir para ir más en derechura, y permanecerán extraviados toda su vida; y de otros que, poseyendo bastante razón o modestia para juzgar que son menos capaces de distinguir lo verdadero de lo falso que otras personas, de quienes pueden recibir instrucción, deben más bien contentarse con seguir las opiniones de esas personas, que buscar por sí mismos otras mejores.

Y yo hubiera sido, sin duda, de esta última especie de ingenios, si no hubiese tenido en mi vida más que un solo maestro o no hubiese sabido cuán diferentes han sido, en todo tiempo, las opiniones de los más doctos. Mas, habiendo aprendido en el colegio que no se puede imaginar nada, por extraño e increíble que sea, que no haya sido dicho por alguno de los filósofos, y habiendo visto luego, en mis viajes, que no todos los que piensan de modo contrario al nuestro son por ello bárbaros y salvajes, sino que muchos hacen tanto o más uso que nosotros de la razón; y habiendo considerado que un mismo hombre, con su mismo ingenio, si se ha criado desde niño entre franceses o alemanes, llega a ser muy diferente de lo que sería si hubiese vivido siempre entre chinos o caníbales; y que hasta en las modas de nuestros trajes, lo que nos ha gustado hace diez años, y acaso vuelva a gustarnos dentro de otros diez, nos parece hoy extravagante y ridículo, de suerte que más son la costumbre y el ejemplo los que nos persuaden, que un conocimiento cierto; y que, sin embargo, la multitud de votos no es una prueba que valga para las verdades algo difíciles de descubrir, porque más verosímil es que un hombre solo dé con ellas que no todo un pueblo, no podía yo elegir a una persona, cuyas opiniones me parecieran preferibles a las de las demás, y me vi como obligado a emprender por mí mismo la tarea de conducirme.

Pero como hombre que tiene que andar solo y en la oscuridad, resolví ir tan despacio y emplear tanta circunspección en todo, que, a trueque de adelantar poco, me guardaría al menos muy bien de tropezar y caer. E incluso no quise empezar a deshacerme por completo de ninguna de las opiniones que pudieron antaño deslizarse en mi creencia, sin haber sido introducidas por la razón, hasta después de pasar buen tiempo dedicado al proyecto de la obra que iba a emprender, buscando el verdadero método para llegar al conocimiento de todas las cosas de que mi espíritu fuera capaz.

Había estudiado un poco, cuando era más joven, de las partes de la filosofía, la lógica, y de las matemáticas, el análisis de los geómetras y el álgebra, tres artes o ciencias que debían, al parecer, contribuir algo a mi propósito. Pero cuando las examiné, hube de notar que, en lo tocante a la lógica, sus silogismos y la mayor parte de las demás instrucciones que da, más sirven para explicar a otros las cosas ya sabidas o incluso, como el arte de Llull (18), para hablar sin juicio de las ignoradas, que para aprenderlas. Y si bien contiene, en verdad, muchos, muy buenos y verdaderos preceptos, hay, sin embargo, mezclados con ellos, tantos otros nocivos o superfluos, que separarlos es casi tan difícil como sacar una Diana o una Minerva de un bloque de mármol sin desbastar. Luego, en lo tocante al análisis (19) de los antiguos y al álgebra de los modernos, aparte de que no se refieren sino a muy abstractas materias, que no parecen ser de ningún uso, el primero está siempre tan constreñido a considerar las figuras, que no puede ejercitar el entendimiento sin cansar grandemente la imaginación; y en la segunda, tanto se han sujetado sus cultivadores a ciertas reglas y a ciertas cifras, que han hecho de ella un arte confuso y oscuro, bueno para enredar el ingenio, en lugar de una ciencia que lo cultive. Por todo lo cual, pensé que había que buscar algún otro método que juntase las ventajas de esos tres, excluyendo sus defectos.

Y como la multitud de leyes sirve muy a menudo de disculpa a los vicios, siendo un Estado mucho mejor regido cuando hay pocas, pero muy estrictamente observadas, así también, en lugar del gran número de preceptos que encierra la lógica, creí que me bastarían los cuatro siguientes, supuesto que tomase una firme y constante resolución de no dejar de observarlos una vez siquiera:

Fue el primero, no admitir como verdadera cosa alguna, como no supiese con evidencia que lo es; es decir, evitar cuidadosamente la precipitación y la prevención, y no comprender en mis juicios nada más que lo que se presentase tan clara y distintamente a mí espíritu, que no hubiese ninguna ocasión de ponerlo en duda.

El segundo, dividir cada una de las dificultades, que examinare, en cuantas partes fuere posible y en cuantas requiriese su mejor solución.

El tercero, conducir ordenadamente mis pensamientos, empezando por los objetos más simples y más fáciles de conocer, para ir ascendiendo poco a poco, gradualmente, hasta el conocimiento de los más compuestos, e incluso suponiendo un orden entre los que no se preceden naturalmente. Y el último, hacer en todo unos recuentos tan integrales y unas revisiones tan generales, que llegase a estar seguro de no omitir nada.

Esas largas series de trabadas razones muy simples y fáciles, que los geómetras acostumbran emplear, para llegar a sus más difíciles demostraciones, habíanme dado ocasión de imaginar que todas las cosas, de que el hombre puede adquirir conocimiento, se siguen unas a otras en igual manera, y que, con sólo abstenerse de admitir como verdadera una que no lo sea y guardar siempre el orden necesario para deducirlas unas de otras, no puede haber ninguna, por lejos que se halle situada o por oculta que esté, que no se llegue a alcanzar y descubrir. Y no me cansé mucho en buscar por cuáles era preciso comenzar, pues ya sabía que por las más simples y fáciles de conocer; y considerando que, entre todos los que hasta ahora han investigado la verdad en las ciencias, sólo los matemáticos han podido encontrar algunas demostraciones, esto es, algunas razones ciertas y evidentes, no dudaba de que había que empezar por las mismas que ellos han examinado, aun cuando no esperaba sacar de aquí ninguna otra utilidad, sino acostumbrar mi espíritu a saciarse de verdades y a no contentarse con falsas razones. Mas no por eso concebí el propósito de procurar aprender todas las ciencias particulares denominadas comúnmente matemáticas, y viendo que, aunque sus objetos son diferentes, todas, sin embargo, coinciden en que no consideran sino las varias relaciones o proporciones que se encuentran en los tales objetos, pensé que más valía limitarse a examinar esas proporciones en general, suponiéndolas solo en aquellos asuntos que sirviesen para hacerme más fácil su conocimiento y hasta no sujetándolas a ellos de ninguna manera, para poder después aplicarlas tanto más libremente a todos los demás a que pudieran convenir (20). Luego advertí que, para conocerlas, tendría a veces necesidad de considerar cada una de ellas en particular, y otras veces, tan solo retener o comprender varias juntas, y pensé que, para considerarlas mejor en particular, debía suponerlas en líneas, porque no encontraba nada más simple y que más distintamente pudiera yo representar a mi imaginación y mis sentidos; pero que, para retener o comprender varias juntas, era necesario que las explicase en algunas cifras, las más cortas que fuera posible; y que, por este medio, tomaba lo mejor que hay en el análisis geométrico y en el álgebra, y corregía así todos los defectos de una por el otro (21).

Y, efectivamente, me atrevo a decir que la exacta observación de los pocos preceptos por mí elegidos, me dio tanta facilidad para desenmarañar todas las cuestiones de que tratan esas dos ciencias, que en dos o tres meses que empleé en examinarlas, habiendo comenzado por las más simples y generales, y siendo cada verdad que encontraba una regla que me servía luego para encontrar otras, no sólo conseguí resolver varias cuestiones, que antes había considerado como muy difíciles, sino que hasta me pareció también, hacia el final, que, incluso en las que ignoraba, podría determinar por qué medios y hasta dónde era posible resolverlas. En lo cual, acaso no me acusaréis de excesiva vanidad si consideráis que, supuesto que no hay sino una verdad en cada cosa, el que la encuentra sabe todo lo que se puede saber de ella; y que, por ejemplo, un niño que sabe aritmética y hace una suma conforme a las reglas, puede estar seguro de haber hallado, acerca de la suma que examinaba, todo cuanto el humano ingenio pueda hallar; porque al fin y al cabo el método que enseña a seguir el orden verdadero y a recontar exactamente las circunstancias todas de lo que se busca, contiene todo lo que confiere certidumbre a las reglas de la aritmética.

Pero lo que más contento me daba en este método era que, con él, tenía la seguridad de emplear mi razón en todo, si no perfectamente, por lo menos lo mejor que fuera en mi poder. Sin contar con que, aplicándolo, sentía que mi espíritu se iba acostumbrando poco a poco a concebir los objetos con mayor claridad y distinción y que, no habiéndolo sujetado a ninguna materia particular, prometíame aplicarlo con igual fruto a las dificultades de las otras ciencias, como lo había hecho a las del álgebra. No por eso me atreví a empezar luego a examinar todas las que se presentaban, pues eso mismo fuera contrario al orden que el método prescribe; pero habiendo advertido que los principios de las ciencias tenían que estar todos tomados de la filosofía, en la que aún no hallaba ninguno que fuera cierto, pensé que ante todo era preciso procurar establecer algunos de esta clase y, siendo esto la cosa más importante del mundo y en la que son más de temer la precipitación y la prevención, creí que no debía acometer la empresa antes de haber llegado a más madura edad que la de veintitrés años, que entonces tenía, y de haber dedicado buen espacio de tiempo a prepararme, desarraigando de mi espíritu todas las malas opiniones a que había dado entrada antes de aquel tiempo, haciendo también acopio de experiencias varias, que fueran después la materia de mis razonamientos y, por último, ejercitándome sin cesar en el método que me había prescrito, para afianzarlo mejor en mi espíritu.

Cuarta parte

No sé si debo hablaros de las primeras meditaciones que hice allí, pues son tan metafísicas y tan fuera de lo común, que quizá no gusten a todo el mundo (30). Sin embargo, para que se pueda apreciar si los fundamentos que he tomado son bastante firmes, me veo en cierta manera obligado a decir algo de esas reflexiones. Tiempo ha que había advertido que, en lo tocante a las costumbres, es a veces necesario seguir opiniones que sabemos muy inciertas, como si fueran indudables, y esto se ha dicho ya en la parte anterior; pero, deseando yo en esta ocasión ocuparme tan sólo de indagar la verdad, pensé que debía hacer lo contrario y rechazar como absolutamente falso todo aquello en que pudiera imaginar la menor duda, con el fin de ver si, después de hecho esto, no quedaría en mi creencia algo que fuera enteramente indudable. Así, puesto que los sentidos nos engañan, a las veces, quise suponer que no hay cosa alguna que sea tal y como ellos nos la presentan en la imaginación; y puesto que hay hombres que yerran al razonar, aun acerca de los más simples asuntos de geometría, y cometen paralogismos, juzgué que yo estaba tan expuesto al error como otro cualquiera, y rechacé como falsas todas las razones que anteriormente había tenido por demostrativas; y, en fin, considerando que todos los pensamientos que nos vienen estando despiertos pueden también ocurrírsenos durante el sueño, sin que ninguno entonces sea verdadero, resolví fingir que todas las cosas, que hasta entonces habían entrado en mi espíritu, no eran más verdaderas que las ilusiones de mis sueños. Pero advertí luego que, queriendo yo pensar, de esa suerte, que todo es falso, era necesario que yo, que lo pensaba, fuese alguna cosa; y observando que esta verdad: "yo pienso, luego soy", era tan firme y segura que las más extravagantes suposiciones de los escépticos no son capaces de conmoverla, juzgué que podía recibirla sin escrúpulo, como el primer principio de la filosofía que andaba buscando.

Examiné después atentamente lo que yo era, y viendo que podía fingir que no tenía cuerpo alguno y que no había mundo ni lugar alguno en el que yo me encontrase, pero que no podía fingir por ello que yo no fuese, sino al contrario, por lo mismo que pensaba en dudar de la verdad de las otras cosas, se seguía muy cierta y evidentemente que yo era, mientras que, con sólo dejar de pensar, aunque todo lo demás que había imaginado fuese verdad, no tenía ya razón alguna para creer que yo era, conocí por ello que yo era una sustancia cuya esencia y naturaleza toda es pensar, y que no necesita, para ser, de lugar alguno, ni depende de cosa alguna material; de suerte que este yo, es decir, el alma, por la cual yo soy lo que soy, es enteramente distinta del cuerpo y hasta más fácil de conocer que éste y, aunque el cuerpo no fuese, el alma no dejaría de ser cuanto es.

Después de esto, consideré, en general, lo que se requiere en una proposición para que sea verdadera y cierta; pues ya que acababa de hallar una que sabía que lo era, pensé que debía saber también en qué consiste esa certeza. Y habiendo notado que en la proposición: "yo pienso, luego soy", no hay nada que me asegure que digo verdad, sino que veo muy claramente que para pensar es preciso ser, juzgué que podía admitir esta regla general: que las cosas que concebimos muy clara y distintamente son todas verdaderas; pero que sólo hay alguna dificultad en notar cuáles son las que concebimos distintamente.

Después de lo cual, hube de reflexionar que, puesto que yo dudaba, no era mi ser enteramente perfecto, pues veía claramente que hay más perfección en conocer que en dudar; y se me ocurrió entonces indagar por dónde había yo aprendido a pensar en algo más perfecto que yo; y conocí evidentemente que debía de ser por alguna naturaleza que fuese efectivamente más perfecta. En lo que se refiere a los pensamientos, que en mí estaban, de varias cosas exteriores a mí, como son el cielo, la tierra, la luz, el calor y otros muchos, no me preocupaba mucho el saber de dónde procedían, porque, no viendo en esas cosas nada que me pareciese hacerlas superiores a mí, podía creer que, si eran verdaderas, eran unas dependencias de mi naturaleza, en cuanto que ésta posee alguna perfección, y si no lo eran, procedían de la nada, es decir, estaban en mí, porque hay en mí algún defecto. Pero no podía suceder otro tanto con la idea de un ser más perfecto que mi ser; pues era cosa manifiestamente imposible que la tal idea procediese de la nada; y como no hay menor repugnancia en pensar que lo más perfecto sea consecuencia y dependencia de lo menos perfecto, que en pensar que de nada provenga algo, no podía tampoco proceder de mí mismo; de suerte que sólo quedaba que hubiese sido puesta en mí por una naturaleza verdaderamente más perfecta que yo soy, y poseedora inclusive de todas las perfecciones de que yo pudiera tener idea; esto es, para explicarlo en una palabra, por Dios. A esto añadí que, supuesto que yo conocía algunas perfecciones que me faltaban, no era yo el único ser que existiese (aquí, si lo permitís, haré uso libremente de los términos de la escuela), sino que era absolutamente necesario que hubiese algún otro ser más perfecto de quien yo dependiese y de quien hubiese adquirido todo cuanto yo poseía; pues si yo fuera solo e independiente de cualquier otro ser, de tal suerte que de mí mismo procediese lo poco en que participaba del ser perfecto, hubiera podido tener por mí mismo también, por idéntica razón, todo lo demás que yo sabía faltarme, y ser, por lo tanto, yo infinito, eterno, inmutable, omnisciente, omnipotente, y, en fin, poseer todas las perfecciones que podía advertir en Dios. Pues, en virtud de los razonamientos que acabo de hacer, para conocer la naturaleza de Dios hasta donde la mía es capaz de conocerla, bastábame considerar todas las cosas de que hallara en mí mismo alguna idea y ver si era o no perfección el poseerlas; y estaba seguro de que ninguna de las que indicaban alguna imperfección está en Dios, pero todas las demás sí están en él; así veía que la duda, la inconstancia, la tristeza y otras cosas semejantes no pueden estar en Dios, puesto que mucho me holgara yo de verme libre de ellas. Además, tenía yo ideas de varias cosas sensibles y corporales; pues aun suponiendo que soñaba y que todo cuanto veía e imaginaba era falso, no podía negar, sin embargo, que esas ideas estuvieran verdaderamente en mi pensamiento. Mas habiendo ya conocido en mí muy claramente que la naturaleza inteligente es distinta de la corporal, y considerando que toda composición denota dependencia, y que la dependencia es manifiestamente un defecto, juzgaba por ello que no podía ser una perfección en Dios el componerse de esas dos naturalezas, y que, por consiguiente, Dios no era compuesto; en cambio, si en el mundo había cuerpos, o bien algunas inteligencias u otras naturalezas que no fuesen del todo perfectas, su ser debía depender del poder divino, hasta el punto de no poder subsistir sin él un solo instante.

Quise indagar luego otras verdades; y habiéndome propuesto el objeto de los geómetras, que concebía yo como un cuerpo continuo o un espacio infinitamente extenso en longitud, anchura y altura o profundidad, divisible en varias partes que pueden tener varias figuras y magnitudes y ser movidas o trasladadas en todos los sentidos, pues los geómetras suponen todo eso en su objeto, repasé algunas de sus más simples demostraciones, y habiendo advertido que esa gran certeza que todo el mundo atribuye a estas demostraciones, se funda tan sólo en que se conciben con evidencia, según la regla antes dicha, advertí también que no había nada en ellas que me asegurase de la existencia de su objeto; pues, por ejemplo, yo veía bien que, si suponemos un triángulo, es necesario que los tres ángulos sean iguales a dos rectos; pero nada veía que me asegurase que en el mundo hay triángulo alguno; en cambio, si volvía a examinar la idea que yo tenía de un ser perfecto, encontraba que la existencia está comprendida en ella del mismo modo que en la idea de un triángulo está comprendido el que sus tres ángulos sean iguales a dos rectos o, en la de una esfera, el que todas sus partes sean igualmente distantes del centro, y hasta con más evidencia aún; y que, por consiguiente, tan cierto es por lo menos, que Dios, que es ese ser perfecto, es o existe, como lo pueda ser una demostración de geometría.

Pero si hay algunos que están persuadidos de que es difícil conocer lo que sea Dios, y aun lo que sea el alma, es porque no levantan nunca su espíritu por encima de las cosas sensibles y están tan acostumbrados a considerarlo todo con la imaginación —que es un modo de pensar particular para las cosas materiales—, que lo que no es imaginable les parece ininteligible. Lo cual está bastante manifiesto en la máxima que los mismos filósofos admiten como verdadera en las escuelas, y que dice que nada hay en el entendimiento que no haya estado antes en el sentido (31), en donde, sin embargo, es cierto que nunca han estado las ideas de Dios y del alma; y me parece que los que quieren hacer uso de su imaginación para comprender esas ideas, son como los que para oír los sonidos u oler los olores quisieran emplear los ojos; y aún hay esta diferencia entre aquéllos y éstos: que el sentido de la vista no nos asegura menos de la verdad de sus objetos que el olfato y el oído de los suyos, mientras que ni la imaginación ni los sentidos pueden asegurarnos nunca cosa alguna, como no intervenga el entendimiento.

En fin, si aún hay hombres a quienes las razones que he presentado no han convencido bastante de la existencia de Dios y del alma, quiero que sepan que todas las demás cosas que acaso crean más seguras, como son que tienen un cuerpo, que hay astros, y una tierra, y otras semejantes, son, sin embargo, menos ciertas; pues, si bien tenemos una seguridad moral de esas cosas, tan grande que parece que, a menos de ser un extravagante, no puede nadie ponerlas en duda, sin embargo, cuando se trata de una certidumbre metafísica, no se puede negar, a no ser perdiendo la razón, que no sea bastante motivo, para no estar totalmente seguro, el haber notado que podemos de la misma manera imaginar en sueños que tenemos otro cuerpo y que vemos otros astros y otra tierra, sin que ello sea así. Pues ¿cómo sabremos que los pensamientos que se nos ocurren durante el sueño son falsos, y que no lo son los que tenemos despiertos, si muchas veces sucede que aquéllos no son menos vivos y expresos que éstos? Y por mucho que estudien los mejores ingenios, no creo que puedan dar ninguna razón bastante a levantar esa duda, como no presupongan la existencia de Dios. Pues, en primer lugar, esa misma regla que antes he tomado, a saber: que las cosas que concebimos muy clara y distintamente son todas verdaderas; esa misma regla recibe su certeza sólo de que Dios es o existe, y de que es un ser perfecto, y de que todo lo que está en nosotros proviene de él; de donde se sigue que, siendo nuestras ideas o nociones, cuando son claras y distintas, cosas reales y procedentes de Dios, no pueden por menos de ser también, en ese respecto, verdaderas. De suerte que si tenemos con bastante frecuencia ideas que encierran falsedad, es porque hay en ellas algo confuso y oscuro, y en este respecto participan de la nada; es decir, que si están así confusas en nosotros, es porque no somos totalmente perfectos. Y es evidente que no hay menos repugnancia en admitir que la falsedad o imperfección proceda como tal de Dios mismo, que en admitir que la verdad o la perfección procede de la nada. Mas si no supiéramos que todo cuanto en nosotros es real y verdadero proviene de un ser perfecto e infinito, entonces, por claras y distintas que nuestras ideas fuesen, no habría razón alguna que nos asegurase que tienen la perfección de ser verdaderas.

Así, pues, habiéndonos el conocimiento de Dios y del alma testimoniado la certeza de esa regla, resulta bien fácil conocer que los ensueños, que imaginamos dormidos, no deben, en manera alguna, hacernos dudar de la verdad de los pensamientos que tenemos despiertos. Pues si ocurriese que en sueño tuviera una persona una idea muy clara y distinta, como por ejemplo, que inventase un geómetra una demostración nueva, no sería ello motivo para impedirle ser verdadera; y en cuanto al error más corriente en muchos sueños, que consiste en representarnos varios objetos del mismo modo como nos los representan los sentidos exteriores, no debe importarnos que nos dé ocasión de desconfiar de la verdad de esas tales ideas, porque también pueden los sentidos engañarnos con frecuencia durante la vigilia, como los que tienen ictericia lo ven todo amarillo, o como los astros y otros cuerpos muy lejanos nos parecen mucho más pequeños de lo que son. Pues, en último término, despiertos o dormidos, no debemos dejarnos persuadir nunca sino por la evidencia de la razón. Y nótese bien que digo de la razón, no de la imaginación ni de los sentidos; como asimismo, porque veamos el sol muy claramente, no debemos por ello juzgar que sea del tamaño que le vemos; y muy bien podemos imaginar distintamente una cabeza de león pegada al cuerpo de una cabra, sin que por eso haya que concluir que en el mundo existe la quimera, pues la razón no nos dice que lo que así vemos o imaginamos sea verdadero; pero nos dice que todas nuestras ideas o nociones deben tener algún fundamento de verdad; pues no fuera posible que Dios, que es todo perfecto y verdadero, las pusiera sin eso en nosotros; y puesto que nuestros razonamientos nunca son tan evidentes y tan enteros cuando soñamos que cuando estamos despiertos, si bien a veces nuestras imaginaciones son tan vivas y expresivas y hasta más en el sueño que en la vigilia, por eso nos dice la razón, que, no pudiendo ser verdaderos todos nuestros pensamientos, porque no somos totalmente perfectos, deberá infaliblemente hallarse la verdad más bien en los que pensemos estando despiertos, que en los que tengamos estando dormidos.

---

13. La guerra de los treinta años.
14. Fernando II, coronado emperador en Francfort, en 1619.
15. El descubrimiento del método puede fecharse con certeza en 10 de noviembre de 1619. Al menos, un manuscrito de Descartes lleva de su puño y letra el siguiente encabezamiento: *X Novembris 1619, cum plenus forem Enthousiasmo et mirabilis scientiæ fundamenta reperirem...*
16. Este intelectualismo, esta fe en la razón, a priori, es característica de la política y sociología de los siglos XVII y XVIII.
17. Adviértase: 1º, que Descartes se da cuenta, en todo lo que antecede, de que el racionalismo y el libre pensamiento no tienen límites en su aplicación. 2º, por eso mismo procura, con mejor o peor fortuna, poner límites al espíritu de libre examen, y jura que no quiere hacer en el orden político y social la misma subversión que en el especulativo.
18. Raimon Llull había escrito una *Ars magna* donde exponía una suerte de mecanismo intelectual, una especie de álgebra del pensamiento.
19. Método que consiste en referir una proposición dada a otra más simple, ya conocida por verdadera, de suerte que luego, partiendo de ésta, puede aquélla deducirse. Es el procedimiento empleado para resolver problemas de geometría, suponiendo la solución y mostrando que las consecuencias que de esta suposición se derivan son teoremas conocidos. Pasa Platón por ser el inventor del análisis geométrico.
30. La metafísica de Descartes está expuesta en las Meditaciones metafísicas.
31. *Nihil est in intellectu, quod non prius fuerit in sensu.*

I. *Meditaciones metafísicas*[17]

Segunda Meditación.
De la naturaleza de la mente humana: que es más fácil de conocer que el cuerpo

La meditación que hice ayer me ha llenado la mente de tantas dudas que, en adelante, ya no está en mi poder olvidarlas. Y sin embargo no veo de qué modo podría resolverlas; así, como si hubiera caído de repente en aguas muy profundas, me encuentro tan sorprendido que ni puedo asegurar mis pies en el fondo ni nadar para mantenerme en la superficie. No obstante, me esforzaré y seguiré, sin desviarme, el mismo camino por el que había transitado ayer, alejándome de todo aquello en lo que pudiera imaginar la menor duda, al igual que haría si supiese que es absolutamente

---

17 Descartes, *Meditaciones metafísicas.*

falso; y continuaré siempre por este camino hasta que encuentre algo cierto o, por lo menos, si no puedo hacer otra cosa, hasta que haya comprendido con certeza que no hay nada cierto en el mundo. Arquímedes, para mover el globo terrestre de su lugar y llevarlo a otro, sólo pedía un punto de apoyo firme y seguro. Del mismo modo podría yo concebir grandes esperanzas si fuera lo bastante afortunado como para encontrar una sola cosa que fuera cierta e indudable.

Supongo, pues, que todas las cosas que veo son falsas; y me persuado de que jamás ha existido nada de todo aquello que mi memoria, llena de mentiras, me representa; pienso que no tengo sentidos; creo que el cuerpo, la figura, la extensión, el movimiento y el lugar no son más que ficciones de mi mente. ¿Qué es, pues, lo que podrá estimarse verdadero? Quizá ninguna otra cosa excepto que no hay nada cierto en el mundo.

Pero ¿y yo qué sé si no hay ninguna otra cosa diferente de las que acabo de considerar inciertas y de la que no pueda tener la menor duda? ¿No hay algún Dios o cualquier otro poder que me ponga en la mente estos pensamientos? Eso no es necesario, ya que quizás sea yo capaz de producirlos por mí mismo. Yo, al menos, ¿no soy algo? Pero ya he negado que tuviese sentidos o cuerpo alguno. Dudo, sin embargo, pues ¿qué se sigue de ello? ¿Dependo hasta tal punto de mi cuerpo y de mis sentidos que no pueda ser sin ellos? Pero me he persuadido de que no había absolutamente nada en el mundo: ni cielo, ni tierra, ni espíritus, ni cuerpos; ¿no me he persuadido, pues, de que yo no existía? No, ciertamente, probablemente exista, si me he persuadido, o solamente si he pensado algo. Pero hay un no sé quién engañador, muy poderoso y muy astuto, que emplea toda su industria en que me engañe siempre. No hay pues duda alguna de que existo, si me engaña; y que me engañe tanto como quiera, que nunca podría hacer que yo no fuera nada mientras yo pensara ser algo. De modo que, tras haberlo pensado bien y haber examinado cuidadosamente todas las cosas, hay que concluir finalmente y tener por constante que esta proposición: "Soy, existo" es necesariamente verdadera todas las veces que la pronuncio o que la concibo en mi mente.

Pero no conozco aún con suficiente claridad lo que soy yo, que estoy seguro de que existo; de modo que, en adelante, es necesario que me mantenga cuidadosamente alerta para no tomar imprudentemente cualquier otra cosa por mí y, así, no confundirme en absoluto con este conocimiento, que sostengo que es más cierto y más evidente que todos los que he tenido hasta el presente. Por ello consideraré directamente lo que creía ser antes de que me adentrase en estos últimos pensamientos; y cercenaré de mis antiguas opiniones todo lo que puede ser combatido por las razones ya alegadas, de modo que no quede precisamente nada más que lo que es enteramente indudable.

¿Qué es, pues, lo que he creído ser antes? Sin dificultad, he pensado que era un hombre. Pero ¿qué es un hombre? ¿Diré que es un animal racional? No ciertamente, ya que tendría que investigar después lo que es un animal y lo que es racional y así, de una sola cuestión, caeríamos irremisiblemente en una infinidad de otras más difíciles y embarazosas, y no quisiera malgastar el poco tiempo y el ocio que me queda empleándolos en desembrollar semejantes sutilezas. Me detendré, más bien, en considerar aquí los pensamientos que surgían antes por sí mismos en mi mente y que estaban inspirados sólo en mi naturaleza, cuando me aplicaba a la consideración de mi ser. Me consideraba, en primer lugar, como teniendo un rostro, manos, brazos y toda esa maquinaria compuesta de huesos y carne, tal como se muestra en un cadáver, a la que designaba con el nombre de cuerpo. Además de eso, consideraba que me alimentaba, que caminaba, que sentía y que pensaba, y atribuía todas esas acciones al alma; pero no me detenía, en absoluto, a pensar lo que era este alma, o bien, si lo hacía, imaginaba que era alguna cosa extremadamente rara y sutil, como un viento, una llama o un aire muy dilatado, que penetraba y se extendía por mis partes más groseras. Por lo que respecta al cuerpo, no dudaba de ningún modo de su naturaleza; ya que pensaba conocerlo muy distintamente y, si lo hubiera querido explicar según las nociones que tenía de él, lo hubiera descrito de este modo: por cuerpo entiendo todo lo que puede ser delimitado por alguna figura; que puede estar contenido en algún lugar y llenar un espacio, de tal modo que cualquier otro cuerpo quede excluido de él; que puede ser sentido, o por el tacto, o por la vista, o por el oído, o por el gusto, o por el olfato; que puede ser movido de distintas maneras, no por sí mismo, sino por alguna cosa externa por la que sea afectado y de la que reciba el impulso. Ya que, si tuviera en sí el poder de moverse, de sentir y de pensar, no creo en absoluto que se le debieran atribuir estas excelencias a la naturaleza corporal; al contrario, me extrañaría mucho ver que semejantes capacidades se encontraran en ciertos cuerpos.

Pero yo ¿qué soy, ahora que supongo que hay alguien que es extremadamente poderoso y, si me atrevo a decirlo, maligno y astuto, que emplea todas sus fuerzas y toda su industria en engañarme? ¿Puedo estar seguro de tener la menor de todas esas cosas que acabo de atribuir a la naturaleza corporal? Me paro a pensar en ello con atención, recorro y repaso todas esas cosas en mi mente y no encuentro ninguna de la que pueda decir que está en mí. No es necesario que me detenga a enumerarlas. Pasemos, pues, a los atributos del alma, y veamos si hay algunos que estén en mí. Los primeros son alimentarse y caminar; pero si es cierto que no tengo cuerpo también lo es que no puedo caminar ni alimentarme. Otro es sentir, pero tampoco se puede sentir sin el cuerpo, además de que, anteriormente, he creído sentir varias veces cosas durante el sueño que, al despertarme, he reconocido no haber sentido en absoluto realmente. Otro es pensar; y encuentro aquí que el pensamiento es un atributo que me pertenece: es el único que no puede ser separado de mí. "Soy, existo": esto es cierto; pero ¿durante cuánto tiempo? A saber: tanto tiempo mientras piense; ya que, quizás, podría ocurrir que si cesara de pensar cesaría al mismo tiempo de ser o de existir. No admito ahora, pues, nada que no sea necesariamente verdadero: yo no soy, pues, hablando con precisión, más que una cosa que piensa, es decir, una mente, un entendimiento o una razón, que son términos cuyo significado anteriormente me era desconocido. Ahora bien, yo soy una cosa verdadera y verdaderamente existente; pero ¿qué cosa? Ya lo he dicho: una cosa que piensa.

¿Y qué más? Volveré a azuzar mi imaginación para investigar si no soy algo más. No soy, en absoluto, este ensamblaje de miembros que llamamos cuerpo humano; tampoco soy un aire separado y penetrante extendido por todos esos miembros; tampoco soy un viento, un aliento, un vapor, ni nada de todo lo que puedo fingir e imaginar, ya que he supuesto que todos eso no era nada y, sin modificar esta suposición, considero que no deja de ser cierto que soy algo. Pero ¿puede ocurrir que todas esas cosas que supongo que no son nada, porque me son desconocidas, no sean en efecto distintas de mí, que conozco? No lo sé; ahora no discuto este tema; sólo puedo juzgar las cosas que me son conocidas: he reconocido que era e investigo lo que soy, yo, que he reconocido que existo. Ahora bien, es muy cierto que esta noción y conocimiento de mí mismo, considerada precisamente así, no depende en absoluto de las cosas cuya existencia todavía no me es conocida; ni, en consecuencia, con mayor motivo, de las que son fingidas e inventadas por la imaginación. E incluso los términos fingir e imaginar me advierten de mi error, ya que fingiría, en efecto, si imaginara ser alguna cosa, ya que imaginar no es otra cosa que contemplar la figura o la imagen de una cosa corporal. Ahora bien, ya se ciertamente que soy, y que en conjunto se puede hacer que todas aquellas imágenes, y generalmente todas las cosas que se remiten a la naturaleza del cuerpo, no sean más que sueños o quimeras. De lo que se sigue que veo claramente que tendría tan poca razón al decir: azuzaré mi imaginación para conocer más distintamente lo que soy, como la que tendría si dijera: ahora estoy despierto y percibo algo real y verdadero, pero como no lo percibo aún bastante claramente, me dormiré deliberadamente para que mis sueños me representen eso mismo con más verdad y evidencia. Y así reconozco ciertamente que nada de todo lo que puedo comprender por medio de la imaginación pertenece a este conocimiento que tengo de mí mismo, y que es necesario alejar y desviar a la mente de esta manera de concebir, para que pueda ella misma reconocer distintamente su naturaleza.

¿Qué es, pues, lo que soy? Una cosa que piensa. ¿Y qué es una cosa que piensa? Es una cosa que duda, que concibe, que afirma, que niega, que quiere, que no quiere, que imagina, también, y que siente.

Ciertamente no es poco, si todas esas cosas pertenecen a mi naturaleza. ¿Pero por qué no iban a pertenecerle? ¿No sigo siendo yo ese mismo que duda de casi todo, aunque entiende y concibe algunas cosas, que asegura y afirma que sólo estas son verdaderas, que niega todas las demás, que quiere y desea conocer más, que no quiere ser engañado, que imagina otras muchas cosas, a veces incluso a pesar de lo que tenga, y que siente muchas otras, como por medio de los órganos del cuerpo? ¿Hay algo en todo ello que no sea tan verdadero como lo es que yo soy, y que yo existo, incluso aunque durmiera siempre y aunque quien me ha dado el ser utilizara todas sus fuerzas para confundirme? ¿Hay alguno de esos atributos que pueda ser distinguido de mi pensamiento, o del que se pueda decir que está separado de mí mismo? Ya que es de por sí evidente que soy yo quien duda, quien entiende y quien desea, que no es necesario añadir nada para explicarlo. Y tengo también ciertamente el poder de imaginar, ya que, aunque pueda ocurrir (como he supuesto anteriormente) que las cosas que imagino no sean verdaderas, este poder de imaginar no deja de estar realmente en mí, no obstante, y forma parte de mi pensamiento. En fin, yo soy el mismo que siente, es decir, que recibe y conoce las cosas como por los órganos de los sentidos, ya que, en efecto, veo la luz, oigo el ruido, siento el calor. Pero me diréis que esas apariencias son falsas y que duermo. Bueno, aceptémoslo así; de todos modos por lo menos es cierto que me parece que veo, que oigo y que entro en calor; y es eso lo que propiamente para mí se llama sentir, lo que, tomado así precisamente, no es otra cosa que pensar.

Por donde empiezo a conocer lo que soy con un poco más de claridad y distinción que anteriormente. Pero no puedo impedirme creer que las cosas corporales, cuyas imágenes se forman en mi pensamiento, y que pertenecen a los sentidos, no sean conocidas más distintamente que esa no sé qué parte de mí mismo que no pertenece en absoluto a la imaginación: aunque sea una cosa bien extraña, en efecto, que las cosas que encuentro dudosas y alejadas sean más claramente y más fácilmente conocidas por mí que las que son verdaderas y ciertas y que pertenecen a mi propia naturaleza. Pero veo lo que ocurre: mi mente se complace en extraviarse y aún no puede mantenerse en los justos límites de la verdad. Aflojémosle, pues, un poco más las riendas, a fin de que, volviendo a tirar de ellas suave y adecuadamente, podamos regularla y conducirla más fácilmente.

Empecemos por la consideración de las cosas más comunes, y que creemos comprender más distintamente, a saber, los cuerpos que tocamos y vemos. No hablo aquí de los cuerpos en general, ya que esas nociones generales son con frecuencia más confusas, sino de algún cuerpo en particular. Tomemos, por ejemplo, este trozo de cera que acaba de ser sacado de la colmena: todavía no ha perdido la dulzura de la miel que contenía, todavía retiene algo del olor de las flores de las que se ha recogido; su color, su figura, su tamaño, son manifiestos; es duro, está frío, se puede tocar y, si lo golpeamos, producirá algún sonido. En fin, todas las cosas que pueden distintamente permitirnos conocer un cuerpo se encuentran en él. Pero he aquí que, mientras hablo, lo acercamos al fuego: lo que quedaba de su sabor desaparece, el olor se desvanece, su color cambia, pierde su figura, aumenta su tamaño, se licúa, se calienta, apenas podemos tocarlo y, aunque lo golpeemos, no producirá ningún sonido. ¿La misma cera permanece tras este cambio? Hay que confesar que permanece y nadie lo puede negar. ¿Qué es, pues, lo que se conocía de ese trozo de cera con tanta distinción? Ciertamente, no puede ser nada de todo lo que he indicado por medio de los sentidos, ya que todas las cosas que caían bajo el gusto, el olfato, la vista, el tacto o el oído, han cambiado, y sin embargo la misma cera permanece.

Quizás era lo que pienso ahora, a saber, que la cera no era ni esa dulzura de la miel, ni ese agradable olor de las flores, ni esa blancura, ni esa figura, ni ese sonido, sino solamente un cuerpo que antes me aparecía bajo esas formas y que ahora se hace notar bajo otras. Pero ¿qué es lo que, propiamente hablando, imagino, cuando la concibo de esta manera? Considerémoslo atentamente y, separando todas las cosas que no pertenecen a la cera, veamos lo que queda. Ciertamente no queda nada sino algo extenso, flexible y mutable. Ahora bien ¿qué es esto: flexible y mutable? ¿No es que imagino que esta cera, siendo redonda, es capaz de convertirse en cuadrada, y de pasar del cuadrado a una figura triangular? No, ciertamente no es esto, ya que la concibo como capaz de recibir una infinidad de cambios semejantes, y no podría recorrer esta infinidad con mi imaginación y, en consecuencia, esta concepción que tengo de la cera, no procede de la facultad de imaginar. ¿Qué es, ahora, esa extensión? ¿No es también desconocida, puesto que en la cera que se derrite, aumenta, y se hace aún más grande cuando está completamente derretida, y mucho más aún a medida que aumenta el calor? Y no concebiría claramente y según la verdad lo que es la cera, si no pensara que es capaz de recibir más variedades según la extensión de las que yo haya jamás imaginado. Tengo, pues, que estar de acuerdo, en que ni siquiera podría concebir lo que es esta cera mediante la imaginación, y que sólo mi entendimiento puede concebirlo; me refiero a este trozo de cera en particular, ya que por lo que respecta a la cera en general es aún más evidente. Ahora bien ¿qué es esta cera que sólo puede ser comprendida por el entendimiento o la mente? Ciertamente es la misma que veo, que toco, que imagino, y la misma que conocía desde el principio. Pero lo que hay que recalcar es que su percepción, o bien la acción por la que se la percibe, no es una visión, ni un contacto, ni una imaginación, y que nunca lo ha sido, aunque lo pareciera así anteriormente, sino solamente una inspección de la mente, que puede ser imperfecta y confusa, como lo era antes, o bien clara y distinta, como lo es ahora, según que mi atención se dirija más o menos a las cosas que están en ella y de las que ella está compuesta.

No obstante, no podría sorprenderme demasiado al considerar cuanta debilidad hay en mi mente, ni de la inclinación que la lleva insensiblemente al error. Ya que, aunque en silencio, considero todo esto en mí mismo, las palabras, no obstante, me confunden, y me veo casi engañado por los términos del lenguaje ordinario: pues decimos que "vemos" la misma cera, si se nos la presenta, y no que "juzgamos" que es la misma, que tiene el mismo color y la misma figura; de donde casi concluiría que conocemos la cera por la visión de los ojos, y no por la sola inspección de la mente, si no fuera que, por azar, veo desde la ventana hombres que pasan por la calle, a la vista de los cuales no dejo de decir que veo hombres, al igual que digo que veo la cera; y sin embargo ¿qué veo desde esta ventana sino sombreros y capas, que pueden cubrir espectros o imitaciones de hombres que se mueven mediante resortes? Pero juzgo que son verdaderos hombres, y así comprendo, por el solo poder de juzgar que reside en mi mente, lo que creía ver con mis ojos.

Un hombre que intenta elevar su conocimiento más allá de lo común debe avergonzarse de encontrar ocasión de dudar a partir de las formas y términos de hablar del vulgo; prefiero ir más allá, y considerar si concebía con más evidencia y perfección lo que era la cera cuando la percibí por primera vez, creyendo conocerla por medio de los sentidos externos o, al menos, por el sentido común, tal como lo llaman, es decir, por el poder imaginativo, que como la concibo ahora, después de haber examinado con exactitud lo que es, y de qué forma puede ser conocida. Sería ridículo, ciertamente, poner esto en duda. Pues ¿qué había en esta primera percepción que fuese distinto y evidente, y que no pudiera caer del mismo modo bajo el sentido de cualquier animal? Pero cuando distingo la cera de sus formas exteriores y, como si la hubiera despojado de sus vestimentas, la considero completamente desnuda, aunque se pudiera encontrar aún algún error en mi juicio, ciertamente, no podría concebirla de este modo sin una mente humana.

Pero, en fin, ¿qué diré de esta mente, es decir, de mí mismo? Pues hasta aquí no admito en mí ninguna otra cosa que una mente. ¿Qué diré de mí, yo, que parezco concebir con tanta claridad y distinción este trozo de cera? ¿No me conozco a mí mismo, no sólo con tanta verdad y certeza sino aún con mucha más distinción y claridad? Ya que si juzgo que la cera es, o existe, porque la veo, se seguirá con mucha mayor evidencia que yo soy, o que existo yo mismo, por el hecho de que la veo. Porque podría ocurrir que lo que yo veo no sea, en efecto, cera; también podría ocurrir que yo no tuviera ojos para ver cosa alguna; pero no es posible que cuando yo veo o (lo que ya no distingo) cuando yo pienso que veo, que yo, que pienso, no sea algo. Igualmente, si pienso que la cera existe porque la toco, se volverá a seguir la misma cosa, a saber, que yo soy; y si lo considero así porque mi imaginación me persuade de ello, o por cualquier otra causa que sea, concluiré siempre la misma cosa. Y lo que he señalado aquí de la cera, puede aplicarse a todas las otras cosas que me son exteriores y que se encuentran fuera de mí. Ahora bien, si la noción o el conocimiento de la cera parece ser más claro y más distinto después de haber sido descubierta no sólo por la vista o por el tacto, sino también por muchas otras cosas ¿con cuanta mayor evidencia, distinción y claridad, debo conocerme a mí mismo, puesto que todas las razones que sirven para conocer la naturaleza de la cera, o de cualquier otro cuerpo, prueban mucho más fácilmente y más evidentemente la naturaleza de mi mente? Y se encuentran además tantas otras cosas en la mente misma, que pueden contribuir a la aclaración de su naturaleza, que las que dependen del cuerpo, como estas, casi no merecen ser nombradas.

Pero en fin, heme aquí insensiblemente vuelto a donde quería; ya que, puesto que hay una cosa que me es ahora conocida: que propiamente hablando no concebimos los cuerpos más que por la facultad de entender que está en nosotros, y no por la imaginación ni por los sentidos, y que no los conocemos porque los veamos, o porque les toquemos, sino solo porque los concebimos por el pensamiento, conozco evidentemente que no hay nada que me sea más fácil de conocer que mi mente. Pero, como es casi imposible deshacerse rápidamente de una antigua opinión, será bueno que me detenga un poco en ello, a fin de que, prolongando mi meditación, se imprima más profundamente en mi memoria este nuevo conocimiento.

II

EL RACIONALISMO

Como vimos en la historia de la filosofía antigua[1], el racionalismo es una tendencia filosófica que puede remontarse hasta Parménides (s. VI a. C.). Es la tendencia contraria al empirismo. Los racionalistas piensan que tenemos ideas innatas, y que el conocimiento seguro, auténtico, nos viene por la razón, mientras que los empiristas confían más en los sentidos y son contrarios al innatismo de las ideas. En ese sentido, Platón fue racionalista, mientras que Aristóteles tendía al empirismo.

Cuando se habla de racionalismo como corriente filosófica, sin embargo, queremos referirnos a un grupo de filósofos que siguió las ideas de Descartes y que desarrolló su actividad entre los siglos XVII y XVIII. Las más destacadas figuras del racionalismo fueron, además de Descartes, Blaise Pascal, Baruch Spinoza, Nicolás Malebranche, Pierre Bayle y Gottfried Leibniz. Se suele llamar a esta corriente "Racionalismo continental", para destacar el hecho de que todos sus representantes son europeos del Continente, y que se opusieron a los filósofos empiristas, que fueron,

---

[1] Moris Polanco, *Historia de la filosofía antigua* (Miami: Editorial Arjé, 2016).

la mayoría de ellos, británicos (John Locke, George Berkeley y David Hume).

Por racionalismo también se entiende una posición filosófica que le da prioridad al uso de la razón frente al recurso a otras instancias, como la experiencia, la fe o la autoridad. En este sentido, el racionalismo es opuesto a la religión, aunque de por sí no tiene por qué darse una oposición entre fe y razón, sobre todo si entendemos que cabe una profundización racional en los misterios de la fe, y que hay cosas que la razón no alcanza a comprender (Pascal, decía que "el corazón tiene razones que la razón no entiende").

En lo que sigue, veremos únicamente el pensamiento y algunos datos de la vida de tres de estos racionalistas: Spinoza, Malebranche y Leibniz.

Baruch Spinoza

Baruch Spinoza o Benito Espinosa fue un filósofo neerlandés de origen sefardí-portugués nacido en Ámsterdam en 1632. Se le considera un heredero crítico del cartesianismo, y Scheliermacher, Goethe, Hegel y Schelling lo consideran el padre del pensamiento moderno. Fue expulsado de la comunidad judía y de su ciudad, por su visión crítica y racionalista de la religión. Para ganarse la vida, pulía lentes para instrumentos ópticos, entre ellos para su amigo el científico Christiaan Huygens. Debido al temor a la censura, publicó solo dos obras en vida: *Principios de la filosofía de Descartes. Pensamientos metafísicos* (1663), y *Tratado teológico-político* (1670). El resto de sus obras, incluyendo su Ética demostrada al modo geométrico, fueron publicadas por amigos suyos en las *Opera posthuma*, de 1677, excepto el *Tratado breve*, que fue descubierto en 1840 (escrito hacia 1660). Mantuvo una abundante correspondencia con intelectuales de toda Europa. En 1673 le fue ofrecida una cátedra de filosofía en la Universidad de La Haya, pero no la aceptó, porque se le ponía como condición "no perturbar la religión públicamente establecida". Falleció en esa ciudad, de tuberculosis, a los 44 años (1677).

Metafísica

Spinoza desarrolló un sistema metafísico original, con elementos judíos, cartesianos, escolásticos y epicúreos, en cuyo centro se encuentra la noción de sustancia divina, que puede ser Dios o la Naturaleza (según la perspectiva que se adopte; de ahí su famosa frase: *Deus sive Natura*, "Dios o la Naturaleza").

Para Spinoza existe una única sustancia, la divina, que es causa de sí misma (*causa sui*[2]) y productora de todo lo demás. Dios y el mundo, por lo tanto, son idénticos. Los objetos materiales son modos de manifestación del atributo divino "extensión", mientras que las ideas son modos de manifestación del atributo divino "pensamiento". En cuanto modos de manifestación de Dios, las cosas y las ideas son *naturaleza naturada*, mientras que la misma esencia divina es *naturaleza naturante*. El mundo y el pensamiento son finitos, mientras que Dios es infinito y eterno.

Obviamente, con el planteamiento de Spinoza desaparece el llamado problema de la comunicación de las sustancias, pues en su sistema la extensión y el pensamiento son manifestaciones de una única sustancia: la divina. El alma puede conocer su cuerpo, no porque se comunique con él, sino porque ambos son manifestación de la sustancia divina. Y en sentido estricto, no es el alma la que conoce su cuerpo y las cosas, sino que es el mismo Dios quien se piensa a sí mismo.

Al separar la realidad en tres sustancias (extensión, pensamiento y Dios), Descartes había dejado a salvo la libertad humana (es libre el pensamiento, más no la materia, que se rige por leyes mecánicas). Pero en el pensamiento de Spinoza no hay espacio para el libre arbitrio. El hombre es una manifestación de Dios; por lo tanto, cuando un individuo actúa o piensa, en realidad es Dios quien piensa o actúa. La única libertad posible, para Spinoza, es la toma de consciencia de la necesidad; el hombre es libre, dice, cuando se da cuenta de que todo está determinado. La libertad le viene por el entendimiento, no por la voluntad[3].

Ética

Dada su visión determinista de la naturaleza, es lógico que para Spinoza los conceptos de "bien" y "mal" no tengan ningún significado. Si vemos imperfección en el mundo, es porque no lo conocemos como realmente

---

2 En sentido estricto, nada puede ser "causa de sí mismo", porque para causarse tendría que ser antes de ser, lo cual no tiene sentido. La tradición dice de Dios que es "causa incausada" (causa que no tiene causa).
3 El determinismo aquí no implica necesariamente fatalismo. No se afirma que el hombre deba "dejar hacer y dejar pasar" todo, sino que debe esforzarse por llevar una vida conforme a la razón. Se entiende, así, la oposición de Spinoza a su religión, que le exigía un total sometimiento del entendimiento y de la voluntad.

es. "Bien" y "mal", en este sentido, son conceptos relativos al hombre. El hombre es el creador de los valores. Esto no impedía a Spinoza proponer unas normas de conducta que iban encaminadas a lograr el bienestar emocional, en una línea de pensamiento semejante a la de los epicureístas.

Spinoza afirma, también, que la inclinación natural del hombre, o "conatus" se dirige a conservarse en su ser, y sostiene que la virtud o poder del hombre se define en relación con el éxito de su preservación bajo la guía de la razón. Según Spinoza, la virtud más alta es el amor intelectual de Dios/la Naturaleza/el Universo.

Filosofía política

En filosofía política, Spinoza es deudor de Hobbes. Coincide con éste en que si el hombre no viviera en sociedad, su vida sería "horrible, brutal y corta". La verdadera vida humana solo es posible en una comunidad organizada bajo la autoridad del Estado. El Estado debe garantizar la vida y la propiedad. La existencia del Estado solo es posible por una clase de pacto entre los individuos que se comprometen a obedecer a un soberano. A primera vista, esto parecería una pérdida de libertad, pero en realidad el Estado garantiza la libertad. El hombre necesita del Estado no solo para librarlo de los demás sino de sus propias pasiones y para capacitarlo a llevar una vida conforme a la razón. Por otra parte, la soberanía del Estado nunca es, en realidad, absoluta. Un gobernante sabio procurará el bien de sus súbditos, e incluso fomentará que propongan reformas. En este sentido, el Estado realmente descansa en la voluntad unida de los ciudadanos; en lo que Rousseau —que leyó a Spinoza— llamó más tarde "la voluntad general".

Nicolás Malebranche

Nicolás Malebranche (1638-1715) fue un filósofo y teólogo francés que trató de combinar el agustinismo con el cartesianismo. Pertenecía a una familia acomodada de París. Estudió teología en La Sorbona. En 1660 ingresó en la Congragación del Oratorio, fundada por san Felipe Neri, y en 1664 fue ordenado sacerdote. En 1699 es nombrado miembro honorario de la Academia de las Ciencias, así como del célebre Oratorium Iesu, fundado por Pierre de Bérulle en París. Murió a la edad de 77 años.

Malebranche gozó de gran fama en vida, en parte debido a sus frecuentes intervenciones en las polémicas doctrinales de su tiempo. Escribió varias obras, entre las que destacan la *Investigación de la verdad*, *Conversaciones cristianas*, *Aclaraciones sobre la investigación de la verdad*, *Tratado sobre la naturaleza y la gracia*, *Meditaciones cristianas y metafísicas*, *Tratado de moral*, *Conversaciones sobre la metafísica y la religión*, *Leyes de la comunicación y de los movimientos* y *Tratado del amor de Dios*.

Se le considera un continuador de la filosofía cartesiana, aunque su intento de unirla con una visión cristiana del hombre dio como resultado una concepción que no logra satisfacer ni a una ni a otra.

Filosofía y teología

En su intento por construir una filosofía cristiana, Malebranche racionaliza el dogma e intenta resolver los problemas filosóficos con la ayuda de la fe, basándose en el lema agustiniano *nisi credideritis, non intellegitis*, "a menos que creas, no entenderás". Afirma que Descartes ha descubierto en treinta años más verdades que todos los filósofos de la historia. Sostiene que, mientras en teología hay que venerar la antigüedad, en filosofía hay que buscar la novedad. Escribe Malebranche:

> *En materia teológica, debemos venerar lo antiguo porque debemos amar la verdad, y la verdad se encuentra en la antigüedad [...]. En materia filosófica se debe, al contrario pero por la misma razón, amar la novedad, y precisamente porque se debe siempre amar y buscar la verdad. Pero al mismo tiempo, la razón no quiere que se crea más en la palabra de estos nuevos filósofos que en la de los antiguos. La razón quiere que examinemos sus pensamientos con atención, y que los aceptemos solo cuando no tengamos más motivos para dudar"* (*Investigación de la verdad*, 2, 2, 5).

Teoría del conocimiento

En teoría del conocimiento, Malebranche es enteramente racionalista: los sentidos no nos dan el verdadero conocimiento; este es espiritual, racional y de carácter ideal. Su teoría se articula en torno a cuatro posibles formas de conocimiento:

1) Conocimiento de *Dios*: lo conocemos *directamente*, por intuición, ya que él es el único que obra directamente en nuestro espíritu.

2) Conocimiento de las *cosas*: estas se conocen a través de las *ideas*. En sentido estricto, no conocemos cosas, sino solo ideas.

3) Conocimiento del *alma*: no conocemos el alma por medio de su idea, no la vemos en Dios, sino que la conocemos a través de nuestra *conciencia*.

4) Conocimiento de *relaciones*: cuando comparamos cosas entre sí, conocemos a través de *suposiciones*.

Pero, ¿cómo llegan las ideas al alma? Como buen agustiniano, Malebranche sostiene el alma ve las ideas en Dios. Las ideas son eternas y necesarias, y el alma está íntima e inmediatamente unida a Dios, de manera que el alma puede ver en Dios las obras de Dios. Obviamente, la visión de las ideas en Dios implica ver o saber que Dios existe. Se trata de dos verdades que se dan juntas.

La comunicación de las sustancias

¿Cómo resuelve Malebranche el problema de la comunicación de las sustancias, que atormenta a todo racionalista? Muy sencillo: en realidad, dice el oratoriano, el cuerpo y el alma no se comunican.

En primer lugar, solo por medio de la revelación sabemos con seguridad que Dios ha creado el cielo, la tierra y todo lo que contienen. En segundo lugar, la sensación no es más que una especie de revelación natural de Dios al alma: Dios *revela* la existencia de los cuerpos *con ocasión* de las sensaciones. Es solo por efecto del pecado original que tendemos a pensar que los cuerpos ejercen una actividad causal, en nuestra alma o entre sí. La única causa real de todo es Dios. Así, pues, el alma no se comunica con las cosas: solo Dios actúa en ella.

Esta extraña tesis de Malebranche queda expuesta en una sección de sus *Conversaciones sobre la metafísica y la religión*, mediante las palabras de uno de los personajes del diálogo, Teodoro:

> *Por lo tanto Aristeo —dice Teodoro—, no puedes por ti mismo mover el brazo, cambiar de sitio, de situación, de postura, hacer a los demás nada bueno o malo, ni producir en el universo*

ningún cambio. Estás en el mundo sin ningún poder, inmóvil como una roca, estúpido, por así decirlo, como un tronco. Aunque tu alma esté unida al cuerpo, todo lo estrechamente que quieras, y se conecte por él con todo lo que le rodea, ¿qué ventaja tendrá esa unión? ¿Cómo te las arreglarás para mover la punta del dedo, o pronunciar un monosílabo siquiera? ¡Ay! Si Dios no viene en tu ayuda, vanos serán tus esfuerzos e impotentes tus deseos. Pues (reflexionemos un poco) ¿sabes acaso qué hay que hacer para pronunciar el nombre de tu mejor amigo, para doblar o enderezar el dedo que más usas? [...] Así que a pesar de la unión de alma y cuerpo, como quieras imaginaria, estarás muerto y sin movimiento, salvo que Dios quiera hacer coincidir sus voluntades con las tuyas; sus voluntades siempre eficaces con tus deseos siempre impotentes. Éste es, querido Aristeo, el desenlace del misterio. Las criaturas están unidas sólo a Dios por una acción inmediata. Dependen esencial y directamente sólo de Él. Como todas son igualmente impotentes, no dependen mutuamente unas de otras. Puede decirse que están unidas entre ellas, y que incluso dependen unas de otras. Lo admito, con tal de que no se entienda de manera prosaica, con tal de que se esté de acuerdo con que es a consecuencia de las voluntades inmutables y siempre eficaces del Creador, conforme a las leyes generales que ha establecido, y por las cuales regula el curso ordinario de la Providencia. Dios ha querido que mi brazo se moviese en el preciso momento en que lo he movido (presupongo las condiciones necesarias)[4].

Gottfried Leibniz

A Gottfried Wilhelm Leibniz (Leipzig, 1646-Hannover, 1716) se le reconoce como "el último genio universal". Hizo profundas e importantes contribuciones en metafísica, epistemología, lógica, filosofía de la religión, matemática, física, geología, jurisprudencia e historia. Es uno de los inventores del cálculo infinitesimal, y su notación es la que se emplea hoy en día. También inventó el sistema binario, el sistema de numeración que

---

4 Nicolás Malebranche, *Conversaciones sobre la metafísica y la religión* (Madrid: Ediciones Encuentro, 2006).

utilizan las computadoras, y anticipó nociones que aparecieron mucho más tarde en biología, medicina, geología, teoría de la probabilidad, psicología, ingeniería y ciencias de la computación. Fue uno de los primeros intelectuales europeos que reconocieron la importancia de China, como cultura y como futura potencia. También anticipa la lógica moderna y la filosofía analítica. En vida, Leibniz publicó solo dos libros filosóficos y numerosos panfletos, pero su producción literaria, que incluye más de 15,000 cartas a más de mil destinatarios, es enorme. La catalogación de la totalidad de sus obras se inició en 1901. Hasta 2006, se habían publicado 25 volúmenes, con un promedio de 870 páginas por volumen.

Vida

Leibniz era hijo de un jurista y profesor de filosofía moral en la Universidad de Leipzig, y de la hija de un profesor de leyes. Su padre murió cuando él tenía seis años, y su educación quedó en manos de su madre y su tío. A los siete años empezó a beneficiarse de la biblioteca que había dejado su padre, de manera que a los doce años ya había aprendido latín por su cuenta, idioma que utilizó durante el resto de su vida. A los 14 años ingresó en la Universidad de Leipzig y a los 20 completó sus estudios, especializándose en derecho y en los clásicos, en lógica y en filosofía escolástica. Obtuvo su doctorado en cinco meses en la Universidad de Altdorf. Rechazó una cátedra que se le ofreció en esa universidad, y el resto de su vida se dedicó a servir a dos familias prominentes de la nobleza alemana.

Metafísica

La metafísica de Leibniz está resumida en su pequeña obra *Monadología* (noventa aforismos), compuesta en 1714 y publicada póstumamente.

Las mónadas, para Leibniz, "son los verdaderos átomos de la naturaleza"[5]; "sólo pueden comenzar por creación y acabar por aniquilamiento"; no pueden ser alteradas o cambiadas en su interior por otra criatura; "no tienen ventanas por donde algo pueda entrar o salir"; difieren entre sí en cualidad, no en cantidad; sus cambios naturales "vienen de un principio interno, puesto que ninguna causa externa puede influir en su interior".

---

5 Las citas siguientes, salvo indicación en contrario, pertenecen a Gottfried Wilhelm Leibniz, *Monadología. Principios de la naturaleza y de la gracia.* (Madrid: Facultad de Filosofía, Universidad Complutense, 1994).

Las almas son mónadas "cuya percepción es más distinta y va acompañada de memoria". "Todo estado presente de una sustancia simple es naturalmente consecuencia de su estado anterior, de tal suerte que el presente está preñado del provenir".

Dado que "una mónada creada no puede tener influencia física en el interior de otra", solo por medio de Dios "podrá haber dependencia de una a otra". Las mónadas, pues, no se comunican, sino que funcionan al unísono, de acuerdo a una *armonía preestablecida* por Dios desde su creación. Este es el caso de las mónadas alma y cuerpo, que parece que se comunicaran, pero en realidad no lo hacen. A la manera de dos relojes perfectamente sincronizados, a cada movimiento en el cuerpo corresponde una sensación en el alma, y a cada deseo del alma corresponde un movimiento en el cuerpo.

Los cuerpos, para Leibniz, "son máquinas hasta en sus más mínimas partes, hasta el infinito". Las almas "obran según las leyes de las causas finales, por apeticiones, fines y medios", mientras que los cuerpos "obran según las leyes de las causas eficientes o movimientos. Y ambos reinos, el de las causas eficientes y el de las causas finales, son armónicos entre sí".

El sistema que el propio Leibniz llama de "armonía preestablecida" hace que los cuerpos "obren como si —por imposible— no hubiese almas, y que las almas obren como si no hubiese cuerpos, y que ambos obren como si uno no influyese en el otro".

Optimismo

Leibniz creía que Dios había creado el mejor de los mundos posibles; que entre todas las infinitas posibilidades que solo Él puede concebir, había elegido la mejor. "Mejor" se entiende aquí no en sentido moral, sino matemático y físico. Es el mundo matemática y físicamente más perfecto, puesto que las combinaciones (sean moralmente buenas o malas, no importa) son las mejores posibles.

Este optimismo de Leibniz (entendiendo aquí por "óptimo" "lo mejor", no la cualidad del temperamento) fue ridiculizado por Voltaire en su obra *Cándido*. En ella, el Dr. Pangloss, que representa a Leibniz, es un personaje ingenuo que hace el ridículo con su optimismo. De ahí viene que a una persona o plan excesivamente optimista se le llame "panglosiano".

Conocimiento

Las cosas tienen percepciones sin conciencia, mientras que las almas tienen percepciones con conciencia y con memoria. A esto último le llama Leibniz apercepción. Las mónadas humanas pueden conocer verdades universales y necesarias. Son, por eso, espíritus. En la cumbre de las mónadas espíritus está Dios.

"También hay dos suertes de verdades: las de razonamiento y las de hecho. Las verdades de razonamiento [o de razón] son necesarias y su opuesto es imposible; y las de hecho son contingentes, y su opuesto es posible. Cuando una verdad es necesaria, puede hallarse su razón por medio del análisis, resolviéndola en ideas y verdades más simples, hasta llegar a las primitivas. Así, los matemáticos reducen por análisis los teoremas especulativos y los cánones prácticos a las definiciones, axiomas y postulados". En Dios, sin embargo, no puede haber distinciones de verdades de razón y de hecho. Sólo Dios puede comprender las verdades de hecho, pues ello presupone un análisis infinito.

Razón suficiente

Leibniz también es conocido por formular el principio de razón suficiente, el cual dice que no se produce ningún hecho sin que haya una razón suficiente para que sea así y no de otro modo. De ello se deduce que lo que a nosotros nos parece contingente o producto del azar o la casualidad es, en realidad, necesario; nosotros lo consideramos contingente porque no conocemos bien todas las causas que lo produjeron. Así lo explica Leibniz:

> *Ahora debemos remontarnos a la metafísica, sirviéndonos del gran principio por lo común poco empleado, que afirma que nada se hace sin razón suficiente, es decir que nada sucede sin que le fuese imposible a quien conociera suficientemente las cosas, dar una razón que sea suficiente para determinar por qué es esto así y no de otra manera. Enunciado el principio, la primera cuestión que se tiene derecho a plantear será: por qué hay algo más bien que nada. Pues la nada es más simple y más fácil que algo. Además, supuesto que deban existir cosas, es*

preciso que se pueda dar razón de por qué deben existir de ese modo y no de otro (Principios de la naturaleza y de la gracia)[6].

Si conociéramos la razón por la cual sucede cada cosa en el universo, podríamos predecir el futuro. Este es el fundamento de la ciencia. Desde luego, en nuestra presente condición las predicciones científicas son solo aproximaciones a la verdad.

A Leibniz se le atribuyen otros principios filosóficos, además de los ya vistos. Entre ellos, el *principio de identidad de los indiscernibles*, que dice que dos cosas son idénticas si y sólo si comparten las mismas propiedades, independientemente de que ocupen lugares distintos en el espacio, y el *principio de continuidad*, que afirma que la naturaleza no da saltos.

---

6 Leibniz, *Monadología. Principios de la naturaleza y de la gracia.*

TEXTOS

I. Spinoza, Tratado de la reforma del entendimiento[7]

(1)La experiencia me enseñó que cuanto ocurre frecuentemente en la vida ordinaria es vano y fútil; veía que todo lo que para mí era causa u objeto de temor no contenía en sí nada bueno ni malo, fuera del efecto que excitaba en mi alma: resolví finalmente investigar si no habría algo que fuera un bien verdadero, posible de alcanzar y el único capaz de afectar el alma una vez rechazadas todas las demás cosas; un bien cuyo descubrimiento y posesión tuvieran por resultado una eternidad de goce continuo y soberano. Digo resolví finalmente, porque a primera vista parecía insensato renunciar a algo seguro por algo inseguro. Veía, por cierto, las ventajas que nos procuran el honor y la riqueza y cuya persecución debería abandonar si quería contraerme seriamente a algún propósito nuevo; si la felicidad suprema residía en ellos, debía renunciar a poseerla; y en el caso de que no la contuvieran, el apego exclusivo a esas ventajas me la haría perder igualmente. Se inquietaba mi alma por saber si acaso era posible instituir una vida nueva, o cuando menos adquirir alguna certeza respecto de ello, sin cambiar el orden antiguo ni la conducta ordinaria de mi vida. Muchas veces lo intenté en vano. Pues lo más frecuente en la vida, lo que los hombres, según puede inferirse de sus acciones, consideran como el bien supremo, se reduce, en efecto, a estas tres cosas: riqueza, honor y placer sensual. Cada una distrae el espíritu de cualquier pensamiento relativo a otro bien: en el placer el alma queda suspensa como si descansara en un bien verdadero, lo que le impide en absoluto pensar en otro bien; por otra parte, al goce sucede una tristeza profunda, que, si no suspende el pensamiento, lo perturba y embota. La persecución del honor y de la riqueza no absorbe menos el espíritu; especialmente cuando la riqueza se la busca por sí misma pues entonces se la supone el bien supremo. El honor absorbe el espíritu más exclusivamente aún porque siempre se le considera como algo bueno en sí y como un fin último al que se refieren todas las acciones. Además, el honor y la riqueza no son seguidos de arrepentimiento, como sucede con el placer; por el contrario, cuanto más poseemos de ellos, el gozo experimentado acrece, de donde se deriva la constante excitación

---

7 Baruch Spinoza, *Tratado de la reforma del entendimiento* (Ediciones El Aleph, 2000).

a aumentarlos; y si algunas veces se frustra nuestra esperanza, sentimos extrema tristeza. El honor, en fin, constituye un gran impedimento porque para lograrlo es preciso vivir según la manera de ver de la gente, es decir, huir de lo que ella huye y buscar lo que ella busca.

(2) Viendo, pues, que esos objetos obstaculizan la institución de un nuevo modo de vida, que hasta existe entre ellos y éste una oposición que hace necesario renunciar a unos o a otro, me vi constreñido a buscar qué partido era más útil; parecía, en efecto, como dije, que quería cambiar un bien cierto por otro incierto. Pero después de alguna reflexión sobre este asunto, reconocí, en primer lugar, que si dejaba estas cosas de lado y me entregaba al nuevo modo de vida, abandonaría un bien incierto por su naturaleza, como se infiere claramente de lo dicho, por un bien incierto, no por su naturaleza (pues yo buscaba un bien estable), sino en cuanto a su logro. Una meditación más prolongada me persuadió de que si podía decidirme por completo, renunciaba a males seguros por un bien seguro. Veía que estaba expuesto a un peligro extremo, y obligado a buscar, con todas mis fuerzas, un remedio, aunque fuera inseguro, como el enfermo grave que, cuando prevé una muerte segura si no recurre a algún remedio, se ve impelido a buscarlo con todas sus fuerzas, por incierto que sea, pues constituye toda su esperanza. Ahora bien; las cosas que el vulgo persigue no sólo no ofrecen ningún remedio para la conservación de nuestro ser, sino que la impiden y son, a menudo, causa de ruina de los que las poseen y siempre causa de muerte de los poseídos por ellas.

(3) Son numerosos los ejemplos de hombres que a causa de sus riquezas han sufrido una persecución que llegó hasta la muerte; y también de hombres que, por adquirir bienes, se expusieron a tantos peligros que acabaron por pagar su desatino con la vida. Y no son menos numerosos los ejemplos de quienes sufrieron cruelmente por adquirir o conservar el honor. Innumerables, en fin, son los ejemplos de aquellos que han apresurado su muerte por el exceso de placer. Por lo demás, esos males parecían provenir de que toda nuestra felicidad o infelicidad reside en un sólo punto: ¿a qué clase de objeto estamos apegados por el amor? En efecto, lo que no se ama no engendra nunca disputa; no estaremos tristes si se pierde, ni sentiremos envidia si cae en posesión de otro; ni temor, ni odio, en una palabra, ninguna conmoción del alma. Pero estas pasiones son nuestra herencia cuando amamos cosas perecederas, como aquellas de que hemos hablado. Mas el amor hacia una cosa eterna e infinita alimenta el alma con una alegría pura y exenta de toda tristeza; bien grandemente deseable y

que merece ser buscado con todas nuestras fuerzas. Por cierto no he escrito sin razón estas palabras: sólo si podía reflexionar seriamente. Pues por más claramente que mi espíritu percibiera lo que precede, aun no podía desprenderme por entero de toda avidez, deseo de placer y de gloria.

(4) Un solo punto era claro: mientras mi espíritu estaba entregado a tales meditaciones, se apartaba de las cosas perecederas y seriamente pensaba en la institución de una vida nueva. Esto fue para mí gran consuelo, pues vi que el mal no era de naturaleza irremediable. Aunque esos intervalos fueron al principio raros y de breve duración, a medida que conocí cada vez más el verdadero bien, se hicieron más frecuentes y prolongados, sobre todo cuando observé que el atesorar, el placer y la gloria sólo son perjudiciales en tanto se les persigue por sí mismos y no como medios para otros fines. Al contrario, si se les busca como medios, nunca excederán de cierta medida, y, lejos de perjudicar, contribuirán mucho a lograr el fin que uno se propone, como mostraremos a su tiempo.

(5) Aquí sólo diré brevemente lo que entiendo por bien verdadero y también qué es el soberano bien. Para entenderlo rectamente, es preciso advertir que bien y mal se expresan en forma puramente relativa, y que una sola y misma cosa puede ser llamada buena y mala según como se la considere; lo mismo ocurre con lo perfecto y lo imperfecto. Ninguna cosa, en efecto, considerada en su propia naturaleza, podrá llamarse perfecta o imperfecta, sobre todo cuando sabemos que cuanto sucede se cumple según el orden eterno y las leyes determinadas de la naturaleza. Pero como la flaqueza humana no puede abrazar este orden con el pensamiento, concibe por eso una naturaleza humana muy superior en fuerza a la suya, y como no ve que nada le impida adquirir una semejante, está impulsada a buscar los medios que la conduzcan a esa perfección. Todo lo que desde entonces puede servirle de medio para llegar a ella es llamado bien verdadero; y es considerado bien soberano llegar a disfrutar, con otros individuos si es posible, de esa naturaleza superior. ¿Cuál es, pues, esa naturaleza? La expondremos en su lugar correspondiente y mostraremos que es el conocimiento de la unión que tiene la mente con la naturaleza entera. Tal es, pues, el fin a que tiendo: adquirir esa naturaleza superior y hacer cuanto pueda para que muchos la adquieran conmigo; pues también pertenece a mi felicidad esforzarme para que otros conozcan claramente lo que es claro para mí, de manera que su entendimiento y sus deseos concuerden plenamente con mi propio entendimiento y con mi propio deseo. Para llegar a este fin es necesario tener de la Naturaleza una comprensión

que baste para adquirir esa naturaleza, y además constituir una sociedad tal como se requiere para que el mayor número posible llegue a ese fin tan fácil y seguramente como se pueda. Hay que dedicarse luego a la Filosofía moral y a la Ciencia de la educación; y como la salud no es un medio desdeñable para conseguir ese fin, sería necesario crear una Medicina perfecta; como, en fin, el arte vuelve fáciles muchas cosas, difíciles, ahorra tiempo y aumenta las comodidades de la vida, no deberá ser descuidada la Mecánica. Pero ante todo hay que pensar en el medio de curar el entendimiento y de purificarlo, hasta donde sea posible al comienzo, de modo que conozca las cosas fácilmente, sin error y lo mejor posible. Desde ahora puede verse que quiero dirigir todas las ciencias a un solo fin y a un solo propósito, que es llegar a la suprema perfección humana de que hemos hablado; todo lo que en las ciencias no nos hace avanzar hacia nuestro fin deberá desecharse como inútil; en una palabra, todos nuestros actos y pensamientos deberán dirigirse a ese fin. Pero mientras nos esforzamos por alcanzarlo y por llevar nuestro entendimiento por el recto camino, es necesario vivir; estamos, pues, obligados, ante todo, a establecer algunas reglas que reputaremos buenas y que son éstas:

(6) I. Hablar según la capacidad del vulgo y hacer, a su modo, todo lo que no nos impida alcanzar nuestro propósito: ganaremos bastante con él con tal que, en la medida de lo posible, condescendamos con su manera de ver y encontraremos así oídos dispuestos a escuchar la verdad.

(7) II. Gozar de los placeres justamente lo necesario para conservar la salud.

(8) III. Por último, buscar el dinero o cualquier otro bien material semejante sólo en cuanto es necesario para conservar la vida y la salud y para conformarnos con los usos sociales que no se opongan a nuestro fin.

II. Malebranche, Conversaciones[8]

Séptima conversación (fragmento)
Teodoro. [...] Hablemos de cosas más importantes. Dinos, por favor, lo que has pensado sobre el tema que te propuse en nuestra última conversación. ¿Con qué cosas tenemos relación? ¿Cuáles son las causas de esas relaciones, y cuáles los efectos? Preferimos oírte filosofar que vernos abrumados de delicadezas y cumplidos.

---

8 Malebranche, *Conversaciones sobre la metafísica y la religión*.

Aristeo. Supones, creo, que me he pasado la noche velando para obsequiar a Teótimo con algún estudiado discurso.

Teodoro. Dejemos eso, Aristeo, y hablemos con naturalidad.

I. Aristeo. Opino, Teodoro, que no hay nada a lo que esté más unido que a mi propio cuerpo. Pues no se le puede tocar sin afectarme a mí. Si se le hiere, siento que se me ofende o molesta. No hay nada más pequeño que la trompa de esos mosquitos impertinentes que nos insultan en el paseo de la tarde; y, sin embargo, en cuanto me hunden en la piel el extremo imperceptible de su trompa venenosa, siento que me hieren hasta lo más hondo. El ruido mismo que hacen me da la alarma: prueba certera de que estoy unido a mi cuerpo más que a cualquier otra cosa. Sí, Teodoro, es tan cierto que incluso sólo por el cuerpo estamos unidos a los objetos que nos rodean. Si el sol no me golpeara en los ojos, me sería invisible, y si, por desgracia para mí, me volviera sordo, ya no encontraría tanto placer en el trato con mis amigos. Es incluso por mi cuerpo por lo que me uno a mi religión. Porque la fe me entró en el espíritu y en el corazón por los ojos y oídos. En suma, me relaciono con todo a través de mi cuerpo. Por tanto, estoy unido a mi cuerpo más estrechamente que a cualquier otra cosa.

Teodoro. ¿Te ha llevado mucho tiempo hacer ese gran descubrimiento, Aristeo?

Teótimo: Se hace fácilmente, Teodoro.

Teodoro. Sí, Teótimo, pueden hacerlo las personas que sólo consultan a sus sentidos. ¿Por quién tomas a Aristeo, aprobando en su boca palabras que hasta un campesino puede decir? No reconozco a Aristeo en esa respuesta.

Aristeo. Ya veo que he empezado mal.

Teodoro. Desde luego que muy mal. No me esperaba este comienzo. No pensaba que hoy hubieses olvidado lo que ayer sabías. Pero los prejuicios siempre vuelven a la carga, y nos alejan de nuestras conquistas, si con vigilancia y buena disposición no sabemos mantenernos en ellas. Pues bien, mantengo que, lejos de estar unidos al cuerpo más estrechamente que a cualquier otra cosa, no estamos en absoluto unidos a él. Exagero un poco para que te choquen vivamente mis palabras, y no las olvides. No, Aristeo, hablando con propiedad y en rigor, el espíritu no está ni puede estar unido al cuerpo. Porque sólo puede estar unido a lo que puede actuar sobre él. Pero ¿piensas que tu cuerpo puede actuar sobre el espíritu? ¿Piensas que sea por él por lo que eres racional, feliz o desgraciado, y todo lo demás? ¿Es el cuerpo lo que te une a Dios, a la Razón que nos ilumina, o es Dios el que te une al cuerpo, y por el cuerpo a todo lo que te rodea?

Aristeo. Desde luego, Teodoro, es Dios quien ha unido el espíritu al cuerpo. Pero ¿no podría decirse...

Teodoro: ¿Qué? ¿Que es tu espíritu el que actúa ahora sobre tu cuerpo, y tu cuerpo sobre tu espíritu? Te entiendo. Dios ha provocado esa unión de espíritu y cuerpo. Pero ahí está el cuerpo, y por él todos los objetos capaces de actuar en tu espíritu. Hecha la unión, también tenemos al espíritu capaz de actuar sobre el cuerpo, y a través de él sobre los que te rodean. ¿No es eso lo que podría decirse?

Aristeo. Hay algo que no entiendo muy bien. ¿Cómo se produce todo eso? Te hablo como si hubiese olvidado la mayor parte de las cosas que me has dicho, por no haberlas meditado.

Teodoro. No lo dudo. Quieres que demuestre más exacta y detalladamente los principios de los que hasta aquí te he hablado. Hay que intentar satisfacerte. Pero te ruego que estés atento y me respondas, y a ti, Teótimo, te ruego que nos observes.

II. ¿Opinas, Aristeo, que la materia (que quizá crees incapaz de moverse por sí misma, o de darse modalidad alguna) puede modificar un espíritu, hacerlo feliz o desgraciado, representarle las ideas, darle distintos sentimientos? Piénsalo y contéstame.

Aristeo. No me parece posible.

Teodoro. Insisto, Aristeo, piénsalo. Consulta la idea de extensión, y juzga por esa idea quién representa a los cuerpos, o si nada los representa, si pueden tener alguna propiedad que no sea la facultad pasiva de recibir distintas figuras y movimientos. ¿No es evidente, evidentísimo, que las propiedades de la extensión sólo pueden consistir en relaciones de distancia?

Aristeo. Está claro, y ya mostré mi acuerdo con ello.

Teodoro. Por tanto, no es posible que los cuerpos actúen sobre los espíritus.

Aristeo. No por sí mismos, por su propia fuerza, se te contestará. Pero ¿por qué no podrían hacerlo mediante una fuerza que resultase de su unión con los espíritus?

Teodoro. ¿Qué entiendes por una fuerza que resultase de su unión? No comprendo nada de esos términos generales. Acuérdate, Aristeo, del principio de las ideas claras. Si lo abandonas te sumirás en las tinieblas. Al primer paso caerás al precipicio. Comprendo que los cuerpos, en consonancia con ciertas leyes naturales, pueden actuar sobre el espíritu en ese sentido, que sus modalidades determinan la eficacia de las voluntades divinas o de las leyes generales de la unión de alma y cuerpo, lo cual pronto te explicaré. Pero no comprendo que los cuerpos puedan albergar cierta fuerza, por cuya eficacia actúen en el espíritu. Pues ¿qué sería esa fuerza? ¿Sería una sustancia, o una modalidad? Si es una sustancia, no actuarán los cuerpos, sino esa sustancia en ellos. Si es una modalidad, entonces existe una que no es ni movimiento ni forma. La extensión podría así tener modalidades distintas a las relaciones de distancia. ¿Dónde me paro? Te corresponde a ti darme una idea sobre la fuerza que concibes como efecto de la unión del alma y cuerpo.

Aristeo. Se te contestará que no sabemos qué es esa fuerza, pero ¿qué puedes concluir del reconocimiento de nuestra impotencia?

Teodoro. Que es mejor callarse que no saber lo que se dice.

Aristeo. De acuerdo. Pero cuando se afirma que los cuerpos actúan sobre los espíritus se dice lo único que se sabe. No hay nada más cierto. La experiencia no permite dudar de ello.

Teodoro. Lo dudo mucho, sin embargo, o más bien no lo creo. La experiencia me enseña que siento dolor, por ejemplo, cuando una espina me pincha. Es cierto. Pero ahí nos quedamos. Pues la experiencia de ningún modo nos enseña que la espina actúe sobre nuestro espíritu, ni que tenga ninguna fuerza. Te aconsejo que no deduzcamos nada.

III. Aristeo. No creo, Teodoro, que una espina pueda actuar sobre el espíritu. Pero se te dirá quizá que puede actuar sobre el cuerpo, y por el cuerpo sobre el espíritu conforme a su unión. Estoy de acuerdo en que la materia no puede actuar inmediatamente sobre un espíritu. Y fíjate en esta palabra, inmediatamente.

Teodoro. Pero ¿el cuerpo no es materia?

Aristeo. Sí, sin duda.

Teodoro. Entonces el cuerpo no puede actuar inmediatamente sobre el espíritu. Aunque te pincharas el cuerpo con una espina, aun que tu cerebro fuera afectado por su acción, ni uno ni otro podrían actuar en tu alma y hacerle sentir dolor. Porque ni uno ni otro pueden actuar inmediatamente sobre el espíritu, dado que cerebro y dedo son materia.

Aristeo. Tampoco es el alma quien produce ese sentimiento de dolor que le aflige, pues ella sufre a su pesar. Siento que el dolor me viene de alguna causa exterior. Tu razonamiento prueba demasiado. Sé que vas a decirme que es Dios quien causa el dolor en mí, y estoy de acuerdo. Pero lo causa exclusivamente conforme a las leyes de la unión de alma y cuerpo.

Teodoro. ¿Qué quieres decir, Aristeo? Todo eso es verdad. Explica más claramente tu argumentación.

Aristeo. Creo, Teodoro, que Dios ha unido el espíritu al cuerpo, y que por esa unión espíritu y cuerpo actúan mutuamente uno sobre otro, conforme a las leyes naturales que Dios sigue siempre con exactitud. Eso es todo lo que tengo que decir.

Teodoro. No te explicas, Aristeo. Es signo de que no comprendes. Unión, ley general, ¿qué especie de realidad entiendes por esos términos?

Teótimo. Parece que Aristeo cree que los términos son claros y sin ambigüedad, porque el uso los ha hecho muy habituales. Pues cuando leemos algo oscuro o falso sin haberlo examinado nos parece improbable que no sea verdad. Esa palabra unión es de las más ambiguas que existen. Pero es tan habitual y agradable, que pasa por todos sitios sin que nadie la detenga, sin que nadie examine si despierta en el espíritu alguna idea precisa. Pues todo lo que nos es familiar no llama la atención del modo en que debiera para entenderlo: y todo lo que afecta agradablemente a la imaginación le parece muy claro al espíritu, que no desconfía de nada cuando se le paga con alegría.

Aristeo. ¡Cómo, Teótimo! ¿Coincides con Teodoro? ¿Podemos dudar de que alma y cuerpo estén unidos de la manera más estrecha? Pensaría que os habéis puesto de acuerdo para trastocarme y divertiros a mi costa, si no fuera porque estoy convencido de que sois demasiado honestos como para tener un plan tan poco caritativo.

Teótimo: Aristeo, eres demasiado desconfiado. Teodoro está del lado de la verdad; si exagera un poco es para enderezarnos. Ve que el peso de los prejuicios nos arrastra, y emplea la fuerza para retenernos.

Escuchémosle, te lo ruego.

IV. Teodoro. Aristeo, pretendes que el alma está unida al cuerpo más estrechamente que a cualquier otra cosa. Pues bien, te lo otorgo por un momento, pero a cambio de que tú a tu vez me concedas, por uno o dos días, no explicar ciertos efectos mediante un principio que ni tú ni yo conocemos, ¿Te parece razonable?

Aristeo. Perfectamente razonable. Pero ¿qué quieres decir?

Teodoro. Lo siguiente: existe entre cuerpo y espíritu la unión más estrecha. ¡No podemos dudar de ello! Pero no podrías explicar exactamente en qué consiste esa unión. No la tomemos, pues, como principio de explicación de los efectos cuya causa buscamos.

Aristeo. ¿Y si esos efectos dependen de ella necesariamente?

Teodoro. Si dependen de ella, ya nos veremos obligados a volver a ella. Pero no lo presupongamos. Si te preguntara, Aristeo, por qué al tirar del brazo de esta silla el resto le sigue, ¿crees que quedaría suficientemente explicado este efecto contestándome que es porque el brazo de la silla está unido a las demás partes que la componen? Seguro que Teótimo no está contento con esa respuesta. A los niños se les permite dar ese tipo de explicaciones, pero a los filósofos no, salvo que no pretendan filosofar. Para contentar a Teótimo habría que remontarse hasta la causa física de la unión de las partes que componen los cuerpos duros, y demostrarle que la dureza de los cuerpos sólo puede derivarse de la compresión de una materia invisible que les rodea. Por tanto, la palabra unión no significa nada. Necesita ella misma una explicación. Así que, Aristeo, a ti te toca decidir si quieres tomar como razones palabras imprecisas y generales. Pero no pretendas pagarnos con esa moneda. Porque aunque mucha gente la admita y se contente con ella, nosotros somos un poco difíciles, y tememos que se nos engañe.

Aristeo. ¿Y qué queréis que haga? Os pago con la moneda que buenamente me han dado. No tengo otra mejor. Y puesto que tiene curso legal, deberíais contentaros con ella. Pero veamos cómo pagáis vosotros a la gente. Demostradme con buenas razones que cuerpo y espíritu actúan mutuamente uno sobre otro sin recurrir a su unión.

Teodoro. No creas, Aristeo, que actúan mutuamente uno sobre otro, sino sólo que sus modalidades son recíprocas. Cree exclusivamente lo que la experiencia te enseña, e intenta atender a lo que te digo. ¿Piensas que un cuerpo pueda actuar sobre otro, o moverlo?

Aristeo: ¿Y quién puede negarlo?

V. Teodoro. Teótimo y yo, y quizá pronto Aristeo. Porque hay una contradicción, y digo contradicción, en que los cuerpos puedan actuar sobre los cuerpos. Te demuestro esta paradoja que parece tan contraria a la experiencia, tan opuesta a la tradición de los filósofos, y tan increíble a los sabios e ignorantes. Respóndeme: ¿un cuerpo puede moverse por sí mismo? Consulta, te lo ruego, la idea que tienes del cuerpo, pues acuérdate siempre de que hay que juzgar las cosas por las ideas que las representan, y no por los sentimientos que tenemos de ellas.

Aristeo. No, no veo que los cuerpos puedan moverse por sí mismos. Pero tampoco veo claro que no puedan hacerlo. Tengo mis dudas.

Teodoro. Haces bien en dudar, y quedarte callado, cuando no lo ves claro. Pero intenta ver claro y disipar tus dudas. Ánimo, avancemos.

Aristeo. Temo dar un paso en falso por falta de luz. Ilumíname un poco.

Teodoro. Consulta atentamente las ideas claras, querido Aristeo. Son ellas las que infunden en los espíritus atentos la luz que les falta. Contempla el arquetipo de los cuerpos, la extensión inteligible. Ella los representa, puesto que han sido formados a partir de ella. Esta idea es luminosa: consúltala, pues. ¿No ves claramente que los cuerpos pueden ser movidos, pero no pueden moverse por sí mismos? Dudas. Pues bien, supongamos que esa silla pueda moverse por sí misma: ¿por qué lado irá, con qué velocidad, cuándo empezará a moverse? Dale, por tanto, inteligencia, y una voluntad capaz de decidir. En una palabra, haz de la silla un hombre. En caso contrario la posibilidad de moverse le será bastante inútil.

Aristeo. ¡De la silla un hombre! ¡Qué pensamiento más extraño!

Teótimo: De lo más común y verdadero, tal y como lo entiende Teodoro. Porque todos los que juzgan las cosas por sí mismos, o por los sentimientos que de ellas tienen, y no por las ideas que las representan, hacen de los objetos algo que se les parece. Hacen actuar a Dios como un hombre. Atribuyen a las bestias lo que sienten en ellos. Dan al fuego y demás elementos inclinaciones, de las que no saben nada más que el sentimiento que experimentan ellos. Es decir, humanizan todas las cosas. Pero no te detengas en esto. Sigue a Teodoro, y respóndele.

Aristeo. Pienso que esta silla no puede moverse por sí misma. ¿Pero quién sabe si no hay otro cuerpo a quien Dios haya dado el poder de moverse? Acuérdate, Teodoro, de que debes demostrar que existe una contradicción en que los cuerpos actúen unos sobre otros.

VI. Teodoro. Muy bien, Aristeo, te lo demuestro. Hay una contradicción en que los cuerpos no estén ni en reposo ni en movimiento. Pues Dios mismo, aunque todopoderoso, no puede crear un cuerpo que no esté en ninguna parte, o que no tenga con otros ciertas relaciones de distancia. Todo cuerpo que está en una distancia constante de los demás, está en reposo; y está en movimiento cuando esa distancia cambia. Ahora bien, es evidente que todo cuerpo cambia o no su relación de distancia. No hay término medio. Las dos proposiciones: cambia o no, son contradictorias. Por tanto, hay una contradicción en que un cuerpo no esté ni en reposo ni en movimiento.

Aristeo. Eso no necesitaba demostración.

Teodoro. Es la voluntad de Dios la que da la existencia a los cuerpos y a todas las criaturas, cuya existencia ciertamente no es necesaria. Como esa voluntad que les ha creado subsiste siempre, los cuerpos existen siempre; y si cesara (te hablo de Dios de acuerdo con nuestra manera de concebirlo), sería una necesidad que dejaran de existir. Es, pues, esa misma voluntad la que pone los cuerpos en reposo o en movimiento, puesto que ella les da el ser, y no pueden existir salvo en reposo o en movimiento. Fíjate en que Dios no puede hacer lo imposible, o algo que encierre una contradicción manifiesta. No puede querer lo que no puede concebirse. No puede, por tanto, querer que la silla exista, sin querer simultáneamente que esté aquí o allá, y que su voluntad la ponga ahí, puesto que te sería inconcebible que la silla existiese sin estar en algún lugar, ahí o en otro sitio.

Aristeo. Me parece, sin embargo, que puedo pensar en un cuerpo sin concebirlo ni en reposo ni en movimiento.

Teodoro. No es eso lo que te estoy diciendo. Puedes pensar en un cuerpo en general, y hacer abstracciones como te plazca. Estoy de acuerdo. Eso es lo que muchas veces te confunde. Pero insisto en que no podrías concebir que un cuerpo existe sin concebir a la vez que existe en algún lugar, que su relación con otros cambia o no, y, por consiguiente, que está en reposo o en movimiento. Por tanto, es contradictorio que Dios haga un cuerpo, y que no lo haga en reposo o en movimiento.

Aristeo. De acuerdo, Teodoro, lo acepto. Cuando Dios hace un cuerpo, tiene primero que ponerlo en reposo o en movimiento. Pero una vez que el instante de la creación ha pasado, ya no es igual: los cuerpos se colocan al azar, o según la ley del más fuerte.

VII. Teodoro. ¡Una vez que el instante de la creación ha pasado! Pero si ese instante no acaba, te verás en un aprieto, tendrás que rendirte. Ten cuidado. Dios quiere que exista el mundo. Su voluntad es todopoderosa: por tanto, hace el mundo. Si Dios quiere que deje de existir, ese mundo se destruye. Pues depende de las voluntades del Creador. Si el mundo subsiste es porque Dios sigue queriendo que exista. La conservación de las criaturas es, pues, por parte de Dios, su creación continua. Digo por parte de Dios que actúa. Pues por parte de las criaturas es diferente, ya que pasan de la nada al ser por la creación, y siguen existiendo por la conservación. Pero en el fondo la creación no se agota, porque en Dios creación y conservación son una misma voluntad, a la que, por tanto, siguen necesariamente los mismos efectos.

Aristeo. Comprendo tus razonamientos, Teodoro, pero no me convencen. La proposición siguiente: Si Dios quiere que deje de existir, ese mundo se destruye, me parece falsa. Creo que para destruir el mundo no basta con que Dios no quiera que exista: tiene además que querer positivamente que no exista. Para no hacer nada no hace falta voluntad. Ahora que el mundo está hecho, y que Dios lo ha puesto aquí, siempre existirá.

III. Leibniz, *Monadología*[9]

1. La mónada, de que vamos a hablar en este tratado, no es sino una substancia simple, que entra a formar los compuestos; simple quiere decir sin partes.

2. Tiene que haber substancias simples, puesto que hay compuestas; pues lo compuesto no es más que un montón, o *aggregatum*, de simples.

3. Ahora bien, donde no hay partes, no puede haber ni extensión, ni figura, ni divisibilidad. Y las tales mónadas son los verdaderos átomos de la naturaleza y, en una palabra, los elementos de las cosas.

4. Tampoco es de temer la disolución, y no es concebible manera alguna por la cual pueda una substancia simple perecer naturalmente.

5. Por la misma razón, no hay tampoco manera por la cual una substancia simple pueda comenzar naturalmente, puesto que no puede formarse por composición.

6. Puede decirse, por lo tanto, que las mónadas comienzan y acaban de una vez, es decir, que sólo pueden comenzar por creación y acabar por aniquilamiento; en cambio, lo compuesto comienza y acaba por partes.

7. Tampoco hay medio de explicar cómo una mónada pueda ser alterada o cambiada en su interior por otra criatura, puesto que nada puede transponerse a ella, ni puede concebirse en ella ningún movimiento interno, capaz de ser excitado, dirigido, aumentado o disminuido, como ello es posible en los compuestos, en los cuales hay cambios entre las partes. Las mónadas no tienen ventanas por donde algo pueda entrar o salir. Los accidentes no pueden desprenderse de las substancias, ni andar fuera de ellas, como an-

---

9 Julián Marías, *La filosofía en sus textos*, 2.ª ed. (Barcelona: Editorial Labor, 1963).

tiguamente hacían las especies sensibles de los Escolásticos. Así pues, en una mónada no puede entrar de fuera ni substancia ni accidente alguno.

8. Sin embargo, es preciso que las mónadas tengan algunas cualidades, pues de lo contrario no serían ni siquiera seres. Y si las substancias simples no difirieran por sus cualidades, no habría medio de apercibirse de ningún cambio en las cosas; puesto que lo que hay en el compuesto no puede proceder sino de los ingredientes simples; y si las mónadas careciesen de cualidades, serían indistinguibles unas de otras, ya que, en cantidad, no difieren; y, por consiguiente, supuesto lo lleno, un lugar cualquiera no recibiría nunca, en el movimiento, sino lo equivalente de lo que había tenido, y un estado de las cosas sería indiscernible de otro.

9. Y hasta es preciso que cada mónada sea diferente de otra cualquiera. Porque no hay nunca en la naturaleza dos seres que sean perfectamente el uno como el otro y en los cuales no sea posible hallar una diferencia interna, o fundada en una denominación intrínseca.

10. También doy por concedido que todo ser creado está sujeto a cambio, y, por consiguiente, también la mónada que asimismo es creada, e incluso que el tal cambio es continuo en cada una.

11. Síguese de lo que acabamos de decir que los cambios naturales de las mónadas vienen de un principio interno, puesto que ninguna causa externa puede influir en su interior.

12. Pero también es preciso que, además del principio del cambio, haya un detalle de lo que cambia, que haga, por decirlo así, la especificación y la variedad de las substancias simples.

13. Ese detalle debe envolver una muchedumbre en la unidad o en lo simple. Pues en todo cambio natural, ya que se verifica por grados, hay algo que cambia y algo que permanece; y, por consiguiente, es preciso que en la substancia simple haya una pluralidad de afecciones y relaciones, aunque en ella no haya partes.

14. El estado transitorio que envuelve y representa una muchedumbre en la unidad o en la substancia simple no es otra cosa que la llamada percepción, la cual debe distinguirse de la apercepción o consciencia, como se verá más adelante. En esto es en lo que los Cartesianos han fallado mucho, por no haber tenido en cuenta las percepciones de que no nos apercibimos. Y esto es lo que les ha inducido a creer que sólo los espíritus eran mónadas, y que no había almas de los animales ni otras entelequias; y por eso han confundido, como el vulgo, un largo desmayo con la muerte misma, por la cual han caído también en el prejuicio escolástico de las almas enteramente separadas, y hasta han confirmado a los ingenios mal dispuestos en la opinión de que las almas mueren.

15. La acción del principio interno que verifica el cambio o tránsito de una percepción a otra, puede llamarse apetición; ciertamente, el apetito no puede conseguir siempre enteramente toda la percepción a que tiende; pero siempre obtiene algo de ella y consigue percepciones nuevas.

16. Nosotros mismos experimentamos una muchedumbre en la substancia simple, cuando hallamos que el menor pensamiento de que nos apercibimos envuelve una variedad en el objeto. Así pues, todos los que reconocen que el alma es una substancia simple, deben reconocer esa muchedumbre en la mónada; y Bayle no debiera haber hallado en esto dificultad, como lo ha hecho, en su Diccionario, artículo "Rorarius".

17. Es forzoso, además, confesar que la percepción, y lo que de ella depende, es inexplicable por razones mecánicas, es decir, por las figuras y los movimientos. Si se finge una máquina cuya estructura la haga pensar, sentir, tener percepción, podrá concebirse aumentada, conservando las mismas proporciones, de suerte que pueda entrarse en ella como en un molino. Supuesta tal máquina, no hallaremos, si la visitamos por dentro, más que piezas empujándose unas a otras; pero nunca nada que explique una percepción. Así pues, habrá que buscar esa explicación en la substancia simple y no en lo compuesto o máquina. Por eso, en la substancia simple no puede hallarse nada más que esto: las percepciones y sus cambios. Y sólo en esto pueden consistir también todas las acciones internas de las substancias simples.

18. Podría darse el nombre de entelequia a todas las sustancias simples o mónadas creadas, pues tienen en sí mismas cierta perfección, y hay en ellas una suficiencia que las hace fuente de sus acciones internas y, por decirlo así, autómatas incorpóreos.

19. Si queremos dar el nombre de alma a todo aquello que posee percepciones y apetitos, en el sentido general que acabo de explicar, todas las substancias simples o mónadas creadas podrían llamarse almas; pero como el sentimiento es algo más que una simple percepción, concedo que el nombre general de mónadas y entelequias baste para las substancias simples que sólo contengan eso; llámense entonces almas solamente a aquellas cuya percepción es más distinta y va acompañada de memoria.

20. Pues en nosotros mismos experimentamos estados en los que de nada nos acordamos y no tenemos ninguna percepción distinguida; como cuando desfallecemos o nos quedamos profundamente dormidos, sin soñar. En este estado, el alma no difiere sensiblemente de una simple mónada; pero como no es duradero tal estado, y sale el alma de él, resulta que ésta es algo más.

21. Y no se sigue que entonces la substancia simple se halle desprovista de toda percepción. Esto no puede ser, por las razones ya dichas; pues no podría perecer, no podría asimismo subsistir sin ninguna afección, la cual no es otra cosa que su percepción; pero cuando hay gran multitud de pequeñas percepciones, en las que nada es distinguido, queda uno como aturdido; del mismo modo que, cuando se dan muchas vueltas rápidamente en un mismo sentido, sobreviene un vértigo, que puede llegar al desvanecimiento, y que no nos permite distinguir nada. Y la muerte puede dar ese estado por algún tiempo a los animales.

22. Todo estado presente de una substancia simple es naturalmente una consecuencia de su estado anterior, de tal suerte que el presente está preñado del porvenir.

23. Por lo tanto, si una vez vuelto del desvanecimiento, se apercibe uno de las percepciones, es preciso que inmediatamente antes las haya tenido, aunque sin apercibirse de ellas; porque una percepción no puede proceder naturalmente sino de otra percepción, como un movimiento no puede proceder naturalmente sino de otro movimiento.

24. De donde se ve que, si no tuviésemos nada distinguido y, por decirlo así, levantado y de más alto gusto en nuestras percepciones, estaríamos de continuo en desvanecimiento. Y éste es el estado de las mónadas desnudas.

25. Así vemos que la naturaleza ha dado a los animales percepciones elevadas, por el cuidado que ha tenido de proveerlos de órganos que reúnan varios rayos de luz o varias ondulaciones del aire, para que cobren en esa unión una mayor eficacia. Algo parecido hay en el olor, en el gusto y en el tacto, y aun quizá en muchos otros sentidos que desconocemos. Y más adelante explicaré cómo lo que sucede en el alma representa lo que se está haciendo en los órganos.

26. La memoria proporciona a las almas una suerte de consecución, que imita a la razón, pero que debe distinguirse de ésta. Así vemos que los animales, cuando tienen la percepción de alguna cosa que les hiere fuertemente y de la cual ya antes han tenido una percepción semejante, aguardan, por una representación de su memoria, que suceda otra cosa que estuvo unida a la percepción anterior y se sienten impelidos a experimentar los mismos sentimientos que experimentaron anteriormente. Por ejemplo, si a un perro se le enseña un palo, se acuerda del dolor que le ha causado, aúlla y sale corriendo.

27. La imaginación fuerte, que les hiere y conmueve, proviene o de la magnitud o de la muchedumbre de las percepciones precedentes. Pues muchas veces una impresión fuerte hace súbitamente el efecto de una larga costumbre o de numerosas percepciones medianas, pero reiteradas.

28. Los hombres se conducen como los animales en tanto en cuanto las consecuciones de sus percepciones obedecen sólo al principio de la memoria; se parecen a los médicos empíricos, que poseen la práctica sin la teoría; y en las tres cuartas partes de nuestros actos somos empíricos. Por ejemplo, cuando aguardamos la llegada del nuevo día, lo hacemos por empiria, porque siempre ha ocurrido así. Sólo el astrónomo lo juzga por razón.

29. Pero el conocimiento de las verdades necesarias y eternas es lo que nos distingue de los simples animales y nos hace poseedores de la razón y de las ciencias, elevándonos hasta el conocimiento de nosotros mismos y de Dios.

Y esto es lo que, en nosotros, se llama alma racional o espíritu.

30. También por medio del conocimiento de las verdades necesarias y sus abstracciones nos elevamos hasta los actos reflexivos, que nos hacen pensar en lo que llamamos el yo y considerar que esto o aquello se halla en nosotros; y así, al pensar en nosotros mismos, pensamos en el ser, en la Substancia, en lo simple y en lo compuesto, en lo inmaterial y en Dios mismo, concibiendo que lo que en nosotros es limitado, carece, en Dios, de límites. Y los tales actos reflexivos nos dan los principales objetos de nuestros razonamientos.

31. Nuestros razonamientos se fundan en dos grandes principios: el de contradicción, en virtud del cual juzgamos falso lo que encierra contradicción, y verdadero lo opuesto o contradictorio a lo falso.

32. Y el de razón suficiente, en virtud del cual consideramos que ningún hecho puede ser verdadero o existente y ninguna enunciación verdadera, sin que de ello haya una razón bastante para que así sea y no de otro modo. Aunque las más veces esas razones no puedan ser conocidas por nosotros.

33. También hay dos suertes de verdades: las de razonamiento y las de hecho. Las verdades de razonamiento son necesarias y su opuesto es imposible; y las de hecho son contingentes, y su opuesto es posible. Cuando una verdad es necesaria, puede hallarse su razón por medio del análisis, resolviéndola en ideas y verdades más simples, hasta llegar a las primitivas.

34. Así, los matemáticos reducen por análisis los teoremas especulativos y los cánones prácticos a las definiciones, axiomas y postulados.

35. Y hay, por último, ideas simples, cuya definición no puede darse; también hay axiomas y postulados o, en una palabra, principios primitivos, que no pueden ser demostrados y no lo necesitan; son enunciados idénticos, cuya oposición encierra una contradicción expresa.

36. Pero la razón suficiente debe encontrarse también en las verdades contingentes o de hecho, es decir, en la serie de las cosas dispersas por el universo de las criaturas; en el cual la resolución en razones particulares podría llegar a un ilimitado número de detalles, a causa de la variedad inmensa de las cosas de la naturaleza y de la división de los cuerpos hasta lo infinito. Hay una infinidad de figuras y de movimientos presentes y pretéritos que entran en la causa eficiente de mi escritura presente; y hay una infinidad de pequeñas inclinaciones y disposiciones de mi alma, presentes y pretéritas, que entran en la causa final.

37. Y como todo ese complejo de detalles encierra a su vez más detalles contingentes anteriores, es decir, otros más detallados, cada uno de los cuales exige asimismo, si se quiere dar razón de él, un análisis semejante, resulta que no hemos adelantado nada; la razón suficiente o última deberá hallarse, pues, fuera de la secuencia o series del detalle de las contingencias, por infinito que pudiera ser.

38. Y así la razón última de las cosas debe hallarse en una substancia necesaria, en la cual el detalle de los cambios esté sólo eminentemente, como en su origen; y esto es lo que llamamos Dios.

39. Y siendo esta substancia una razón suficiente de todo aquel detalle, el cual por todas partes está enlazado y trabado, resulta que sólo hay un Dios y este Dios basta a todo.

40. Puede también juzgarse que esa substancia suprema, única, universal y necesaria, fuera de la cual nada hay que sea independiente de ella, y que es una consecuencia simple del ser posible, debe ser incapaz de admitir límites y ha de contener tanta realidad cuanta sea posible.

41. De donde se sigue que Dios es absolutamente perfecto, no siendo la perfección sino la magnitud de la realidad positiva, tomada precisamente, poniendo aparte los límites o linderos en las cosas que los tienen. Y donde no hay límites, es decir, en Dios, la perfección es absolutamente infinita.

42. Síguese también que las criaturas tienen sus perfecciones en la influencia de Dios y sus imperfecciones en su propia naturaleza, incapaz de carecer de límites; que en esto es en lo que se distinguen de Dios. Esta imperfección original de las criaturas se advierte en la inercia natural de los cuerpos.

43. También es verdad que en Dios está no sólo el origen de las existencias, sino el de las esencias, en cuanto que son reales, o sea, de lo que hay de real en la posibilidad. Y es así, porque el entendimiento de Dios es la región de las verdades eternas o de las ideas, de las que dependen, y sin él ninguna realidad habría en las posibilidades, y no sólo no habría nada existente, sino aun nada posible.

44. Pues si hay realidad en las esencias o posibilidades o también en las verdades eternas, es preciso que esa realidad esté fundada en algo existente y actual; y, por consiguiente, en la existencia del ser necesario, en la cual la esencia contiene la existencia, o en la cual basta que algo sea posible para que sea actual.

45. Así, pues, Dios sólo (o el ser necesario) posee el privilegio de que basta que sea posible para que tenga que existir. Y como nada puede oponerse a la posibilidad de lo que no tiene límites, ni negación, ni, por consiguiente, contradicción, esto es suficiente para que conozcamos a priori la existencia de Dios. También hemos probado esa existencia por medio de la realidad de las verdades eternas. Pero también acabamos de probarla a posteriori, puesto que existen seres contingentes, los cuales no hallan su razón última y suficiente sino en el ser necesario, que tiene en sí mismo la razón de su existencia.

46. Sin embargo, no debe imaginarse nadie, como lo hacen algunos, que siendo las verdades eternas dependientes de Dios, son arbitrarias y dependen de su voluntad, como parece haber pensado Descartes y, tras él, el señor Poiret. Esto es cierto sólo tratándose de las verdades contingentes, cuyo principio es la conveniencia o elección de lo mejor; las verdades necesarias, empero, dependen únicamente del entendimiento divino, cuyo objeto interno son.

47. Así, pues, Dios sólo es la unidad primitiva o substancia simple originaria, y todas las mónadas creadas o derivativas son producciones suyas, y nacen, por decirlo así, por fulguraciones continuas de la Divinidad de momento en momento, limitadas por la receptividad de la criatura, a la cual pertenece esencialmente el ser limitada.

48. Hay en Dios potencia, que es como la fuente de todo; luego conocimiento, que encierra el detalle de las ideas, y, por último, voluntad, que efectúa los cambios o producciones, según el principio de lo mejor. Y esto responde a lo que, en las mónadas creadas, constituye el sujeto o base, la facultad perceptiva y la facultad apetitiva. Pero en Dios esos atributos son absolutamente infinitos o perfectos; y en las mónadas creadas o en las entelequias (o perfectihabies, que así traducía este vocablo Hermolao Bárbaro), no son sino imitaciones de Dios, según la perfección que tienen.

49. De la criatura dícese que hace u obra exteriormente, en cuanto que posee perfección, y que padece, en cuanto que es imperfecta. Así se atribuye acción a la mónada, en cuanto que tiene percepciones distintas, y pasión, en cuanto que las tiene confusas.

50. Y una criatura es más perfecta que otra cuando en ella se encuentra lo que sirve para dar razón a priori de lo que sucede en la otra, y por esto se dice que actúa sobre ella.

51. Pero, en las substancias simples, no hay sino una influencia ideal de una mónada sobre otra, lo cual no puede tener efecto a no ser por intervención de Dios, en cuanto que, en las ideas de Dios, una mónada solicita, con razón, que Dios, al regular las demás, desde el comienzo de las cosas, la tenga en cuenta. En efecto, puesto que una mónada creada no puede tener influencia física en el interior de otra, sólo por aquel medio podrá haber dependencia de una a otra.

52. Y por esto, entre las criaturas, las acciones y pasiones son mutuas. Pues Dios, comparando dos substancias simples, halla en cada una de ellas razones que le obligan a acomodar la otra a la primera; y, por consiguiente, lo que en ciertos respectos es activo, es pasivo visto desde otro punto de vista: activo, en cuanto que lo que se conoce distintamente en ello sirve para dar razón de lo que sucede en otro, y pasivo, en cuanto que la razón de lo que en ello sucede se encuentra en lo que se conoce distintamente en otro.

53. Ahora bien, habiendo una infinidad de mundos posibles en las ideas de Dios, y no pudiendo existir más que uno solo, se precisa que haya una razón suficiente de la elección de Dios que le determine a éste mejor que a aquél.

54. Y esta razón no puede hallarse sino en la conveniencia o en los grados de perfección que contengan esos mundos, puesto que cada posible tiene derecho a pretender la existencia en proporción de la perfección que encierre.

55. Y ésta es la causa de que exista lo mejor; la sabiduría de Dios lo conoce, su bondad lo elige y su poder lo produce.

56. Este enlace, pues, o acomodo de todas las cosas creadas con una y de una con todas las demás, hace que cada substancia simple tenga relaciones que expresan todas las demás, y sea, por consiguiente, un viviente espejo perpetuo del universo.

57. Y así como una misma ciudad, vista por diferentes partes, parece otra y resulta como multiplicada en perspectiva, así también sucede que, por la multitud infinita de substancias simples, hay como otros tantos universos diferentes, los cuales no son, sin embargo, sino perspectivas de uno solo, según los diferentes puntos de vista de cada mónada.

58. Y esta es la manera de conseguir la mayor variedad posible con el mayor orden posible; es decir, es la manera de obtener cuanta perfección es posible.

59. Así, sólo esta hipótesis —que me atrevo a decir está demostrada— realza como es debido la grandeza de Dios. Y esto lo reconoció Bayle al presentar objeciones contra ella en su Diccionario —artículo "Rorarius"—, en donde llegó casi a creer que yo concedía demasiado a Dios y más aún de lo que es posible. Pero no pudo adelantar razón alguna por la cual sea imposible esa armonía universal, que hace que toda substancia exprese exactamente a todas las demás, por las relaciones que con ellas mantiene.

60. Además, en lo que acabo de decir se ven las razones a priori de por qué las cosas no pueden ser de otro modo.

Porque Dios, al arreglarlo todo, ha tenido en cuenta cada parte, y especialmente cada mónada, cuya naturaleza, siendo representativa, no podría nada limitarla a representar sólo una parte de las cosas, aunque es verdad que esta representación es solamente confusa en el detalle de todo el Universo y no puede ser distinta sino en una pequeña parte de las cosas, es decir, en aquellas que son las más próximas o las más grandes, con respecto a cada mónada; que, si no, cada mónada sería una Divinidad. No en el objeto, sino en la modificación del conocimiento del objeto son limitadas las mónadas. Todas, confusamente, van al infinito, al todo; pero son limitadas y distinguidas por los grados de las percepciones distintas.

61. Y los compuestos, en esto, simbolizan o se conforman con los simples. Pues como todo es lleno, lo cual hace que la materia esté trabada toda, y como, además, en lo lleno todo movimiento produce un efecto en los cuerpos distantes, según la distancia, de tal suerte que un cuerpo no solamente es afectado por los cuerpos que lo tocan y no sólo se resiente en cierto modo de lo que a estos sucede, sino que también, por medio de ellos, recibe el influjo de los que tocan a los primeros, por los cuales es inmediatamente tocado, se sigue que esta comunicación se transmite a cualquier distancia. Y, por consiguiente, todo cuerpo resiente los efectos de cuanto pasa en el universo, de tal modo, que aquél que todo lo ve podría leer en uno lo que en todos sucede y aun lo que ha sucedido y sucederá, advirtiendo en el presente lo lejano, tanto en los tiempos como en los lugares: *sympnoia panta*, ("todo conspira") que decía Hipócrates. Pero un alma no puede leer en sí misma sino aquello tan sólo que en ella está representado distintamente, y no puede de un golpe desenvolver todos sus repliegues, que llegan al infinito.

62. Así, pues, aunque cada mónada creada representa el universo entero, sin embargo, representa más distintamente el cuerpo que particularmente le es afectado y cuya entelequia constituye; y como este cuerpo expresa el universo todo, por la conexión de toda la materia llena, el alma representa también el universo todo, al representar el cuerpo que le pertenece de modo particular.

63. El cuerpo perteneciente a una mónada, que es su entelequia o su alma, constituye con la entelequia lo que puede llamarse un viviente, y con el alma, lo que puede llamarse un animal. Ahora bien, este cuerpo de un viviente o de un animal es siempre orgánico, pues siendo toda mónada un espejo del universo, a su manera, y hallándose el universo arreglado en perfecto orden, precisa que haya también un orden en el representante, es decir, en las percepciones del alma, y, por consiguiente, en el cuerpo, según el cual el universo está representado.

64. Así en cada cuerpo orgánico de un viviente hay una suerte de máquina divina o un autómata natural que sobrepuja infinitamente a todos los autómatas artificiales. Porque una máquina hecha por el arte humano no es máquina en todas sus partes. Por ejemplo, el diente de una rueda de metal tiene partes o fragmentos que no son ya, para nosotros, nada artificial ni poseen nada que tenga carácter de máquina con respecto al uso a que la rueda está destinada. Pero las máquinas de la naturaleza, o sea, los cuerpos vivos, son máquinas hasta en sus más mínimas partes, hasta el infinito. Esta es la diferencia entre la naturaleza y el arte; es decir, entre el arte divino y el humano.

65. Y el Autor de la naturaleza ha podido hacer este artificio divino e infinitamente maravilloso porque cada parte de la materia no sólo es divisible al infinito, como lo han reconocido los antiguos, sino que está actualmente subdividida sin fin en otras partes, cada una de las cuales tiene un movimiento propio, que de otro modo sería imposible que cada porción de la materia pudiera expresar el universo todo.

66. Por donde se ve que en la más mínima parte de la materia hay un mundo de criaturas, de vivientes, animales, entelequias, almas.

67. Cada parte de la materia puede ser concebida como un jardín lleno de plantas y como un estanque lleno de peces. Pero cada rama de la planta, cada miembro del animal, cada gota de sus humores es también como ese jardín o ese estanque.

68. Y aunque la tierra y el aire, que hay entre las plantas del jardín, o el agua, que hay entre los peces del estanque, no son ni planta ni pez, contienen, sin embargo, otras plantas y otros peces, tan sutiles, empero, casi siempre, que no podemos percibirlos.

69. Así, no hay nada inculto, estéril y muerto en el universo; el caos y la confusión son sólo aparentes; como si se mira un estanque a cierta distancia, desde la cual se vislumbra un movimiento confuso y, por decirlo así, un revoltijo de peces, sin llegar a discernir los peces mismos.

70. Se ve, pues, que todo cuerpo vivo tiene una entelequia principal, que es el alma, en el animal; pero los miembros de ese cuerpo vivo están llenos de otros vivientes: plantas, animales, cada uno de los cuales tiene a su vez su entelequia o su alma principal.

71. Mas no debemos imaginarnos, como hacen algunos, que han interpretado mal mi pensamiento, que cada alma tiene una masa o parte de materia propia, adscrita a ella para siempre, y que posee, por lo tanto, otros vivientes inferiores, destinados siempre a su servicio. Pues todos los cuerpos están en perpetuo flujo, como los ríos, y unas partes entran en ellos y otras salen de ellos continuamente.

72. Así, el alma cambia de cuerpo poco a poco y por grados, de suerte que no se ve despojada nunca de un golpe de todos sus órganos; hay a menudo metamorfosis en los animales, pero nunca metempsícosis ni transmigración de las almas; ni tampoco hay almas totalmente separadas, ni genios sin cuerpo. Sólo Dios está enteradamente desprovisto de él.

73. Y esto es lo que hace que nunca haya tampoco ni generación entera ni perfecta muerte, en rigor, consistente en la separación del alma. Y lo que llamamos generaciones son desenvolvimientos y acrecentamientos, y lo que llamamos muertes son envolvimientos y disminuciones.

74. Los filósofos se han visto muy perplejos en la cuestión de los orígenes de las formas, entelequias o almas; pero hoy, habiéndose advertido, por exactas investigaciones hechas sobre las plantas, los insectos y los animales, que los cuerpos orgánicos de la naturaleza no son nunca productos de un caos o de una putrefacción, sino siempre de simientes, en las cuales había, sin duda cierta preformación, se ha juzgado que no sólo el cuerpo orgánico estaba en ellas antes de la concepción, sino también que había un alma en ese cuerpo y, en una palabra, estaba el animal mismo, y que, por medio de la concepción, el animal sólo quedó dispuesto para una gran transformación y llegar a ser un animal de otra especie. Algo semejante a esto se ve, aparte de la generación, cuando, v.g., los gusanos se tornan moscas y las orugas, mariposas.

75. Los animales, algunos de los cuales se elevan al grado de animales mayores por medio de la concepción, pueden llamarse espermáticos; pero los que permanecen en su especie, esto es, la mayor parte de ellos, nacen, se multiplican y son destruidos como los grandes animales, y sólo un pequeño número de elegidos pasan a más amplio teatro.

76. Mas todo esto era solamente media verdad; he juzgado pues, que si el animal no comienza nunca naturalmente, tampoco acaba naturalmente, y no sólo no habrá generación, sino tampoco destrucción completa, ni muerte, en rigor. Estos razonamientos, hechos a posteriori y sacados de las experiencias, concuerdan perfectamente con mis principios deducidos a priori en lo que antecede.

77. Así puede decirse que no sólo el alma —espejo de un indestructible universo— es indestructible, sino el animal mismo, aunque su máquina perezca a menudo en parte y reciba o abandone orgánicos despojos.

78. Estos principios me han proporcionado la manera de explicar naturalmente la unión o la conformidad del alma y del cuerpo orgánico. Sigue el alma sus propias leyes y el cuerpo también las suyas propias, y se encuentran en virtud de la armonía preestablecida entre las substancias, puesto que todas son las representaciones de un mismo universo.

79. Las almas obran según las leyes de las causas finales, por apeticiones, fines y medios. Los cuerpos obran según las leyes de las causas eficientes o movimientos. Y ambos reinos, el de las causas eficientes y el de las causas finales, son armónicos entre sí.

80. Descartes ha reconocido que las almas no pueden dar fuerza a los cuerpos porque hay siempre en la materia la misma cantidad de fuerza. Sin embargo, ha creído que el alma podía cambiar la dirección de los cuerpos. Pero es porque en su tiempo no se conocía aún la ley de la naturaleza según la cual se conserva la misma dirección total en la materia. Si Descartes la hubiese advertido, hubiera venido a parar a mi sistema de la armonía preestablecida.

81. Este sistema hace que los cuerpos obren como si —por imposible— no hubiese almas, y que las almas obren como si no hubiese cuerpos, y que ambos obren como si uno no influyese en el otro.

82. En cuanto a los espíritus o almas racionales, aun cuando yo creo que en el fondo lo mismo hay en todos los vivientes y animales, como acabamos de decir —a saber: que el animal y el alma no comienzan sino con el mundo ni tampoco acaban sino con el mundo—, sin embargo, en los animales racionales hay esto de particular, que sus animalitos espermáticos, mientras no son más que eso, tienen sólo almas ordinarias o sensitivas; pero cuando los elegidos, por decirlo así, llegan, mediante concepción actual, a la humana naturaleza, sus almas sensitivas se elevan al grado de la razón y a la prerrogativa de los espíritus.

83. Entre otras diferencias que hay entre las almas ordinarias y los espíritus, algunas de las cuales ya he indicado, hay ésta además: que las almas en general son espejos vivientes o imágenes del universo de las criaturas; pero los espíritus son, además, imágenes de la Divinidad misma o del mismo Autor de la naturaleza; son capaces de conocer el sistema del universo y de imitar algo de él en ciertas muestras arquitectónicas, siendo cada espíritu como una pequeña divinidad en su departamento.

84. Y por esto son los espíritus capaces de entrar en una como sociedad con Dios, el cual, con respecto a ellos, es no solamente lo que un inventor con respecto a su máquina (que Dios lo es con respecto a sus criaturas), sino lo que un Príncipe con respecto a sus súbditos o hasta un padre a sus hijos.

85. De donde fácilmente se concluye que la reunión de todos los espíritus debe formar la ciudad de Dios; es decir, el más perfecto estado posible bajo el más perfecto de los monarcas.

86. Esta ciudad de Dios, esta monarquía verdaderamente universal, es un mundo moral en el mundo natural, y lo más elevado y sublime que hay en las obras de Dios, y en ello consiste verdaderamente la gloria de Dios, ya que no habría tal gloria si su grandeza y bondad no fueran conocidas y admiradas por los espíritus; y también la bondad la tiene propiamente Dios con relación a esta ciudad divina, en tanto que su Sabiduría y su Potencia se muestran por doquiera.

87. Y así como hemos establecido anteriormente una armonía perfecta entre dos reinos naturales, el de las causas eficientes y el de las finales, debemos notar aquí también otra armonía entre el reino físico de la naturaleza y el reino moral de la gracia; es decir, entre Dios considerado como arquitecto de la máquina del universo y Dios considerado como monarca de la ciudad divina de los espíritus.

88. En virtud de esta armonía, las cosas conducen a la gracia por las sendas mismas de la naturaleza, y este globo, por ejemplo, debe ser destruido y reparado, por vía natural, en los momentos en que lo requiera el gobierno de los espíritus, para castigo de unos y recompensa de otros.

89. Puede decirse también que Dios como arquitecto satisface en todo a Dios como legislador, y así los pecados deben llevar consigo su penitencia, por orden de naturaleza y en virtud de la estructura mecánica de las cosas; y asimismo, las hermosas acciones conseguirán sus recompensas por conductos mecánicos, con relación a los cuerpos, aun cuando esto no pueda ni deba suceder siempre en el acto.

90. Por último, bajo ese gobierno perfecto, no habría acción buena sin recompensa, ni acción mala sin castigo; y todo debe parar en el bien de los buenos, es decir, de los que en este gran Estado no se hallan descontentos, de los que fían en la providencia, después de haber cumplido con su deber, y aman e imitan como es debido al Autor de todo bien, complaciéndose en considerar sus perfecciones según la naturaleza del puro amor verdadero, que nos hace saborear la felicidad de lo amado. Por eso, los que son sabios y virtuosos trabajan en todo lo que parece conforme con la voluntad divina presunta o antecedente, conformándose, sin embargo, con lo que Dios ordena que suceda efectivamente, por su voluntad secreta, consiguiente y decisiva; reconociendo que si pudiéramos entender bien el orden del universo, hallaríamos que sobrepuja los más sabios anhelos y que es imposible tornarlo mejor de lo que es, no sólo para el todo en general, sino aun para nosotros mismos en particular, si nos adherimos como es debido al Autor de todo, no sólo como arquitecto y causa eficiente de nuestro ser, sino también como maestro y causa final, que debe constituir el objeto entero de nuestra voluntad y sólo puede cimentar nuestra ventura.

III
THOMAS HOBBES

Con Thomas Hobbes volvemos atrás un poco en el tiempo y dirijimos nuestra mirada a Inglaterra. Hobbes es, sin lugar a dudas, uno de los filósofos más influyentes en toda la filosofía occidental. Contemporáneo de Descartes —a quien conoció— desarrolla, sin embargo, una filosofía de signo opuesto, caracterizada por el materialismo, el mecanicismo, el sensismo y el nominalismo. Podría decirse que es heredero de Guillermo de Ockham y continuador de la obra de Francis Bacon. Y así como a Descartes le suceden los racionalistas, a Hobbes le sucederán, en su línea de pensamiento, los empiristas, sobre los que trataremos en el siguiente capítulo.

Vida y obras

Hobbes nació en Malmesbury, Inglaterra, en 1588. Él mismo dice respecto de su nacimiento que "el miedo y yo nacimos gemelos", para referirse al hecho de que su madre lo dio a luz prematuramente, debido al miedo que padeció por la proximidad de la llamada Armada Invencible española a las costas de Inglaterra. Realizó sus estudios en Oxford y trabajó como preceptor del hijo de Lord Cavendish. Después de un viaje al continente, profundiza en el estudio de la historia y de los clásicos griegos y latinos y se pone en contacto con personalidades como Francis Bacon. En un segundo viaje al continente realiza investigaciones matemáticas, y en un tercer periplo (1634-1637) conoce a Galileo, Mersenne, Gassendi y Descartes.

En 1640, temiendo por su vida a causa del caos político en Inglaterra, viaja de nuevo a Francia, donde permanece hasta 1651. Ese año vuelve a Inglaterra y se dedica en los últimos años de su vida a traducir los clásicos griegos. Muere en Derbyshire en 1679, a la edad de 91 años.

Hobbes publicó, casi ininterrumpidamente desde 1620, alrededor de 42 obras. Sus primeras publicaciones fueron estudios literarios (de hecho, su primera publicación fue una traducción al latín de *Medea*, de Eurípides, cuando tenía 14 años). Escribió tanto en latín como en inglés. De entre todas sus obras, la más famosa es el *Leviatán* (1651). Le siguen en importancia *De corpore* (Sobre los cuerpos) y *De homine* (Sobre el hombre), que junto con *De cive* (Sobre la comunidad política) forman una trilogía, llamada *Elementos de filosofía*.

Características de su filosofía

Hobbes vivió en una época muy convulsa en su país. Esto influyó notablemente en la formación de su pensamiento, de manera que puede decirse que la finalidad de su filosofía es el establecimiento de la paz y el orden entre los hombres, que a su vez es condición indispensable para el progreso.

Hobbes desarrolla un verdadero sistema filosófico, con una metafísica, una antropología y una filosofía social y política. Para Hobbes, la filosofía es el estudio de los cuerpos, sean estos materiales (*De corpore*), humanos (*De homine*) o artificiales (*De cive*). Su filosofía es, pues, materialista y pragmática; para él, la ciencia tiene como fin el poder (*scientiam propter potentiam*)[1], y debe excluir todo concepto metafísico y teológico.

El sistema filosófico de Hobbes puede caracterizares, pues, por los siguientes elementos:

---

1 La misma línea de pensamiento Francis Bacon.

1) Materialismo. La realidad, para Hobbes, es solo material. El hombre tiene alma o espíritu, pero éste es también material (es un cuerpo que no es percibido por los sentidos, más sutil que el aire).

2) Mecanicismo. Cualquier cambio que se produce en el universo es explicable en términos de las leyes de la mecánica. El movimiento es la causa de todo, incluyendo el pensamiento y los actos voluntarios. Todo se reduce a causa eficiente y efecto, a estímulo y respuesta.

3) Preocupación por el método. Al igual que Descartes, Hobbes piensa que los errores en el pensamiento son consecuencia de no seguir el método adecuado, o de no seguirlo bien. El modelo del método es la física de Galileo.

4) Sensismo. "El origen de todos los pensamientos —dice Hobbes— es lo que llamamos sentido, porque no hay ninguna concepción de la mente humana que no haya sido antes, en todo o en parte, generada por los órdenes sensibles"[2].

5) Nominalismo. En la línea de la filosofía nominalista, para Hobbes los nombres comunes son voces usadas arbitrariamente por los hombres. No se refieren a la realidad, sino solo a las representaciones que los sentidos tienen de la realidad.

Antropología y ética

La visión del hombre de Hobbes es netamente materialista y mecanicista. El hombre, para él, es un compuesto de pasiones, razón y voluntad organizado con un único fin: sobrevivir. De esa suerte, llama "bien" a lo que contribuye a su sobrevivencia, y "mal" a lo que la pone en peligro. Obviamente, no existen, para Hobbes, bienes o males en sí, sino que todo depende de las intenciones de los individuos.

Fiel a su visión mecanicista de la naturaleza, Hobbes define las pasiones como el efecto de la acción de los cuerpos exteriores en el cerebro, que se transmite al corazón. Dos son las pasiones principales: el deseo y la aversión. El hombre llama "bueno" al objeto de su deseo y "malo" al objeto de su aversión. El deseo más fuerte que todo hombre experimenta es el deseo de poder, puesto que de esa forma garantiza su sobrevivencia; el deseo de poder desaparece solo con la muerte.

---

2 Thomas Hobbes, *Leviatán* (México: Guernika, 1994).

Siempre en clave mecanicista, Hobbes considera que la razón está al servicio de las pasiones[3], y que no se distingue de la imaginación. La racionalidad consiste, pues, en imaginar las vías más adecuadas para satisfacer nuestros deseos y garantizar nuestra sobrevivencia; se trata de una visión puramente instrumentalista de la racionalidad[4]. La voluntad, por su parte, queda definida como un conjunto de apetito, miedo y esperanza.

Se habrá notado que en esta visión del hombre no queda espacio para la libertad. Libertad, será, en todo caso, la ausencia de obstáculos para lograr nuestros propósitos. Se trata de una libertad casi "de movimiento". Es más libre quien es más poderoso.

En cuanto a la felicidad, dice Hobbes que

no consiste en el reposo de una mente completamente satisfecha. No existe tal cosa como ese *finis ultimus*, o ese *summum bonum* de que se nos habla en los viejos libros de filosofía moral. Un hombre cuyos deseos han sido colmados y cuyos sentidos e imaginación han quedado estáticos, no puede vivir. *La felicidad es un continuo progreso en el deseo; un continuo pasar de un objeto a otro.* Conseguir una cosa es sólo un medio para lograr la siguiente[5].

Hobbes representa, pues, la versión británica del mecanicismo de la época. Muy en la línea de la visión del hombre y de la sociedad de Francis Bacon, y muy influida por el nominalismo en teoría del conocimiento, esta visión del hombre y de la moral estaba en claro contraste con el racionalismo continental. En pocas épocas de la historia se ha observado un contraste tan claro entre dos posturas filosóficas.

Filosofía política

Hobbes es muy coherente, y siendo consecuente con su visión materialista del hombre sostiene que este es egoísta por naturaleza: cada hombre no se ocupa más que de sí mismo, de cómo satisfacer sus deseos y lograr más poder. El hombre no es sociable por naturaleza, sino por necesidad. Vive en sociedad y busca la paz solamente porque, y en la medida en que ésta le garantice el logro de sus aspiraciones. En realidad, el hombre es como un lobo para sus congéneres (*homo homine lupus*, es su famosa frase), y vive

---

3 Se anticipa en esto a Hume.
4 Una visión, por cierto, común en los pensadores británicos (especialmente, en Hume).
5 Hobbes, *Leviatán*.

en un estado de guerra continuo, desconfiando del vecino y hasta de sus familiares más cercanos.

Antes del surgimiento de la sociedad organizada, los hombres vivían (al menos, teóricamente) en un estado natural en el que no existía la propiedad privada. *Natura dedit omnia ómnibus*, dice Hobbes: la naturaleza dio todas las cosas a todos. Se entiende que este estado de naturaleza fuera un estado de guerra de todos contra todos (*bellum omnium contra omnes*), que conduciría a la destrucción del género humano si no se hubieran descubierto las ventajas de la paz; una paz que, más que armonía, es ausencia de guerra, equilibrio precario que se rompe con facilidad, como atestigua la historia.

La paz la lograron los hombres —continúa diciendo Hobbes, en sentido figurado— por medio de un pacto social, mediante el cual cada uno se comprometía a renunciar a parte de su libertad y sus derechos con tal de que el otro hiciera lo mismo. Ese pacto, dice Hobbes,

es algo más que consentimiento o concordia; es una verdadera unidad de todos en una y la misma persona, unidad a la que se llega mediante un acuerdo de cada hombre con cada hombre, como si cada uno estuviera diciendo al otro: "Autorizo y concedo el derecho de gobernarme a mí mismo, dando esa autoridad a este hombre o a esta asamblea de hombres, con la condición de que tú también le concedas tu propio derecho de igual manera, y les des esa autoridad en todas sus acciones"[6].

Para garantizar que todos respetaran el pacto se hizo necesario nombrar una autoridad o poder por encima de las partes. Esa autoridad es el Estado, que Hobbes llama Leviatán:

Una vez hecho esto [el pacto social], una multitud así unida en una persona es lo que llamamos Estado, en latín civitas. De este modo se genera ese gran Leviatán, o mejor, para hablar con mayor reverencia, ese dios mortal a quien debemos, bajo el Dios inmortal, nuestra paz y seguridad[7].

El poder del Leviatán (el poder del Estado, representado por el monarca) debe ser absoluto, hasta el punto de decidir sobre la vida y la muerte de los individuos. Es la única forma de asegurarse de que el pacto se respetará. De ahí en adelante, lo que el gobernante apruebe será "bueno", y lo que prohíba será "malo"[8]. Al gobernante le corresponde no solo dictar

---

6 Hobbes, *Leviatán*.
7 Hobbes, *Leviatán*.
8 Puede decirse que estos son los inicios el positivismo jurídico: una ley no es buena por ser expresión de la ley natural, sino por recoger la voluntad de la mayoría. Bueno

leyes, sino también administrar justicia y nombrar a todos los funcionarios públicos. Su autoridad se extiende no solo a los asuntos civiles sino también a los religiosos: el monarca debe ser la cabeza de la iglesia en su reino (se supone, además, que hay una religión oficial, y que no hay libertad de culto). Esto es, ni más ni menos, que la justificación del régimen monárquico absoluto.

Parte del atractivo de la filosofía de Hobbes es su coherencia. Puede decirse que su entero sistema se deduce con necesidad de sus principios materialistas y mecanicistas. La filosofía política de Hobbes es la consecuencia lógica de sus premisas antropológicas y metafísicas. El influjo que ha tenido y sigue teniendo Hobbes es enorme; es la otra cara de la moneda del racionalismo. No es de extrañar que la filosofía británica se haya encaminado por derroteros empiristas, mientras que la continental desemboque en el idealismo.

---

es lo que la ley permite y malo, lo que prohíbe.

TEXTOS

Leviatán[9]

Introducción

La naturaleza, arte por el que Dios ha hecho y gobierna el mundo, es imitada por el arte del hombre, como en tantas otras cosas, en que éste puede fabricar un animal artificial. Si la vida no es sino un movimiento de miembros cuyo principio está radicado en alguna parte principal interna a ellos, ¿no podremos también decir que todos los autómatas (máquinas que se mueven a sí mismas mediante muelles y ruedas, como sucede con un reloj) tienen una vida artificial? ¿Qué es el corazón sino un muelle? ¿Qué son los nervios sino cuerdas? ¿Qué son las articulaciones sino ruedas que dan movimiento a todo el cuerpo, tal y como fue concebido por el artífice? Pero el arte va aún más lejos, llegando a imitar esa obra racional y máxima de la naturaleza: el hombre. Pues es mediante el arte como se crea ese gran Leviatán que llamamos república o estado, en latín *civitas*, y que no es otra cosa que un hombre artificial. Es éste de mayor estatura y fuerza que el natural, para cuya protección y defensa fue concebido. En él, la soberanía actúa como alma artificial, como algo que da vida y movimiento a todo el cuerpo; los magistrados y otros oficiales de la judicatura y del ejecutivo son articulaciones artificiales; la recompensa y el castigo, por los cuales cada articulación y miembro que pertenecen a la sede de la soberanía se mueven para desempeñar su misión, son los nervios que hacen lo mismo en el cuerpo natural; el dinero y las riquezas de cada miembro particular son la fuerza; la *salus populi*, o seguridad del pueblo, es su finalidad; los consejeros, por quienes le son sugeridas a este cuerpo artificial todas las cosas que le es necesario conocer, son la memoria; la equidad y las leyes son una razón y una voluntad artificiales; la concordia es la salud; la sedición, la enfermedad; y la guerra civil, la muerte. Por último, los pactos y alianzas en virtud de los cuales las partes de este cuerpo político fueron en un principio hechas, juntadas y unidas, se asemejan a aquel *fiat*, o hagamos al hombre, pronunciado por Dios en la Creación.

Para describir la naturaleza de este hombre artificial, consideraré:

---

[9] Hobbes, *Leviatán*.

Primero, la materia de éste, y el artífice: ambos son el hombre.

En segundo lugar, cómo y mediante qué acuerdos es hecho; cuáles son los derechos y el justo poder o autoridad de un soberano, y qué es lo que conserva o disuelve este poder.

En tercer lugar, qué es un Estado Cristiano.

Por último, qué es el reino de las tinieblas.

En cuanto a lo primero, hay un dicho del que últimamente se abusa muy a menudo: que la sabiduría se adquiere, no leyendo libros, sino hombres. Como consecuencia de esto, aquellas personas que generalmente no dan otra prueba de ser sabias, se complacen enormemente en mostrar lo que han leído en los hombres, mediante implacables censuras del prójimo pronunciadas a sus espaldas. Pero hay otro dicho que todavía no se ha entendido, y por el que verdaderamente podrían conocer al prójimo, si se tomaran el esfuerzo necesario. Ese dicho es *nosce te ipsum*, léete a ti mismo. Con él no quiere decirse —como ahora es uso— que ha de fomentarse la bárbara conducta de los poderosos con sus inferiores, ni que hay que animar a los hombres mediocres a que se comporten irrespetuosamente con los que son mejores que ellos. Lo que ese dicho nos enseña es que, por la semejanza entre los pensamientos y pasiones de un hombre, y los pensamientos y pasiones de otro, quien mire dentro de sí mismo y considere lo que hace cuando piensa, opina, razona, espera, teme, etcétera, y por qué, leerá y conocerá cuáles son los pensamientos y pasiones de todos los otros hombres en circunstancias parecidas. Hablo de una semejanza entre las pasiones, que son las mismas en todos los hombres: deseo, miedo, esperanza, etcétera; no digo que haya una semejanza entre los objetos de esas pasiones, los cuales son las cosas deseadas, temidas, esperadas, etcétera; pues éstas varían tanto según la constitución de cada individuo y su particular educación, y son tan fáciles de ocultarse a nuestro conocimiento, que las características del corazón de un hombre, emborronadas y disfrazadas por el disimulo, el engaño, la falsedad y las doctrinas erróneas, sólo son legibles para aquél que penetra en los corazones. Y aunque algunas veces, guiándonos por las acciones de los hombres, descubrimos sus intenciones, hacerlo sin establecer una comparación con nosotros mismos y sin distinguir todas las circunstancias que pueden alterar una situación, es ponernos a descifrar sin poseer una clave; y en la mayor parte de los casos nos equivocaremos, ya por exceso de confianza, ya por recelar demasiado, según que el hombre que lea sea bueno o malo.

Pero aun suponiendo que un hombre pueda, nunca perfectamente, leer en otro guiándose por sus acciones, ello le servirá tan sólo en el trato con quienes le son conocidos, y éstos siempre son pocos. Quien gobierna toda una nación debe leer dentro de sí mismo, no a éste o a aquel hombre en particular, sino a la humanidad entera, cosa que, aunque es más difícil que el aprendizaje de cualquier lengua o ciencia, cuando yo haya expuesto ordenada y claramente el resultado de mi propia lectura, el único esfuerzo que le quedará hacer a cada uno será el de considerar si lo que yo he encontrado no lo encuentra también él dentro de sí. Pues ese tipo de doctrina no admite otra demostración.

Capítulo II

De la diferencia de maneras

Por maneras no quiero decir aquí decencia de costumbres: cómo una persona debe saludar a otra, o cómo debe un hombre enjuagarse la boca o usar el palillo de dientes delante de invitados, o cómo debe comportarse en otros puntos de pequeña moral. A lo que estoy refiriéndome es a esas cualidades de la humanidad, que tienen que ver con la pacífica convivencia y la unidad entre los hombres. Con este fin, debemos considerar que la felicidad en esta vida no consiste en el reposo de una mente completamente satisfecha. No existe tal cosa como ese *finis ultimus*, o ese *summum bonum* de que se nos habla en los viejos libros de filosofía moral. Un hombre cuyos deseos han sido colmados y cuyos sentidos e imaginación han quedado estáticos, no puede vivir. La felicidad es un continuo progreso en el deseo; un continuo pasar de un objeto a otro. Conseguir una cosa es sólo un medio para lograr la siguiente. La razón de esto es que el objeto del deseo de un hombre no es gozar una vez solamente, y por un instante, sino asegurar para siempre el camino de sus deseos futuros. Por lo tanto, las acciones voluntarias y las inclinaciones de todos los hombres no sólo tienden a procurar una vida feliz, sino a asegurarla. Solo difieren unos de otros en los modos de hacerlo. Estas diferencias provienen, en parte, de la diversidad de pasiones que tienen lugar entre hombres diversos, y, en parte, de las diferencias de conocimiento y opinión que cada uno tiene en lo que respecta a las causas que producen el efecto deseado.

De manera que doy como primera inclinación natural de toda la humanidad un perpetuo e incansable deseo de conseguir poder tras poder, que sólo cesa con la muerte. Esto no siempre es porque el hombre espere conseguir cada vez una satisfacción más intensa que la que ha poseído previamente, o porque no se contente con un poder moderado, sino porque no puede asegurarse el poder y los medios que tiene en el presente para vivir bien, sin adquirir otros más. De ahí que los reyes, cuyo poder es el más grande, se empeñen en asegurarlo dictando leyes en el interior y haciendo la guerra en el exterior. Y cuando esto ha sido hecho, otro nuevo deseo tiene lugar. En algunos, es el de adquirir fama mediante nuevas conquistas; en otros, el de la comodidad y los placeres sensuales; en otros, el de suscitar admiración sobresaliendo en algún arte o en cualquier otro menester de la mente.

La competencia por alcanzar riquezas, honores, mando o cualquier otro poder, lleva al antagonismo, a la enemistad y a la guerra. Porque el modo como un competidor consigue sus deseos, es matando, sometiendo, suplantando o rechazando a quien compite con él. En particular, cuando se compite por recibir elogios, hay una inclinación a reverenciar la época antigua. Ello es así porque los hombres tienen que habérselas con los vivos, y no con los muertos; y por eso se les da a los antiguos más gloria de la que les es debida, para oscurecer así la gloria de los contemporáneos.

El deseo de comodidad y placer sensual predispone a los hombres a obedecer al poder común; pues quien tiene esos deseos renuncia al tipo de protección que podría esperar de su propia industria y trabajo. El miedo a la muerte y a ser herido conlleva una predisposición semejante, y por la misma razón. Por el contrario, los hombres necesitados y los decididos no se satisfacen con su condición; y lo mismo ocurre con quienes ambicionan tener mando militar, los cuales están inclinados a continuar las causas de guerra y a provocar disensiones y actos de sedición, pues no hay honor militar como no venga de la guerra, ni esperanza de arreglar una nueva situación tumultuosa sin haber causado primero un nuevo desorden.

El deseo de conocimiento y de ejercitarse en las artes no militares, inclina a los hombres a obedecer al poder común. Porque ese deseo va acompañado del deseo de disponer de tiempo, y, consecuentemente, de encontrar protección en otro poder que no sea el generado por uno mismo.

El deseo de alabanza lleva consigo una disposición a realizar acciones laudables que agraden a aquellos cuyo juicio se tiene en estima. Pues las alabanzas de aquellos a quienes despreciamos nos resultan también despreciables. El deseo de fama póstuma hace lo mismo. Y aunque, después de morir, no tendremos sentido de las alabanzas que se nos dediquen en la tierra, ya que esas satisfacciones serán entonces, o eclipsadas por las alegrías inefables del Cielo, o extinguidas por los extremos tormentos del infierno, esta fama póstuma no es, sin embargo, algo totalmente vano: pues los hombres se complacen al pensar en ella, complacencia que proviene de representársela y de prever los beneficios que por su causa podrán redundar en sus descendientes; y aunque todo eso no pueden verlo en el presente, lo imaginan; y cualquier cosa que es placentera para los sentidos, también es placentera para la imaginación.

Haber recibido de alguien a quien no consideramos iguales, beneficios que son mayores que aquellos con los que esperamos poder corresponder, nos predispone a un falso amor que, en realidad, es un odio secreto. Pues esa situación pone a un hombre en estado de deuda permanente. Y evitando la presencia de su acreedor, desea tácitamente que éste se marche a un lugar donde jamás tenga ocasión de verlo. Los favores obligan, y la obligación es una esclavitud; y una obligación que no puede cumplirse, es una esclavitud perpetua que resulta odiosa para quien es esclavo de otro a quien se considera un igual. Pero haber recibido beneficios de alguien a quien reconocemos como superior, nos inclina a un amor verdadero. Porque la obligación no nos hace entonces sentirnos más inferiores; y una alegre aceptación, que los hombres llaman gratitud, supone un honor tan grande para el benefactor, que generalmente es tomada como suficiente recompensa. Asimismo, recibir beneficios de un igual o de uno que es inferior, nos inclina a un amor verdadero, siempre y cuando haya esperanza de poder devolver el favor. Pues en la intención de quien recibe, el sentimiento de obligación es de ayuda y servicio mutuos. De ahí proviene ese tipo de emulación que consiste hacer por superar a otro en lo que a favores se refiere; y es esta clase de competencia la más noble y beneficiosa que puede darse. Quien resulta victorioso se complace en su victoria, y el otro queda sobradamente dignificado al reconocerla.

Hacer a otro hombre más daño del que éste puede o quiere contrarrestar, inclina al agresor a odiar a su víctima. Pues se verá obligado a esperar de ella venganza o perdón, cosas ambas que son odiosas.

El miedo a la opresión hace que un hombre espere o busque ayuda de la sociedad. No hay otro modo de que un hombre pueda asegurar su vida y su libertad.

Quienes desconfían de su propia sutileza están, en tiempos de tumulto y sedición, mejor preparados para la victoria, que quienes se consideran a sí mismos sabios o habilidosos. Pues a estos últimos les gusta deliberar y consultar, y los otros, temiendo ser cogidos en una trampa, son los que dan el primer golpe. Y en una sedición, cuando todos los hombres se aprestan para la batalla, es mejor estrategia mantenerse unidos y usar todas las ventajas que trae consigo el uso de la fuerza, que apoyarse en cualquier cosa que provenga de la sutileza y el ingenio.

Los hombres vanidosos que, sin tener auténtica conciencia de su gran valor, se complacen en imaginarse valientes y decididos, tienen proclividad a la ostentación, y a no intentar realmente nada. Pues cuando aparece el peligro o la dificultad, sólo buscan que su falta de capacidad sea descubierta.

Los hombres vanidosos que se consideran capaces como resultado de la adulación que han recibido de otros, o por la fortuna que han tenido en alguna acción precedente, sin fundar su confianza en un auténtico conocimiento de sí mismos, son proclives a tomar decisiones precipitadas; y cuando se encuentran cerca del peligro o la dificultad, huyen si pueden. Pues como no ven el modo de ponerse a salvo, prefieren arriesgar su propio honor y tratar de restaurarlo después con alguna excusa, antes que arriesgar sus vidas, las cuales, una vez que se pierden, nada es bastante para recuperarlas.

Los hombres que tienen una alta opinión de su propia sabiduría en materia de gobierno, tienen proclividad a ser ambiciosos. Porque si no ocupan ningún cargo público de consejo o de magisterio, pierden el honor de su saber. Por lo tanto, los oradores elocuentes son proclives a la ambición, ya que la elocuencia, a sus ojos y a los de los otros, tiene apariencia de sabiduría.

La pusilanimidad predispone a los hombres a la irresolución y, consecuentemente, a perder las mejores ocasiones y oportunidades de actuar. Pues cuando se ha estado deliberando hasta que llega el momento de la acción, si no se consigue entonces ver claramente qué es lo que debe hacerse, ello es señal de que la diferencia entre los motivos para actuar en un sentido o en otro no es muy grande. Por lo tanto, no resolverse a hacer nada, es perder la ocasión por haber tenido demasiado en cuenta pequeñas trivialidades. Y eso es la pusilanimidad.

La frugalidad, aunque es una virtud en los hombres pobres, hace que un hombre sea incapaz de consumar acciones que requieren la fuerza de muchos hombres a la vez. Pues debilita su empeño, el cual tiene que ser alimentado y mantenido en vigor mediante alguna recompensa.

La elocuencia aduladora predispone a los hombres a fiarse de quienes tienen esa habilidad. Ello es así porque la elocuencia es sabiduría aparente, y la adulación es aparente amabilidad. Si les añadimos prestigio militar, quien posea estas tres cosas hará que los hombres estén predispuestos a unirse y someterse a él. Pues su elocuencia aduladora les dará garantía de que no han de esperar de él ningún peligro, y su prestigio militar les dará seguridad frente al peligro que pueda venir de otros.

La falta de ciencia, es decir, la ignorancia de las causas, predispone, o mejor dicho, obliga a un hombre a depender del consejo y de la autoridad de otros. Porque todos aquéllos a quienes les interesa la verdad, si no dependen de sí mismos, han de depender de la opinión de algún otro a quien consideran más sabio, y no ven por qué éste querría engañarlos.

La ignorancia del significado de las palabras, que es carencia de entendimiento, predispone a los hombres, no sólo a aceptar verdades que ellos desconocen, sino a aceptar también el error, y, lo que es más, el sinsentido de aquellos en quienes confían. Porque ni el error ni el sinsentido pueden detectarse sin un perfecto conocimiento de las palabras.

De eso mismo procede el que los hombres den nombres diferentes a una misma cosa, según sean afectados por sus diferentes pasiones. Así, cuando aprueban una opinión privada, la llaman opinión; pero si les disgusta, la llaman herejía; y aunque el término herejía significa simplemente opinión privada, está marcadamente teñido de cólera.

También de eso mismo procede el que los hombres no puedan distinguir, sin estudio y gran esfuerzo, entre una acción de muchos, y muchas acciones de una multitud, como, por ejemplo, entre lo que fue una acción de todos los senadores de Roma al matar a Catilina, y lo que fueron muchas acciones de un grupo de senadores al matar a César. Y, consiguientemente, son propensos a tomar por acción del pueblo lo que es una multitud de acciones hechas por una multitud de hombres, guiados, quizá, por la persuasión de uno solo.

La ignorancia de las causas y de la constitución original del derecho, de la equidad, de la ley y de la justicia, hace que un hombre tenga propensión a hacer de la costumbre y del ejemplo la regla de sus actos; de tal manera, que tiene inclinación a pensar que lo injusto que ha sido costumbre castigar, y que lo justo es aquello de lo que, con un ejemplo, o —como dicen bárbaramente los abogados que se guían por esta falsa norma de justicia— con un precedente, pueda mostrarse que ha disfrutado de impunidad y aprobación: Es como hacen los niños pequeños, que no tienen otra regla para distinguir lo bueno de lo malo, que no sea las correcciones que reciben de sus padres y maestros. La única diferencia es que los niños se aplican a esa regla con constancia, y los adultos no; pues al ir haciéndose viejos y tercos, apelan a la costumbre para justificar su razón, o apelan a la razón para justificar su costumbre, según les convenga. Y así, se apartan de la costumbre cuando sus propios intereses lo requieren, o se enfrentan a la razón siempre que la razón está en contra de ellos. Esta es la causa de que la doctrina de lo bueno y lo malo sea perpetuamente disputada con la pluma y con la espada, y que no sea así con la doctrina de las líneas y las figuras; pues, en este último asunto, a los hombres les preocupa saber un tipo de verdad que no afecta para nada sus ambiciones personales, su ganancia o su ansia de poder. Porque no me cabe la menor duda de que si la doctrina que dice que los tres ángulos de un triángulo son iguales a dos ángulos rectos hubiera sido contraria al derecho de algún hombre para ejercer dominio sobre otros, o a los intereses de quienes ya lo ejercen, dicha doctrina, sin ser disputada, habría sido suprimida mediante la quema de todos los libros de geometría, si a quien le afectase hubiera sido capaz de hacerlo.

La ignorancia de las causas remotas predispone a los hombres a atribuir todos los sucesos a causas inmediatas e instrumentales, pues éstas son las únicas que perciben. Y de eso proviene el que, en todos los sitios, los hombres que se ven abrumados con los pagos que tienen que hacer al fondo público, descarguen su ira contra los funcionarios, es decir, contra los cobradores de impuestos, inspectores y otros empleados de hacienda. Y se adhieren a los que encuentran defectos en el gobierno; y de ahí se comprometen hasta el punto de no poder esperar salvación, y hasta llegan a atacar a la misma autoridad suprema, por miedo al castigo, o por vergüenza de recibir su perdón.

La ignorancia de las causas naturales hace que los hombres sean propensos a la credulidad y a creer muchas veces cosas que son imposibles. Pues como no conocen nada que diga lo contrario, sino sólo que pueden ser verdaderas, no pueden ver su imposibilidad. Y la credulidad, como a los hombres les gusta que les escuchen cuando están en compañía de otros, los hacen proclives a mentir. De tal manera, que la ignorancia misma, sin malicia, puede hacer que un hombre, no sólo se crea mentiras, sino también que las diga; y, algunas veces, incluso que las invente.

La preocupación por lo que pasará en el futuro inclina a los hombres a investigar en las causas de las cosas; pues, conociéndolas, son más capaces para ordenar el tiempo presente como mejor les conviene.

La curiosidad, o amor al conocimiento de las causas, lleva a un hombre a buscar una causa partiendo de la consideración de un efecto; y una vez encontrada esa causa, a buscar la causa de ésta. Y así, hasta llegar al pensamiento de que debe haber necesariamente alguna causa primera, incausada y eterna. A esto es a lo que los hombres llaman Dios. Por consiguiente, es imposible que hagamos una investigación profunda de las causas naturales, sin ser llevados a creer que hay un Dios eterno. Sin embargo, no podemos tener de Él ninguna idea que nos diga algo de su naturaleza. Pues lo mismo que un ciego de nacimiento, cuando oye a otros hombres hablar de calentarse al fuego, y es llevado hasta el calor producido por éste, puede concebir fácilmente que hay allí algo que los hombres llaman fuego y que es la causa del calor que él siente, no puede, sin embargo, imaginar cómo es, ni tener de ese fuego una idea como la que tienen los que lo ven, así también, partiendo de las cosas visibles de este mundo, y de su orden admirable, puede un hombre concebir que esas cosas tienen una causa, que es lo que llamamos Dios; pero no tiene en la mente una idea o imagen de éste.

Y los que investigan poco o, simplemente, no investigan en las causas naturales de las cosas, tienen inclinación a suponer e imaginar varias clases de fuerzas invisibles. Ello lo hacen llevados por el miedo —que procede de su misma ignorancia— a lo que pueda ser lo que tiene el poder de hacerles mucho bien o mucho mal. Y sienten temor y respeto por esas fabricaciones de su propia imaginación. En tiempos de infortunio, las invocan; y cuando reciben algún bien esperado, les dan su agradecimiento. De tal modo, que toman por dioses lo que son meras criaturas de su fantasía. Mediante este procedimiento, ha llegado a ocurrir que, de las innumerables fantasías que son posibles, los hombres han creado en el mundo innumerables clases de dioses. Y este temor a lo invisible es la simiente natural de lo que cada uno, en su interior, llama religión; pero si esa misma adoración o miedo están dirigidos a poderes diferentes de los que ellos mismos imaginan, entonces dicen que es superstición.

Esta simiente de la religión ha sido observada por muchos. Y algunos la han fortalecido, revestido y elaborado en forma de leyes; y le han añadido opiniones de su propia invención, referentes a las causas de los aconteceres futuros, pensando que así podrían ser más capaces de gobernar a otros, y de hacer el máximo uso de sus propios poderes.

Capítulo XIII

De la condición natural de la humanidad con respecto a su felicidad y su miseria.

La naturaleza ha hecho a los hombres tan iguales en sus facultades de cuerpo y de alma, que aunque puede encontrarse en ocasiones a hombres físicamente más fuertes o mentalmente más ágiles que otros, cuando consideramos todo junto, la diferencia entre hombre y hombre no es tan apreciable como para justificar el que un individuo reclame para sí cualquier beneficio que otro individuo no pueda reclamar con igual derecho. Pues, en lo que se refiere a fuerza corporal, el más débil tiene fuerza suficiente para matar al más fuerte, ya mediante maquinaciones secretas, o agrupado con otros que se ven en el mismo peligro que él.

En lo que se refiere a las facultades de la mente, dejando aparte las artes que se fundan en las palabras y, especialmente, el arte de proceder por reglas generales e infalibles, que llamamos ciencia y que muy pocos tienen, excepto en unas pocas cosas, ya que no es una facultad innata que nace con nosotros, ni adquirida como se adquiere la prudencia, sino algo diferente, creo, sin embargo, que hay mayor igualdad entre los hombres que en lo referente a fuerza corporal. Porque la prudencia no es otra cosa que experiencia, la cual es dada igualitariamente a los hombres si viven el mismo lapso de tiempo, en esas cosas en las que se aplican igualmente. Lo que quizá puede hacer esa igualdad increíble es la vanidad con que cada uno considera su propia sabiduría; pues casi todos los hombres piensan que la poseen en mayor grado que los vulgares, es decir, que todos los demás hombres excepto ellos mismos y unos pocos más que, por fama, o por estar de acuerdo con ellos, reciben su aprobación. Porque la naturaleza humana es tal, que por mucho que un hombre pueda reconocer que otros son más ingeniosos, o más elocuentes, o más instruidos, rara vez creerá que haya muchos tan sabios como él; pues ve su propio talento de cerca, y el de los otros a distancia. Pero esto es una prueba más de que los hombres son, en ese punto, más iguales que desiguales.

De esta igualdad en las facultades surge una igualdad en la esperanza de conseguir nuestros fines. Y, por tanto, si dos hombres desean una misma cosa que no puede ser disfrutada por ambos, se convierten en enemigos; y, para lograr su fin, que es, principalmente, su propia conservación y, algunas veces, sólo su deleite, se empeñan en destruirse y someterse mutuamente. De esto proviene el que allí donde un usurpador no tiene otra cosa que temer más que el poder de un solo hombre, es muy probable que una sus fuerzas con las de otros y vaya contra el que ha conseguido sembrar, cultivar y hacerse una posición ventajosa. Y tratará, así, de desposeerlo, no sólo del fruto de su trabajo, sino también de su vida o de su libertad. Y, a su vez, el usurpador se verá después expuesto a la amenaza de otros.

El modo más razonable de protegerse contra esa desconfianza que los hombres se inspiran mutuamente, es la previsión, esto es, controlar, ya sea por la fuerza, ya con estratagemas, a tantas personas como sea posible, hasta lograr que nadie tenga poder suficiente para poner en peligro el poder propio. Esto no es más que procurar la autoconservación, y está generalmente permitido. Asimismo, como hay algunos que se complacen en la contemplación de su propio poder y realizan actos de conquista que van más allá de lo que es requerido para su seguridad, si quienes en principio estarían cómodos y satisfechos confinados dentro de sus modestos límites no aumentaran su fuerza invadiendo el terreno de otros, no podrían subsistir mucho tiempo dedicados solamente a mantener una actitud defensiva. Y, como consecuencia, ya que este poder es necesario para la conservación de un hombre, debería también estarle permitido.

Los hombres no encuentran placer, sino, muy al contrario, un gran sufrimiento, al convivir con otros allí donde no hay un poder superior capaz de atemorizarlos a todos. Pues cada individuo quiere que su prójimo lo tenga en tan alta estima como él se tiene a sí mismo; y siempre que detecta alguna señal de desprecio o de menosprecio, trata naturalmente, hasta donde se atreve (y entre los que no tienen un poder común que los controle puede llegarse hasta la destrucción mutua), de hacer daño a quienes lo desprecian para que éstos lo valoren más, y para así dar un ejemplo a los otros.

De modo que, en la naturaleza del hombre, encontramos tres causas principales de disensión. La primera es la competencia; en segundo lugar, la desconfianza; y en tercer lugar, la gloria.

La primera hace que los hombres invadan el terreno de otros para adquirir ganancia; la segunda, para lograr seguridad; y la tercera, para adquirir reputación. La primera hace uso de la violencia, para que así los hombres se hagan dueños de otros hombres, de sus esposas, de sus hijos y de su ganado. La segunda usa la violencia con un fin defensivo. Y la tercera, para reparar pequeñas ofensas, como una palabra, una sonrisa, una opinión diferente, o cualquier otra señal de desprecio dirigido hacia la propia persona o, indirectamente, a los parientes, a los amigos, a la patria, a la profesión o al prestigio personal.

De todo ello queda de manifiesto que, mientras los hombres viven sin ser controlados por un poder común que los mantenga atemorizados a todos, están en esa condición llamada guerra, guerra de cada hombre contra cada hombre. Pues la guerra no consiste solamente en batallas o en el acto de luchar, sino en un período en el que la voluntad de confrontación violenta es suficientemente declarada. Por tanto, la noción de tiempo debe considerarse como parte de la naturaleza de la guerra, lo mismo que es parte de la naturaleza del tiempo atmosférico. Pues así como la naturaleza del mal tiempo atmosférico no está en uno o dos aguaceros, sino en la tendencia a que éstos continúen durante varios días, así también la naturaleza de la guerra no está en una batalla que de hecho tiene lugar, sino en una disposición a batallar durante todo el tiempo en que no haya garantías de que debe hacerse lo contrario. Todo otro tiempo es tiempo de paz.

Por tanto, todas las consecuencias que se derivan de los tiempos de guerra, en los que cada hombre es enemigo de cada hombre, se derivan también de un tiempo en el que los hombres viven sin otra seguridad que no sea la que les procura su propia fuerza y su habilidad para conseguirla. En una condición así, no hay lugar para el trabajo, ya que el fruto del mismo se presenta como incierto; y, consecuentemente, no hay cultivo de la tierra; no hay navegación, y no hay uso de productos que podrían importarse por mar; no hay construcción de viviendas, ni de instrumentos para mover y transportar objetos que requieren la ayuda de una fuerza grande; no hay conocimiento en toda la faz de la tierra, no hay cómputo del tiempo; no hay artes; no hay letras; no hay sociedad. Y, lo peor de todo, hay un constante miedo y un constante peligro de perecer con muerte violenta. Y la vida del hombre es solitaria, pobre, desagradable, brutal y corta.

A quien no haya ponderado estas cosas, puede parecerle extraño que la naturaleza separe de este modo a los hombres y los predisponga a invadirse y destruirse mutuamente; y no fiándose de este razonamiento deducido de las pasiones, quizá quiera confirmarlo recurriendo a la experiencia. Si es así, que considere su propia conducta: cuando va a emprender un viaje, se cuida de ir armado y bien acompañado; cuando va a dormir, atranca las puertas; y hasta en su casa, cierra con candado los arcones. Y actúa de esta manera, aun cuando sabe que hay leyes y agentes públicos armados que están preparados para vengar todos los daños que se le hagan. ¿Cuál es la opinión que este hombre tiene de sus prójimos cuando cabalga armado? ¿Cuando atranca las puertas? ¿Qué opinión tiene de sus criados y de sus hijos cuando cierra con candado los arcones? ¿No está, con sus acciones, acusando a la humanidad en la misma medida en que yo lo hago con mis palabras? Pero ni él ni yo estamos acusando con ello a la naturaleza del hombre. Los deseos y otras pasiones humanas no son un pecado en sí mismos. Y tampoco lo son los actos que proceden de esas pasiones, hasta que no hay una ley que los prohíbe; y hasta que las leyes no son hechas, no pueden conocerse; y no puede hacerse ninguna ley hasta que los hombres no se han puesto de acuerdo sobre quién será la persona encargada de hacerla.

Podrá tal vez pensarse que jamás hubo un tiempo en el que tuvo lugar una situación de guerra de este tipo. Y yo creo que no se dio de una manera generalizada en todo el mundo. Pero hay muchos sitios en los que los hombres viven así ahora. Pues los pueblos salvajes en muchos lugares de América, con la excepción del gobierno que rige en las pequeñas familias, cuya concordia depende de los lazos naturales del sexo, no tienen gobierno en absoluto y viven en el día de hoy de esa manera brutal que he dicho antes.

Comoquiera que sea, podemos tener una noción de cómo sería la vida sin un poder común al que temer, si nos fijamos en la manera de vivir de quienes, después de haber coexistido bajo el poder de un gobierno pacífico, degeneran en un estado de guerra civil.

Pero aunque no hubiese habido ninguna época en la que los individuos estaban en una situación de guerra de todos contra todos, es un hecho que, en todas las épocas, los reyes y las personas que poseen una autoridad soberana están, a causa de su independencia, en una situación de perenne desconfianza mutua, en un estado y disposición de gladiadores, apuntándose con sus armas, mirándose fijamente, es decir, con sus fortalezas, guarniciones y cañones instalados en las fronteras de sus reinos, espiando a sus vecinos constantemente, en una actitud belicosa. Pero como, con esos medios, protegen la industria y el trabajo de sus súbditos, no se sigue de esta situación la miseria que acompaña a los individuos dejados en un régimen de libertad.

De esta guerra de cada hombre contra cada hombre se deduce también esto: que nada puede ser injusto. Las nociones de lo moral y lo inmoral, de lo justo y de lo injusto no tienen allí cabida. Donde no hay un poder común, no hay ley; y donde no hay ley, no hay injusticia. La fuerza y el fraude son las dos virtudes cardinales de la guerra. La justicia y la injusticia no son facultades naturales ni del cuerpo ni del alma. Si lo fueran, podrían darse en un hombre que estuviese solo en el mundo, lo mismo que se dan en él los sentidos y las pasiones. La justicia y la injusticia se refieren a los hombres cuando están en sociedad, no en soledad. En una situación así, no hay tampoco propiedad, ni dominio, ni un mío distinto de un tuyo, sino que todo es del primero que pueda agarrarlo, y durante el tiempo que logre conservarlo.

Y hasta aquí, lo que se refiere a la mala condición en la que está el hombre en su desnuda naturaleza, si bien tiene una posibilidad de salir de ese estado, posibilidad que, en parte, radica en sus pasiones, y, en parte, en su razón.

Las pasiones que inclinan a los hombres a buscar la paz son el miedo a la muerte, el deseo de obtener las cosas necesarias para vivir cómodamente, y la esperanza de que, con su trabajo, puedan conseguirlas. Y la razón sugiere convenientes normas de paz; basándose en las cuales los hombres pueden llegar a un acuerdo. Estas normas reciben el nombre de Leyes de Naturaleza, y de ellas hablaré más en particular en los dos capítulos siguientes.

IV
EL EMPIRISMO BRITÁNICO

El empirismo británico es un movimiento filosófico que se desarrolla en los siglos XVII y XVIII en el ámbito de la filosofía de habla inglesa, que se caracteriza por la idea de que el conocimiento humano debe basarse en la experiencia y en la información que nos proporcionan los sentidos, y por su oposición al ideal racionalista de basar la ciencia, la filosofía y el conocimiento en general en la mera razón. Lo desarrollaron tres filósofos británicos: John Locke (inglés, 1632-1704), George Berkeley (irlandés, 1685-1753) y David Hume (escocés, 1711-1776). Estos tres filósofos, en embargo, no son discípulos y maestros de una escuela común, y, a pesar de que comparten la misma concepción sobre el origen del conocimiento, difieren entre sí en materia ética, religiosa y política.

Se ha señalado que el empirismo se caracteriza por poner el problema del conocimiento humano en el centro de la investigación filosófica. Pero el empirismo no se circunscribe a la epistemología o teoría del conocimiento; puede decirse que, de modo análogo al racionalismo, es un movimiento que aspira a reconstruir la totalidad del saber humano desde sus raíces.

Otra característica común a los empiristas es su oposición al concepto de ideas innatas. Para los empiristas, todo conocimiento procede de la experiencia y de la educación; la mente, cuando la persona nace, es como un tablón en blanco. No nacemos ni siquiera con la idea de Dios, ni con la de pensamiento o la de extensión. Todo es aprendido en el trascurso de la vida.

Los empiristas también sostienen que el contenido del conocimiento, su objeto propio, son las ideas, o contenidos de la mente. John Locke lo pone de esta manera:

> *Desde el momento en que la mente, en todos sus pensamientos y razonamientos no tiene ningún otro objeto inmediato que sus propias ideas, las cuales ella sola contempla o puede contemplar, resulta evidente que nuestro conocimiento está dirigido sólo a ellas*[1].

Consecuencia paradójica de esta posición es que si todo lo que conocemos son las ideas y las relaciones entre ellas, lo único que sabemos con certeza es que existen las ideas y sus relaciones; de ahí el idealismo al que arriba George Berkeley. Este es el punto donde el empirismo y el racionalismo coinciden; ambas corrientes son inmanentistas (sostienen el primado o la exclusividad de la experiencia interna como criterio de verdad en general).

Puede decirse que el empirismo limita las funciones de la razón a las esferas prácticas de la vida: la ética, la ciencia, la técnica y la política. Sostiene una posición escéptica frente a las pretensiones de verdad universal o metafísica, y reduce la especulación teológica a opinión privada. Con frecuencia, los empiristas son agnósticos en materia religiosa.

John Locke

John Locke nació en Wrinton, Somerset, Inglaterra, en 1632, y murió en Oates en 1704. A los catorce años ingresa a la escuela de Westminster, y a los 26 es nombrado profesor en la Universidad de Oxford. En 1667 se convierte en médico y amigo del primer conde de Shaftesbury, líder de la oposición a Carlos II. Entre 1663 y 1669 vive exiliado en Holanda. Cuan-

---

[1] John Locke, *Ensayo sobre el entendimiento humano*, 2.ª ed. (Madrid: Aguilar, 1987).

do murió, ya se habían asentado las bases del régimen parlamentarista por el que tanto había luchado.

Teoría del conocimiento

Con Locke se da ya, en ciernes, una orientación hacia el llamado problema crítico en filosofía; es decir, la pregunta por el alcance, los límites y las posibilidades de nuestro conocimiento. Dice Locke: "es mi intención investigar los orígenes, alcance y certidumbre del entendimiento humano, junto con los fundamentos y grados de creencias, opiniones y sentimientos"[2].

El objeto del entendimiento, lo que éste encuentra en sí mismo cuando se examina, son las ideas:

> *Pero, antes de proseguir con lo que a ese propósito he pensado, debo excusarme, desde ahora, con el lector por la frecuente utilización de la palabra "idea" que encontrara en el tratado que va a continuación. Siendo este término el que, en mi opinión, sirve mejor para nombrar lo que es el objeto del entendimiento cuando un hombre piensa*[3].

Las ideas son la representación de las cosas del mundo, y esto es lo único que el hombre conoce:

> *Porque como entre las cosas que la mente contempla no hay ninguna, además de ella misma, que esté presente en el entendimiento, resulta necesario que alguna otra cosa actúe como signo o representación de la cosa que considera para poder presentarse a él, y éstas son las ideas.*
> *Desde el momento en que la mente, en todos sus pensamientos y razonamientos, no tiene ningún otro objeto inmediato que sus propias ideas, las cuales ella sola contempla o puede contemplar, resulta evidente que nuestro conocimiento está dirigido sólo a ellas*[4].

---

2 Locke, *Ensayo sobre el entendimiento humano*.
3 Locke, *Ensayo sobre el entendimiento humano*.
4 Locke, *Ensayo sobre el entendimiento humano*.

Vemos, pues, que aunque Locke diga que las ideas son representación de las cosas del mundo, el entendimiento solo conoce esas representaciones, no las cosas. ¿Cómo estar seguros de que las ideas representan bien las cosas del mundo? Locke distingue entre dos tipos de ideas: ideas de cualidades primarias e ideas de cualidades secundarias. Las ideas de cualidades primarias (o, simplemente, *ideas primarias*) son las que representan cualidades que pertenecen a las cosas mismas. Dice Locke:

> *§ 9. Cualidades primarias. Así consideradas, las cualidades en los cuerpos son, primero, aquellas enteramente inseparables del cuerpo, cualquiera que sea el estado en que se encuentre, y tales que las conserva constantemente en todas las alteraciones y cambios que dicho cuerpo pueda sufrir a causa de la mayor fuerza que pueda ejercerse sobre él. [...] el volumen, la forma, el número, la situación y el movimiento o reposo de sus partes sólidas: estas cualidades están en los cuerpos, las percibamos o no. Y cuando los cuerpos tienen el tamaño suficiente para poder percibirlas, tenemos, a través de ellas, una idea de la cosa como es en sí misma, según acontece normalmente en las cosas artificiales*[5].

Las ideas de cualidades secundarias, por el contrario, no pertenecen a las cosas en sí mismas, sino que son derivadas de las cualidades primarias:

> *hay cualidades tales que en verdad no son nada en los objetos mismos, sino poderes de producir en nosotros diversas sensaciones por medio de sus cualidades primarias, es decir, por el bulto, la forma, la textura y el movimiento de sus partes insensibles, como son colores, sonidos, gustos, etc. A éstas llamo cualidades secundarias [...] Las cualidades secundarias sólo existen en las cosas como modos de las primarias*[6].

Es interesante notar que, para Locke, es un misterio cómo se relacionan las cualidades primarias con las secundarias y, dado que conocemos principalmente por medio de las cualidades secundarias, en realidad no conocemos las cosas en sí:

---

5 Locke, *Ensayo sobre el entendimiento humano*.
6 Locke, *Ensayo sobre el entendimiento humano*.

> *Porque no podemos descubrir la conexión necesaria entre las cualidades secundarias y las primarias Además de esta ignorancia sobre las cualidades primarias de las partes insensibles de los cuerpos, de las que dependen todas las cualidades secundarias, hay otra clase de ignorancia todavía mayor y más irremediable que nos sitúa lejos de un conocimiento cierto sobre la coexistencia o incoexistencia (si se puede afirmar así) de diferentes ideas en un mismo sujeto; y es ésta que no hay ninguna conexión descubrible entre las cualidades secundarias y aquellas cualidades primarias de las que dependen.*
> *No tenemos ningún conocimiento perfecto de sus cualidades primarias […][7].*

La conclusión de Locke, paradójicamente, viene a ser semejante a la de Descartes. Locke comienza con las cosas, pero termina afirmando la primacía de la conciencia. ¿Y qué hay de Dios y del "yo"? Sobre el "yo", afirma que es conocido por "certeza intuitiva" (algo parecido a lo que dice Descartes), mientras que Dios es conocido por "certeza demostrativa", ya que según el principio de causalidad (que se da por demostrado y evidente), Dios es la causa última de nuestra existencia, así que lo demostrativo se basa en lo intuitivo.

Mientras que Berkeley, como diremos, vio en la teoría del conocimiento de Locke un camino abierto hacia el ateísmo, a Hume le pareció que Locke era aún demasiado racionalista.

Filosofía moral

En filosofía moral, puede decirse que Locke es hedonista y relativista. El bien y el mal, para él, son solo nombres que damos a las cosas que nos producen placer o dolor. La felicidad "es lo que todos buscan constantemente, y todos los hombres persiguen lo que puede producirla"[8].

Según Locke, las ideas morales son una colección de ideas simples, pero desde el momento en que se las valora como buenas o malas se convierten en relativas, porque se ponen en relación con alguna regla. Así, un duelo, por ejemplo, puede ser un pecado, no constituir un delito o ser una

---

7 Locke, *Ensayo sobre el entendimiento humano*.
8 Locke, *Ensayo sobre el entendimiento humano*.

acción virtuosa o viciosa, según se considere desde el punto de vista de la ley divina, humana o de la costumbre.

En religión, Locke propugnaba por un cristianismo racional, es decir, despojado del misterio y de lo sobrenatural. Expone sus ideas en el libro *La racionabilidad del cristianismo*. Por otra parte, estaba a favor de que en Inglaterra se toleraran distintas religiones (menos la católica).

Filosofía política

John Locke es tanto o más conocido por su teoría política que por su teoría del conocimiento. Su libros de filosofía política (dos *Tratados sobre el gobierno civil*) son clásicos y germinales para el liberalismo político. El primer tratado es básicamente una crítica a las ideas absolutistas de Robert Filmer expuestas en su obra *El Patriarca* (1680). Filmer defendía el derecho divino de los reyes, argumentando que este venía de Dios, quien se lo había dado directamente a Adán y Eva; tesis a todas luces absurda, porque en tal caso, cualquier persona podría argumentar ser depositario de ese derecho.

En el segundo tratado, Locke intenta analizar cuáles serían las fuentes legítimas del poder político. Es cierto que los súbditos tienen el deber de obedecer a los reyes —a los cuales, ciertamente, considera investidos de cierta autoridad dada por Dios—, pero ese poder que tienen los reyes es limitado e implica, sobre todo, deberes.

Locke se basa en la teoría del contrato social, de Hobbes, pero presenta importantes diferencias con el de Malmesbury. En primer lugar, el estado de naturaleza, para Locke, no consiste en un estado de guerra de todos contra todos, sino en un estado de libertad, regulado por la ley natural y en donde reina la igualdad.

Cuando un individuo hace daño a otro, de acuerdo con las leyes naturales, puede exigir un castigo o retribución; pero como nadie es lo suficientemente objetivo como para medir la pena o la retribución proporcionales, se hace necesario nombrar una autoridad, para que juzgue de manera imparcial. Esto es lo que saca a los hombres del estado de naturaleza "el establecimiento de un juez terrenal con autoridad para decidir todas las controversias y para castigar las injurias que puedan afectar a cualquier, miembro del Estado; y dicho juez es la legislatura, o el magistrado nombrado por ella"⁹. Pero esa autoridad, según Locke, no es absoluta, sino responde "a la voluntad y determinaciones de la mayoría"¹⁰.

Locke también difiere de Hobbes en lo que respecta a los límites del poder y su derecho a la resistencia:

> *Siempre que los legisladores tratan de arrebatar y destruir la propiedad del pueblo, o intentan reducir al pueblo a la esclavitud bajo un poder arbitrario, están poniéndose a sí mismos en un estado de guerra con el pueblo, el cual, por eso mismo, queda absuelto de prestar obediencia, y libre para acogerse al único refugio que Dios ha procurado a todos los hombres frente a la fuerza y la violencia¹¹.*

La autoridad, pues, está instituida para defender la vida, la salud, la propiedad y la libertad de las personas, y cuando no cumple ese cometido o, peor aun, cuando ella misma es la que se aprovecha de su poder para violar los derechos de los individuos, puede ser destituida.

Un aspecto novedoso de la visión política de Locke es su justificación de la propiedad privada; Locke la pone en el trabajo:

> *Aunque la tierra y todas las criaturas inferiores pertenecen en común a todos los hombres, cada hombre tiene, sin embargo, una propiedad que pertenece a su propia persona; y a esa propiedad nadie tiene derecho, excepto él mismo. El trabajo de su cuerpo y la labor producida por sus manos, podemos decir que son suyos. Cualquier cosa que él saca del estado en que la naturaleza la produjo y la dejó, y la modifica con su labor y añade a ella algo que es de sí mismo, es, por consiguiente, propiedad suya. Pues al sacarla del estado común en el que la naturaleza la había puesto, agrega a ella algo con su trabajo, y ello hace que no tengan ya derecho a ella los demás hombres. Porque este trabajo, al ser indudablemente propiedad del trabajador, da como resultado el que ningún hombre, excepto él, tenga derecho*

---

9 John Locke, *Segundo Tratado sobre el Gobierno Civil: un ensayo acerca del verdadero origen, alcance y fin del Gobierno Civil* (Madrid: Alianza Editorial, 2000).
10 Locke, *Segundo Tratado sobre el Gobierno Civil*.
11 Locke, *Segundo Tratado sobre el Gobierno Civil*.

a lo que ha sido añadido a la cosa en cuestión, al menos cuando queden todavía suficientes bienes comunes para los demás[12].

Otro tema importante que Locke desarrolló fue la teoría de la división del poder legislativo y del poder ejecutivo, anticipándose en este respecto a Montesquieu.

El influjo de Locke en la historia de la filosofía es, pues, notable. En epistemología, fue el primero en plantear el problema crítico, que Hume llevará a sus últimas consecuencias y que será el punto de partida del idealismo trascendental kantiano. En filosofía política, muchos consideran a Locke el padre del liberalismo. Sus ideas en ese campo marcaron el destino del constitucionalismo moderno, y sirvieron de fuente de inspiración a los padres fundadores de los Estados Unidos.

George Berkeley

De este obispo irlandés nacido en 1685 dijo David Hume que sus argumentos "no admiten réplica y no producen la menor convicción"[13]; y Kant se refería a su pensamiento como "idealismo delirante". Ha pasado a la historia como un intermediario entre Locke y Hume, pero merece ser tomado en cuenta como un filósofo original.

Original fue, también, la vida que llevó. Nació en Kilkenny, Irlanda, de una familia de origen inglés. Estudió en el Trinity College de Dublín, y una vez terminados sus estudios eclesiásticos es nombrado ministro anglicano y profesor del mencionado College. Vivió una temporada en Londres y viajó dos veces al continente. En 1721 toma la decisión de ir a las islas Bermudas, a evangelizar, y con ese fin se traslada a Rhode Island (1729), pero su proyecto evangelizador fracasa por falta de apoyo de la Corona, de manera que regresa a Londres. En 1734 es nombrado obispo de Cloyne (Irlanda). Allí permanece hasta 1752, dedicado a la actividad pastoral y a la filosofía. Muere en Oxford, al año siguiente.

Escribió varias obras de filosofía, pero curiosamente la obra por la que más se le conoció fue *Syris, cadena de reflexiones filosóficas y de investigación sobre las virtudes del alquitrán* (1744), un ensayo de economía política. Aparte de esta obra, sus libros más importantes son el *Tratado sobre los*

---

12 Locke, *Segundo Tratado sobre el Gobierno Civil*.
13 José L. Tasset, «El empirismo británico», en *Historia universal del pensamiento filosófico*, vol. III (Ortuella (Vizcaya): Liber Distribuciones Educativas, 2007), 615-62.

principios del conocimiento humano (1710) y *Tres diálogos entre Hilas y Filonús* (o entre Hylas y Philonus) (1713).

Inspiración cristiana

Berkeley consideraba que la filosofía de su tiempo estaba conduciendo la cultura hacia el materialismo y el ateísmo, y en su obra se propone contrarrestar esa tendencia. Su filosofía, pues, tiene una inspiración cristiana y un carácter apologético. Lo que desea, básicamente, es "refutar el escepticismo y demostrar la existencia e inmaterialidad de Dios, y la inmortalidad del alma"[14].

De hecho, en el Tratado sobre los principios del conocimiento dice claramente que "en definitiva, lo que merece el primer puesto en nuestros estudios es la consideración de Dios y de nuestro deber. Esta es la intención principal de mis trabajos"[15].

Del empirismo al idealismo

La inclusión de Berkeley entre los empiristas es discutida por algunos, ya que su filosofía, al final, es idealista. El mismo Berkeley declara: "neguemos el mundo para salvar nuestro espíritu"[16]. Veamos cómo, partiendo de postulados empiristas y nominalistas, Berkeley termina en el idealismo.

En primer lugar, para Berkeley no existen ideas universales, generales y abstractas. Las ideas son como el rastro que dejan las percepciones en nuestra mente; y eso es lo que conocemos: las ideas. No conocemos las cosas mismas, sino las ideas. Dice Berkeley:

> *Digo que esta mesa sobre la que escribo existe, es decir, que la veo y la toco; y si estuviera fuera de mi habitación diría que existe, entendiendo por eso que podría percibirla si estuviera en mi habitación, o si hay otro espíritu que actualmente la percibe. Había un olor, es decir, había sentido; había un sonido, es decir, era escuchado; hay un color o una forma, es decir, es percibida por la vista o por el tacto. He aquí todo lo*

---

14 Mariano Fazio y Daniel Gamarra, *Historia de la filosofía III. Filosofía moderna* (Madrid: Palabra, 2001).
15 Citado en Fazio y Gamarra, *Historia de la filosofía III. Filosofía moderna*.
16 Tasset, «El empirismo británico».

> *que puedo entender con expresiones de este tipo. Porque para mí es totalmente incomprensible lo que se dice de la existencia absoluta de cosas que no piensan, y sin ninguna referencia al hecho de que son percibidas. El ser de las cosas es ser percibido, y no es posible que ellas puedan tener alguna existencia fuera de la mente o de las cosas pensantes que las perciben*[17].

"La existencia de una idea consiste en ser percibida o tenida por algún espíritu. La existencia de un espíritu consiste en su tener ideas y voliciones. Sólo los espíritus perciben; sólo las ideas son percibidas; no puede haber otra especie de cosas además de estas dos"[18]: este es el paso del empirismo al idealismo. "Se trata de un idealismo empírico, ya que el origen de las ideas es la experiencia sensible"[19].

Berkeley no admite la distinción que hace Locke entre cualidades primarias (que pertenecen a la cosa en sí) y cualidades secundarias (las que se producen en nosotros); para él, con buena lógica, todas son cualidades secundarias. La noción de una sustancia independiente del pensamiento no tiene sentido, para Berkeley. "El rechazo explícito de la noción de sustancia material constituye al inmaterialismo en el núcleo del pensamiento de George Berkeley"[20].

Interesantemente, Berkeley sostiene una teoría del conocimiento que sería del agrado de muchos físicos de hoy. Nombramos y señalamos cosas, dice Berkeley, pero en realidad tales cosas son solo un conjunto de sensaciones:

> *Porque se ve que algunas de esas sensaciones se presentan juntas, se denominan con un nombre, y, por lo tanto, se consideran una sola cosa. Así, habiendo observado que un cierto color se acompaña de un cierto sabor, un cierto olor, una cierta forma, una cierta consistencia, todas estas sensaciones son consideradas como una sola cosa sola y distinta de otras, indicada con el nombre 'manzana'; mientras que otras colecciones de ideas constituyen una piedra, un árbol, un libro y cosas sensibles*

---

17 George Berkeley, *Tratado sobre los principios del conocimiento humano* (Madrid: Gredos, 1982).
18 Tasset, «El empirismo británico».
19 Fazio y Gamarra, *Historia de la filosofía III. Filosofía moderna*.
20 Fazio y Gamarra, *Historia de la filosofía III. Filosofía moderna*.

similares que, siendo placenteras o disgustosas, excitan en nosotros sentimientos de amor, odio, alegría, ira, etc.[21].

"Ser es ser percibido o percibir", afirma Berkeley. Las cosas son o existen no porque las percibamos los hombres, sino porque existe un Espíritu que lo percibe todo: Dios. Es Dios quien, pensando las cosas, las mantiene en la existencia. Para Berkeley, "Dios es no solo causa, sino la mente en donde se contienen y se sostienen las cosas"[22].

David Hume

David Hume merecería un capítulo aparte: su importancia en la historia de la filosofía es enorme. Lo situamos en el capítulo de los empiristas porque existe una cierta continuidad en el desarrollo de sus ideas. Hume nació siete años después de la muerte de Locke, y Berkeley tenía 26 años. Los tres viajaron varias veces al continente y conocieron muy bien a los filósofos racionalistas. Leibniz murió cuatro años después que Hume.

Con Hume, el empirismo llega a sus últimas consecuencias. Para algunos, el escepticismo de Hume representa el fracaso de la filosofía, "que no era capaz de resolver los problemas más ordinarios de la existencia humana"[23]; para otros, más importante que su vertiente escéptica y nihilista es su naturalismo, que con él alcanza una notable claridad y coherencia[24]. Ese naturalismo se seguirá cultivando en las islas británicas, y entre otros frutos dará el evolucionismo de Darwin, en el siglo XIX, y también el utilitarismo. En el siglo XX, el naturalismo filosófico va de la mano con las ciencias físicas y biológicas, de manera que mientras en el continente se desarrollaban la fenomenología y el existencialismo, en la filosofía que se hacía en inglés se cultivaba la filosofía de la ciencia y el pragmatismo. En todo este desarrollo Hume es un punto de referencia. Además, no hay que olvidar que fue Hume quien despertó a Kant de su "sueño dogmático": sin Hume, no hubiera surgido Kant.

---

21 Berkeley, *Tratado sobre los principios del conocimiento humano*.
22 Fazio y Gamarra, *Historia de la filosofía III. Filosofía moderna*.
23 Fazio y Gamarra, *Historia de la filosofía III. Filosofía moderna*.
24 Es la posición, por ejemplo, de Don Garret, Norman Kemp Smith, Kerry Skinner, Barry Stroud y Galen Strawson.

Vida

Hume (cuyo apellido originalmente era Home), nació en Ninewells, cerca de Edimburgo (Escocia) en 1711. Su padre murió cuando él tenía dos años de edad, dejando a su madre con tres hijos. En 1723, a los doce años, es admitido en la Universidad de Edimburgo, donde comienza a estudiar derecho. Pero las leyes y la universidad le aburren y abandona los estudios, para dedicarse a la literatura y a la filosofía. Entre 1734 y 1737 lo vemos en Francia, radicado en Reims y en La Flèche. Allí escribe su primera obra importante: el *Tratado de la naturaleza humana*. En 1737 vuelve a Londres para preparar la publicación de su tratado, que aparece dos años después, en dos volúmenes. (Para gran pesar suyo, esa obra pasará desapercibida.) En 1745 es rechazado por la Universidad de Edimburgo para ocupar la cátedra de Ética y filosofía del alma por ser un "notorio infiel". En 1746 se convierte en secretario del general Saint Clair; con él viaja a Francia, Viena y Turín. En 1751 la Universidad de Glasgow lo rechaza como profesor de lógica, pero ese mismo año es nombrado, como desagravio, bibliotecario de la facultad de Derecho de Edimburgo, hoy Biblioteca Nacional de Escocia. Aprovecha para trabajar en su *Historia de Inglaterra*. También en 1751 publica las reelaboraciones de su *Tratado*, en forma de dos libros: la *Investigación sobre el entendimiento humano*, y la *Investigación sobre los principios de la moral*. En 1763 acepta ser secretario del conde Hertford en la Embajada en París. Se convierte en la "estrella" de los salones parisinos y es elevado al puesto de encargado de negocios de la Embajada. Tres años más tarde vuelve a Inglaterra con Rousseau, para quien gestiona una generosa pensión real, pero pronto rompe con él. En 1767 es nombrado subsecretario del Departamento del Norte de la Secretaría de Estado, una especie de ministro del Gobierno para Escocia; dos años después renuncia a su cargo y se retira a Edimburgo. Allí permanece hasta su muerte, acaecida en 1776 y debida probablemente a un cáncer intestinal.

Sobre la vida de Hume se cuentan varias anécdotas. Era un hombre muy sociable, y sus amigos lo conocían como "el buen David". Cuentan que una vez, en Edimburgo, habiendo ido al mercado para proveerse de viandas, en el camino de vuelta a su casa cayó en un charco, y como era voluminoso, no se podía levantar. Unas mujeres del mercado, viéndolo en tal apuro, le ofrecieron ayuda, pero con una condición: que recitara el Credo. Esto no hacer ver la fama de ateo que tenía Hume. Suponemos que "el buen David", con la ayuda de las señoras, pudo decir el Credo y levantarse.

Hume fue un ateo consecuente. En su lecho de muerte, recibió la visita de James Boswell, ante el que hace un famoso alarde de impiedad ("si viviera algún tiempo más, lo dedicaría a minar aún más los fundamentos de la religión y la superstición"), y se muere.

Otro dato curioso de su biografía es que la obra que lo hizo famoso en su tiempo fue la *Historia de Inglaterra*, que escribió cuando era bibliotecario. Parece que vendió muchas copias, y pudo disfrutar de las regalías.

Nominalismo

Todo nuestro conocimiento, para Hume, proviene de los sentidos. Los sentidos provocan en nosotros percepciones. Hay dos tipos de percepciones: impresiones e ideas:

> *Con el término impresión me refiero a nuestras más vívidas percepciones, cuando oímos, o vemos, o sentimos, o amamos, u odiamos, o deseamos. Y las impresiones se distinguen de las ideas, que son impresiones menos vívidas de las que somos conscientes cuando reflexionamos sobre alguna de las sensaciones anteriormente mencionadas [...] Una proposición que no parece admitir muchas disputas es que todas nuestras ideas no son nada excepto copias de nuestras impresiones, o, en otras palabras, que nos resulta imposible pensar en nada que no hayamos sentido con anterioridad, mediante nuestros sentidos externos o internos*[25].

Podríamos decir que Hume sigue la tradición empirista respecto a las ideas. No existen las ideas universales; lo universal, en todo caso, es el nombre. Tendemos a poner una idea, que siempre es particular, bajo un nombre general, pero esto es solo una costumbre. Lo universal, pues, es solamente nominal, nunca esencial.

Consecuencia de esta forma de pensar es que no podemos tener la certeza de que una cosa, como Dios, el alma o el yo, exista a menos que podamos señalar la impresión de la cual esa idea se deriva[26].

---

25 David Hume, *Investigación sobre el entendimiento humano* (Bogotá: Grupo Editorial Norma, 1992).
26 Esta es una de las tesis de Hume que van a influir en Kant.

La causalidad y la inducción

Dado que el único conocimiento cierto es el de nuestras impresiones, lo que llamamos "causa" no corresponde a nada real; más bien, "causa" designa el hábito por el cual asociamos dos cosas que se suelen dar juntas. Así, cuando lanzo una piedra contra una ventana y veo que esta se rompe, tiendo a llamar "causa" al acto de lanzar la piedra, y "efecto" al hecho de que el vidrio se rompe. En sentido estricto, eso es lo único de lo que me informan los sentidos: dos hechos que se dan contiguos en el tiempo, nada más. Nada me autoriza a asegurar que siempre que lance una piedra contra una ventana, ésta se romperá. Estamos acostumbrados a ver esos dos hechos juntos o asociados, pero bien podría ser de otra manera. Dice Hume:

> *No tenemos otra noción de causa y efecto, excepto que ciertos objetos siempre han coincidido, y que en sus apariciones pasadas se han mostrado inseparables. No podemos penetrar en la razón de la conjunción. Sólo observamos la cosa en sí misma, y siempre se da que la constante conjunción de los objetos adquiere la unión en la imaginación*[27].

Así, pues, la causación es un hábito que no podemos eliminar, pero tampoco podemos explicar. Por lo general, está más desarrollado en los hombres que en los animales, pero aun aquí podemos ver diferencias. Supongamos, por ejemplo, a un hombre que está solo en su casa, leyendo, y a su gato echado a sus pies. De pronto, una pelota aparece rodando frente a ellos. El hombre sabe que no hay nadie más en la casa, por lo que de inmediato vuelve a ver en la dirección por donde apareció la pelota, para ver quien la lanzó. El gato, en cambio, simplemente se pone a jugar con ella. Para Hume, esto sería una muestra de que los seres humanos interpretamos los fenómenos en términos de causa y efecto; pero el hecho de que nosotros interpretemos así las cosas no significa que así esté estructurada la realidad.

La inferencia o razonamiento inductivo es el hábito de la mente por el cual suponemos que, puesto que a cierto evento ha sucedido otro evento, el en futuro será de la misma manera. Por ejemplo, cuando determina-

---

[27] David Hume, *Tratado de la naturaleza humana; autobiografía* (Madrid: Tecnos, 2005).

do medicamento se pone a la venta, antes se ha probado en multitud de personas. Se supone que si tal medicina ha tenido efectos positivos en mil personas, por ejemplo, tendrá los mismos efectos en cualquier otra persona. O bien, cuando sembramos una semilla en un terreno adecuado, vemos que al cabo de unos días germina, y concluimos que si ponemos más semillas en el mismo terreno, también germinarán. Pero si lo pensamos bien, la justificación de nuestro razonamiento en ambos casos es muy débil. Estamos suponiendo que el futuro debe de parecerse al pasado, o que siempre que hemos hecho tal cosa sucede tal otra; pero es evidente que aquí estamos hablando de probabilidad, no de necesidad lógica.

"El conocimiento de la relación causa-efecto no es, pues, a priori, como pensaban los racionalistas". Hume ha hecho ver "que toda inferencia que el hombre realiza a partir de la experiencia es efecto de la costumbre y no de razonamiento [...] La inferencia causal es el resultado de la creencia y de la unión habitual entre dos objetos"[28]. Con palabras de Hume: "cuando decimos que un objeto está conectado con otro, solo queremos decir que han adquirido una conexión en nuestro pensamiento"[29].

Obviamente, este "descubrimiento" de Hume —si lo podemos llamar así— pone en aprietos a la ciencia, pues el fundamento de sus razonamientos es la inferencia. Todo el poder predictivo de la ciencia, y la lógica de sus explicaciones, se basa en la suposición de que existe la causalidad, y que ésta es invariable. Las leyes científicas son leyes precisamente porque indican que a tales condiciones, si se produce una modificación, se producirán otras condiciones, *siempre y necesariamente*. Por ejemplo, la ley de la gravedad, que nos dice que en la superficie de la Tierra, la aceleración originada por la gravedad es 9.80665 m/s^2, aproximadamente. Siempre que deje caer un objeto de un precipicio, sé que caerá con una aceleración de 9.80665 m/s^2. O bien, que si pongo agua a calentar al nivel del mar, esta hervirá a 100º C., o que el calor dilata los metales, etc.

El problema de la justificación de la inducción y de la causalidad será lo que motive a Kant, más adelante, a elaborar toda una nueva filosofía.

La sustancia y la identidad del yo

Como no podía ser de otra manera, Hume concuerda con Locke y con Berkeley en que lo único que conocemos son las impresiones. Tendremos

---

[28] Fazio y Gamarra, *Historia de la filosofía III. Filosofía moderna*.
[29] Hume, *Investigación sobre el entendimiento humano*.

a pensar que a determinadas impresiones corresponden determinados objetos en el mundo exterior, pero eso solo es —nuevamente— producto de un hábito mental, de la imaginación. Basándose en dos cualidades de las impresiones, la constancia y la coherencia, la imaginación nos presenta el mundo como real y duradero. Pero eso solo es una suposición.

Mutatis mutandi, podemos decir lo mismo de la identidad del yo. La mente no es, dice Hume, sino "una colección de distintas percepciones, unidas entre sí por ciertas relaciones, con la falsa suposición de que están dotadas de una perfecta simplicidad e identidad"[30]. Sucede como en aquellas películas de 35 mm, que no son más que una sucesión de fotografías. Nosotros unimos recuerdos y les asignamos un sujeto, un "yo", pero ese "yo" es solo una ficción conveniente.

Ética

Si bien desde un punto de vista gnoseológico no se puede afirmar la identidad personal, sí se puede hacer desde un punto de vista práctico y moral.

Hume niega la existencia de una "razón práctica" y la posibilidad de una fundamentación racional de la ética. Para él, la razón es puramente instrumental y está al servicio de las pasiones[31]. Únicamente los sentimientos pueden llevarnos a elegir una opción sobre otra; y elegimos una acción sobre otra impulsados por la pasión de la utilidad propia y del bienestar general. Contrariamente a Hobbes, para quien el hombre es complemente egoísta, Hume declara que no sólo realizamos juicios morales teniendo en cuenta nuestro propio interés, sino también el de nuestros conciudadanos.

En el *Tratado de la naturaleza humana*, después de discutir el tema de las pasiones, Hume aborda el de la voluntad y el de la libertad. La voluntad, para el escocés, no es una facultad, sino un modo de la pasión "deseo"; es "la impresión interna que sentimos y de la cual somos conscientes cuando con pleno conocimiento hacemos surgir una nueva emoción en nuestro cuerpo o una nueva percepción en nuestra mente"[32].

En cuanto a la libertad, Hume piensa que "es solo una falsa sensación de la indiferencia que tenemos frente a nuestras acciones, que nos lleva

---

30 Hume, *Tratado de la naturaleza humana*.
31 "La razón es, y solo puede ser, la esclava de las pasiones y no puede pretender otra función sino la de servirlas y obedecerlas" (Hume, *Tratado de la naturaleza humana*.)
32 Hume, *Tratado de la naturaleza humana*.

a imaginar que nuestra voluntad no está sujeta a ninguna otra cosa"[33]; el hecho es que no podemos liberarnos de la necesidad. Dice Hume:

> *Un espectador puede normalmente inferir nuestras acciones a partir de nuestras motivaciones y carácter, e incluso cuando no puede, concluye en general que lo lograría si conociese perfectamente todas las circunstancias de nuestra situación y temperamento y las fuentes más secretas de nuestra disposición y carácter*[34].

La única libertad que cabe el empirismo humeano es la libertad de espontaneidad, que equivale a ausencia de coacción o de violencia. Por lo demás, estamos, como cualquier animal, sujetos a la necesidad.

Argumento del diseñador

En sus *Diálogos sobre la religión* y en la *Investigación sobre el entendimiento humano*, Hume se ocupa en refutar uno de los argumentos que tradicionalmente se han dado para probar la existencia de Dios. Es el argumento del diseñador (o argumento teleológico) que dice que este universo y las cosas que contiene son demasiados complejos como para haber aparecido "por casualidad"; el orden que vemos en el mundo es indicio de una mente ordenadora, que solo puede ser Dios. Hume contra argumenta de cinco formas:

1) Puede haber orden sin planificación. Esto se observa, por ejemplo, en los procesos de cristalización.

2) El argumento del diseñador se basa en una analogía incompleta. Es decir: nosotros reconocemos el orden al contrastarlo con el desorden (por ejemplo, una casa en comparación con un montón de ladrillos). Al observar este universo, nos parece ordenado, pero no tenemos término de comparación (no podemos ver otros universos).

3) Admitiendo que este universo está ordenado, no se sigue de ahí que una mente divina lo haya ordenado. Ese orden puede haber sido producido por un agente o agentes no inteligentes cuyos métodos sólo tienen una remota similitud con el diseño humano.

---

33 Fazio y Gamarra, *Historia de la filosofía III. Filosofía moderna.*
34 Hume, *Tratado de la naturaleza humana.*

4) Si un universo ordenado implica un diseñador, la mente de ese diseñador también requiere un diseñador, y así, hasta el infinito.

5) Cuando vemos animales o plantas adaptados a su ambiente, tendemos a pensar que esa adaptación fue el resultado de un propósito. En realidad, solo vemos a los sobrevivientes de multitud de experimentos fallidos. El "propósito" que suponemos en las criaturas es una proyección humana[35].

Política y religión

Se ha dicho que Hume es conservador en política. En efecto, en sus escritos se muestra reacio a las reformas que intentan llevar a los pueblos lejos de su tradición, y aconseja a los ciudadanos a no rebelarse contra la autoridad establecida, a no ser en caso de tiranía flagrante. Pero Hume nunca tomó partido, ni por los whigs (liberales) ni por los tories (conservadores). Por otra parte, Hume era partidario de la democracia y de la libertad de prensa, y se mostró optimista respecto al progreso social; creía que el comercio entre las naciones las haría salir de la barbarie, y que de esa forma se lograría la paz y el bienestar de los ciudadanos.

Hume escribió un ensayo titulado *Idea de una mancomunidad perfecta*, donde defiende la división de poderes, la descentralización, el sufragio para los propietarios y la limitación del poder de la Iglesia.

En materia de religión, ya se ha dicho que Hume era un ateo declarado. Pensaba que "la religión es un hecho psicológico que no se puede eliminar de la naturaleza humana, y se reduce a un simple sentir de carácter instintivo, sin fundamento racional"[36].

---

35 Con este argumento, Hume se adelanta a la tesis básica del evolucionismo.
36 Fazio y Gamarra, *Historia de la filosofía III. Filosofía moderna*.

TEXTOS

I. John Locke, Ensayo sobre el entendimiento humano[37]

LIBRO II
CAPÍTULO 1

De las ideas en general y de su origen

§ 1. La idea es el objeto del pensamiento. Puesto que todo hombre es consciente para sí mismo de que piensa, y siendo aquello en que su mente se ocupa, mientras está pensando, las ideas que están allí, no hay duda de que los hombres tienen en su mente varias ideas, tales como las expresadas por las palabras blancura, dureza, dulzura, pensar, moción, hombre, elefante, ejército, ebriedad y otras. Resulta, entonces, que lo primero que debe averiguarse es cómo llega a tenerlas. Ya sé que es doctrina recibida que los hombres tienen ideas innatas y ciertos caracteres originarios impresos en la mente desde el primer momento de su ser. Semejante opinión ha sido ya examinada por mí con detenimiento, y supongo que cuanto tengo dicho en el libro anterior será mucho más fácilmente admitido una vez que haya mostrado de dónde puede tomar el entendimiento todas las ideas que tiene, y por qué vías y grados pueden penetrar en la mente, para lo cual invocaré la observación y la experiencia de cada quien.

§ 2. Todas las ideas vienen de la sensación o de la reflexión. Supongamos, entonces, que la mente sea, como se dice, un papel en blanco, limpio de toda inscripción, sin ninguna idea. ¿Cómo llega a tenerlas? ¿De dónde se hace la mente con ese prodigioso cúmulo, que la activa e ilimitada imaginación del hombre ha pintado en ella, en una variedad casi infinita? ¿De dónde saca todo ese material de la razón y del conocimiento? A esto contesto con una sola palabra: de la experiencia; he allí el fundamento de todo nuestro conocimiento, y de allí es de donde en última instancia se deriva. Las observaciones que hacemos acerca de los objetos sensibles externos o acerca de las operaciones internas de nuestra mente, que percibimos, y sobre las cuales reflexionamos nosotros mismos, es lo que provee a nuestro

---

37 Locke, *Ensayo sobre el entendimiento humano.*

entendimiento de todos los materiales del pensar. Esta son las dos fuentes del conocimiento de donde dimanan todas las ideas que tenemos o que podamos naturalmente tener.

§ 3. Los objetos de la sensación, uno de los orígenes de las ideas. En primer lugar, nuestros sentidos, que tienen trato con objetos sensibles particulares, transmiten respectivas y distintas percepciones de cosas a la mente, según los variados modos en que esos objetos los afectan, y es así como llegamos a poseer esas ideas que tenemos del amarillo, del blanco, del calor, del frío, de lo blando, de lo duro, de lo amargo, de lo dulce, y de todas aquellas que llamamos cualidades sensibles. Cuando digo que eso es lo que los sentidos transmiten a la mente, quiero decir que ellos transmiten desde los objetos externos a la mente lo que en ella produce aquellas percepciones. A esta gran fuente que origina el mayor número de las ideas que tenemos, puesto que dependen totalmente de nuestros sentidos y de ellos son transmitidas al entendimiento, la llamo sensación.

§ 4. Las operaciones de nuestra mente, el otro origen de las ideas. Pero, en segundo lugar, la otra fuente de donde la experiencia provee de ideas al entendimiento es la percepción de las operaciones interiores de nuestra propia mente al estar ocupada en las ideas que tiene; las cuales operaciones, cuando el alma reflexiona sobre ellas y las considera, proveen al entendimiento de otra serie de ideas que no podrían haberse derivado de cosas externas: tales son las ideas de percepción, de pensar, de dudar, de creer, de razonar, de conocer, de querer y de todas las diferentes actividades de nuestras propias mentes, de las cuales, puesto que tenemos de ellas conciencia y podemos observarlas en nosotros mismos, recibimos en nuestro entendimiento ideas tan distintas como recibimos de los cuerpos que afectan a nuestros sentidos. Esta fuente de ideas la tiene todo hombre en sí mismo, y aunque no es un sentido, ya que no tiene nada que ver con objetos externos, con todo se parece mucho y puede llamársele con propiedad sentido interno. Pero, así como a la otra la llamé sensación, a ésta la llamo reflexión, porque las ideas que ofrece son sólo aquellas que la mente consigue al reflexionar sobre sus propias operaciones dentro de sí misma. Por lo tanto, en lo que sigue de este discurso, quiero que se entienda por reflexión esa advertencia que hace la mente de sus propias operaciones y de los modos de ellas, y en razón de los cuales llega el entendimiento a tener ideas acerca de tales operaciones. Estas dos fuentes, digo, a saber:

las cosas externas materiales, como objetos de sensación, y las operaciones internas de nuestra propia mente, como objetos de reflexión, son, para mí, los únicos orígenes de donde todas nuestras ideas proceden inicialmente. Aquí empleo el término "operaciones" en un sentido amplio para significar, no tan sólo las acciones de la mente respecto a sus ideas, sino ciertas pasiones que algunas veces surgen de ellas, tales como la satisfacción o el desasosiego que cualquier idea pueda provocar.

§ 5. Todas nuestras ideas son o de la una o de la otra clase. Me parece que el entendimiento no tiene el menor vislumbre de alguna idea que no sea de las que recibe de unos de esos dos orígenes. Los objetos externos proveen a la mente de ideas de cualidades sensibles, que son todas esas diferentes percepciones que producen en nosotros: y la mente provee al entendimiento con ideas de sus propias operaciones. Si hacemos una revisión completa de todas estas ideas y de sus distintos modos, combinaciones y relaciones, veremos que contienen toda la suma de nuestras ideas, y que nada tenemos en la mente que no proceda de una de esas dos vías. Examine cualquiera sus propios pensamientos y hurgue a fondo en su propio entendimiento, y que me diga, después, si todas las ideas originales que tiene allí no son de las que corresponden a objetos de sus sentidos, o a operaciones de su mente, consideradas como objetos de su reflexión. Por más grande que se imagine el cúmulo de los conocimientos alojados allí, verá, si lo considera con rigor, que en su mente no hay más ideas que las que han sido impresas por conducto de una de esas dos vías, aunque, quizá, combinadas y ampliadas por el entendimiento con una variedad infinita, como veremos más adelante.

§ 6. Lo que se observa en los niños. Quien considere atentamente el estado de un niño recién llegado al mundo, tendrá escasos motivos para pensar que está repleto de las ideas que constituyen el material de sus conocimientos futuros. Se llega a proveer de estas ideas de manera gradual, y aunque las cualidades más evidentes y familiares son las que se imprimen antes de que la memoria comience a llevar un registro del tiempo y del orden, es frecuente, con todo, que ciertas cualidades raras se presenten tan tarde que son pocos los hombres que no pueden recordar el tiempo en que las conocieron por vez primera; y si valiera la pena, no hay duda de que sería posible observar cómo un niño tiene muy pocas ideas, incluso de las comunes, antes de hacerse hombre. Pero como todos los que nacen en este mundo se hallan rodeados de cuerpos que continuamente y de manera diversa les afectan, una gran variedad de ideas es impresas en la mente de los niños, se tenga o no el cuidado de enseñárselas. La luz y los colores en todas partes se encuentran en una disposición constante de causar impresiones, con sólo que el ojo esté abierto; el sonido y algunas cualidades tangibles no dejan de afectar a los sentidos que le son propios, y de ese modo penetran en la mente. Sin embargo, creo que se concederá sin dificultad que si se tuviera a un niño en un lugar en que sólo viera el negro y el blanco hasta hacerse hombre, no tendría más ideas del escarlata o del verde que la que podría tener del saber de un ostión o de la piña aquel que, desde su infancia, jamás hubiera probado estos alimentos.

§ 7. Los hombres tienen distintas ideas según la diferencia con los objetos que entran en contacto. Por tanto, los hombres se proveen de mayor o menor ideas simples que proceden del exterior, según que los objetos con los que entran en contacto presenten mayor o menor variedad, lo mismo que sucede respecto a las ideas procedentes de las operaciones internas de la mente, según que el hombre sea más o menos reflexivo. Porque, si bien es cierto que quien contempla las operaciones de su mente no puede menos que tener ideas sencillas y claras sobre dichas operaciones, sin embargo, a no ser que vuelva su pensamiento en esa dirección para considerarlas atentamente, no llegará a tener más ideas claras de esas operaciones de su mente y de todo lo que allí pueda observarse que las ideas particulares que podría tener de cualquier paisaje o de las partes y movimientos de un reloj, aquel que no dirija sus ojos hacia estos objetos y no repare cuidadosamente en sus partes. Puede suceder que el cuadro o el reloj estén situados de manera tal que todos los días pase junto a ellos, pero a pesar de ello tendrá una idea confusa de todas las partes de que éstos se componen, en tanto no se dedique a considerar cuidadosamente cada una en particular.

§ 8. Las ideas de reflexión son más tardías porque requieren atención. Y he aquí la razón por la que es necesario que transcurra algún tiempo antes de que la mayoría de los niños tengan ideas sobre las operaciones de sus mentes, y por qué muchas personas no tienen, durante su vida, ninguna idea muy clara y perfecta de la mayor parte de esas operaciones. Porque, aunque estén incurriendo constantemente en la mente, sin embargo, como si se tratase de visiones flotantes, no imprimen huellas lo suficientemente profundas para dejar en la mente ideas claras, distintas y duraderas hasta que el entendimiento, volviendo sobre sí mismo, reflexiona acerca de sus propias operaciones y las convierte en el objeto de su propia contemplación. Cuando los niños entran en el mundo, se hallan rodeados de casas nuevas, las cuales, por una constante solicitud de sus sentidos, están llamando continuamente a la mente hacia ellas obligándola a fijarse en lo nuevo, lo que produce un gusto por la variedad de objetos cambiantes. De esta manera, los primeros años se emplean generalmente en mirar hacia fuera; y como, por otra parte, las ocupaciones de los hombres los llevan a familiarizarse con lo que se encuentra en el exterior, el niño crece con la atención constantemente dedicada a las sensaciones externas, y pocas veces se detiene a pensar en lo que ocurre en su interior, hasta que alcanza la madurez; y algunos hay que ni entonces lo hacen.

§ 9. **El alma empieza a tener ideas cuando comienza a percibir.** Preguntar en qué momento tiene ideas un hombre es igual que preguntar cuándo comienza a percibir, ya que tener ideas y percibir son la misma cosa. Sé que es opinión aceptada que el alma siempre piensa, y que, mientras existe, constantemente tiene en sí misma una percepción actual de ciertas ideas, y que ese pensar actual es tan inseparable del alma como lo es del cuerpo la extensión actual. Sí esto es cierto, preguntar por el comienzo de las ideas de un hombre es lo mismo que inquirir por el comienzo de su alma; porque, según eso, el alma y sus ideas, como el cuerpo y su extensión, empezarán a existir al mismo tiempo.

§ 24. **El origen de todo nuestro conocimiento.** La mente, a lo largo del tiempo, llega a reflexionar sobre sus propias operaciones en torno a las ideas adquiridas por la sensación, y de ese modo acumula una nueva serie de ideas, que son las que yo llamo ideas de reflexión. Estas son las impresiones que en nuestros sentidos hacen los objetos exteriores, impresiones extrínsecas a la mente; y sus propias operaciones, que responden a potencias intrínsecas que le pertenecen de manera exclusiva, operaciones que, cuando son motivo de una reflexión por la mente misma se convierten a sí mismas en objetos de su contemplación, son, como dije, el origen de todo nuestro conocimiento. De esta manera, la primera capacidad del intelecto humano radica en que la mente está conformada para recibir las impresiones que en ella producen bien los objetos exteriores a través de los sentidos, bien sus propias operaciones, cuando reflexiona sobre ellas. Tal es el primer caso que todo hombre da hacia el descubrimiento de cualquier hecho, y ésa es la base sobre la que ha de construir todas esas nociones que debe poseer en este mundo de manera natural. Todos esos extensos pensamientos que se elevan sobre las nubes y que alcanzan las alturas del mismo cielo tienen su origen y su base en aquel cimiento, y en toda esa inmensa extensión que recorre la mente cuando se entrega a sus apartadas especulaciones que, al parecer, tanto la elevan, y no excede ni en un ápice el alcance de esas ideas que la sensación y la reflexión le han ofrecido como objetos de su contemplación.

§ 25. Normalmente el entendimiento es pasivo en la recepción de las ideas simples. A este respecto, el entendimiento es meramente pasivo y no está a su alcance el poseer o no esos rudimentos, o, como quien dice, esos materiales de conocimiento. Porque, se quiera o no, en la mayoría de los casos los objetos de nuestros sentidos imponen a nuestra mente las ideas que le son particulares; y las operaciones de nuestra mente no permiten que estemos sin ninguna noción sobre ellas, por muy oscuras que sean. Ningún hombre puede permanecer en absoluta ignorancia de lo que hace cuando piensa. A estas ideas simples", que, cuando se ofrecen a la mente, el entendimiento es tan incapaz de rechazar o de alterar una vez impresas, o de borrar y fabricar una nueva, como lo es un espejo de rechazar, cambiar, o extinguir las imágenes o ideas que producen en él los objetos que se le ponen delante. Puesto que los cuerpos que nos rodean afectan de maneras diferentes a nuestros órganos, la mente está obligada a recibir esas impresiones, no puede evitar la percepción de las ideas que conllevan.

LIBRO II
CAPÍTULO 2

De las ideas simples

§ 1. Apariencias no compuestas. Para entender mejor la naturaleza, el modo y el alcance de nuestro conocimiento, es de observarse cuidadosamente una circunstancia respecto a las ideas que tenemos, y es que algunas de ellas son simples y algunas son complejas. Aun cuando las cualidades que afectan a nuestros sentidos están, en las cosas mismas, tan unidas y mezcladas que no hay separación o distancia entre ellas, con todo, es llano que las ideas que esas cualidades producen en la mente le llegan, por vía de los sentidos, simples y sin mezcla. Porque si bien es cierto que la vista y el tacto toman frecuentemente del mismo objeto y al mismo tiempo ideas diferentes, como cuando un hombre ve a un tiempo el movimiento y el color, y cuando la mano siente la suavidad y el calor de un mismo trozo de cera, sin embargo, las ideas simples así unidas en un mismo objeto son tan perfectamente distintas como las que llegan por diferentes sentidos. La frialdad y la dureza, que un hombre siente en un pedazo de hielo, son, en la mente, ideas tan distintas como el aroma y la blancura de un lirio, o como el sabor del azúcar y el aroma de una rosa. Y nada hay más llano para un hombre que la percepción clara y distinta que tiene de esas ideas simples; las cuales, siendo cada una en sí misma no compuesta, no contienen nada en sí, sino una apariencia o concepción uniforme en la mente, que no puede ser distinguida en ideas diferentes.

§ 2. La mente no puede ni hacerlas ni destruirlas. Estas ideas simples, los materiales de todo nuestro conocimiento, le son sugeridas y proporcionadas a la mente por sólo esas dos vías arriba mencionadas, a saber: sensación y reflexión. Una vez que el entendimiento está provisto de esas ideas simples tiene el poder de repetirlas, compararlas y unirlas en una variedad casi infinita, de tal manera que puede formar a su gusto nuevas ideas complejas. Empero, el más elevado ingenio o el entendimiento más amplio, cualquiera que sea la agilidad o variedad de su pensamiento, no tiene el poder de inventar o idear en la mente ninguna idea simple nueva que no proceda de las vías antes mencionadas; ni tampoco le es dable a ninguna fuerza del entendimiento destruir las que ya están allí; ya que el imperio que tiene el hombre en este pequeño mundo de su propio entendimiento se asemeja mucho al que tiene respecto al gran mundo de las cosas visibles, donde su poder, como quiera que esté dirigido por el arte y la habilidad, no va más allá de componer y dividir los materiales que están al alcance de su mano; pero es impotente para hacer la más mínima partícula de materia nueva, o para destruir un solo átomo de lo que ya está en ser. Igual incapacidad encontrará en sí mismo todo aquel que se ponga a modelar en su entendimiento cualquier idea simple que no haya recibido por sus sentidos, procedente de objetos externos, o por la reflexión que haga sobre las operaciones de su propia mente acerca de ellas. Y yo quisiera que alguien tratase de imaginar un sabor jamás probado por su paladar, o de formarse la idea de un aroma nunca antes olido; y cuando pueda hacer esto, yo concluiré también que un ciego tiene ideas de los colores, y que un sordo tiene nociones distintas y verdaderas de los sonidos.

§ 3. Sólo son imaginables las cualidades que afectan a los sentidos. Ésta es la razón por la cual, aunque no podamos creer que sea imposible para Dios hacer una criatura con otros órganos y más vías que le comuniquen a su entendimiento la noticia de cosas corpóreas, además de esas cinco, según usualmente se cuentan, con que dotó al hombre, por esa razón pienso, sin embargo, que no es posible para nadie imaginarse otras cualidades en los cuerpos, como quiera que estén constituidos, de las cuales se pueda tener noticia, fuera de sonidos, gustos, olores y cualidades visibles y tangibles. Y si la humanidad hubiese sido dotada de tan sólo cuatro sentidos, entonces, las cualidades que son el objeto del quinto sentido estarían tan alejadas de nuestra noticia, de nuestra imaginación y de nuestra concepción, como pueden estarlo ahora las que pudieran pertenecer a un sexto, séptimo u octavo sentidos, y de los cuales no podría decirse, sin gran presunción, si algunas otras criaturas no los tienen en alguna otra parte de este dilatado y maravilloso universo. Quien no tenga la arrogancia de colocarse a sí mismo en la cima de todas las cosas, sino que considere la inmensidad de este edificio y la gran variedad que se encuentra en esta pequeña e inconsiderable parte suya que le es familiar, quizá se vea inclinado a pensar que en otras mansiones del universo puede haber otros y distintos seres inteligentes, de cuyas facultades tiene tan poco conocimiento o sospecha, como pueda tenerlo una polilla encerrada en la gaveta de un armario, de los sentidos o entendimiento de un hombre, ya que semejante variedad y excelencia convienen a la sabiduría y poder del Hacedor. Aquí he seguido la opinión común de tener el hombre solamente cinco sentidos, aunque, quizá, puedan con justicia contarse más; pero ambas suposiciones sirven por igual a mi actual propósito de la misma forma.

II. John Locke, Segundo tratado sobre el gobierno civil[38]

Capítulo 5

De la propiedad (fragmento)

25. Tanto si consideramos la razón natural, la cual nos dice que, una vez que nacen, los hombres tienen derecho a su autoconservación y, en consecuencia, a comer, a beber y a beneficiarse de todas aquellas cosas que la naturaleza procura para su subsistencia, como si nos atenemos a la revelación, la cual nos da cuenta de los dones mundanales que Dios otorgó a Adán, a Noé y a sus hijos, es sobremanera evidente que Dios, como dice el Rey David (Salmos CXV, 16), "ha dado la tierra a los hijos de los hombres", es decir, que se la ha dado a toda la humanidad para que ésta participe en común de ella. Mas, admitido esto, a algunos les resulta muy difícil entender cómo podrá un individuo particular tener posesión de cosa alguna. No sólo me limitaré a responder que, si es difícil justificar la propiedad partiendo de la suposición de que Dios entregó el mundo a Adán y a su posteridad para que todos lo tuvieran en común, sería también imposible que nadie, excepto un monarca universal, tuviese propiedad alguna si suponemos que Dios dio el mundo a Adán y a sus sucesores directos, excluyendo al resto de la humanidad; no me limitaré a la respuesta que acabo de dar, digo, sino que también mostraré cómo los hombres pueden llegar a tener en propiedad varias parcelas de lo que Dios entregó en común al género humano; y ello, sin necesidad de que haya un acuerdo expreso entre los miembros de la comunidad.

26. Dios, que ha dado en común el mundo a los hombres, también les ha dado la razón, a fin de que hagan uso de ella para conseguir mayor beneficio de la vida, y mayores ventajas. La tierra y todo lo que hay en ella le fue dada al hombre para soporte y comodidad de su existencia. Y aunque todos los frutos que la tierra produce naturalmente, así como las bestias que de ellos se alimentan, pertenecen a la humanidad comunitariamente, al ser productos espontáneos de la naturaleza; y aunque nadie tiene originalmente un exclusivo dominio privado sobre ninguna de estas cosas tal y como son dadas en el estado natural, ocurre, sin embargo, que, como

---

38 Locke, *Segundo Tratado sobre el Gobierno Civil*.

dichos bienes están ahí para uso de los hombres, tiene que haber necesariamente algún medio de apropiárselos antes de que puedan ser utilizados de algún modo o resulten beneficiosos para algún hombre en particular. El fruto o la carne de venado que alimentan al indio salvaje, el cual no ha oído hablar de cotos de caza y es todavía un usuario de la tierra en común con los demás, tienen que ser suyos; y tan suyos, es decir, tan parte de sí mismo, que ningún otro podrá tener derecho a ellos antes de que su propietario haya derivado de ellos algún beneficio que dé sustento a su vida.

27. Aunque la tierra y todas las criaturas inferiores pertenecen en común a todos los hombres, cada hombre tiene, sin embargo, una propiedad que pertenece a su propia persona; y a esa propiedad nadie tiene derecho, excepto él mismo. El trabajo de su cuerpo y la labor producida por sus manos, podemos decir que son suyos. Cualquier cosa que él saca del estado en que la naturaleza la produjo y la dejó, y la modifica con su labor y añade a ella algo que es de sí mismo, es, por consiguiente, propiedad suya. Pues al sacarla del estado común en el que la naturaleza la había puesto, agrega a ella algo con su trabajo, y ello hace que no tengan ya derecho a ella los demás hombres. Porque este trabajo, al ser indudablemente propiedad del trabajador, da como resultado el que ningún hombre, excepto él, tenga derecho a lo que ha sido añadido a la cosa en cuestión, al menos cuando queden todavía suficientes bienes comunes para los demás.

28. Ciertamente, quien se ha alimentado de las bellotas que él mismo ha recogido de debajo de una encina, o de las manzanas que ha cosechado de los árboles del bosque, puede decirse que se ha apropiado de ellas. Nadie podrá negar que ese alimento es suyo. Pregunto, pues: ¿Cuándo empezaron esos frutos a pertenecerle? ¿Cuando los ha digerido? ¿Cuando los comió? ¿Cuando los coció? ¿Cuando se los llevó a su casa? ¿Cuando los cogió en el campo? Es claro que si el hecho de recogerlos no los hizo suyos, ninguna otra cosa podría haberlo hecho. Ese trabajo estableció la distinción entre lo que devino propiedad suya, y lo que permaneció siendo propiedad común. El trabajo de recoger esos frutos añadió a ellos algo más de lo que la naturaleza, madre común de todos, había realizado. Y de este modo, dichos frutos se convirtieron en derecho privado suyo. ¿Podrá decir alguno que este hombre no tenía derecho a las bellotas o manzanas que él se apropió de este modo, alegando que no tenía el consentimiento de todo el género humano para tomarlas en pertenencia? ¿Fue un robo el

apropiarse de lo que pertenecía comunitariamente a todos? Si el consentimiento de todo el género humano hubiera sido necesario, este hombre se habría muerto de hambre, a pesar de la abundancia que Dios le había dado. Vemos en las tierras comunales que siguen siendo tales por virtud de un convenio, que la apropiación de alguna de las partes comunales empieza cuando alguien las saca del estado en que la naturaleza las ha dejado. Sin esto, las tierras comunales no tendrían sentido. Y la apropiación de ésta o de aquella parte no depende del consentimiento expreso de todos los comuneros. Así, la hierba que mi caballo ha rumiado, y el heno que mi criado ha segado, y los minerales que yo he extraído de un lugar que yo tenía un derecho compartido con los demás, se convierten en propiedad mía, sin que haya concesión o consentimiento de nadie. El trabajo que yo realicé sacando esos productos del estado en que se encontraban, me ha establecido como propietario de ellos.

29. Si hiciéramos del consentimiento explícito de cada comunero una condición necesaria para que alguien se apropiase alguna parte de lo que ha sido dado comunitariamente, entonces los niños o los criados no podrían partir la carne que les hubiera sido proporcionada en común por su padre o su amo, sin que éste les asignara a cada uno la parte que les corresponde en particular. Aunque el agua que sale de la fuente sea de todos, ¿quién pondrá en duda que la que está en el cántaro es de quien lo ha llenado? Su trabajo ha tomado esa agua de las manos de la naturaleza, la ha sacado de ese estado en que pertenecía comunitariamente a todos, y se la ha apropiado para sí mismo.

30. Así, esta ley de la razón hace que el ciervo sea posesión del indio que lo ha matado; es de su propiedad porque él se ha tomado el trabajo de cazarlo, aunque antes todos tuvieran un derecho comunitario sobre el animal. Y entre aquéllos que se cuentan entre la parte civilizada de la humanidad y que han hecho y multiplicado una serie de leyes positivas para determinar la propiedad, esta ley original de naturaleza que se aplicaba antes a los bienes comunes para establecer los orígenes de la apropiación, sigue siendo vigente. Y en virtud de ella, cualquier pez que uno pesque en el mar –ese gran bien comunal que continúa perteneciendo por igual a toda la humanidad–, y todo ámbar gris que uno saque a la superficie, será propiedad suya en razón de que esas cosas son el resultado de su trabajo, y de que él fue quien, con su esfuerzo, las sacó del estado en el que la naturaleza las había dejado. E incluso entre nosotros, la liebre que alguien está cazando, se considera propiedad de aquél que la persigue durante la caza; pues, tratándose de un animal que se considera todavía propiedad común de todos, quien dedique tanto esfuerzo a encontrarlo y a perseguirlo con el propósito de sacarlo del estado natural en el que ese animal era aún de la comunidad, habrá empezado a poseerlo como algo suyo.

Mas todo aquello que excede lo utilizable, será de otros.

31. Quizá pueda objetarse a esto que "si el hecho de recoger las bellotas y otros frutos de la tierra hace que tengamos derecho a ellos, entonces cualquiera podría aumentar su propiedad tanto como quisiese". A lo cual respondo: no es así. Pues la misma ley de naturaleza que mediante este procedimiento nos da la propiedad, también pone límites a esa propiedad. "Dios nos ha dado todas las cosas en abundancia" (1 Timoteo VI, 17), es la voz de la razón confirmada por la inspiración. Pero ¿hasta dónde nos ha dado Dios esa abundancia? Hasta donde podamos disfrutarla. Todo lo que uno pueda usar para ventaja de su vida antes de que se eche a perder, será lo que le esté permitido apropiarse mediante su trabajo. Mas todo aquello que excede lo utilizable, será de otros. Dios no creó ninguna cosa para que el hombre la dejara echarse a perder o para destruirla. Y así, considerando la abundancia de provisiones naturales que durante mucho tiempo hubo en el mundo, y la escasez de consumidores; y considerando lo pequeña que sería la parte de esa abundancia que el trabajo de un hombre podría abarcar y acumular con perjuicio para los demás, especialmente si dicho hombre se mantuviese dentro de los límites establecidos por la razón, apropiándose solamente lo que pudiera ser de su uso, sólo pudieron haberse producido muy pocos altercados y discusiones acerca de la propiedad así establecida.

32. Mas, como la cuestión principal acerca de la propiedad no se refiere hoy día a los frutos de la tierra ni a las bestias que en ella habitan, sino a la tierra misma al ser ésta la que contiene y lleva consigo todo lo demás, diré que la propiedad de la tierra se adquiere también, como es obvio, del mismo modo que en el caso anterior. Toda porción de tierra que un hombre labre, plante, mejore, cultive y haga que produzca frutos para su uso, será propiedad suya. Es como si, como resultado de su trabajo, este hombre pusiera cercas a esa tierra, apartándola de los terrenos comunales. Este

derecho suyo no quedará invalidado diciendo que todos los demás tienen también un derecho igual a la tierra en cuestión y que, por lo tanto, él no puede apropiársela, no puede cercarla sin el consentimiento de todos los demás comuneros, es decir, del resto de la humanidad. Dios, cuando dio el mundo comunitariamente a todo el género humano, también le dio al hombre el mandato de trabajar; y la penuria de su condición requería esto de él. Dios, y su propia razón, ordenaron al hombre que éste sometiera la tierra, esto es, que la mejorara para beneficio de su vida, agregándole algo que fuese suyo, es decir, su trabajo. Por lo tanto, aquél que obedeciendo el mandato de Dios, sometió, labró, y sembró una parcela de la tierra, añadió a ella algo que era de su propiedad y a lo que ningún otro tenía derecho ni podía arrebatar sin cometer injuria.

33. Y esta apropiación de alguna parcela de tierra, lograda mediante el trabajo empleado en mejorarla, no implicó perjuicio alguno contra los demás hombres. Pues todavía quedaban muchas y buenas tierras, en cantidad mayor de la que los que aún no poseían terrenos podían usar. De manera que, efectivamente, el que se apropiaba una parcela de tierra no les estaba dejando, menos a los otros; pues quien deja al otro tanto como a éste le es posible usar, es lo mismo que si no le estuviera quitando nada en absoluto. Nadie que tuviera todo un río para calmar su sed podría sentirse perjudicado porque un hombre bebiese de esa misma agua, aunque tomase de ella un buen trago. Tanto si se trata de tierras como de agua, allí donde hay cantidad suficiente, el caso es el mismo.

III. George Berkeley, Diálogo entre Hilas y Filonús[39]

Fragmento del primer diálogo

FILONÚS. —Buenos días, Hilas. No esperaba encontrarte fuera tan pronto.

HILAS. —No es corriente, desde luego, que suceda esto; pero mis pensamientos estaban tan absortos en una materia sobre la que había estado discurriendo la última noche que, viendo que no podía conciliar el sueño, resolví levantarme y dar una vuelta por el jardín.

---

39 George Berkeley, *Tres diálogos entre Hilas y Filonús* (Buenos Aires: Espasa, 1952).

FILONÚS. —Buena ocasión ésta que te permite ver los inocentes y agradables placeres que te pierdes todas las mañanas. Pues, ¿hay acaso durante el día un momento más agradable, o en el año una estación más agradable? Ese cielo purpúreo, esos cantos de los pájaros, silvestres y suaves al mismo tiempo, el fragante esplendor de los árboles y flores, el benigno influjo del sol naciente, todo eso y mil hermosuras más de la naturaleza inspiran en el alma secretos transportes; y al encontrarse también sus facultades frescas y vivaces, están en disposición de entregarse a esas meditaciones a que naturalmente nos invitan la soledad del jardín y la tranquilidad de la mañana. Pero temo turbar tus pensamientos, pues parece que estás interesado en algo.

HILAS. —Es verdad, lo estaba, y te agradeceré mucho que me permitas seguir discurriendo, lo cual no quiere decir en manera alguna que quiera verme privado de tu compañía, pues mis pensamientos fluyen más fácilmente cuando converso con un amigo que cuando estoy solo; por el contrario, te pido que tengas a bien que yo comparta contigo mis reflexiones.

FILONÚS. —De todo corazón; es lo que yo te hubiera pedido si no te me hubieras adelantado.

HILAS. —Estaba pensando en el curioso destino de aquellos hombres —los ha habido en todas las épocas— que, por afectar ser distintos del vulgo y por una cierta perversión mental, han pretendido no creer en nada o creen las cosas más extravagantes del mundo. Esto se podría, sin embargo, soportar, si sus paradojas y escepticismo no trajeran consecuencias perjudiciales para la humanidad. El mal está en que los hombres que disponen de menos ocio, cuando ven que aquellos que al parecer han gastado todo su tiempo en las tareas del conocimiento, profesan una completa ignorancia de todo o sostienen ideas que repugnan a los principios evidentes y comúnmente recibidos, están tentados de sospechar de las verdades más importantes que hasta entonces ha considerado sagradas e indiscutibles.

FILONÚS. —Estoy completamente de acuerdo contigo por lo que se refiere a la perniciosa tendencia de algunos filósofos a afectar dudas, o la que otros tienen a imaginar cosas fantásticas. Y yo mismo me he dejado llevar tanto por esta forma de pensar, que he abandonado alguno de los conceptos sublimes que aprendí en sus escuelas y me he atenido a opiniones corrientes Y te doy mi palabra: desde que me rebelé contra los conceptos metafísicos y obedecí a los claros dictados de la naturaleza y del sentido común, encuentro que mi entendimiento está entrañablemente iluminado, de suerte que puedo ahora comprender fácilmente muchas cosas que antes eran para mí un enigma y un misterio completos.

HILAS. —Me alegra ver que no eran exactas las noticias que he oído acerca de ti.

FILONÚS. —¡Por favor!, ¿cuáles eran?

HILAS. — En la conversación de la última noche se te presentaba como una persona que sostenía la opinión más extravagante que ha albergado mente humana; a saber, que no existe en el mundo eso que se llama sustancia material.

FILONÚS. —De que no existe eso que los filósofos llaman sustancia material estoy firmemente persuadido; pero si se me hiciera ver que había algo absurdo o escéptico en eso, renunciaría a ello por la misma razón por la que yo creo que en la actualidad tengo que rechazar la opinión contraria.

HILAS. —¡Cómo! ¿Puede haber algo más fantástico, más contrario al sentido común, o una muestra mayor de escepticismo que creer que no existe eso que se llama materia?

FILONÚS. —Vayamos despacio, amigo Hilas. ¿Y si se demostrase que tú, que sostienes que existe tal materia, eres un escéptico mayor por tener esa opinión y eres más paradójico y contrario al sentido común que yo, que creo que no hay tal cosa?

HILAS. —Antes me persuadirás de que la parte es mayor que el todo que, con el fin de evitar el absurdo y el escepticismo, obligarme a abandonar mi opinión en ese punto.

FILONÚS. —Así pues, ¿estás dispuesto a admitir como verdadera aquella opinión que, previo examen, se muestre más de acuerdo con el sentido común y más alejada del escepticismo?

HILAS. —De todo corazón. Puesto que te muestras partidario de suscitar discusiones acerca de las cosas más claras de la naturaleza, estoy dispuesto por una vez a oír lo que tengas que decir.

FILONÚS. —¡Por favor, Hilas! ¿Qué entiendes por un escéptico?

HILAS. —Entiendo por escéptico lo que todos los hombres entienden, una persona que duda de todo.

FILONÚS. —De modo que la persona que no tenga ninguna duda acerca de algún punto particular no se la puede considerar escéptica.

HILAS. —Estoy de acuerdo contigo.

FILONÚS. —¿En qué consiste la duda? ¿En afirmar o en negar algo?

HILAS. —Ni en afirmar ni en negar; pues cualquiera que entienda el lenguaje, no puede menos de saber que dudar significa una actitud suspensa entre la afirmación y la negación.

FILONÚS. —Así pues, de quien niegue algo no podrá decirse que duda de eso, lo mismo que no puede decirse de aquel que lo afirme con el mismo grado de seguridad.

HILAS. —Es verdad.

FILONÚS. —Y, por tanto, no se le ha de estimar más escéptico que el otro por esa negación suya.

HILAS. —Así es.

FILONÚS. —¿Cómo puede ser, querido Hilas, que tú me proclames escéptico, porque niego lo que afirmas, a saber, la existencia de la materia? Pues, por más que digas, soy tan perentorio en mi negación como tú en tu afirmación.

HILAS. —Un momento, Filonús; no he precisado bien mi definición, pero no hay por qué aprovecharse de cualquier paso en falso que dé un hombre discurriendo. Dije, sin duda, que escéptico es aquel que duda de todo, pero debería haber añadido, o que niega la realidad y la verdad de las cosas.

FILONÚS. —¿Qué cosas? ¿Quieres decir con ello los principios y las proposiciones científicas? Pero tú sabes que éstos son conceptos intelectuales universales y, por tanto, independientes de la materia; así pues, la negación de ésta no implica la negación de aquéllas.

HILAS. —Concedo que es así. ¿Pero es que no hay otras cosas? ¿Y desconfiar de los sentidos, negar la existencia real de las cosas sensibles, o pretender que no se sabe nada acerca de ellas? ¿No es eso suficiente para llamar escéptico a un hombre?

FILONÚS. —Bueno, pues examinemos cuál de nosotros es el que niega la realidad de las cosas sensibles, o profesa la mayor ignorancia acerca de ellas; ya que, si es que te comprendo bien, a ése se le habrá de considerar el más escéptico.

HILAS. —Eso es lo que quiero.

FILONÚS. —¿Qué entiendes por cosas sensibles?

HILAS. —Aquellas cosas que se perciben por los sentidos. ¿Puedes creer que entiendo otra cosa?

FILONÚS. —Perdóname, Hilas, porque quiera aprehender claramente tus ideas, pues esto puede abreviar grandemente lo que buscamos. Permíteme que te haga otra pregunta. ¿Perciben los sentidos únicamente aquellas cosas que se perciben inmediatamente? ¿O se pueden llamar propiamente sensibles aquellas cosas que se perciben mediatamente, no sin la intervención de otras?

HILAS. —No te entiendo del todo.

FILONÚS. —Al leer un libro, lo que inmediatamente percibo son las letras y mediatamente y por intermedio de las mismas se sugieren en mi mente las nociones de Dios, virtud, verdad, etc. Ahora bien, que las letras son realmente cosas sensibles o que se perciben por los sentidos, de eso no hay duda; pero querría saber si crees que las cosas que sugieren lo son también.

HILAS. —Ciertamente que no, sería absurdo pensar que Dios o la virtud son cosas sensibles aunque puedan ser significadas y sugeridas a la mente por signos sensibles con los que tienen una conexión arbitraria.

FILONÚS. —Parece, pues, que entiendes por cosas sensibles únicamente aquellas que pueden percibirse inmediatamente por los sentidos.

HILAS. —Así es.

FILONÚS. —¿Y no resulta por tal motivo el hecho de que, aunque yo vea una parte del cielo de color rojo y otra de color azul, y de ahí concluya mi razón que debe haber alguna causa de la diversidad de colores, sin embargo no se puede decir que dicha causa es una cosa sensible o percibida por el sentido de la vista?

HILAS. —Así resulta.

FILONÚS. —Análogamente, aunque yo oiga diversos sonidos no se puede decir, empero, que oigo las causas de los sonidos.

HILAS. —No se puede decir, evidentemente.

FILONÚS. —Y cuando con mi tacto percibo que una cosa es caliente y pesada, no puedo decir ni verdadera ni propiamente que palpo la causa de su calor o de su peso.

HILAS. —Para evitar cualquier cuestión de esta clase te diré de una vez para siempre, que entiendo por cosas sensibles aquellas únicamente que se perciben por los sentidos y que en verdad los sentidos no perciben nada que no perciban inmediatamente; ya que no hacen inferencias. Pues la deducción de causas u ocasiones, partiendo de efectos y apariencias, que es lo único que los sentidos perciben, pertenece por entero a la razón.

FILONÚS. —Entiendo que convenimos en un punto, a saber, que son cosas sensibles únicamente aquellas que se perciben inmediatamente por los sentidos. Además, dime si es que percibimos inmediatamente por la vista algo más que la luz, los colores y las figuras; por el oído algo que no sean los sonidos; o por el paladar algo además de los sabores; por el olfato lo que no sean los olores; o por el tacto otra cosa que no sean cualidades táctiles.

HILAS. —No.

FILONÚS. —Así pues, parece que, si suprimes todas las cualidades sensibles, no queda nada sensible.

HILAS. —Es verdad.

FILONÚS. —Las cosas sensibles, por lo tanto, no son nada más que otras tantas cualidades sensibles o combinaciones de cualidades sensibles.

HILAS. —No son otra cosa.

FILONÚS. —¿Es, pues, el calor una cosa sensible?

HILAS. —Ciertamente.

FILONÚS. —¿Consiste la realidad de las cosas sensibles en ser percibidas? ¿O es algo distinto de su ser percibidas y no tiene relación alguna con la mente?

HILAS. —Existir es una cosa y ser percibido es otra.

FILONÚS. —Hablo refiriéndome únicamente a las cosas sensibles; y a este respecto pregunto si por su existencia real entiendes una subsistencia exterior a la mente y distinta de su ser percibidas.

HILAS. —Entiendo un ser absoluto real distinto de, y sin relación con, su ser percibidas.

FILONÚS. —Así pues, el calor, si se concede que es un ser real, tendrá que existir fuera de la mente

HILAS. —Así es.

FILONÚS. —Dime, Hilas: ¿es esa existencia real igualmente compatible con todos los grados de calor que percibimos? ¿O hay alguna otra razón que hace que se la atribuyamos a ciertos grados y se la neguemos a otros? Te ruego que me des a conocer esa razón, si la hubiese.

HILAS. —Sea cualquiera el grado de calor que percibamos por los sentidos, podemos estar seguros de que existe en el objeto que lo ocasiona.

FILONÚS. —¡Cómo! ¿Tanto el máximo como el mínimo?

HILAS. —Te digo que la razón es claramente la misma en ambos casos, ambos se perciben por los sentidos; bien es verdad que el grado de calor superior se percibe más sensiblemente y, por consiguiente, concediendo que haya alguna diferencia, estamos más ciertos de su existencia real que en el caso de la realidad de un grado inferior.

FILONÚS. —¿Y no es el grado más extremado e intenso de calor un dolor muy grande?

HILAS. —Nadie puede negarlo.
FILONÚS. —¿Y es capaz de dolor o placer una cosa que no percibe?
HILAS. —Ciertamente que no.
FILONÚS. —¿Es tu sustancia material un ser sin sentido, o es un ser dotado de sentidos y percepciones?
HILAS. —No tiene sentidos, sin ninguna duda.
FILONÚS. —No puede, por tanto, experimentar un dolor.
HILAS. —De ningún modo.
FILONÚS. —Ni, consiguientemente, el calor máximo percibido por los sentidos, puesto que reconoces que no es un dolor pequeño.
HILAS. —Así es.
FILONÚS. —¿Qué diremos entonces de tu objeto externo, es una sustancia o no lo es?
HILAS. —Es una sustancia material con las cualidades sensibles que le son inherentes.
FILONÚS. —¿Cómo puede entonces existir en ella un gran calor, puesto que admites que no puede haberlo en una sustancia material? Querría que me aclararas este punto.
HILAS. —Un momento, Filonús; temo que no estaba en lo cierto al admitir que el calor intenso es un dolor. Más bien parece que el dolor es algo distinto del calor y la consecuencia o efecto de éste.
FILONÚS. —Al colocar tu mano cerca del fuego, ¿percibes una sensación simple uniforme o dos sensaciones distintas?
HILAS. —Una sensación simple.
FILONÚS. —¿No se percibe el calor inmediatamente?
HILAS. —Sí.
FILONÚS. —¿Y el dolor?
HILAS. —También.
FILONÚS. —Al ver, pues, que ambos se perciben inmediatamente al mismo tiempo y que el fuego te afecta solamente con una idea simple y no compuesta, se sigue que esta misma idea simple es ambas cosas, a saber, el intenso calor inmediatamente percibido y el dolor; y por tanto, que el intenso calor inmediatamente percibido no es nada distinto de una especie particular de dolor.
HILAS. —Así parece.
FILONÚS. —Intenta otra vez cogitando, querido Hilas, ver si puedes concebir que haya una sensación violenta sin dolor o sin placer.
HILAS. —No puedo.

FILONÚS. —¿Y puedes hacerte una idea de un dolor o de un placer sensible en general, con abstracción de toda idea particular de calor, frío, sabores, olores, etc.?

HILAS. —No veo que pueda hacerlo.

FILONÚS. —¿Y no se sigue, por tanto, que el dolor sensible no es nada distinto de esas sensaciones o ideas en un grado intenso?

HILAS. —No se puede negar; y, a decir verdad, empiezo a sospechar que no puede existir un calor muy grande sino en una mente que lo perciba.

FILONÚS. —¡Cómo! ¿Te encuentras entonces en ese estado escéptico de suspensión entre la afirmación y la negación?

HILAS. —Creo que puedo tomar una actitud positiva en este punto. No puede existir fuera de la mente un calor muy violento y doloroso.

FILONÚS. —No tiene, por tanto, según tú, ningún ser real.

HILAS. —Lo admito

FILONÚS. —¿Es, pues, cierto que no hay en la naturaleza ningún cuerpo realmente caliente?

HILAS. —No niego que hay un calor real en los cuerpos. Sólo digo que no hay una cosa que sea un calor intenso real.

FILONÚS. —¿Pero no decías antes que todos los grados de calor eran igualmente reales, y que, si había alguna diferencia, los grados superiores eran indudablemente más reales que los inferiores?

HILAS. —Es verdad, pero era porque no consideré entonces el fundamento que hay para distinguirlos, que ahora veo claramente. Y es el siguiente: Como el calor intenso no es sino una clase particular de sensación dolorosa, y el dolor no puede existir si no es en un ser percipiente, se sigue que no puede existir realmente un calor intenso en una sustancia corpórea no percipiente. Pero esto no es razón para negar que exista calor, en un grado inferior, en tal sustancia.

FILONÚS. —Pero, ¿cómo podremos discernir esos grados de calor, que sólo existen en la mente, de los que existen fuera de ella?

HILAS. —No hay dificultad en ello. Tú sabes que el dolor mínimo no puede existir sin ser percibido; así pues, cualquier grado de calor que sea un dolor existe sólo en la mente. Pero en cuanto a todos los restantes grados de calor, nada nos obliga a pensar lo mismo de ellos.

FILONÚS. —Tengo entendido que admitiste antes que ningún ser no percipiente era capaz de placer, así como tampoco de dolor.

HILAS. —Ciertamente.

FILONÚS. —¿Y el calor moderado o un grado de calor más suave que el que causa malestar, no es un placer?

HILAS. —¿Entonces?

FILONÚS. —Por tanto, no puede existir fuera de la mente en una sustancia no percipiente o en un cuerpo.

HILAS. —Así parece.

FILONÚS. —Y puesto que tanto aquellos grados de calor que no son dolorosos, como los que lo son, sólo pueden existir en una sustancia pensante: ¿no podemos concluir que los cuerpos exteriores son absolutamente incapaces de grado alguno de calor?

HILAS. —Después de pensarlo otra vez, creo que es tan evidente que el calor moderado es un placer como que un gran grado de calor es un dolor.

FILONÚS. —No pretendo sostener que el calor moderado sea un placer tan grande como el gran calor un dolor. Pero si concedes que es simplemente un placer pequeño, eso basta para justificar mi conclusión.

HILAS. —Yo lo llamaría más bien algo indoloro. Parece que no es más que una privación del dolor y del placer. Y espero que no me negarás que tal cualidad o estado puede convenir a una sustancia no pensante.

FILONÚS. —Si estás resuelto a sostener que el calor moderado o un grado suave de calor no es un placer, no sé cómo convencerte, como no sea apelando a tus propios sentidos. ¿Y qué opinas del frío?

HILAS. —Lo mismo que del calor. Un grado intenso de frío es un dolor, pues sentir un frío muy grande es percibir un gran malestar; no puede, por tanto, existir fuera de la mente; pero sí puede existir un grado inferior de frío, así como también un grado inferior de calor.

FILONÚS. —Así pues, se ha de concluir que aquellos cuerpos a cuyo contacto con nosotros sentimos un grado moderado de calor, tienen en ellos un grado moderado de calor o tibieza; y se ha de pensar que aquellos a cuyo contacto sentimos un grado semejante de frío tienen frío en ellos.

HILAS. —Así es.

FILONÚS. —¿Puede ser verdadera una doctrina que necesariamente lleva al hombre al absurdo?

HILAS. —Sin duda que no puede serlo.

FILONÚS. —¿Y no es un absurdo pensar que la misma cosa sea al mismo tiempo caliente y fría?

HILAS. —Por supuesto.

FILONÚS. —Supón ahora que una de tus manos está caliente y la otra fría, y que ambas se introducen acto seguido en un mismo recipiente de agua a una temperatura intermedia; ¿no parecerá el agua fría a una mano y caliente a la otra?

HILAS. Sí.

FILONÚS. —¿Y no debemos concluir, con arreglo a tus principios, que es realmente fría y caliente al mismo tiempo, es decir, de acuerdo con lo que has admitido, creer en un absurdo?

HILAS. —Confieso que así resulta.

FILONÚS. —Por tanto, los principios mismos son falsos, puesto que has admitido que ningún principio verdadero lleva a un absurdo.

HILAS. —Sin embargo, ¿hay algo más absurdo, después de todo, que decir que no hay calor en el fuego?

FILONÚS. —Para esclarecer más este punto, dime: ¿No debemos acaso llegar a la misma conclusión cuando se trate de dos casos exactamente iguales?

HILAS. —Sí.

FILONÚS. —Cuando un alfiler pincha tu dedo, ¿no hiende y separa tus fibras musculares?

HILAS. —Sí

FILONÚS. —Y cuando un carbón quema tu dedo, ¿hace algo malo?

HILAS. —No.

FILONÚS. —De tal modo, si tú juzgas que ni la sensación misma ocasionada por el alfiler ni nada semejante está en el alfiler, tendrás que juzgar, de acuerdo con lo que ahora has admitido, que ni la sensación ocasionada por el fuego ni nada semejante está en el fuego.

HILAS. —Bueno, puesto que tiene que ser así, estoy conforme en admitir eso, y reconozco que el calor y el frío son únicamente sensaciones que existen en nuestras mentes; no obstante, hay todavía cualidades bastantes para asegurar la realidad de cosas exteriores.

FILONÚS. —¿Y qué dirás, Hilas, si resultase que ocurre lo mismo con todas las demás cualidades sensibles y que no se puede admitir tampoco que existen fuera de la mente, lo mismo que nos ha sucedido con el calor y el frío?

HILAS. —Pues entonces conseguirás algo; pero no confío en verlo probado.

IV. David Hume, *Tratado de la naturaleza humana*[40]

Libro Primero
Del entendimiento
Parte Primera
De las ideas: su origen, composición y abstracción
Sección Primera
Del origen de nuestras ideas.

Todas las percepciones de la mente humana se reducen a dos géneros distintos que yo llamo impresiones e ideas. La diferencia entre ellos consiste en los grados de fuerza y vivacidad con que se presentan a nuestro espíritu y se abren camino en nuestro pensamiento y conciencia. A las percepciones que penetran con más fuerza y violencia llamamos impresiones, y comprendemos bajo este nombre todas nuestras sensaciones, pasiones y emociones tal como hacen su primera aparición en el alma. Por ideas entiendo las imágenes débiles de éstas en el pensamiento y razonamiento, como, por ejemplo, lo son todas las percepciones despertadas por el presente discurso, exceptuando solamente las que surgen de la vista y tacto y exceptuando el placer o dolor inmediato que pueden ocasionar. Creo que no será preciso emplear muchas palabras para explicar esta distinción. Cada uno por sí mismo podrá percibir fácilmente la diferencia entre sentir y pensar. Los grados comunes de éstos son fácilmente distinguidos, aunque no es imposible en casos particulares que puedan aproximarse el uno al otro. Así, en el sueño, en una fiebre, la locura o en algunas emociones violentas del alma nuestras ideas pueden aproximarse a nuestras impresiones del mismo modo que, por otra parte, sucede a veces que nuestras impresiones son tan débiles y tan ligeras que no podemos distinguirlas de nuestras ideas. Pero a pesar de esta próxima semejanza en pocos casos, son en general tan diferentes que nadie puede sentir escrúpulo alguno al disponerlas en dos grupos distintos y asignar a cada uno un nombre peculiar para marcar esta diferencia (2).

Existe otra división de nuestras percepciones que será conveniente observar y que se extiende a la vez sobre impresiones e ideas. Esta división es en simples y complejas. Percepciones o impresiones e ideas simples son las que no admiten distinción ni separación. Las complejas son lo

---

40 Hume, *Tratado de la naturaleza humana*.

contrario que éstas y pueden ser divididas en partes. Aunque un color, sabor y olor particular son cualidades unidas todas en una manzana, es fácil percibir que no son lo mismo, sino que son al menos distinguibles las unas de las otras.

Habiendo dado por estas divisiones orden y buena disposición a nuestros objetos, podemos aplicarnos a considerar ahora con más precisión sus cualidades y relaciones. La primera circunstancia que atrae mi atención es la gran semejanza entre nuestras impresiones e ideas en todo otro respecto que no sea su grado de fuerza y vivacidad. Las unas parecen ser en cierto modo el reflejo de las otras, así que todas las percepciones del espíritu humano son dobles y aparecen a la vez como impresiones e ideas. Cuando cierro mis ojos y pienso en mi cuarto las ideas que yo formo son representaciones exactas de impresiones que yo he sentido, y no existe ninguna circunstancia en las unas que no se halle en las otras. Recorriendo mis otras percepciones hallo aún la misma semejanza y representación. Las ideas y las impresiones parecen siempre corresponderse las unas a las otras. Esta circunstancia me parece notable y atrae mi atención por un momento.

Después de una consideración más exacta hallo que he sido llevado demasiado lejos por la primera apariencia y que debo hacer uso de la distinción de percepciones en simples y complejas para limitar la decisión general de que todas nuestras ideas o impresiones son semejantes. Observo que muchas de nuestras ideas complejas no tienen nunca impresiones que les correspondan y que muchas de nuestras impresiones complejas no son exactamente copiadas por ideas. Puedo imaginarme una ciudad como la nueva Jerusalén, cuyo pavimento sea de oro y sus muros de rubíes, aunque jamás he visto una ciudad semejante. Yo he visto París, pero ¿afirmaré que puedo formarme una idea tal de esta ciudad que reproduzca perfectamente todas sus calles y casas en sus proporciones justas y reales?

Por consiguiente, veo que, aunque existe en general una gran semejanza entre nuestras impresiones e ideas complejas, no es universalmente cierta la regla de que son copias exactas las unas de las otras. Debemos considerar ahora qué sucede con nuestras percepciones simples. Después del examen más exacto de que soy capaz me aventuro a afirmar que la regla es válida aquí sin excepción alguna y que toda idea simple posee una impresión simple que se le asemeja, y toda impresión simple, una idea correspondiente. La idea de rojo que formamos en la obscuridad y la impresión de éste que hiere nuestros ojos a la luz del Sol difieren tan sólo en grado, no en naturaleza. Es imposible probar por una enumeración particular que sucede lo mismo con todas nuestras impresiones simples e ideas. Cada uno puede convencerse, con respecto a este punto, recorriendo tantas como le plazca; pero si alguno negase esta semejanza universal, no veo otro modo de convencerle más que pidiéndole que muestre una simple impresión que no tenga una idea correspondiente, o una idea simple que no tenga una impresión correspondiente. Si no respondiese a este desafío, como ciertamente no lo hará, podremos, dado su silencio y nuestra propia observación, establecer nuestra conclusión.

Así, hallamos que todas las ideas o impresiones simples se asemejan las unas a las otras, y como las complejas se forman de ellas, podemos afirmar en general que estas dos especies de percepciones son exactamente correspondientes. Habiendo descubierto esta relación, que no requiere un examen ulterior, siento curiosidad por encontrar algunas otras de sus cualidades. Consideremos qué sucede con respecto de su existencia, y con respecto a estas impresiones e ideas también cuáles de ellas son causas y cuáles efectos.

La detallada indagación de esta cuestión es el asunto del presente tratado, y, por consiguiente, nos contentaremos aquí con establecer la proposición general de que todas nuestras ideas simples en su primera apariencia se derivan de impresiones simples que son correspondientes a ellas y que ellas representan exactamente. Al buscar fenómenos que prueben esta proposición los hallo solamente de dos géneros, pero en cada género los fenómenos son patentes, numerosos y concluyentes. Primeramente me aseguro por una nueva revisión de lo que ya he afirmado, a saber: que toda impresión simple va acompañada de una idea correspondiente, y toda idea simple, de una impresión correspondiente. De esta unión constante de percepciones semejantes concluyo inmediatamente que existe una gran conexión entre nuestras impresiones e ideas correspondientes y que la existencia de las unas tiene una considerable influencia sobre la de las otras. Una unión constante tal en un tal número infinito de casos no puede jamás surgir del azar, sino que prueba claramente la dependencia por parte de las impresiones de las ideas o de las ideas de las impresiones. Para que yo pueda saber de qué lado esta dependencia se halla, considero el orden de la primera aparición y hallo, por la experiencia constante, que las impresiones simples preceden siempre a sus ideas correspondientes y que jamás aparecen en un orden contrario. Para dar a un niño la idea de escarlata o naranja o de dulce o amargo, presento los objetos, o, en otras palabras, le produzco estas impresiones, pero no procedo tan absurdamente que intente producir las impresiones despertando las ideas. Nuestras ideas, en su aparición, no producen sus impresiones correspondientes y no podemos percibir un color o sentir una sensación tan sólo por pensar en ella. Por otra parte, hallamos que una impresión, ya del alma, ya del cuerpo, va seguida constantemente de una idea que se le asemeja y es solamente diferente en los grados de fuerza y vivacidad. La unión constante de nuestras percepciones semejantes es una prueba convincente de que las unas son causas de las otras, y la prioridad de las impresiones es una prueba igual de que nuestras impresiones son las causas de nuestras ideas y no nuestras ideas de nuestras impresiones.

Para confirmar esto consideraré otro fenómeno manifiesto y convincente, que consiste en que siempre que por un accidente las facultades que producen algunas impresiones se hallan fuera de función, como cuando una persona es ciega o sorda de nacimiento, no sólo se pierden las impresiones, sino también las ideas correspondientes, de modo que no aparece jamás en la mente el más pequeño rastro de unas y otras. No sólo esto es cierto cuando los órganos de la sensación se hallan totalmente destruidos, sino también cuando no han sido jamás puestos en acción para producir una impresión particular. No podemos formarnos una idea precisa del sabor de un plátano sin haberlo probado realmente.

Sin embargo, existe un fenómeno contradictorio que puede probar que no es absolutamente imposible para las ideas preceder a las impresiones correspondientes. Creo que se concederá fácilmente que las varias ideas distintas de colores que percibimos con los ojos o de los sonidos que nos proporciona el oído son realmente diferentes las unas de las otras, aunque al mismo tiempo semejantes. Ahora bien; si esto es verdad de los diferentes colores, debe no ser menos cierto que los diferentes matices del mismo color producen cada uno una idea distinta independiente de las demás; pues si esto se niega, es posible, por la graduación continua de los matices, pasar de un color insensiblemente al que le es más remoto, y si no se concede que todos los términos medios son diferentes, no se puede, sin cometer un absurdo, negar que los extremos sean los mismos. Supongamos, por consiguiente, que una persona haya gozado de la vista durante treinta años y haya llegado a conocer los colores de todas clases, excepto un matiz de azul particular, por ejemplo, que no ha tenido la suerte de encontrar. Colóquense todos los diferentes matices de este color, excepto este único, ante él, descendiendo gradualmente del más obscuro al más claro; en este caso, es manifiesto que percibirá un hueco donde falta este matiz y se dará cuenta de que existe en este lugar una distancia mayor entre los colores contiguos que en algún otro. Me pregunto ahora si es posible para él suplir por su propia imaginación esta falta y producir la idea de este particular matiz, aunque no le haya sido nunca proporcionada por los sentidos. Creo que pocos no serán de la opinión de que puede, y esto podrá servir como prueba de que las ideas simples no se derivan siempre de las impresiones correspondientes, aunque el caso es tan particular y singular que apenas merece nuestra observación y que no merece que por él solo alteremos nuestras máximas generales.

Aparte de esta excepción, no estará de más notar en este caso que el principio de prioridad de las impresiones con respecto a las ideas debe ser entendido con otra limitación, a saber: que, como nuestras ideas son imágenes de nuestras impresiones, podemos formar ideas secundarias que son imágenes de las primarias, como se ve por el razonamiento que hacemos acerca de ellas. Esto no es, propiamente hablando, tanto una excepción de la regla como una explicación de ella. Las ideas producen imágenes de sí mismas en nuevas ideas; pero como se supone que las primeras ideas se derivan de impresiones, sigue siendo cierto que todas nuestras ideas simples proceden mediata o inmediatamente de sus impresiones correspondientes.

Este es, pues, el primer principio que establezco en la ciencia de la naturaleza humana y no debe despreciársele a causa de la simplicidad de su apariencia, pues es notable que la presente cuestión referente a la precedencia de nuestras impresiones e ideas es idéntica con la que ha hecho mucho ruido en otros términos, cuando se discutía si existían ideas innatas o si todas las ideas se derivaban de la sensación y reflexión. Podemos hacer observar que, para probar que las ideas de extensión y color no son innatas, los filósofos no hacen más que mostrar que nos son proporcionadas por los sentidos. Para probar que las ideas de pasión y deseo no son innatas, observan que tenemos una experiencia precedente de estas emociones en nosotros mismos. Ahora bien; si examinamos cuidadosamente estos argumentos hallaremos que no prueban más que las ideas son precedidas de otras percepciones más vivaces de las que se derivan y que representan. Espero que esta clara posición de la cuestión acabará con todas las discusiones concernientes a ellas y hará de más uso este principio en nuestros razonamientos de lo que parecía haberlo sido hasta ahora.

Sección II

División del asunto.

Puesto que resulta que nuestras impresiones simples son anteriores a sus ideas correspondientes y que las excepciones de esto son muy raras, el método parece requerir que examinemos nuestras impresiones antes de considerar nuestras ideas. Las impresiones pueden ser divididas en dos géneros: las de la sensación y las de la reflexión. El primer género surge en el alma, originariamente por causas desconocidas. El segundo se deriva, en gran medida, de nuestras ideas y en el siguiente orden. Una impresión nos excita a través de los sentidos y nos hace percibir calor o frío, sed o hambre, placer o dolor de uno u otro género. De esta impresión existe una copia tomada por el espíritu y que permanece después que la impresión cesa, y a esto llamamos una idea. La idea de placer o perla produce, cuando vuelve a presentarse en el alma, las nuevas impresiones de deseo y aversión, esperanza y temor que pueden ser llamadas propiamente impresiones de reflexión porque derivan de ella. Estas son a su vez copiadas por la memoria e imaginación y se convierten en ideas que quizá a su vez dan lugar a otras impresiones e ideas; de modo que las impresiones de reflexión no son sólo antecedentes a sus ideas correspondientes sino también posteriores a las de sensación y derivadas de ella. El examen de nuestras sensaciones corresponde más a los anatómicos y filósofos de la naturaleza que a la moral y, por consiguiente, no debemos ahora entrar en él. Como las impresiones de reflexión, a saber: pasiones, deseos y emociones, que principalmente exigen nuestra atención, surgen las más veces de ideas, debemos invertir el método que a primera vista parecía más natural, y para explicar la naturaleza y principios del espíritu humano, dar una noticia particular de las ideas antes de que pasemos a las impresiones. Por esta razón prefiero comenzar con las ideas.

Sección III

De las ideas de la memoria y la imaginación.

Hallamos por experiencia que cuando una impresión ha estado una vez presente al espíritu, hace de nuevo su aparición en él como una idea, y que esto puede suceder de dos modos diferentes: cuando en su nueva aparición conserva un grado considerable de su primera vivacidad y es así algo intermedio entre una impresión y una idea y cuando pierde enteramente esta vivacidad y es una idea por completo. La facultad por la que reproducimos nuestras impresiones del primer modo es llamada memoria, y aquella que las reproduce del segundo, imaginación. Es evidente, a primera vista, que las ideas de la memoria son mucho más vivaces y consistentes que las de la imaginación y que la primera facultad nos presenta sus objetos más exactamente que lo hace la última. Cuando recordamos un suceso pasado su idea surge en el espíritu con energía, mientras que en la imaginación la percepción es débil y lánguida y no puede ser mantenida por el espíritu, sin dificultad invariable y uniforme, durante algún tiempo considerable. Existe aquí, pues, una diferencia importante entre una y otra especie de ideas; pero de esto trataremos más extensamente después.

Hay aún otra diferencia entre estos dos géneros de ideas y que no es menos evidente, a saber: que aunque ni las ideas de la memoria ni las de la imaginación, ni las ideas vivaces ni las débiles pueden hacer su aparición en el espíritu a no ser que sus impresiones correspondientes hayan tenido lugar antes para prepararles el camino, la imaginación no se halla obligada a seguir el mismo orden y forma de las impresiones originales, mientras que la memoria se halla en cierto modo limitada en este respecto y no posee el poder de variarlas.

Es evidente que la memoria conserva la forma original en la que sus objetos fueron presentados y que siempre que nos apartamos de aquélla al recordar algo procede esto de algún defecto o imperfección en dicha facultad. Un historiador puede, quizá, por la marcha más conveniente de su narración, relatar un suceso antes que otro al que fue realmente posterior; pero se da cuenta de esta alteración del orden, si es verídico, y por este medio vuelve a colocar la idea en su debida posición. Sucede lo mismo en nuestro recuerdo de lugares y personas que hemos conocido antes. La función capital de la memoria no es conservar las ideas simples, sino su orden y posición. En resumen: este principio se halla basado en un número tal de fenómenos corrientes y vulgares, que podemos economizarnos la molestia de insistir más sobre él.

Hallamos la misma evidencia en nuestro segundo principio relativo a la libertad de la imaginación para alterar el orden y transformar sus ideas. Las fábulas que encontramos en los poemas y novelas ponen esto enteramente fuera de cuestión. La naturaleza se halla totalmente alterada y no se mencionan más que caballos alados, dragones feroces y gigantes monstruosos. No debe parecer extraña esta libertad de la fantasía si consideramos que todas nuestras ideas son copias de nuestras impresiones y que no hay dos impresiones que sean totalmente inseparables. No es preciso mencionar que es esto una consecuencia evidente de la división de las ideas en simples y complejas. Siempre que la imaginación percibe una diferencia entre ideas puede producir fácilmente una separación.

V

LA ILUSTRACIÓN

"Ilustración" o "Iluminismo"[1] es un término empleado en castellano para identificar un movimiento cultural, una forma de ver el mundo, que se desarrolla en el siglo XVIII principalmente en Gran Bretaña, Francia y Alemania, pero cuyas ideas se propagaron por todo el mundo occidental y perduraron hasta los inicios del siglo XIX. Immanuel Kant resumió el espíritu de la ilustración en un lema: *Sapere aude!*, ¡Atrévete a pensar por ti mismo!

Como se desprende del lema kantiano, la principal característica de la Ilustración es su confianza ilimitada en el poder de la razón. Más que la razón como la entendieron los racionalistas, es la razón empirista de los británicos, con su confianza en la ciencia experimental, la que prevalece.

La fe en la capacidad de la razón se manifiesta en otro concepto clave de la Ilustración: la noción de progreso. Los intelectuales ilustrados consideran que la razón y las ciencias llevarán a la humanidad a llevar una vida más pacífica, más confortable y más feliz. De la Ilustración procede la visión de la Edad Media como una época oscura, llena de fanatismo y

---

[1] *Aufklärung*, en alemán; *Enlightenment*, en inglés; *Siècle des Lumières*, en francés.

superstición, que predomina hasta nuestros días (si bien, mezclada, muchas veces, con la visión romántica).

De la mano con la visión optimista del progreso viene el rechazo de la tradición, lo cual incluye el rechazo a la religión revelada. En esta época cobra auge el deísmo, que había nacido en Inglaterra a finales del siglo XVII (Tolland, Collins y otros). El deísmo es "una religión sin misterios, a la medida de la razón, para la que es suficiente afirmar la existencia de Dios, la inmortalidad del alma y la vida futura como todo contenido de la religión"[2]. La actitud ilustrada hacia la religión adopta diferentes formas: persecución abierta en Francia, racionalización del dogma en Alemania, defensa de la tolerancia en Inglaterra y Estados Unidos, y cierto intento de conciliación en España (B. Feijoo).

Junto al rechazo de la religión revelada se encuentra el deseo de un cambio social. Los ilustrados, por lo general, son antimonárquicos. En Inglaterra, en el siglo XVII, ya se habían dado importantes reformas tendientes a la limitación del poder real. En Francia ese sentimiento antimonárquico terminó en la Revolución de 1789.

La moral ilustrada "es una moral laicista, es decir, una moral que no mantiene ninguna relación con la trascendencia, y que presenta importantes ingredientes utilitaristas"[3]. De hecho, en Escocia ya Hutcheson (1694-1746) había acuñado la frase "la mayor felicidad para el mayor número", que Bentham y Mill se encargaron de difundir.

Con el derecho natural, que hasta el siglo XVI se presentaba "unido al destino trascendente del hombre"[4], en la Ilustración será secularizado, siguiendo las líneas trazadas por Hugo Grocio y Samuel Pufendorf.

En lo social, la Ilustración se caracteriza por ser un movimiento de élites. Las ideas se difundían en los salones y las tertulias de gente acomodada; paulatinamente, este movimiento se fue extendiendo a la burguesía, pero raramente pasó de ahí.

La ilustración inglesa y escocesa

Emile Bréhier ha afirmado que Locke y Newton fueron "los maestros del siglo XVII"[5], y su pensamiento encuentra una lógica continuidad en

---

2 Fazio y Gamarra, *Historia de la filosofía III. Filosofía moderna*.
3 Fazio y Gamarra, *Historia de la filosofía III. Filosofía moderna*.
4 Fazio y Gamarra, *Historia de la filosofía III. Filosofía moderna*.
5 Emile Bréhier, *Historia de la filosofía. 1: Desde la antigüedad hasta el siglo XVII*

el pensamiento de los ilustrados británicos (científicos y filósofos) del siglo siguiente. Y hemos visto como Locke entronca directamente con los empiristas Berkeley y Hume. En cuanto a Newton (que murió en 1727), su influjo en la ciencia europea fue enorme, y también influyó de manera decisiva en un destacado ilustrado alemán: Immanuel Kant.

En Inglaterra, en contraste de lo que sucedió en Francia, la Ilustración fue, si podemos decirlo así, "pacífica", y se centró principalmente en los ámbitos de la moral y de la religión. En cuanto a la religión, ya hemos dicho que el deísmo encontró en las islas británicas un terreno fértil para desarrollarse. Copleston ha escrito del deísmo lo siguiente:

> *Los deístas eran racionalistas que creían en Dios [...]. El deísmo del siglo XVIII significaba la desupernaturalización de la religión y la negativa de aceptar cualquier proposición religiosa basada en el principio de autoridad. Para los deístas era la razón sola la que había de juzgar sobre la verdad, tanto en materia religiosa como en cualquier otra*[6].

En filosofía moral, también hemos dicho que se desarrolló la llamada moral del sentimiento, que tuvo muchos teóricos, la mayoría de ellos, escoceses: Anthony Ashley, conde de Shaftesbury (1671-1713), Francis Hutcheson (1694-1746), David Hume (1710-1776) y Adam Smith (1723-1790), entre los más destacados. En su *Tratado,* Hume había escrito sobre los sentimientos morales:

> *Si podemos depender de algún principio que aprendamos de la filosofía es éste, que pienso puede ser considerado cierto e indudable: no hay nada en sí mismo valioso o despreciable, deseable u odioso, bello o deforme, sino que estos atributos nacen de la particular constitución y estructura del sentimiento y afecto humanos*[7].

(Madrid: Ed. Tecnos, 1988).
6 Frederick C. Copleston, *Historia de la filosofía, vol. V: De Hobbes a Hume* (Barcelona: Ariel, 1993).
7 David Hume, *Ensayos morales, políticos y literarios* (Madrid; Indianapolis, IN: Trotta; Liberty Fund, 2011).

Así como la causalidad, para Hume, no es un accidente de las cosas sino un hábito de la mente, lo que denominamos "bueno" y "malo" no puede ser considerado como algo que constituya una cualidad o propiedad de un objeto moral, sino como un sentimiento.

> *La razón —dice Hume— puede juzgar acerca de una cuestión de hecho o acerca de relaciones. Preguntaos, pues, en primer lugar, donde está la cuestión de hecho que aquí llamamos crimen; determinad el momento de su existencia; describid su esencia o naturaleza; exponed el sentido o la facultad a los que se manifiesta. Reside en el alma de la persona ingrata; tal persona debe, por tanto, sentirla y ser consciente de ella. Pero nada hay ahí, excepto la pasión de mala voluntad o de absoluta indiferencia*[8].

Consideramos, pues, que algo es bueno o malo, justo o injusto, virtuoso o vicioso, no porque la razón capte o aprehenda ninguna cualidad en el objeto moral, sino por el sentimiento de agrado o desagrado, de aprobación o rechazo que se genera en nosotros al observar dicho objeto moral:

> *... incluso cuando la mente opera por sí sola y, experimentando el sentimiento de condena o aprobación, declara un objeto deforme y odioso, otro bello y deseable, incluso en ese caso, sostengo que esas cualidades no están realmente en los objetos, sino que pertenecen totalmente al sentimiento de la mente que condena o alaba*[9].

Otro destacado filósofo de la Ilustración escocesa fue Adam Smith, amigo cercano de David Hume. Muchos consideran a Smith

> *... la figura más importante del pensamiento económico. Su célebre obra sobre La riqueza de las naciones captó el espíritu del capitalismo moderno, y presentó su justificación teórica en una forma que dominó el pensamiento de los más influyentes*

---

[8] David Hume, *Investigación sobre los principios de la moral* (Madrid: Biblioteca Nueva, 2008).
[9] Hume, *Ensayos morales, políticos y literarios*.

economistas del siglo XX y que sigue inspirando a los defensores del libre mercado incluso hoy en día[10].

Además de *La riqueza de las naciones*, Smith escribió una *Teoría de los sentimientos morales*, que guarda mucha similitud con los planteamientos de Hume.

La Ilustración francesa

Normalmente se tiende a asociar la Ilustración con Francia, su Revolución y los Enciclopedistas (D'Alambert, Condillac, Diderot, D'Holbach, Montesquieu, Rousseau, Turgot y Voltaire, entre otros muchos), olvidando que este movimiento comenzó en Inglaterra. Es natural que así sea, porque en este país los ideales de la Ilustración conllevaron una verdadera revolución; entre otras cosas, convirtieron un reino en república y llevaron a 40,000 personas a la guillotina. Además, en ningún lugar como en Francia en esa época fue la persecución religiosa (especialmente, contra la Iglesia católica) tan violenta.

Se considera a Pierre Bayle (1647-1706) uno de los precursores del Siglo de las Luces, sobre todo, por su crítica de las religiones y de la teología (que, para él, no eran más que disputas inútiles) y su propuesta de separación entre religión y moral. Para él, era perfectamente concebible una sociedad de ateos que obren moralmente bien.

No cabe duda de que la manifestación más exacta de los ideales de la Ilustración francesa se encuentra en la Enciclopedia, obra compuesta por treinta y cinco volúmenes, publicados entre 1751 y 1780. Fue un proyecto dirigido por Denis Diderot (1713-1784) y Jean Le Rond D'Alambert (1717-1783), y contó con la participación de muchos *philosophes*[11], algunos muy destacados y otros prácticamente desconocidos. Parte de la novedad de la Enciclopedia (varios de cuyos artículos no pasaron la censura real) era la inclusión de artículos sobre las artes y oficios, como bien

---

10 Julio H Cole, *Cinco pensadores liberales: Smith, Hayek, Friedman, Vargas Llosa, Orwell* (Madrid: Unión, 2016).
11 *Philosophes* o *parti philosophique* (filósofos y "partido filosófico", en francés) eran las denominaciones que en la segunda mitad del siglo XVIII se dieron a sí mismos los intelectuales franceses partidarios de la Ilustración. Pocos de estos *philosophes* eran filósofos en el sentido estricto del término; eran literatos, artistas, juristas, políticos, economistas o científicos que compartían ideas que en aquel tiempo eran consideradas progresistas: rechazo a toda clase de dogmas y privilegios, progreso basado en la razón, libertad de pensamiento y tolerancia religiosa.

lo señala su nombre completo: *Enciclopedia, o diccionario sistemático de las ciencias, artes y oficios*. El afán de los enciclopedistas era "proveer al lector de su tiempo una información de conjunto sobre los elementos del pasado y del presente, para echar las bases de una sociedad del futuro más humana y racional"[12]. Es decir, la Enciclopedia no tenía una finalidad científica o meramente instructiva, sino que aspiraba a cambiar la mentalidad de las personas, de acuerdo con los ideales ilustrados.

La mayoría de los *philosophes* y enciclopeditas eran materialistas. El representante más prominente de esta manera de pensar es Julien Offray de la Mettrie (1709-1751), quien en su célebre obra *El hombre máquina*, desarrolla un materialismo a secas y con todas sus consecuencias. "La clave para entender qué es el hombre —según de la Mettrie— reside en los procesos fisiológicos. La diferencia entre el hombre, el animal y la planta es solo de grado"[13].

Unas posición semejante a la de la Mettrie desarrolla el médico francés de origen alemán Paul D'Holbach (1723-1789), en su obra *Sistema de la naturaleza o de las leyes del mundo físico y natural* (1770). A su visión mecanicista y materialista del hombre, D'Holbach agrega una crítica a la religión. "Considera que la ignorancia y el miedo son el origen de la noción de divinidad, y que la religión aumenta y el ansia y el miedo. Una vez que se elimine la religión —sostiene— se podrá cambiar el sistema político del *Ancien Régime* y sustituirlo por otro más racional"[14].

Claude Helvétius fue otro filósofo que se preocupó por la educación. Para Helvétius, los hombres buscan, por necesidad, la satisfacción de sus propios intereses egoístas. Bueno es entonces lo que supone útil para satisfacerlos; sin embargo, existe el problema de equilibrar los distintos intereses personales con el interés general, muchas veces enfrentados por legislaciones defectuosas. Se trata entonces de lograr el mayor bien del mayor número. Esto se consigue con leyes apropiadas, ya que Helvétius sostiene que "los vicios de un pueblo están siempre escondidos en el fondo de su legislación". Es lícito y preciso controlar y educar este interés individual, en tanto que es algo externo, en beneficio de otro tipo de interés, el interés general[15].

---

12 Fazio y Gamarra, *Historia de la filosofía III. Filosofía moderna*.
13 Fazio y Gamarra, *Historia de la filosofía III. Filosofía moderna*.
14 Fazio y Gamarra, *Historia de la filosofía III. Filosofía moderna*.
15 José Ferrater Mora, *Diccionario de filosofía* (Barcelona: RBA, 2005).

FILÓSOFOS ANTIGUOS Y MODERNOS

No podríamos dejar de mencionar a tres filósofos ilustrados que con sus ideas cambiaron el modo de pensar de la gente común. Nos referimos a Montesquieu, Voltaire y Rousseau.

Charles de Sécondat, barón de la Brède y de Montesquieu (1689-1755) pasó a la historia como el gran defensor de la libertad política y de la división de poderes. Su obra más importante es El espíritu de las leyes (1748). Con esta obra, que le llevó diecisiete años de trabajo, Montesquieu busca "comprender la causa y la diversidad de instituciones y formas de vida"[16]. Entre esas causas, el barón de la Brède señala el carácter de un pueblo, el clima, la geografía, el comercio y las formas de gobierno. Al final de su análisis, llega a una teoría de las leyes que, "en cierto sentido, se acerca a la doctrina clásica del derecho natural [...] Montesquieu admite la existencia de una ley moral natural que precede al sistema de derecho positivo. Afirma también la existencia de un Dios creador y conservador del mundo, que establece reglas fijas de justicia"[17].

La parte más conocida de su obra es la que se refiere a las formas de gobierno, que para él son la republicana —que puede ser aristocrática o democrática, dependiendo del número de personas que intervienen en el poder supremo—, la monárquica y la despótica. Toda forma de gobierno se rige según un principio. "En la república el principio rector es la virtud civil, en la monarquía el honor, y en el despotismo el miedo"[18].

Además de estos conceptos, Montesquieu es recordado por su doctrina de la división de poderes (ejecutivo, legislativo y judicial), aunque ya hemos visto que Locke se le anticipó en esto, y el mismo Montesquieu confiesa que esta idea la tomó de la constitución inglesa.

Si las ideas de Montesquieu fueron muy influyentes entre los intelectuales, las de Voltaire (François Marie Arouet) lo fueron en el nivel popular. Voltaire escribió mucho y sus obras fueron muy difundidas. "No tiene sistema, pero en sus escritos hay un espíritu común: la crítica a la tradición"[19].

A pesar de que considera que la metafísica está llena de especulaciones fútiles, y que el cartesianismo conduce al spinozismo, considera que las causas finales —que, según él, son redescubiertas por Newton— son la prueba más válida para demostrar la existencia de Dios.

---

16 Fazio y Gamarra, *Historia de la filosofía III. Filosofía moderna.*
17 Fazio y Gamarra, *Historia de la filosofía III. Filosofía moderna.*
18 Fazio y Gamarra, *Historia de la filosofía III. Filosofía moderna.*
19 Fazio y Gamarra, *Historia de la filosofía III. Filosofía moderna.*

Si bien Voltaire duda de que tengamos libre arbitrio, es un gran defensor de la libertad política, "no en un sentido democrático —Voltaire siempre despreció a la plebe—, sino en un sentido de libertad para los filósofos. Voltaire pretende sustituir los dogmas de la Iglesia por los principios de la Ilustración filosófica"[20].

El último de los enciclopedistas que mencionamos arriba, Jean-Jacques Rousseau (1712-1778) nos presenta un problema de clasificación histórica. Aunque haya escrito para la Enciclopedia, Rousseau era un crítico de la Ilustración. Llegó a calificar a los *philosphes* de "ardientes misioneros del ateísmo, y aún más, tiranos dogmáticos"[21]. Puede decirse que Rousseau representa un puente hacia el Romanticismo, por su revaloración de los sentimientos y su conciencia de que el hombre no es solo razón, sino principalmente corazón. Entre sus obras destacan el *Discurso sobre las artes y las ciencias* (1750), el *Discurso sobre el origen de la igualdad y la desigualdad entre los hombres* (1758), *Julia o la nueva Eloísa*, *El contrato social* y *Emilio* (las tres publicadas en 1762). De carácter autobiográfico son sus *Confesiones*, *Rousseau juez de Jean-Jacques* y *Sueños de un caminante solitario*.

Dos son las ideas de Rousseau que han hecho fortuna: lo que podríamos llamar el principio básico de su filosofía: que la naturaleza ha hecho al hombre bueno y feliz, pero la sociedad lo degrada y lo hace miserable; y su idea de autonomía como autolegislación, que Kant pondrá en la base de su sistema moral.

Sobre la primera idea, dice Rousseau en *El discurso sobre la igualdad y la desigualdad entre los hombres*:

> *Al despojar a este ser así constituido de todos los dones sobrenaturales que ha podido recibir y de todas las facultades artificiales que ha podido adquirir gracias a largos progresos, al considerarlo, en una palabra, tal como ha debido salir de las manos de la naturaleza, veo a un animal menos fuerte que algunos, menos ágil que otros, pero, después de todo, el más ventajosamente organizado. Lo veo calmando su hambre bajo un roble, apagando su sed en el primer arroyo, encontrando*

---

20 Fazio y Gamarra, *Historia de la filosofía III. Filosofía moderna*.
21 Jean-Jacques Rousseau, *Discurso sobre las ciencias y las artes; Discurso sobre el origen de la desigualdad entre los hombres; El contrato social* (Madrid: LIBSA, 2001).

un lecho al pie del mismo árbol que le ha proporcionado el almuerzo; ya están satisfechas sus necesidades[22].

Su segunda idea lo llevará a buscar "una forma de asociación, que defienda y proteja con toda la fuerza común la persona y los bienes de cada uno de los asociados; y por la cual, uniéndose cada uno a todos, no obedezca sin embargo más que a sí mismo, y permanezca tan libre como antes" (*El contrato social*)[23]. La finalidad teórica de la formación política de Rousseau es, pues, "la salvaguarda de la igualdad y libertad originales. Para que esa finalidad de logre es imprescindible observar, en este contrato, una cláusula: 'La alienación total de cada asociado, con todos sus derechos, a toda la comunidad' (*El contrato social*)"[24]. No es de extrañar, entonces, que Rousseau llegue a negar, para supuestamente salvaguardar la libertad e igualdad originarias, el derecho de asociación, la libertad de enseñanza y la libertad religiosa.

---

22 Rousseau, *Discurso sobre las ciencias y las artes; Discurso sobre el origen de la desigualdad entre los hombres; El contrato social.*
23 Rousseau, *Discurso sobre las ciencias y las artes; Discurso sobre el origen de la desigualdad entre los hombres; El contrato social.*
24 Fazio y Gamarra, *Historia de la filosofía III. Filosofía moderna.*

TEXTOS

I. Voltaire, Diccionario filosófico[25]

IDEA. Es la imagen que aparece en nuestro cerebro, y por tanto todos nuestros pensamientos son imágenes porque incluso las ideas más abstractas son reflejo de los objetos que percibimos. Pronuncio la palabra ser hablando en general, porque he conocido seres particulares. Pronuncio la palabra infinito porque he visto los límites y los restrinjo lo que puedo en mi entendimiento; concibo ideas porque tengo imágenes en el cerebro.

¿Quién es el pintor de esas imágenes? Yo no, que soy un pésimo dibujante; el que me creó es quien me dio las ideas. ¿Cómo sabemos que nosotros no nos proporcionamos las ideas? Porque las ideas las concebimos a menudo contra nuestra voluntad en tiempo de vigilia, y siempre en contra de nuestra voluntad cuando soñamos durmiendo. ¿Estáis convencidos de que las ideas no nos pertenecen, como tampoco nos pertenece el pelo que crece, se encanece y cae sin intervención nuestra? Es evidente que con el pelo lo que podemos hacer es rizarlo, cortarlo, empolvarlo, pero no podemos hacer que nazca, lo mismo que las ideas.

Entonces, ¿seréis de la opinión de Malebranche, que decía que lo vemos todo en Dios? Estoy seguro de que, si no vemos todas las cosas en el mismo Dios, las vemos mediante su acción omnipotente y omnipresente. No me preguntéis cómo se realiza esta acción, porque os he dicho múltiples veces que no lo sé y Dios no comunicó este secreto a nadie. Ignoro qué hace latir mi corazón, circular la sangre por las venas; ignoro cuál es el principio de todos mis movimientos, y tampoco puedo deciros por qué siento y por qué pienso.

Tampoco sé si la facultad de tener ideas es inherente a la extensión. Tatien, en el discurso que dirigió a los griegos, dice que el alma se compone de cuerpo. Ireneo, en el capítulo 62 del segundo libro, dice que el Señor nos ha enseñado que nuestras almas tienen la figura de nuestro cuerpo para conservar la memoria. Tertuliano asegura, en su segundo libro del Alma, que ella es corporal, y Arnobio, Lactancio, Hilario, Gregorio de Nicea y Ambrosio, son de la misma opinión. Otros padres de la Iglesia aseguran que el alma carece de extensión, y en esto son del parecer de

---

25 Voltaire, *Diccionario filosófico* (Madrid: Akal, 1985).

Platón. Yo no me decido por ninguna de esas opiniones; para mí son incomprensibles uno y otro sistema, y después de estudiar esta materia toda mi vida estoy tan in albis como el primer día. Por lo que no valía la pena haberla estudiado. No cabe duda de que quien goza sabe más que aquel que reflexiona y por lo menos es más feliz, pero no ha dependido de mí admitir o rechazar en el cerebro todas las ideas que se presentan y combaten unas con otras y han tomado mis células medulares por campo de Agramante. Después de su combate, sólo he recogido por despojos la incertidumbre.

Es penoso tener muchas ideas y no conocer su naturaleza, pero es más penoso y necio todavía creer saber lo que no sabemos.

Si es cierto que concebimos las ideas por medio de los sentidos, ¿por qué la Sorbona, que siguió durante mucho tiempo esta doctrina de Aristóteles, la condena con tanta virulencia en Helvetius? Por la sencilla razón de que la Sorbona se compone de teólogos.

MORAL. Predicadores charlatanes y casuistas extravagantes recordad que vuestro Maestro nunca dijo que el sacramento era el signo visible de una cosa invisible, que no admitió cuatro virtudes cardinales y tres teologales, que no analizó si su madre vino al mundo maculada o inmaculada, ni nunca dijo que los niños que murieran sin bautizar serían condenados. Cesad de atribuirle palabras que nunca pronunció. En cambio, proclamó esta verdad tan antigua como el mundo: "Amad a Dios y a vuestro prójimo". Concretaos, pues, a esta máxima, miserables ergotistas; predicad la moral y nada más. Predicadla, pero observadla al mismo tiempo. Que no resuenen vuestros procesos en los tribunales, que la garra de un magistrado no arranque un puñado de harina de la boca de una viuda y del huérfano; no disputéis un beneficio insignificante con el mismo furor que se disputaron el papado en el gran cisma de Occidente. Frailes, no impongáis contribución al orbe y entonces os creeremos.

En una declamación que consta de catorce volúmenes, titulada Historia del Bajo Imperio, escrita por Le Beau, acabo de leer las siguientes palabras: "Los cristianos tenían una moral; los paganos no la tenían". ¿Dónde habrá aprendido semejante disparate el citado autor? ¿Acaso no es moral la de Sócrates, la de Zeleuco, la de Charondas, la de Cicerón, la de Epicteto y la de Marco Antonio? Moral sólo hay una, señor Le Beau como no hay más que una geometría. A esto se me objetará que la mayor parte de los hombres desconocen la geometría. De acuerdo, pero todos los que se aplican a estudiarla tienen una opinión unánime sobre ella. Los agricultores, artesanos y artistas no han estudiado ningún curso de moral ni han leído el De Finibus de Cicerón, ni la Ética de Aristóteles, pero cuando reflexionan, sin saberlo, son discípulos de Cicerón. El tintorero hindú, el pastor tártaro y el marinero de Inglaterra, saben lo que es justo e injusto. Confucio no inventó sus reglas de moral como se inventa un sistema filosófico, sino que las encontró grabadas en el corazón de todos los hombres.

Esa moral estaba impresa en el corazón del pretor Festo cuando los judíos le apremiaban a que sentenciara a muerte, sin formación de causa, a san Pablo porque había introducido extranjeros en su templo. "Sabed —dijo a los judíos el pretor— que los romanos no sentencian a nadie sin antes haberle oído". Si los judíos carecían de moral o faltaban a ésta los romanos la conocían y la honraban.

La moral no consiste en la superstición ni en las ceremonias, ni tiene nada en común con los dogmas. Nunca insistiremos bastante en que los dogmas son diferentes en cada país, y que la moral es la misma para todos los hombres que usan de la razón. La moral nace de Dios, como la luz, y las supersticiones sólo son tinieblas.

II. Rousseau, Discurso sobre las ciencias y las artes[26]

¿Ha contribuido el restablecimiento de las ciencias y de las artes a depurar o a corromper las costumbres? He aquí el objeto del análisis. ¿Qué partido debo tomar en esta cuestión? Señores, el que corresponde a un hombre honrado que no sabe nada y que no se considera inferior por ello.

Presiento que será difícil pronunciar un discurso apropiado al tribunal ante el cual comparezco. ¿Cómo atreverse a censurar las ciencias ante una de las más sabias asociaciones de Europa, alabar la ignorancia en el seno de una Academia célebre y conciliar el desprecio al estudio con el respeto a los verdaderos sabios? Soy consciente de estas contrariedades; y no me han hecho flaquear. No maltrato a la ciencia, me he dicho; defiendo la virtud ante hombres virtuosos. La probidad es más apreciada por las personas de bien que la erudición por los doctos. Entonces, ¿qué tengo que temer? ¿Las luces de la Asamblea que me escucha? Lo confieso; pero es por culpa de la composición del discurso y no a causa del sentimiento del orador. Los soberanos justos nunca han vacilado en condenarse a ellos mismos a raíz de discusiones dudosas; y la posición más ventajosa para el

---

26 Rousseau, *Discurso sobre las ciencias y las artes; Discurso sobre el origen de la desigualdad entre los hombres; El contrato social*.

derecho es la que consiste en tener que defenderse contra una parte íntegra e ilustrada, juez de su propia causa.

A este motivo que me anima se une otro que me decide: después de haber sostenido, según mi luz natural, el partido de la verdad, sea cual sea el éxito que obtenga existe un premio que no me puede faltar: lo encontraré en el fondo de mi corazón.

Parte primera

Grande y bello espectáculo es ver al hombre salir de alguna manera de la nada por sus propios recursos; con las luces de su razón disipar las tinieblas en las que la naturaleza le había envuelto; elevarse por encima de sí mismo; gracias a su espíritu lanzarse hacia las regiones celestes; tal como hace el sol, recorrer con pasos de gigante la vasta extensión del universo; y, lo que es aún más grande y más difícil, concentrarse en sí mismo para estudiar al hombre y conocer su naturaleza, sus deberes y su razón de ser. Todas estas maravillas se han vuelto a producir en las últimas generaciones.

Europa había recaído en la barbarie de los primeros tiempos. Los pueblos de esta parte del mundo, hoy tan ilustrada, vivían hace algunos siglos en un estado peor que la ignorancia. No sé muy bien qué clase de jerga científica, más despreciable aún que la ignorancia, había usurpado el nombre a la sabiduría y para impedir su vuelta le ponía obstáculos casi insalvables. Se necesitaba una revolución para volver a encauzar al hombre hacia el sentido común; finalmente vino por donde menos se la esperaba. Fue el estúpido musulmán, fue el eterno azote de las letras el que las hizo renacer entre nosotros. La caída del trono de Constantino llevó a Italia los escombros de la antigua Grecia. Francia se enriqueció a su vez con estos preciados despojos. Pronto las ciencias sucedieron a las letras; al arte de escribir se unió el arte de pensar; gradación que parece rara y que quizá es demasiado natural; y se empezó a comprender la principal ventaja del comercio con las Musas, a saber, que hace a los hombres más sociables al inspirarles el deseo de complacerse mutuamente con obras dignas de su aprobación.

Al igual que el cuerpo, el espíritu tiene necesidades. Las de aquél constituyen los fundamentos de la sociedad, las de éste son su recreo. Mientras el gobierno y las leyes subvienen a la seguridad y al bienestar de los hombres sociales, las letras y las artes, menos déspotas y quizá más poderosas, extienden guirnaldas de flores sobre las cadenas de hierro que los agobian, ahogan en ellos el sentimiento de la libertad original para la cual parecían haber nacido, los hacen amar su esclavitud y los transforman en lo que se ha dado en llamar pueblos civilizados. La necesidad alzó tronos que las ciencias y las artes han consolidado. Potencias de la tierra, amad los talentos y proteged a aquellos que los cultivan'. Pueblos civilizados, cultivadlos: dichosos esclavos, les debéis el gusto delicado y fino del que presumís; la dulzura del carácter y la urbanidad en las costumbres que hacen entre vosotros el comercio tan sociable y tan fácil; en una palabra, la apariencia de todas las virtudes sin tener ninguna.

Por esta especie de buena educación, tanto más amable cuanto menos digna presentarse, se distinguieron antiguamente Atenas y Roma en los días tan ponderados de su magnificencia y de su brillo: sin duda, por ella tendrán la supremacía, sobre todos los tiempos y sobre todos los pueblos, nuestro siglo y nuestra nación. Un tono filosófico sin pedantería, maneras naturales y, sin embargo, solícitas, alejadas tanto de la rusticidad tudesca como de la pantomima ultramontana: he aquí los frutos del gusto adquirido merced a estudios con calidad y perfeccionado gracias al comercio mundano.

¡Qué dulce sería vivir en nuestra sociedad si la continencia externa fuera siempre imagen de las disposiciones del alma; si la decencia fuera la virtud; si nuestras máximas fueran reglas; si la verdadera filosofía no se pudiera separar de la dignidad de filósofo! Pero tantas cualidades rara vez van juntas y la virtud no se manifiesta con tanta pompa. La riqueza en la vestimenta puede anunciar a un hombre opulento y su elegancia a un hombre con gusto; el hombre sano y robusto es reconocible por otros síntomas: bajo el vestido rústico de un labrador y no bajo los arreos de un cortesano encontramos la fuerza y el vigor corporal. Las galas no tienen nada que ver con la virtud, que es la fuerza y el vigor del alma. El hombre de bien es un atleta que se complace en combatir desnudo: desprecia todos los viles ornatos que estorbarían la utilización de sus fuerzas y que no han sido inventados en su mayoría sino para esconder alguna deformidad.

Antes de que el arte hubiera modelado nuestras maneras y enseñado un lenguaje afecto a nuestras pasiones, nuestras costumbres eran rústicas pero naturales; y la diferencia de procedimiento anunciaba a primera vista la diferencia de caracteres. La naturaleza humana, en el fondo, no era mejor; pero los hombres encontraban seguridad en la facilidad de conocerse recíprocamente y esta ventaja, de cuyo precio ya no nos damos cuenta, les ahorraba bastantes vicios.

Hoy en día, cuando investigaciones más sutiles y un gusto más refinado han reducido a principios el arte de gustar, en nuestras costumbres reina una vil y engañosa uniformidad y todos los espíritus parecen haber sido fabricados con un mismo molde: la buena educación exige continuamente, el decoro ordena: continuamente nos adherimos al uso, nunca a nuestro propio genio. Nadie se atreve ya a parecer lo que es; y en esta coacción perpetua, los hombres que conforman el rebaño llamado sociedad, situados en las mismas circunstancias, hagan todos lo mismo si no se lo impiden motivos de fuerza mayor. Por lo tanto, nunca sabremos muy bien con quién nos enfrentamos; para conocer a un amigo será necesario esperar las grandes ocasiones, es decir, esperar el momento en que ya sea tarde, puesto que para esas mismas ocasiones habría sido esencial conocerlo.

¿Qué comitiva de vicios no acompañará a esta incertidumbre? No más amistades sinceras; no más estima real; no más confianza fundada. Las sospechas, las sombras, los temores, la frialdad, la reserva, el odio, la traición se ocultarán siempre tras el velo uniforme y pérfido de la buena educación, esta urbanidad tan elogiada que debemos a las luces de nuestro siglo. Ya no se profanará con juramentos el nombre del amo del universo, pero se le insultará con blasfemias y nuestros oídos escrupulosos no se ofenderán. Ya no elogiaremos nuestro mérito propio, pero rebajaremos el de los demás. No ultrajaremos burdamente a nuestro enemigo, pero le calumniaremos con habilidad. Los odios nacionales se apagarán, pero será conjuntamente con el amor a la patria. Se sustituirá la ignorancia despreciada por un peligroso pirronismo. Habrá excesos proscritos y vicios deshonrosos, pero otros serán condecorados con el nombre de virtud; será menester tenerlos o fingirlos. Quien quiera que alabe la sobriedad de los sabios; por mi parte, no veo en ellos más que un refinamiento de la intemperancia, tan indigno de mi elogio como su artificiosa sencillez.

Tal es la pureza que han adquirido nuestras costumbres. De esta manera hemos llegado a ser hombres de bien. Corresponde a las letras, a las ciencias y a las artes el reivindicar lo que les pertenece de tan saludable obra. Solamente añadiré una reflexión; un habitante de una comarca alejada que buscara formarse una idea de las costumbres europeas sobre el estado de las ciencias entre nosotros, sobre la perfección de nuestras artes, sobre el decoro de nuestros espectáculos, sobre la urbanidad de nuestras maneras, sobre la afabilidad de nuestros discursos, sobre nuestras perpetuas demostraciones de buena voluntad y sobre el concurso tumultuoso de hombres de todas las edades y de todo estado que parecen tener prisa, desde que sale la aurora hasta la puesta de sol, por servirse mutuamente; este extranjero, digo, atribuiría exactamente a nuestras costumbres lo contrario de lo que son.

Allí donde no hay efecto no se puede buscar una causa: pero aquí el efecto es evidente, la depravación real; y se han corrompido nuestras almas a medida que nuestras ciencias y nuestras artes han avanzado hacia la perfección. ¿Alguien dice que es una desgracia particular de nuestra época? No, señores; los males provocados por nuestra vana curiosidad son tan viejos como el mundo. La subida y la bajada cotidianas de las aguas del océano no están tan regularmente sometidas a la trayectoria del astro que nos ilumina durante la noche como el destino de las costumbres y de la probidad al progreso de las ciencias y de las artes. Se ha visto huir a la virtud a medida que la luz de éstas se alzaba sobre nuestro horizonte y el mismo fenómeno se ha observado en todo tiempo y lugar.

Ahí tenéis a Egipto, la primera escuela del universo, con ese clima tan fértil bajo un cielo de bronce, comarca célebre de donde partió antiguamente Sesostris para conquistar el mundo. Llega a ser la madre de la filosofía y de las bellas artes y poco después la conquista de Cambises, luego la de los griegos, la de los romanos, la de los árabes y finalmente la de los turcos. Ahí tenéis a Grecia, en otro tiempo poblada de héroes que vencieron dos veces a Asia, una ante Troya y otra en su propio hogar. Las letras recién nacidas todavía no habían llevado la corrupción a los corazones de sus habitantes; pero el progreso de las artes, la disolución de las costumbres y el yugo del Macedonio se sucedieron con poco intervalo; y Grecia, siempre sabia, siempre voluptuosa y siempre esclava, nunca volvió a experimentar en sus revoluciones más que cambios de dueño. Toda la elocuencia de Demóstenes no pudo ya reanimar un cuerpo que el lujo y las artes habían enervado.

En el tiempo de los Ennio y de los Terencio, Roma, fundada por un pastor e ilustrada por labradores, empieza a degenerar. Pero después de los Ovidio, Catulo, Marcial y toda esa masa de autores obscenos, cuyos nombres solos alarman el pudor, Roma, en otro tiempo templo de la virtud, se transforma en el teatro del crimen, en el oprobio de las naciones y el juguete de los bárbaros. Esa capital del mundo cae finalmente en el yugo que había impuesto a tantos pueblos y el día de su caída fue la víspera de aquél en que se otorgó a uno de sus ciudadanos el título de árbitro del buen gusto.

Qué diré de la metrópolis del imperio de Oriente, que, por su posición, parecía digna de ser la del mundo entero; de este asilo de las ciencias y de las artes proscritas en el resto de Europa, quizá más por sabiduría que por barbarie. Todo lo más vergonzoso del desenfreno y la corrupción; lo más negro de las traiciones, los asesinatos y los venenos; lo más atroz del concurso de todos los crímenes; he aquí la fuente pura de donde hemos visto emanar las luces de las que se vanagloria nuestro siglo.

Pero por qué buscar en tiempos remotos las pruebas de una verdad de la que tenemos testimonios aún vivos bajo los ojos. Existe en Asia una comarca en donde las letras honradas hacen alcanzar las principales dignidades del Estado. Si las ciencias depurasen las costumbres, si enseñaran a los hombres a derramar su sangre por la patria, si animaran el valor, los pueblos de China serían sabios, libres e invencibles. Pero, si no existe vicio que no los domine, crimen que no les sea familiar; si las luces de los ministros, ni la pretendida sabiduría de las leyes ni la multitud de habitantes de este vasto imperio no le han podido garantizar contra el yugo del tártaro ignorante y burdo, ¿de qué le han servido todos sus sabios? ¿Qué fruto ha recogido de los honores que les colman? ¿El de estar poblado por esclavos y malas personas?

Contrastemos estos cuadros con el de las costumbres de ese pequeño número de pueblos que, a salvo del contagio de los conocimientos vanos, han hecho su propia felicidad a través de sus virtudes para ejemplo de las demás naciones. Tales fueron los primeros persas, singular nación en la que se aprendía la virtud como en la nuestra se aprende la ciencia; que subyugó a Asia con tanta facilidad; ella sola ha tenido la gloria de que la historia de sus instituciones sea como una novela filosófica. Tales fueron los Escitas, de los que nos quedan magníficos elogios. Tales los Germanos, una de cuyas plumas, cansada de trazar los crímenes y las negruras de un pueblo instruido, opulento y voluptuoso, se consolaba pintando la sencillez, la inocencia y las virtudes. Tal había sido Roma incluso en los tiempos de su pobreza y de su ignorancia. Finalmente, así se ha mostrado hasta nuestros días esa nación rústica tan elogiada por su valor, que no ha podido abatir la adversidad, y por su fidelidad, que no ha podido corromper el mal ejemplo.

No es por estupidez por lo que éstos han preferido otros ejercicios a los ejercicios del espíritu. No ignoraban que en otras comarcas algunos hombres ociosos se pasaban la vida discutiendo sobre el bien soberano, sobre el vicio y sobre la virtud y que razonadores orgullosos, otorgándose a ellos mismos los más grandes elogios, confundían a los demás pueblos bajo el nombre despreciativo de bárbaros; pero han examinado sus costumbres y aprendido a desdeñar su doctrina.

¿Acaso podría olvidar que fue en el mismo seno de Grecia donde se vio elevarse aquella ciudad tan célebre por su feliz ignorancia como por la sabiduría de sus leyes, aquella República de semidioses, que no de hombres (tan superiores parecían sus virtudes a los ojos de la Humanidad)? ¡Esparta! ¡Oprobio eterno de una doctrina vana! Mientras los vicios, conducidos por las bellas artes, se introducían juntos en Atenas, mientras un tirano reunía con tanto cuidado las obras del príncipe de los poetas, tú expulsabas de tus muros las artes y a los artistas, las ciencias y a los sabios.

Este acontecimiento marcó la diferencia. Atenas se convirtió en la morada de la buena educación y del buen gusto, el país de los oradores y de los filósofos. La elegancia de sus edificios respondía a la de su lenguaje. Por todas partes se veían mármoles y telas animados por las manos de los más hábiles maestros. De Atenas han salido esas obras sorprendentes que servirán de modelo en los tiempos de la corrupción. El retrato de Lacedemonia es menos brillante. Ahí, decían los demás pueblos, los hombres nacen virtuosos y el mismo aire parece inspirar la virtud. De sus habitantes no nos queda más que la memoria de sus heroicas acciones. ¿Tales monumentos deben valernos menos que los mármoles sorprendentes que nos ha dejado Atenas?

Es cierto que algunos sabios se han resistido al torrente general y se han guardado del vicio en la residencia de las Musas. Pero escuchemos el juicio que acerca de los sabios y de los artistas de su tiempo efectuaba el primero y más desgraciado de todos ellos.

"He examinado —dice— a los poetas y los miro como personas cuyo talento impone a las demás y a ellas mismas, que se las dan de sabias, a las que se tiene por tales, cuando tienen menos de eso que de ninguna otra cosa.

De los poetas —continúa Sócrates— he pasado a los artistas. Nadie ignoraba las artes más que yo; nadie estaba más convencido que yo de que los artistas poseían secretos bellísimos. Sin embargo, me he dado cuenta de que su condición no es mejor que la de los poetas y que los unos y los otros se encuentran con el mismo prejuicio. Porque los más hábiles de todos ellos destacan en su patria, se miran ya como los más sabios entre los hombres. Tal presunción ha debilitado completamente a mis ojos su saber. De manera que, poniéndome en el lugar del oráculo y preguntándome qué es lo que preferiría ser, lo que soy yo o lo que son ellos, saber lo que ellos han aprendido o saber que no sé nada, me he respondido a mí mismo y al Dios: Quiero seguir siendo lo que soy. Ni los sofistas, ni los poetas, ni los oradores, ni los artistas, ni yo mismo sabemos qué es lo verdadero, ni lo bueno ni lo bello. Pero entre nosotros existe una diferencia: aunque estas personas no sepan nada, todas creen saber algo. Mientras que yo, si no se nada, al menos no tengo esa duda. De manera que toda esta superioridad de sabiduría que me otorga el oráculo se reduce únicamente a estar convencido completamente de que ignoro todo lo que no sé."

¡He aquí por lo tanto al más sabio de los hombres según el parecer de los dioses y el más sabio de todos los Atenienses según la opinión de Grecia entera, Sócrates, elogiando la ignorancia! ¿Es posible creer que si resucitara en nuestra sociedad nuestros sabios y nuestros artistas le harían cambiar de opinión? No, señores, este hombre justo continuaría despreciando nuestras vanas ciencias; no ayudaría a enriquecer los ríos de libros que nos inundan por todas partes y no dejaría a sus discípulos y a nuestros sobrinos, como hizo antes, más que el ejemplo y la memoria de su virtud por todo precepto. ¡Así es bello distinguir a los hombres!

Sócrates había empezado en Atenas; el viejo Catón continuó en Roma, desencadenándose contra los griegos artificiosos y sutiles que seducían la virtud y debilitaban el valor de sus conciudadanos. Pero las ciencias, las artes y la dialéctica prevalecieron todavía: Roma se llenó de filósofos y de oradores; se abandonó la disciplina militar, se despreció la agricultura, se acogieron sectas y se olvidó la patria. A los nombres sagrados de libertad, de desinterés, de obediencia a las leyes sucedieron los nombres de Epicuro, de Zenón, de Arcésilas. Desde que han empezado a aparecer los sabios entre nosotros —decían sus propios filósofos— las personas de bien se han eclipsado. Hasta entonces los romanos se habían contentado con practicar la virtud; todo se perdió cuando empezaron a estudiarla.

¡Fabricio! ¿Qué habría pensado vuestra gran alma si, por desgracia vuelto a la vida, hubierais visto la cara pomposa de esa Roma que vuestro brazo salvó y que vuestro nombre respetable había ilustrado más que todas sus conquistas? "¡Dioses! —habríais dicho— ¿Qué ha sido de esos tejados de paja y de los hogares rústicos que en otro tiempo habitaban la moderación y la virtud? ¿Qué funesto esplendor ha sucedido a la sencillez romana? ¿Qué es este extraño lenguaje? ¿Qué son estas costumbres afeminadas? ¿Qué significan estas estatuas, estos cuadros, estos edificios? Insensatos, ¿qué habéis hecho? ¿Vosotros, amos de las naciones, os habéis transformado en esclavos de los hombres frívolos que habéis vencido? ¿Os gobiernan los rétores? ¿Para enriquecer a los arquitectos, a los pintores, a los escultores, a los histriones, habéis regado con vuestra sangre Grecia y Asia? ¿Los despojos de Cartago son ahora la presa de un flautista? Romanos, apresuraos a echar por tierra los anfiteatros; quebrad los mármoles; quemad los cuadros; expulsad a los esclavos que os subyugan, cuyas funestas artes os corrompen. Que otras manos se iluminen con vanos talentos; el único talento digno de Roma es el de conquistar el mundo y hacer reinar la virtud en él. Cuando Cineas tomó nuestro Senado por una asamblea de reyes no se deslumbró por una pompa vana ni por una elegancia rebuscada. No escuchó en él la elocuencia frívola, el estudio y el encanto de los hombres fútiles. ¿Qué vio entonces Cineas que lo hizo a sus ojos tan majestuoso? ¡Oh, ciudadanos! Vio un espectáculo que no ofrecerán nunca vuestras riquezas ni vuestras artes; el más bello espectáculo que haya aparecido jamás bajo el cielo, la asamblea de doscientos hombres virtuosos, dignos de gobernar Roma y la tierra entera."

Pero salvemos la distancia de los lugares y los tiempos y veamos lo que ha ocurrido en nuestras comarcas y bajo nuestros propios ojos; o mejor, apartemos cuadros odiosos que herirían nuestra sensibilidad y ahorrémonos el esfuerzo de repetir lo mismo con otro nombre. No en vano invocaba yo los manes de Fabricio; ¿Y qué he hecho decir a aquel gran hombre que no hubiera podido poner en boca de Luis XII o de Enrique IV? Es cierto que entre nosotros Sócrates no habría bebido la cicuta; pero habría bebido en una copa más amarga, la burla insultante y el desprecio, cien veces peor que la muerte.

He aquí cómo el lujo, la disolución y la esclavitud han sido en todo tiempo el castigo a los esfuerzos orgullosos que hemos hecho para salir de la feliz ignorancia donde nos había situado la sabiduría eterna. El tupido velo con el que ha cubierto todas sus operaciones parecía avisarnos suficientemente que no nos ha destinado a búsquedas vanas. ¿Pero existe alguna lección suya que hayamos sabido aprovechar o que hayamos abandonado impunemente? Pueblos, sabed de una vez por todas que la naturaleza ha querido preservarnos de la ciencia, como una madre arrebata un arma peligrosa de las manos de su hijo; que todos los secretos que os oculta constituyen tantos males contra los que os guarda y que el esfuerzo que invertís para instruiros es el mayor de sus beneficios. Los hombres son perversos; serían peores aún si hubieran tenido la desgracia de nacer sabiendo.

¡Qué humillantes son estas reflexiones para la Humanidad! ¡Cómo debe mortificarse nuestro orgullo! ¿Qué es lo que ocurre? ¿La probidad es acaso hija de la ignorancia? ¿La ciencia y la virtud son entonces incompatibles? ¿Qué consecuencias se podrían sacar de estos prejuicios? Pero para conciliar estas contradicciones aparentes es necesario examinar de cerca la vanidad y el vacío de los títulos orgullosos que nos deslumbran y que atribuimos gratuitamente a los conocimientos humanos. Consideremos, pues, las ciencias y las artes en sí mismas. Veamos lo que debe resultar de su progreso; y no vacilemos en convenir en todos aquellos puntos en los que nuestros razonamientos se encuentren de acuerdo con las inducciones históricas.

III. Adam Smith, *Teoría de los sentimientos morales*[27]

Comienzo de la primera parte

Por más egoísta que se pueda suponer al hombre, existen evidentemente en su naturaleza algunos principios que le hacen interesarse por la suerte de otros, y hacen que la felicidad de éstos le resulte necesaria, aunque no derive de ella nada más que el placer de contemplarla. Tal es el caso de la lástima o la compasión, la emoción que sentimos ante la desgracia ajena cuando la vemos o cuando nos la hacen concebir de forma muy vivida. El que sentimos pena por las penas de otros es una cuestión de hecho tan obvia que no requiere demostración alguna, porque este sentimiento, como todas las otras pasiones originales de la naturaleza humana, no se halla en absoluto circunscrito a las personas más virtuosas y humanitarias, aunque ellas quizás puedan experimentarlo con una sensibilidad más profunda. Pero no se halla desprovisto de él totalmente ni el mayor malhechor ni el más brutal violador de las leyes de la sociedad.

Como carecemos de la experiencia inmediata de lo que sienten las otras personas, no podemos hacernos ninguna idea de la manera en que se ven afectadas, salvo que pensemos cómo nos sentiríamos nosotros en su misma situación. Aunque quien esté en el potro sea nuestro propio hermano, en la medida en que nosotros no nos hallemos en su misma condición

---

[27] Adam Smith, *La teoría de los sentimientos morales*, ed. Carlos Rodríguez Braun (Madrid: Alianza, 1997).

nuestros sentidos jamás nos informarán de la medida de su sufrimiento. Ellos jamás nos han llevado ni pueden llevarnos más allá de nuestra propia persona, y será sólo mediante la imaginación que podremos formar alguna concepción de lo que son sus sensaciones. Y dicha facultad sólo nos puede ayudar representándonos lo que serían nuestras propias sensaciones si nos halláramos en su lugar. Nuestra imaginación puede copiar las impresiones de nuestros sentidos, pero no de los suyos. La imaginación nos permite situarnos en su posición, concebir que padecemos los mismos tormentos, entrar por así decirlo en su cuerpo y llegar a ser en alguna medida una misma persona con él y formarnos así alguna idea de sus sensaciones, e incluso sentir algo parecido, aunque con una intensidad menor. Cuando incorporamos así su agonía, cuando la hemos adoptado y la hemos hecho nuestra, entonces empieza a afectarnos, y temblamos y nos estremecemos al pensar en lo que él está sintiendo. Así como el dolor o la angustia de cualquier tipo provocan una pena que puede ser enorme, el hacernos a la idea o imaginar que los padecemos suscita la misma emoción en algún grado, en proporción a la vivacidad o languidez de dicha concepción.

Que tal es la fuente de nuestra conmiseración, que concebimos o nos vemos afectados por lo que siente la persona que sufre al ponernos en su lugar, puede ser demostrado mediante varias observaciones obvias, si no se piensa que es algo suficientemente evidente por sí mismo. Cuando vemos un golpe a punto de ser descargado sobre la pierna o el brazo de otro, naturalmente encogemos y retiramos nuestra pierna o nuestro brazo, y cuando el impacto se produce lo sentimos en alguna medida y nos duele también a nosotros. La muchedumbre que contempla al volatinero sobre la cuerda instintivamente contorsiona, gira y balancea su cuerpo como ven que lo hace él y como sienten que ellos mismos lo deberían hacer si estuviesen en su lugar. Las personas de fibra sensible y débil constitución corporal se quejan de que, al contemplar las llagas y úlceras que exhiben los pordioseros en las calles, tienden a experimentar un picor o una sensación incómoda en la parte correspondiente de su propio cuerpo. El horror que conciben ante la desgracia de esos miserables afecta esas partes en concreto más que ninguna otra, porque dicho horror surge de pensar cómo sufrirían ellos si fueran los infortunados a quienes están observando y si esas partes suyas estuviesen afectadas de esa misma y terrible manera. La fuerza de esa idea es suficiente, dada su frágil personalidad, para producir esa comezón o incomodidad que lamentan. La gente de complexión más robusta comprueba que al mirar unos ojos lastimados con frecuencia experimentan un dolor en los suyos propios, lo que obedece a idéntica razón; dicho órgano en la persona más fuerte es más delicado que cualquier otra parte del cuerpo en la persona más débil.

Pero no son sólo las circunstancias que crean dolor o aflicción las que nos hacen compartir los sentimientos con los demás. Cualquiera sea la pasión-que un objeto promueve en la persona en cuestión, ante la concepción de la situación brota una emoción análoga en el pecho de todo espectador atento. El regocijo que nos embarga cuando se salvan nuestros héroes favoritos en las tragedias o las novelas es tan sincero como nuestra condolencia ante su desgracia, y compartimos sus desventuras y su felicidad de forma igualmente genuina. Sentimos con ellos gratitud hacia los amigos fieles que no los desertaron en sus tribulaciones, y de todo corazón los acompañamos en su enojo contra los pérfidos traidores que los agraviaron, abandonaron o engañaron. En toda pasión que el alma humana es susceptible de abrigar, las emociones del espectador siempre se corresponden con lo que, al colocarse en su mismo lugar, imagina que son los sentimientos que experimenta el protagonista.

Lástima y compasión son palabras apropiadas para significar nuestra condolencia ante el sufrimiento ajeno. La simpatía, aunque su significado fue quizá originalmente el mismo, puede hoy utilizarse sin mucha equivocación para denotar nuestra compañía en el sentimiento ante cualquier pasión.

En ocasiones la simpatía aparecerá por la simple contemplación de una emoción determinada en otra persona. A veces las pasiones parecen transfundirse instantáneamente de un individuo a otro, anticipadamente a cualquier conocimiento de lo que les dio lugar en la persona protagonista principal de las mismas. La pesadumbre y la alegría, por ejemplo, manifiestamente expresadas en el aspecto y los gestos de alguien, afectan de inmediato al espectador con algún grado de la misma emoción, dolorosa o grata. Un rostro risueño es, para cualquiera que lo vea, un motivo de alegría; por el contrario, un semblante apenado lo es de melancolía.

Pero esto no es universalmente válido ni rige para todas las pasiones. Algunas de ellas no generan identificación alguna, y antes de que detectemos lo que las ha promovido nos suscitan disgusto y rechazo. El furioso comportamiento de un hombre iracundo es probable que nos exaspere más en su contra que en contra de sus enemigos. No sabemos cómo ha sido provocado, no podemos situarnos en su lugar ni concebir nada parecido a las pasiones que dicha provocación desata. Lo que vemos nítidamente es la posición de aquellos con quienes está enfadado, y la violencia a la que se hallan expuestos por parte de un adversario tan indignado. Por tanto, simpatizamos de inmediato con su temor o resentimiento, y pronto estamos dispuestos a tomar partido en contra del hombre a causa del cual se hallan en tanto peligro.

Si la mera apariencia de la angustia o la jovialidad nos inspiran en cierta medida unas emociones análogas es porque nos sugieren la idea general de la fortuna propicia o adversa que ha sobrevenido a la persona en quien las percibimos: y en tales pasiones ello es suficiente para ejercer una pequeña influencia sobre nosotros. Los efectos de la aflicción y el regocijo terminan en la persona que experimenta esas emociones, y sus expresiones, al contrario de las del rencor, no nos sugieren la idea de ninguna otra persona que nos preocupe y cuyos intereses sean opuestos a los de la primera. La idea general de una buena o mala ventura, entonces, origina alguna ansiedad hacia la persona que las protagoniza, pero la idea general de la provocación no excita la simpatía hacia la ira del hombre que la ha sufrido. Parece que la naturaleza nos instruye en una mayor renuencia a compartir esta pasión y hasta que nos informemos sobre su causa nos dispone más bien a tomar partido en su contra.

Pero antes de averiguar sus causas, nuestra simpatía hacia la tristeza o la alegría de otro es siempre sumamente imperfecta. Las lamentaciones generales, que no expresan nada salvo la zozobra del que sufre, crean sobre todo una curiosidad por averiguar cuál es su situación, junto a una disposición a simpatizar con él, más que una identificación de hecho claramente perceptible. Lo primero que preguntamos es: ¿qué te ha sucedido? Hasta que obtengamos la respuesta nuestra condolencia no será muy considerable, aunque estemos inquietos debido a una vaga noción de su desventura y sobre todo porque nos torturemos a base de conjeturar esa respuesta.

La simpatía, en consecuencia, no emerge tanto de la observación de la pasión como de la circunstancia que la promueve. A veces sentimos hacia otro ser humano una pasión de la que él mismo es completamente incapaz, porque cuando nos ponemos en su lugar esa pasión fluye en nuestro pecho merced a la imaginación, aunque no lo haga en el suyo merced a la realidad. Nos sonrojamos ante la desfachatez y grosería de otra persona, aunque ella misma no parezca detectar en absoluto la incorrección de su propio comportamiento; lo hacemos porque no podemos evitar sentir la incomodidad que padeceríamos si nos hubiésemos conducido de manera tan absurda.

De todas las calamidades a que las personas se hallan expuestas por su mortal condición, la pérdida de la razón parecerá la más terrible a todos los que al menos abriguen un mínimo destello de humanitarismo, y que contemplarán ese peldaño postrero de la degradación humana con mayor condolencia que ningún otro. Pero el pobre infeliz que sufre el mal quizás ría o cante, plenamente inconsciente de su propia desventura. La angustia que los seres humanos abrigan ante tal caso, en consecuencia, no puede ser el reflejo de ningún sentimiento del paciente. La compasión del espectador debe provenir totalmente de la consideración de lo que él mismo sentiría si fuese reducido a la misma infeliz posición y al mismo tiempo pudiese, lo que quizá es imposible, ponderarla con la razón y el juicio que ahora posee.

¡Qué tormentos afligen a una madre cuando escucha los gemidos de su hijo que en la agonía de una enfermedad no puede expresar lo que siente! En su idea del sufrimiento del niño, la madre combina la impotencia real del niño con su propia conciencia de esa impotencia y su pánico ante las consecuencias desconocidas de la enfermedad; con todos esos elementos ella compone en su propio dolor la imagen más completa del infortunio y la congoja. En cambio el niño sólo sufre la inquietud del instante presente, que nunca puede ser muy grande. Se siente perfectamente seguro con respecto al porvenir, y en su inconciencia e imprevisión estriba un antídoto contra el temor y la ansiedad, los grandes atormentadores del corazón humano, ante los cuales la razón y la filosofía en vano intentarán defenderlo cuando llegue a ser un hombre.

Simpatizamos incluso con los muertos. Pasamos por alto lo que en realidad importa en su situación, el tremendo porvenir que les aguarda, y nos afectan fundamentalmente aquellas particularidades que impresionan nuestros sentidos pero que carecen de influencia alguna sobre su felicidad. Pensamos qué doloroso es el ser privado de la luz del sol, el carecer de vida y de trato con los demás, el yacer en una fría sepultura, presa de la degradación y de los reptiles de la tierra, el que nadie piense en nosotros en este mundo y el ser en poco tiempo apartado de los afectos y casi de la memoria de los amigos y parientes más queridos. Ciertamente, concluimos, jamás podremos sentir lo suficiente por quienes han sufrido una calamidad tan espantosa. El tributo de nuestra condolencia hacia ellos parece doblemente merecido ahora, cuando están en peligro de ser olvidados por todos, y mediante los vanos honores con que celebramos su memoria procuramos, para nuestra propia desdicha, mantener artificialmente viva nuestra melancólica evocación de su desventura. El que nuestra simpatía no pueda proporcionarles ningún consuelo parece un añadido a su calamidad, y pensar que todo lo que podamos hacer será inútil y que aquello que alivia cualquier otra desgracia —la desazón, el afecto y los lamentos de sus amigos— no puede confortarlos, sólo servirá para exasperar nuestra percepción de su infortunio. Pero con toda certeza la felicidad de los muertos no se ve afectada por ninguna de esas circunstancias, ni el pensamiento sobre tales pormenores puede nunca perturbar la profunda seguridad de su descanso. La idea de esa melancolía imperturbable e infinita que la fantasía atribuye naturalmente a su condición se manifiesta exclusivamente porque unimos el cambio que han experimentado y nuestra propia conciencia de dicho cambio, nos ponemos en su lugar y alojamos, por así decirlo, nuestras almas vivientes en sus cuerpos inanimados, y así concebimos lo que serían sus emociones en tal caso. Esta misma ilusión de la imaginación es lo que hace que la anticipación de nuestra propia muerte nos resulte algo tan horroroso, y que la idea de tales circunstancias, que evidentemente no nos dolerán una vez que hayamos muerto, nos pese mientras estamos vivos. Y así surge uno de los principios más importantes de la naturaleza humana, el pavor a la muerte, el gran veneno de la felicidad humana pero el gran freno ante la injusticia humana, que aflige y mortifica al individuo pero resguarda y protege a la sociedad.

VI
KANT

Al filósofo prusiano Immanuel Kant le interesaba dar una respuesta al escepticismo de Hume. No podía ser que la causalidad, la sustancia y el yo no existieran, o que no pudiéramos probar su existencia. En primer lugar, es de sentido común creer que todo efecto tiene una causa, que las cosas tienen una forma de ser determinada y que yo existo. En segundo lugar, la ciencia experimental se basa en la inducción, y la inducción, a su vez, supone la causalidad (eficiente). De manera que Kant se planteó el problema de probar la existencia de estas tres realidades, o de estas tres nociones.

Vida

Immanuel Kant nació en Königsberg, en 1724, y murió en esa misma ciudad en 1804, a los 79 años. (Königsberg es hoy Kaliningrado, parte de Rusia; queda entre Polonia y Lituania.) Era hijo de un talabartero (o sillero; en todo caso, un artesano), y de una mujer también de origen humilde. Fue el cuarto de nueve hermanos. Como estudiante, no destacó demasiado, pero era aplicado y piadoso. En su casa se respiraba un aire pietista, que favorecía una interpretación literal de la biblia. No gozaba de buena salud, pero su orden y disciplina le ayudaron a llegar a la ancianidad. A los 16 año (en 1740) se matriculó en la Universidad de su ciudad; allí estudio la filosofía de los racionalistas Leibniz y Wolff con el profesor Martin Knutze, quien también lo introdujo en el conocimiento de la física de Newton.

Se cuentan muchas anécdotas de la vida de Kant. La mayoría tienen que ver con su vida ordenada. Cuentan, por ejemplo, que la gente ajustaba sus relojes cuando veían pasar a Kant, que hacía su caminata diaria siempre puntualmente. También se dice que una vez que no pudo salir a caminar, porque tenía una gripe muy fuerte, puso su pañuelo en una mesa, situada a cierta distancia del escritorio en el que trabajaba. De esa manera, cada vez que necesitaba usar el pañuelo, tenía que caminar hasta donde estaba, y así hacía algo de ejercicio. Kant era muy sociable, pero nunca se casó. Cuando murió, una gran multitud asistió a su funeral.

Volviendo a la cronología: en 1746 tuvo que abandonar sus estudios, debido a la muerte de su padre. Se dedicó, entonces, a dar clases particulares, pero continuó estudiando por su cuenta. En 1749 publicó su primera obra: Meditaciones sobre la verdadera estimación de las fuerzas vivas, a la que seguirían varias obras más sobre temas científicos.

En 1755 obtuvo su doctorado en filosofía, siempre en Königsberg, con una disertación sobre el fuego. Más adelante, defendió una tesis en latín sobre los principios de la filosofía, con la que obtuvo su habilitación como profesor auxiliar (*privatdozent*) y empezó a dar clases en su universidad. Entre otras asignaturas, enseñaba metafísica. El libro de texto era la Metafísica de Baumgarten, a quien se debe el significado de estética como ciencia o estudio de las impresiones sensoriales, y que Kant emplearía en sus obras.

Como *privatdozent*, puesto que ocupó durante 15 años, le correspondía enseñar las más variadas disciplinas, como matemáticas, física, lógica, metafísica, antropología y geografía, etc. Se cuenta que un caballero inglés, que viajaba por Prusia, una vez asistió a una clase de Kant. Era una clase de geografía, y sucedió de Kant estaba explicando la geografía de Inglaterra. Al finalizar la clase, el caballero se presentó, y le dijo que cuando estuviera otra vez en Inglaterra, tendría mucho gusto en recibirlo en su casa. Kant le contestó que nunca había estado en Inglaterra. Se había preparado tan bien, que cualquiera creía que había vivido en la isla. (De hecho, Kant nunca en su vida salió de Königsberg y sus alrededores.)

Antes de escribir sus obras más famosas (las tres Críticas), Kant hizo notables aportes a la astronomía, que era la ciencia, por decirlo así, "de moda". En 1755 publicó una Historia general de la naturaleza y teoría del cielo, en la que defendía la tesis de que el sistema solar se formó a partir de una gran nube de gas (una nebulosa). (Newton pensaba que el universo y todos sus sistemas habían sido creados por Dios en la forma que tienen desde el comienzo.) También propuso que la Vía Láctea, al igual que otras galaxias, era un gran disco de estrellas, formado también a partir de una nebulosa. Y lo mismo, creía Kant, se podía decir de las galaxias lejanas, a las que llamó universos islas.

Después de la Historia general de la naturaleza, Kant empezó a publicar obras de filosofía, aunque siguió escribiendo tratados científicos toda su vida (en 1785, por ejemplo, publicó un tratado sobre los volcanes de la luna). A inicios de la década de 1760, Kant concibió una serie importante de obras de filosofía. Tal vez la más interesante es El único fundamento posible de una demostración de la existencia de Dios. Más adelante veremos la originalidad de Kant en este punto en concreto.

En 1770, a la edad de 45 años, Kant es nombrado finalmente profesor de Lógica y Metafísica en la Universidad de Königsberg. (El año anterior, las universidades de Erlangen y de Jena le habían ofrecido cátedras, pero él las rechazó.) Su disertación de toma de posesión en Königsberg (en latín), llevaba por título "Sobre la forma y principios del mundo sensible e inteligible", que muchos consideran el punto de inflexión en su pensamiento, que inaugura el llamado período crítico, postura que ya no abandonó.

Con su nombramiento como catedrático, su labor docente le ocupaba menos tiempo, y pudo dedicarse de lleno a escribir filosofía. Pero más fue lo que pensó que lo que produjo, porque su siguiente obra no salió sino hasta once años más tarde, en 1781. Es su famosa Crítica de la razón pura. Kant tenía 56 años. A esta obra, que lo lanzó a la fama, la siguieron los Prolegómenos a toda metafísica futura (1783), que venía a ser como una introducción y síntesis de la primera Crítica, la Fundamentación de la metafísica de las costumbres (1785) y, entre otras, las dos restantes críticas (Crítica de la razón práctica y Crítica del juicio).

En 1783 compró una casa en Königsberg, en la que viviría hasta su muerte. Como ya dijimos, Kant llevó una vida sumamente ordenada y metódica, pero no le faltaron las relaciones sociales. Mantuvo una tertulia de amigos a lo largo de toda su vida. El único incidente un poco serio que tuvo en su vida fue el interdicto del emperador Federico Guillermo II, a raíz de la publicación de su obra. Esto probablemente se debió a que Kant defendía en esa obra los ideales de la Ilustración, que, por supuesto, el emperador no compartía. Kant se vio obligado a firmar un escrito comprometiéndose a no volver a hablar ni a escribir públicamente de religión. Cuando el emperador murió, en 1797, Kant se sintió desvinculado de la promesa.

Como ya dijimos, Kant murió en 1804, el 12 de febrero, para ser exactos. Se le rindieron los últimos honores en un gran funeral. Para entonces la filosofía de Kant había alcanzado ya gran difusión y aceptación en los principales círculos culturales de Alemania y un considerable eco en el resto de Europa.

Pensamiento

Se ha dicho que todo aquel que se ocupe de la filosofía debe conocer la obra de Kant. Tarea no sencilla, pues su pensamiento es complejo y profundo. "I can't understand Kant", decía un amigo. Aquí haremos nuestro mejor esfuerzo por presentar su sistema, aunque sea de forma sumaria y esquemática. (Vale decir que la parte más difícil —y la más importante— es su epistemología y metafísica; sus demás obras son más asequibles.)

A la manera de Descartes, encerrado en su subjetividad, Kant quiere probar la existencia del mundo, de Dios y del alma; pero, al contrario que el filósofo francés, Kant parte del mundo fenoménico, no del cogito. Descartes había dicho: "dudo, y si dudo, pienso, y si pienso, existo". Kant no usa el método de la duda. Su punto de partida es el escepticismo de Hume (Kant dijo que Hume lo había sacado de su "sueño dogmático").

Recordemos que Hume había puesto en duda la existencia de la sustancia, del yo y de la causalidad. Sobre todo, esta última preocupaba a Kant. ¿Cómo era posible que la causalidad fuera solo un hábito de la mente, si la ciencia la utiliza todo el tiempo, y está probado que la ciencia funciona?

Veremos a continuación la respuesta que da Kant a este problema. Por lo pronto, debemos decir que Kant no niega la existencia del alma, del mundo y de Dios. Pero sí niega que su existencia pueda ser probada a la manera tradicional. Como veremos, Kant rechaza la metafísica tradicional (platónica, aristotélica o medieval), y con ello le da un "giro copernicano" (como él mismo dijo) a toda la filosofía. De hecho, así como Descartes había comenzado dudando de todo para encontrar un fundamento firme sobre el qué asentar la prueba de la existencia de Dios y del mundo, Kant también tenía el propósito de "salvar la fe". "Tuve, pues, que suprimir el saber para dejar sitio a la fe", dijo Kant. Su propósito era moral, o religioso. Pero, como veremos, abrió más la puerta al escepticismo. (Al menos, dificultó más el problema de la armonía entre fe y la razón.)

Aunque la epistemología es la parte más importante del pensamiento de Kant, no hay que descartar su ética, su antropología, su filosofía de la religión y su filosofía política. Kant era un apasionado de los ideales de la Ilustración. Su pequeña obra ¿Qué es la Ilustración? es una magnífica síntesis de estos ideales, así como su carta *La paz perpetua*. También se puede notar claramente la influencia de esos ideales, como ya se dijo, en La religión dentro de los límites de la mera razón.

El problema crítico

En el prólogo a la primera edición de la Crítica de la razón pura expone Kant el objetivo de sus investigaciones: "Se trata, pues, de decidir la posibilidad o imposibilidad de una metafísica en general y de señalar tanto las fuentes como la extensión y límites de la misma, todo ello partir de principios". La metafísica había llegado ser, en la Edad Media, la reina de las ciencias. Como vimos en el capítulo sobre Aristóteles, "metafísica" era el nombre que Andrónico de Rodas, escolarca del Liceo del siglo I a. C., había dado a los libros del maestro que estaban después de la física. Pero el total desprestigio en que cayó la física aristotélica y el modelo ptolemaico del universo arrastró consigo a la metafísica. Descartes se había encargado, siglo y medio antes, de dar la puntilla al sistema, y ni qué decir de los empiristas británicos (especialmente, Hume).

En un proceso mental parecido al de Descartes, Kant se propone empezar las cosas de nuevo. Es el llamado "problema crítico": Kant somete a la razón a un juicio donde ella misma es juez y defensor, y se pregunta por qué la metafísica no ha avanzado como ciencia. "No hay, pues, duda —sigue diciendo Kant— de que su modo de proceder [el de la metafísica] ha consistido, hasta la fecha, en un mero andar a tientas y, lo que es peor, a base de simples conceptos. ¿A qué se debe entonces que la metafísica no haya encontrado todavía el camino seguro de la ciencia?". Aclaremos que las preguntas que se plantea la metafísica (qué es la realidad, si existe Dios, si somos libres, si tenemos un alma inmortal, entre otras) le parecen a

Kant legítimas. Lo que no le parece claro es que podamos tener respuesta cierta, científica, a esas preguntas. Con otras palabras, Kant se plantea si la metafísica es posible como ciencia. Claro: el modelo de ciencia que Kant tiene en mente es la física newtoniana.

El problema con la metafísica, como Kant lo ve, es que intenta darnos respuesta a preguntas sobre cosas de las que no tenemos experiencia sensorial: cosas como Dios, el alma y el mundo. De ahí que se diga que Kant pone la razón en el banquillo de los acusados, y le pregunta cuáles son las condiciones a priori —o trascendentales— del conocimiento que nos pretende entregar. Es una investigación crítica: se trata de investigar las condiciones de posibilidad de la metafísica. Sabemos el resultado de esa investigación: la metafísica, va a decir Kant, no es posible como ciencia.

Pero vayamos más despacio. La metafísica, dice Kant, pretende obtener un conocimiento a priori (es decir, independiente de la experiencia) de la realidad, pero sin contar con los datos sensoriales. Preguntarse, entonces, si la metafísica es posible equivale a preguntarse si es posible el conocimiento empírico a priori.

Según Kant, "no hay duda alguna de que todo nuestro conocimiento comienza con la experiencia [...] Mas si bien todo nuestro conocimiento comienza con la experiencia, no por eso orígínase todo él en la experiencia" (primeros párrafos de la introducción de la Crítica de la razón pura). ¿Qué quiere decir Kant con esto? Quiere decir que el conocimiento tiene dos fuentes: los sentidos (en esto coincidía con los empiristas) y la razón (en esto concordaba con los racionalistas). El conocimiento, para Kant, tiene materia y forma: la materia la suministran los sentidos, y la forma, la razón.

Es importante distinguir, como hace Kant, entre conocimiento a priori y conocimiento a posteriori. Dice Kant:

En lo que sigue entenderemos, pues, por conocimiento a priori el que es absolutamente independiente de toda experiencia, no el que es independiente de ésta o aquella experiencia. A él se opone el conocimiento empírico, el que sólo es posible a posteriori, es decir, mediante la experiencia. Entre los conocimientos a priori reciben el nombre de puros aquellos a los que no se ha añadido nada empírico. Por ejemplo, la proposición "Todo cambio tiene su causa" es a priori, pero no pura, ya que el cambio es un concepto que sólo puede extraerse de la experiencia.

El conocimiento empírico es contingente (no entraña ninguna necesidad), mientras que el conocimiento a priori es universal y necesario.

Por ejemplo: la proposición "según el instituto meteorológico, en enero la temperatura mínima será de seis grados en el valle de la ciudad capital", es completamente contingente: puede ser que se cumpla, o puede ser que no. Como es resultado de una inducción, tiene solamente probabilidad de ser verdadera. Entre más datos haya recolectado los meteorólogos, más probable es que se cumpla su predicción. (He escogido el clima, para que se vea lo inseguro que es el conocimiento a posteriori o empírico.)

El conocimiento empírico tampoco es universal. Del hecho de que a muchos gatos los enferme (y hasta los mate) el chocolate, no se sigue que a todos los gatos les haga daño el chocolate. Puede ser que mi gata Isis sea inmune al chocolate (aun así, ¡no voy a intentar darle chocolate!). Con otras palabras: al ser resultado de una inducción, la validez de los conocimientos empíricos depende de la cantidad y calidad de las observaciones: entre más observaciones precisas haga, más probable es que se repita el resultado esperado, pero nunca podré universalizar mi afirmación. Del hecho de que mil gatos han muerto por comer chocolate, no se sigue que el milésimo primero muera si come chocolate.

Por otra parte, están los juicios a priori, que son universales y necesarios. Por ejemplo, los principios lógicos, como el principio de no contradicción (una cosa no puede ser y no ser a la vez y en el mismo aspecto), el principio de identidad (todo ente es igual a sí mismo), el principio del tercero excluido (entre la verdad y la falsedad no cabe una tercera opción), o el principio que afirma que el todo es mayor que la parte. También las proposiciones matemáticas son a priori: 2+2 = 4. La verdad de estos juicios no depende de la experiencia; son independientes de la experiencia. Kant habla, también, de juicios a priori no puros, como "todo cambio tiene una causa", donde la noción de cambio la hemos adquirido por experiencia, pero no así la idea general de causa (todo efecto tiene una causa).

Notemos aquí cómo Kant se separa de Hume. El escocés había dicho que la noción de causalidad era un hábito de la mente; que no existía ningún poder o fuerza a la que pudiéramos señalar y decir "he ahí la causalidad". Simplemente, estamos acostumbrados a ver que a una determinada acción sigue otra, como cuando tiramos una piedra a una ventana: la ventana se rompe. Pero no tenemos, dice Hume, ninguna garantía de que la próxima vez que tiremos una piedra a una ventana, esta se romperá. Para Kant, en cambio, la causalidad es real, y es un ejemplo de juicio a priori, universal y necesario: todo efecto tiene una causa.

Como está investigando de dónde procede la validez de los juicios de la ciencia (más precisamente, de la metafísica), Kant analiza la estructura de todo juicio, y concluye que todo juicio expresa una relación entre un sujeto y un predicado. Esa relación puede ser analítica o sintética. Un juicio analítico es aquel en el que el predicado está contenido en el sujeto, como en la proposición "todos los cuerpos son extensos". Si entiendo la noción de extensión y la noción de cuerpo, entenderé que todo cuerpo necesariamente es extenso. El predicado, aquí, no hace más que explicitar el sujeto. Otro ejemplo de juicio analítico es "todo soltero es no casado": es lo que llamamos una proposición redundante o tautológica. Los juicios analíticos son necesariamente verdaderos, pero no añaden nada a nuestro conocimiento.

En los juicios sintéticos, por el contrario, el predicado no está contenido en el sujeto. Ejemplos de juicios sintéticos son "hacer ejercicio es bueno para la salud", "los países más desarrollados cuidan la educación de la juventud", "el calor dilata los metales", o "el agua hierve a cien grados a nivel del mar". Notemos que algunos de estos juicios reclaman universalidad y necesidad: los dos últimos son buenos ejemplos. Siempre y en todas partes, el calor dilata los metales; siempre que estemos a nivel del mar, el agua hierve a cien grados centígrados. Si son universales y necesarios, estos juicios son a priori. Más propiamente hablando, son sintéticos a priori. Los juicios de la ciencia, concluye Kant, son sintéticos a priori: añaden conocimiento, y ese conocimiento es universal y necesario. No son como los de la lógica, que no añaden nada nuevo (la verdad de la conclusión está contenida en la verdad de las premisas), ni son como los juicios enteramente contingentes (como "yo tengo cincuenta y cuatro años").

Los juicios de la matemática (como tres por cinco son quince) son sintéticos, porque el predicado no está contenido en el sujeto, y, sin embargo, son a priori, porque son universales y necesarios. Y así pasa, según Kant, con los juicios de todas las ciencias: contienen un elemento de necesidad, y sin embargo no son tautológicos, sino que amplían nuestro conocimiento. ¿Cómo es posible que existan juicios que aumentan nuestro conocimiento y sin embargo no procedan de la experiencia? Es decir, ¿cómo son posibles los juicios sintéticos a priori? Esto equivale a preguntarse cómo es posible la matemática y cómo es posible ciencia natural, la física. No si son posibles los juicios sintéticos a priori en la matemática y la ciencia (pues eso ya lo demostró), sino cómo son posibles (sus condiciones de posibilidad). Una vez que ha explicado esto, pasará a preguntarse no cómo son posibles los juicios sintéticos a priori en la metafísica, sino si son posibles estos juicios en la metafísica; con otras palabras, si la metafísica es posible como ciencia.

Kant dedica sendas partes de la Crítica de la razón pura a responder las preguntas anteriores: la estética trascendental (nada que ver con la belleza, sino con los sentidos), está dedicada a responder la pregunta "¿cómo es posible la matemática"; la analítica trascendental aborda la pregunta "¿cómo es posible la ciencia?", y la dialéctica trascendental se pregunta no cómo es posible la metafísica, sino si es posible. Recordemos que por trascendental Kant quiere decir "condiciones de posibilidad".

El análisis del conocimiento en la primera Crítica

¿De dónde procede la universalidad y necesidad de nuestro conocimiento? No de las cosas mismas, pues ellas son particulares y contingentes. Solo cabe la posibilidad, entonces, de que proceda de nuestro entendimiento. Así, como ya se dijo, las cosas proporcionan la materia del conocimiento, mientras que nuestro entendimiento proporciona la forma: su carácter universal y necesario. Esto supone que son las cosas las que se adaptan a nuestro entendimiento, y no nuestro entendimiento a las cosas.

En algún momento de la Edad Media se cambió la fórmula clásica del conocimiento como *adequatio rei et intellectum* (adecuación de la cosa y el entendimiento), por *adequatio intellectum ad rem* (adecuación del entendimiento a la cosa). Si se hubiera mantenido la primera fórmula (la fórmula original (que, según algunos, se debe al filósofo judío Isaac Israelli ben Solomon, y según otros, a Avicena), la afirmación de Kant, de que son las cosas las que se adaptan al entendimiento no habría supuesto una gran revolución. Pero desde hacía ya mucho tiempo que se consideraba que, en el acto de conocer, el entendimiento se adapta a las cosas, y ahora Kant estaba diciendo justamente lo contrario. Por eso, Kant entendió que su propuesta constituía una especie de revolución copernicana en filosofía. Así como Copérnico, en el siglo XVI, había hecho ver que no es el sol el que gira alrededor de la tierra sino al contrario, Kant ahora mostraba que no es el entendimiento el que encuentra la universalidad y necesidad en las cosas, sino que esa universalidad y necesidad ya está en nuestro entendimiento, y que son las cosas las que se adaptan a nuestras categorías. Dice Kant:

"Se ha supuesto hasta ahora que todo nuestro conocer debe regirse por los objetos. Sin embargo, todos los intentos realizados bajo tal supuesto con vistas a establecer a priori, mediante conceptos, algo sobre dichos objetos —algo que ampliara nuestro conocimiento— desembocaban en el fracaso. Intentemos, pues, por una vez, si no adelantaremos más en las tareas de la metafísica suponiendo que los objetos deben conformarse a nuestro conocimiento, cosa que concuerda ya mejor con la deseada posibilidad de un conocimiento a priori de dichos objetos, un conocimiento que pretende establecer algo sobre éstos antes de que nos sean dados. Ocurre aquí como con los primeros pensamientos de Copérnico. Este, viendo que no conseguía explicar los movimientos celestes si aceptaba que todo el ejército de estrellas giraba alrededor del espectador, probó si no obtendría mejores resultados haciendo girar al espectador y dejando las estrellas en reposo." (Prólogo a la segunda edición de la Crítica de la razón pura)

Notemos que, si el entendimiento sólo puede "ver" la realidad a través o por medio de determinadas categorías, todo lo que pase en la realidad estará siempre afectado, para él, por esas categorías. Lo que el sujeto llama "realidad" no es algo completamente independiente del entendimiento, sino que, cuando el sujeto conoce esa realidad, la conoce ya configurada. No hay manera de conocer la realidad "como es en sí", sino solo "como es para nosotros". Lo contrario, sería como tratar de ver las cosas sin ojos.

La estética transcendental

Kant entiende por estética la sensibilidad. Es una acepción apegada al origen el término, que procede del griego *aísthesis*, sensación o sensibilidad. "Sensación" llama Kant al efecto que produce un objeto sobre nuestra capacidad de representación, e "intuición" al modo mediante el cual el objeto se refiere inmediatamente a un objeto (es decir que, al sentir un objeto, intuimos inmediatamente que esa sensación se refiere a un objeto externo). "Intuición sensible o empírica" es, pues, la intuición de un objeto sensible, y "fenómeno", el objeto que la causa.

El "fenómeno" tiene dos componentes: materia y forma. La materia es lo que corresponde a la sensación, pero como no conocemos sensaciones puras, la forma es "aquello que hace que lo diverso del mismo pueda ser ordenado en ciertas relaciones". Hay que observar que materia y forma son inseparables: siempre que conozco algo, lo conozco como siendo de determinada forma. (Por forma no se entiende aquí la figura de algo, sino lo que una cosa es.). Las sensaciones que me vienen del exterior (podríamos decir, "el caos de sensaciones") son el elemento empírico, a posteriori, del entendimiento, mientras que las formas de mi sensibilidad son el elemento a priori, o previamente dado.

Hemos dicho que siempre que conocemos algo, lo conocemos como teniendo determinada forma. Pero entre las formas puedo distinguir dos clases: aquellas que puedo separar del objeto, que puedo entender por separado, como el tamaño, la forma —la figura— y el color, y otras que no puedo separar del objeto: el espacio y el tiempo. Siempre que me represento una cosa, ocupa un lugar en el espacio y ocurre en el tiempo (mi presentación comienza a ser y puede terminar en un momento dado). ¿A qué se debe esta diferencia? ¿Qué tienen de especial el espacio y el tiempo?

Pensemos en el espacio: resulta que cuando imaginamos cosas, ya tienen un espacio. Aunque me imagine un espacio vacío (como una gran superficie negra o blanca), este, en realidad, es algo que ya ocupa un espacio. No puedo imaginarme nada que no ocupe un espacio. Otra forma de verlo es que no es posible representarnos la falta de espacio (esto es, debemos representárnoslo necesariamente). El espacio, pues, precede a toda experiencia; no procede de la experiencia, sino que la precede. Es totalmente a priori. Es una intuición pura de nuestra sensibilidad, una de las condiciones de posibilidad de los fenómenos.

Algo análogo sucede con el tiempo: todo lo que pensamos o imaginamos está marcado por la temporalidad. Por eso nos cuesta entender el concepto de eternidad, que no significa sin término, sino algo que está fuera totalmente del tiempo. Dios es eterno, está fuera del tiempo, porque si le afectara el tiempo, querría decir que podría cambiar, y ¿hacia qué cambiaría? A algo menos que Él mismo o hacia algo más que Él mismo, pero esto no puede ser.

Cuándo me preguntan qué es el tiempo —decía san Agustín—, lo sé; pero cuando me piden que diga qué es el tiempo, no lo sé. Esto es, según Kant, porque el tiempo, al igual que el espacio, es una intuición pura de la sensibilidad. No podemos representarnos la ausencia de tiempo en los fenómenos (debemos representárnoslo necesariamente), pero sí podemos pensar un tiempo sin fenómenos en él. El tiempo, entonces, posee una realidad empírica (es válido objetivamente con respecto a los objetos recibidos por la sensibilidad) pero una idealidad trascendental (no es más que la forma con que el sujeto humano percibe la realidad y no corresponde a la realidad misma ni tampoco necesariamente a constituciones diferentes a la humana).

Espacio y tiempo, pues, son las condiciones trascendentales (condiciones de posibilidad) de la sensibilidad, de todo posible conocimiento. No tienen ningún contenido empírico: son puros moldes. Cuando conocemos algo, lo conocemos como ocupando un espacio y un "lugar" en el tiempo. (El tiempo, además de ser forma a priori de la sensibilidad externa, es también forma pura de la sensibilidad interna: conocemos nuestros estados de conciencia como fluyendo en el tiempo.)

Así es como Kant se explica el éxito de las matemáticas, que, para él, se dividen en geometría y aritmética. La geometría trata sobre la forma pura del espacio. Los análisis que hace el geómetra versan sobre esa forma pura, aunque se apliquen a objetos externos. Como versan sobre una forma pura, siempre serán necesarios y universales. Visto de otra forma, estamos cosechando lo que sembramos. Por su parte, el tiempo en cuanto condición de posibilidad de la intuición interna bajo la forma de sucesión, posibilita la construcción de la aritmética como sucesión numérica. Enumerar implica, necesariamente, una secuencia en el tiempo. Por muy rápida que sea la secuencia, una cosa siempre estará "después" o "antes" de otra.

La analítica trascendental

La analítica trascendental aborda el estudio del entendimiento. Si la sensibilidad nos brinda las intuiciones sensibles, el entendimiento aporta los conceptos. "Las intuiciones, sin conceptos, son ciegas; los conceptos, sin intuiciones, son vacíos." Los conceptos son formas bajo las que se pueden agrupar las sensaciones. La función de mi entendimiento es ordenar y agrupar el "caos de sensaciones" que me viene de fuera, en un conjunto ordenado según diferentes conceptos (recordemos que, previamente, esos objetos están ordenados espacio-temporalmente). Cuando decimos "esto es una computadora" o "esto es una flor", lo que ocurre es que el entendimiento unifica la pluralidad de elementos procedentes de la sensibilidad bajo esos conceptos, y se produce el conocimiento.

Los conceptos también pueden ser empíricos o puros. Conceptos empíricos son conceptos como "mesa", "árbol", "río", mientras que los conceptos puros o a priori son las categorías. Los conceptos empíricos se generan a partir de los conceptos a priori. ¿Cómo podemos determinar cuáles son las categorías a priori del entendimiento?

Kant llama deducción trascendental de las categorías al proceso mediante el cual determinamos cuáles son las categorías. Ese proceso consiste en determinar, simplemente, qué formas de juicio son posibles, pues pensar equivale a formar juicios. Las funciones de unidad que operan en los juicios serán las categorías.

Partiendo de las categorías aristotélicas (que, recordemos, eran la sustancia más ocho accidentes), Kant piensa que los juicios pueden reducirse a doce, agrupados en cuatro categorías, de la siguiente forma:

Atendiendo a la cantidad: universales, particulares y singulares.
Atendiendo a la cualidad: afirmativos, negativos e infinitos.
Atendiendo a la relación: categóricos, hipotéticos y disyuntivos.
Atendiendo a la modalidad: problemáticos, asertóricos y apodícticos.

A cada una de las doce clases de juicios le corresponde una categoría. Así, a los juicios categóricos les corresponde la categoría "sustancia y accidentes"; a los juicios hipotéticos le corresponde la categoría "causalidad", etc.

Por sí mismas, las categorías no proporcionan ningún conocimiento. Lo que hacen es generar conceptos, los cuales, cuando se "llenan" de los datos provistos por la sensibilidad, producen el conocimiento.

Repasando:

1º. Allí fuera existe un caos de sensaciones;

2º. Las formas puras de mi sensibilidad, espacio y tiempo, ordenan ese caos de sensaciones;

3º. Las formas sensibles, "subsumidas en los conceptos", producen el conocimiento.

4º. Los conceptos se agrupan en categorías.

Todo esto quiere decir, en resumidas cuentas, que no podemos conocer las cosas en sí mismas (que Kant llama "noúmenos"), sino solo las cosas como son para nosotros (o "fenómenos"). Puesto de otra forma: las cosas son para nosotros sensaciones ordenadas espacio-temporal-conceptualmente.

La dialéctica trascendental

Una vez ha mostrado cómo son posibles los juicios sintéticos a priori en la matemática y en la ciencia en general, procede Kant a investigar la posibilidad de este tipo de juicios en la metafísica. Kant parte de un postulado: "Todo nuestro conocimiento comienza por los sentidos, pasa de éstos al entendimiento y termina en la razón. No hay en nosotros nada superior a ésta para elaborar la materia de la intuición y someterla a la suprema unidad de pensar". Ahora bien, los objetos de la metafísica, que son el alma, el mundo y Dios no tienen un contenido sensible. De hecho, no tienen ningún contenido. Y como no tienen ningún contenido, no proporcionan ningún conocimiento. La metafísica, pues, es imposible como ciencia.

Esto no significa, sin embargo, que los conceptos puros de la metafísica (que Kant llama ideas trascendentales) no tengan ningún valor. No tienen un uso cognoscitivo, pero sí tienen un uso regulativo: unifican los conocimientos del entendimiento. Mediante la idea de alma, dice Kant, unificamos todos los fenómenos psíquicos, que remiten a un yo. Mediante la idea de mundo unificamos los fenómenos de la experiencia, y mediante la idea de Dios unificamos la totalidad de los fenómenos psíquicos y de la experiencia en una única causa de la que dependen y por la que son explicados.

¿O sea que Dios, el alma y el mundo no son más que ideas, para Kant? Kant no quiere decir eso, precisamente. Lo que quiere decir es que Dios, el alma y el mundo no se pueden conocer de la misma mantera que se conocen los fenómenos físicos. Así como los objetos ordinarios ocupan un lugar en la razón (un conjunto de sensaciones que queda subsumido por un concepto), las ideas trascendentales (Dios, el alma y el mundo) también ocupan un lugar en nuestra razón: son los principios últimos, incondicionados, de todo lo real.

De todas formas, queda siempre la sensación de que Dios, el alma y el mundo no son más que ideas de los hombres. No hay un correlato en la realidad para ellas. Se puede decir que sin esas ideas nada tiene sentido, y que, por lo tanto, no podemos vivir como seres humanos sin ellas, pero de ahí no se sigue que Dios, el alma y el mundo existan. Pero este es Kant, y esta es su filosofía.

La ética kantiana

Cuando decimos que los hombres deberían comportarse de una determinada manera estamos diciendo que ese comportamiento es necesario y universal, y esas son las características de lo a priori. El primer objetivo del conocimiento moral, por lo tanto, consistirá en identificar cuáles son los elementos a priori de la moralidad.

Del mismo modo que los objetos del mundo físico, en cuanto objetos del conocimiento teórico, se encuentran determinados por las condiciones a priori de la sensibilidad y del entendimiento, el conocimiento práctico (moral) también está determinado por ciertas condiciones a priori. Y así como, en el nivel teórico o de conocimiento ordinario son los conceptos y categorías las que aportan la universalidad y necesidad, en el nivel de los conocimientos prácticos son las leyes morales las que deben ser universales y necesarias.

Kant distingue dos tipos de éticas: éticas materiales, que son a posteriori, hipotéticas y heterónomas, y éticas formales, que son a priori, categóricas y autónomas. Por supuesto, Kant entiende que si la ética quiere ser ciencia, debe ser formal, es decir, apriorística, categórica y autónoma.

En primer lugar, las éticas materiales son a posteriori porque están basadas en la experiencia y establecen un fin o bien de la conducta: la felicidad. Pero como el objeto de la felicidad es diferente para cada quien, resulta que no puede dar normas universales y necesarias. Las éticas formales, en cambio, son a priori, y contienen solo la forma de la moralidad, que es la buena voluntad: "Es imposible imaginar nada en el mundo o fuera de él que pueda ser llamado absolutamente bueno, excepto la buena voluntad" (comienzo de la Fundamentación de la metafísica de las costumbres).

Las éticas materiales son hipotéticas, en el sentido de que no proponen un mandato sino que ofrecen una recompensa: "si quieres ser bueno...", "si quieres irte al cielo...", "si quieres ser honrado..."; están basadas, por lo tanto, en el interés y la inclinación, que son elementos empíricos. Las éticas formales, en contraste, son categóricas: piden que se obre simplemente por respeto y reverencia a la ley. Sus normas no dicen: "si quieres tal cosa, haz tal otra", sino, simplemente: "¡haz esto!", "¡haz lo otro!". Son mandatos, no recomendaciones.

Hay que advertir que una persona puede obrar de acuerdo con el deber, o por amor al deber. Solo en el segundo caso hay actuación moral, según Kant. Una mujer, por ejemplo, puede ser buena madre y buena esposa, pero habría que ver su motivación: si lo hace solo porque quiere que los demás piensen bien de ella, estaría obrando de acuerdo con el deber, pero no estaría obrando moralmente bien. Para obrar bien, tendría que obrar porque es su deber, y punto. Por eso dice Kant que si todo lo que hacemos nos resulta placentero, no sabemos si estamos obrando moralmente o si nos dejamos llevar por una inclinación (que es igual a obrar inmoralmente, según Kant); de ahí que en el sacrificio se demuestre la buena voluntad (la que obra por reverencia a la ley).

Por último, las éticas materiales son heterónomas, pues en ellas el hombre recibe la ley moral desde fuera de la razón, por lo que en realidad no está actuando libremente. Las éticas formales, por el contrario, son autónomas (favorecen la autonomía), al exigir, como condición de la moralidad, la libertad que elige el cumplimiento del deber, simplemente porque es el deber.

De las ideas anteriores, resulta la propuesta de Kant de una moral formal que contiene un solo principio: el imperativo categórico. Este mandato tiene tres formas:

1º. "Obra sólo según una máxima tal que puedas querer al mismo tiempo que se torne en ley universal".

2º. "Obra como si la máxima de acción hubiera de convertirse por tu voluntad en ley universal de la naturaleza".

3º. "Obra de tal manera que uses la humanidad, tanto en tu persona como en la persona de cualquier otro, siempre como un fin y nunca como un medio".

Las dos primeras formulaciones son similares, y lo que vienen a decir es que uno no debe pretender hacerse una excepción a la regla. Por ejemplo (el ejemplo es de Kant): supongamos que yo no tengo dinero y necesito comprar medicinas. Voy con un amigo y le pido prestados Q1000.00, pero no tengo la intención de devolverlos, porque creo que mis particulares circunstancias me justifican. ¿Puedo convertir esa forma de conducta en una ley universal? Es decir: ¿puedo afirmar que "cuando una persona tenga necesidad de dinero, puede pedirlo prestado aun cuando no tenga la intención de devolverlo"? Evidentemente que no, porque se perdería el valor de la promesa y nadie confiaría en nadie, lo que haría imposible la convivencia.

¿En qué sentido la tercera fórmula es una traducción de las dos primeras? En el sentido de que, cuando trato a otra persona como un medio para mis fines particulares, yo me creo superior a esa persona, y en cierta forma me estoy considerando excepcional, y justificado, por tanto, a utilizar a los demás. Hacerme excepción a la regla es utilizar a los demás para mi provecho.

Demostración de la existencia de Dios

Como era de suponerse, Kant rechaza las pruebas tradicionales de la existencia de Dios (la cosmológica, la del ser necesario y el ser contingente, la de la finalidad, la de los grados de perfección y el llamado argumento ontológico, de san Anselmo y Descartes). En su lugar, propone una prueba de tipo moral.

La prueba es la siguiente: en este mundo, vemos que no se cumple a cabalidad la justicia: muchas personas buenas reciben males, y muchos malos quedan impunes. Ahora bien, todos ansiamos que se cumpla la justicia; pero como eso no puede suceder en este mundo, tiene que existir otro mundo en el que Dios, justo juez, dé su merecido a cada uno, por toda la eternidad.

TEXTOS

I. ¿Qué es la Ilustración?[1]

La ilustración es la liberación del hombre de su culpable incapacidad. La incapacidad significa la imposibilidad de servirse de su inteligencia sin la guía de otro. Esta incapacidad es culpable porque su causa no reside en la falta de inteligencia sino de decisión y valor para servirse por sí mismo de ella sin la tutela de otro. ¡*Sapere aude*! ¡Ten el valor de servirte de tu propia razón!: he aquí el lema de la ilustración.

    La pereza y la cobardía son causa de que una tan gran parte de los hombres continúe a gusto en su estado de pupilo, a pesar de que hace tiempo la Naturaleza los liberó de ajena tutela (*naturaliter majorennes*); también lo son que se haga tan fácil para otros erigirse en tutores. ¡Es tan cómodo no estar emancipado! Tengo a mi disposición un libro que me presta su inteligencia, un cura de almas que me ofrece su conciencia, un médico que me prescribe las dietas, etc., así que no necesito molestarme. Si puedo pagar no me hace falta pensar: ya habrá otros que tomen a su cargo, en mi nombre, tan fastidiosa tarea. Los tutores, que tan bondadosamente se han arrogado este oficio, cuidan muy bien que la gran mayoría de los hombres (y no digamos que todo el sexo bello) considere el paso de la emancipación, además de muy difícil, en extremo peligroso. Después de entontecer sus animales domésticos y procurar cuidadosamente que no se salgan del camino trillado donde los metieron, les muestran los peligros que les amenazarían caso de aventurarse a salir de él. Pero estos peligros no son tan graves pues, con unas cuantas caídas aprenderían a caminar solitos; ahora que, lecciones de esa naturaleza, espantan y le curan a cualquiera las ganas de nuevos ensayos.

    Es, pues, difícil para cada hombre en particular lograr salir de esa incapacidad, convertida casi en segunda naturaleza. Le ha cobrado afición y se siente realmente incapaz de servirse de su propia razón, porque nunca se le permitió intentar la aventura. Principios y fórmulas, instrumentos mecánicos de un uso o más bien abuso, racional de sus dotes naturales, hacen veces de ligaduras que le sujetan a ese estado. Quien se desprendiera de ellas apenas si se atrevería a dar un salto inseguro para salvar una peque-

---

1 Immanuel Kant, *Qué es la Ilustración? y otros escritos de ética, política y filosofía de la historia* (Madrid: Alianza Editorial, 2004).

ña zanja, pues no está acostumbrado a los movimientos desembarazados. Por esta razón, pocos son los que, con propio esfuerzo de su espíritu, han logrado superar esa incapacidad y proseguir, sin embargo, con paso firme.

Pero ya es más fácil que el público se ilustre por sí mismo y hasta, si se le deja en libertad, casi inevitable. Porque siempre se encontrarán algunos que piensen por propia cuenta, hasta entre los establecidos tutores del gran montón, quienes, después de haber arrojado de sí el yugo de la tutela, difundirán el espíritu de una estimación racional del propio valer de cada hombre y de su vocación a pensar por sí mismo. Pero aquí ocurre algo particular: el público, que aquellos personajes uncieron con este yugo, les unce a ellos mismos cuando son incitados al efecto por algunos de los tutores incapaces por completo de toda ilustración; que así resulta de perjudicial inculcar prejuicios, porque acaban vengándose en aquellos que fueron sus sembradores o sus cultivadores. Por esta sola razón el público sólo poco a poco llega a ilustrarse. Mediante una revolución acaso se logre derrocar el despotismo personal y acabar con la opresión económica o política, pero nunca se consigue la verdadera reforma de la manera de pensar; sino que, nuevos prejuicios, en lugar de los antiguos, servirán de riendas para conducir al gran tropel.

Para esta ilustración no se requiere más que una cosa, libertad; y la más inocente entre todas las que llevan ese nombre, a saber: libertad de hacer uso público de su razón íntegramente Mas oigo exclamar por todas partes: ¡Nada de razones! El oficial dice: ¡no razones, y haz la instrucción! El funcionario de Hacienda: ¡nada de razonamientos!, ¡a pagar! El reverendo: ¡no razones y cree! (sólo un señor en el mundo dice: razonad todo lo que queráis y sobre lo que queráis pero ¡obedeced!) Aquí nos encontramos por doquier con una limitación de la libertad. Pero ¿qué limitación es obstáculo a la ilustración? ¿Y cuál, por el contrario, estímulo? Contesto: el uso público de su razón le debe estar permitido a todo el mundo y esto es lo único que puede traer ilustración a los hombres; su uso privado se podrá limitar a menudo estrictamente, sin que por ello se retrase en gran medida la marcha de la ilustración. Entiendo por uso público aquel que, en calidad de maestro, se puede hacer de la propia razón ante el gran público del mundo de lectores. Por uso privado entiendo el que ese mismo personaje puede hacer en su calidad de funcionario. Ahora bien; existen muchas empresas de interés público en las que es necesario cierto automatismo, por cuya virtud algunos miembros de la comunidad tienen que comportarse pasivamente para, mediante una unanimidad artificial, poder ser dirigidos por el Gobierno hacia los fines públicos o, por lo menos, impedidos en su perturbación. En este caso no cabe razonar, sino que hay que obedecer. Pero en la medida en que esta parte de la máquina se considera como miembro de un ser común total y hasta de la sociedad cosmopolita de los hombres, por lo tanto, en calidad de maestro que se dirige a un público por escrito haciendo uso de su razón, puede razonar sin que por ello padezcan los negocios en los que le corresponde, en parte, la consideración de miembro pasivo. Por eso, sería muy perturbador que un oficial que recibe una orden de sus superiores se pusiera a argumentar en el cuartel sobre la pertinencia o utilidad de la orden: tiene que obedecer. Pero no se le puede prohibir con justicia que, en calidad de entendido, haga observaciones sobre las fallas que descubre en el servicio militar y las exponga al juicio de sus lectores. El ciudadano no se puede negar a contribuir con los impuestos que le corresponden; y hasta una crítica indiscreta de esos impuestos, cuando tiene que pagarlos, puede ser castigada por escandalosa (pues podría provocar la resistencia general). Pero ese mismo sujeto actúa sin perjuicio de su deber de ciudadano si, en calidad de experto, expresa públicamente su pensamiento sobre la inadecuado o injusticia de las gabelas. Del mismo modo, el clérigo está obligado a enseñar la doctrina y a predicar con arreglo al credo de la Iglesia a que sirve, pues fue aceptado con esa condición. Pero como doctor tiene la plena libertad y hasta el deber de comunicar al público sus ideas bien probadas e intencionadas acerca de las deficiencias que encuentra en aquel credo, así como el de dar a conocer sus propuestas de reforma de la religión y de la Iglesia. Nada hay en esto que pueda pesar sobre su conciencia. Porque lo que enseña en función de su cargo, en calidad de ministro de la Iglesia, lo presenta como algo a cuyo respecto no goza de libertad para exponer lo que bien le parezca, pues ha sido colocado para enseñar según las prescripciones y en el nombre de otro. Dirá: nuestra Iglesia enseña esto o lo otro; estos son los argumentos de que se sirve. Deduce, en la ocasión, todas las ventajas prácticas para su feligresía de principios que, si bien él no suscribiría con entera convicción, puede obligarse a predicar porque no es imposible del todo que contengan oculta la verdad o que, en el peor de los casos, nada impliquen que contradiga a la religión interior. Pues de creer que no es éste el caso, entonces sí que no podría ejercer el cargo con arreglo a su conciencia; tendrá que renunciar. Por lo tanto, el uso que de su razón hace un clérigo ante su feligresía, constituye un uso privado; porque se trata siempre de un ejercicio doméstico, aunque la audiencia sea muy grande;

y, en este respecto, no es, como sacerdote, libre, ni debe serlo, puesto que ministra un mandato ajeno. Pero en calidad de doctor que se dirige por medio de sus escritos al público propiamente dicho, es decir, al mundo, como clérigo, por consiguiente, que hace un uso público de su razón, disfruta de una libertad ilimitada para servirse de su propia razón y hablar en nombre propio. Porque pensar que los tutores espirituales del pueblo tengan que ser, a su vez, pupilos, representa un absurdo que aboca en una eterización de todos los absurdos.

Pero ¿no es posible que una sociedad de clérigos, algo así como una asociación eclesiástica o una muy reverenda *classis* (como se suele denominar entre los holandeses) pueda comprometerse por juramento a guardar un determinado credo para, de ese modo, asegurar una suprema tutela sobre cada uno de sus miembros y, a través de ellos, sobre el pueblo, y para eternizarla, si se quiere? Respondo: es completamente imposible. Un convenio semejante, que significaría descartar para siempre toda ilustración ulterior del género humano, es nulo e inexistente; y ya puede ser confirmado por la potestad soberana, por el Congreso, o por las más solemnes capitulaciones de paz. Una generación no puede obligarse y juramentarse a colocar a la siguiente en una situación tal que le sea imposible ampliar sus conocimientos (presuntamente circunstanciales), depurarlos del error y, en general, avanzar en el estado de su ilustración. Constituiría esto un crimen contra la naturaleza humana, cuyo destino primordial radica precisamente en este progreso. Por esta razón, la posteridad tiene derecho a repudiar esa clase de acuerdos como celebrados de manera abusiva y criminal. La piedra de toque de todo lo que puede decidirse como ley para un pueblo, se halla en esta interrogación ¿es que un pueblo hubiera podido imponerse a sí mismo esta ley? Podría ser posible, en espera de algo mejor, por un corto tiempo circunscrito, con el objeto de procurar un cierto orden; pero dejando libertad a los ciudadanos, y especialmente a los clérigos, de exponer públicamente, esto es, por escrito, sus observaciones sobre las deficiencias que encuentran en dicha ordenación, manteniéndose mientras tanto el orden establecido hasta que la comprensión de tales asuntos se haya difundido tanto y de tal manera que sea posible, mediante un acuerdo logrado por votos (aunque no por unanimidad), elevar hasta el trono una propuesta para proteger a aquellas comunidades que hubieran coincidido en la necesidad, a tenor de su opinión más ilustrada, de una reforma religiosa, sin impedir, claro está, a los que así lo quisieren, seguir con lo antiguo. Pero es completamente ilícito ponerse de acuerdo ni tan siquiera por el plazo de una generación, sobre una constitución religiosa inconmovible, que nadie podría poner en tela de juicio públicamente, ya que con ello se destruiría todo un período en la marcha de la humanidad hacia su mejoramiento, período que, de ese modo, resultaría no sólo estéril sino nefasto para la posteridad. Puede un hombre, por lo que incumbe a su propia persona, pero sólo por un cierto tiempo, eludir la ilustración en aquellas materias a cuyo conocimiento está obligado; pero la simple y pura renuncia, aunque sea por su propia persona, y no digamos por la posteridad, significa tanto como violar y pisotear los sagrados derechos del hombre. Y lo que ni un pueblo puede acordar por y para sí mismo, menos podrá hacerlo un monarca en nombre de aquél, porque toda su autoridad legisladora descansa precisamente en que asume la voluntad entera del pueblo en la suya propia. Si no pretende otra cosa, sino que todo mejoramiento real o presunto sea compatible con el orden ciudadano, no podrá menos de permitir a sus súbditos que dispongan por sí mismos en aquello que crean necesario para la salvación de sus almas; porque no es ésta cuestión que le importe, y sí la de evitar que unos a otros se impidan con violencia buscar aquella salvación por el libre uso de todas sus potencias. Y hará agravio a la majestad de su persona si en ello se mezcla hasta el punto de someter a su inspección gubernamental aquellos escritos en los que sus súbditos tratan de decantar sus creencias, ya sea porque estime su propia opinión como la mejor, en cuyo caso se expone al reproche: *Caesar non est supra grammaticos*, ya porque rebaje a tal grado su poder soberano que ampare dentro de su Estado el despotismo espiritual de algunos tiranos contra el resto de sus súbditos.

Si ahora nos preguntamos: ¿es que vivimos en una época ilustrada? la respuesta será: no, pero sí en una época de ilustración. Falta todavía mucho para que, tal como están las cosas y considerados los hombres en conjunto, se hallen en situación, ni tan siquiera en disposición de servirse con seguridad y provecho de su propia razón en materia de religión. Pero ahora es cuando se les ha abierto el campo para trabajar libremente en este empeño, y percibimos inequívocas señales de que van disminuyendo poco a poco los obstáculos a la ilustración general o superación, por los hombres, de su merecida tutela. En este aspecto nuestra época es la época de la Ilustración o la época de Federico.

Un príncipe que no considera indigno de sí declarar que reconoce como un deber no prescribir nada los hombres en materia de religión y que desea abandonarlos a su libertad, que rechaza, por consiguiente, hasta ese pretencioso sustantivo de tolerancia, es un príncipe ilustrado y merece que el mundo y la posteridad, agradecidos, le encomien como aquel que rompió el primero, por lo que toca al Gobierno, las ligaduras de la tutela y dejó en libertad a cada uno para que se sirviera de su propia razón en las cuestiones que atañen a su conciencia. Bajo él, clérigos dignísimos, sin mengua de su deber ministerial, pueden, en su calidad de doctores, someter libre y públicamente al examen del mundo aquellos juicios y opiniones suyos que se desvíen, aquí o allá, del credo reconocido; y con mayor razón los que no están limitados por ningún deber de oficio. Este espíritu de libertad se expande también por fuera, aun en aquellos países donde tiene que luchar con los obstáculos externos que le levanta un Gobierno que equivoca su misión. Porque este único ejemplo nos aclara cómo en régimen de libertad nada hay que temer por la tranquilidad pública y la unidad del ser común. Los hombres poco a poco se van desbastando espontáneamente, siempre que no se trate de mantenerlos, de manera artificial, en estado de rudeza.

He tratado del punto principal de la ilustración, a saber, la emancipación de los hombres de su merecida tutela, en especial por lo que se refiere a cuestiones de religión; pues en lo que atañe a las ciencias y las artes los que mandan ningún interés tienen en ejercer tutela sobre sus súbditos y, por otra parte, hay que considerar que esa tutela religiosa es, entre todas, la más funesta y deshonrosa. Pero el criterio de un jefe de Estado que favorece esta libertad va todavía más lejos y comprende que tampoco en lo que respecta a la legislación hay peligro porque los súbitos hagan uso público de su razón, y expongan libremente al mundo sus ideas sobre una mejor disposición de aquella, haciendo una franca crítica de lo existente; también en esto disponemos de un brillante ejemplo, pues ningún monarca se anticipó al que nosotros veneramos.

Pero sólo aquel que, esclarecido, no teme a las sombras, pero dispone de un numeroso y disciplinado ejército para garantizar la tranquilidad pública, puede decir lo que no osaría un Estado libre: ¡razonad todo lo que queráis y sobre lo que queráis pero obedeced! Y aquí tropezamos con un extraño e inesperado curso de las cosas humanas; pues ocurre que, si contemplamos este curso con amplitud, lo encontramos siempre lleno de paradojas. Un grado mayor de libertad ciudadana parece que beneficia la libertad espiritual del pueblo pero le fija, al mismo tiempo, límites infranqueables; mientras que un grado menor le procura el ámbito necesario para que pueda desenvolverse con arreglo a todas sus facultades. Porque ocurre que cuando la Naturaleza ha logrado desarrollar, bajo esta dura cáscara, esa semilla que cuida con máxima ternura, a saber, la inclinación y oficio del libre pensar del hombre, el hecho repercute poco a poco en el sentir del pueblo (con lo cual éste se va haciendo cada vez más capaz de la libertad de obrar) y hasta en los principios del Gobierno, que encuentra ya compatible dar al hombre, que es algo más que una máquina, un trato digno de él.

II. Fundamentación de la metafísica de las costumbres[2]

Capítulo primero
Tránsito del conocimiento moral, vulgar de la razón al conocimiento filosófico

Ni en el mundo, ni, en general, tampoco fuera del mundo, es posible pensar nada que pueda considerarse como bueno sin restricción, a no ser tan sólo una buena voluntad. El entendimiento, el gracejo, el Juicio, o como quieran llamarse los talentos del espíritu; el valor, la decisión, la perseverancia en los propósitos, como cualidades del temperamento, son, sin duda, en muchos respectos, buenos y deseables; pero también pueden llegar a ser extraordinariamente malos y dañinos si la voluntad que ha de hacer uso de estos dones de la naturaleza, y cuya peculiar constitución se llama por eso carácter, no es buena. Lo mismo sucede con los dones de la fortuna. El poder, la riqueza, la honra, la salud misma y la completa satisfacción y el contento del propio estado, bajo el nombre de felicidad, dan valor, y tras él, a veces arrogancia, si no existe una buena voluntad que rectifique y acomode a un fin universal el influjo de esa felicidad y con él el principio todo de la acción; sin contar con que un espectador razonable e imparcial, al contemplar las ininterrumpidas bienandanzas de un ser que no ostenta el menor rasgo de una voluntad pura y buena, no podrá nunca tener satisfacción, y así parece constituir la buena voluntad la indispensable condición que nos hace dignos de ser felices.

Algunas cualidades son incluso favorables a esa buena voluntad y pueden facilitar muy mucho su obra; pero, sin embargo, no tienen un valor interno absoluto, sino que siempre presuponen una buena voluntad que restringe la alta apreciación que solemos —con razón, por lo demás— tributarles y no nos permite considerarlas como absolutamente buenas.

---

2 Immanuel Kant, *Fundamentación de la metafísica de las costumbres*, Sepan cuantos 212 (México: Porrúa, 1972).

La mesura en las afecciones y pasiones, el dominio de sí mismo, la reflexión sobria, no son buenas solamente en muchos respectos, sino que hasta parecen constituir una parte del valor interior de la persona; sin embargo, están muy lejos de poder ser definidas como buenas sin restricción —aunque los antiguos las hayan apreciado así en absoluto—. Pues sin los principios de una buena voluntad, pueden llegar a ser harto malas; y la sangre fría de un malvado, no sólo lo hace mucho más peligroso, sino mucho más despreciable inmediatamente a nuestros ojos de lo que sin eso pudiera ser considerado.

La buena voluntad no es buena por lo que efectúe o realice, no es buena por su adecuación para alcanzar algún fin que nos hayamos propuesto; es buena sólo por el querer, es decir, es buena en sí misma. Considerada por sí misma, es, sin comparación, muchísimo más valiosa que todo lo que por medio de ella pudiéramos verificar en provecho o gracia de alguna inclinación y, si se quiere, de la suma de todas las inclinaciones. Aun cuando, por particulares enconos del azar o por la mezquindad de una naturaleza madrastra, le faltase por completo a esa voluntad la facultad de sacar adelante su propósito; si, a pesar de sus mayores esfuerzos, no pudiera llevar a cabo nada y sólo quedase la buena voluntad —no desde luego como un mero deseo, sino como el acopio de todos los medios que están en nuestro poder—, sería esa buena voluntad como una joya brillante por sí misma, como algo que en sí mismo poseo su pleno valor. La utilidad o la esterilidad no pueden ni añadir ni quitar nada a ese valor. Serían, por decirlo así, como la montura, para poderla tener más a la mano en el comercio vulgar o llamar la atención de los poco versados—, que los peritos no necesitan de tales reclamos para determinar su valor.

Sin embargo, en esta idea del valor absoluto de la mera voluntad, sin que entre en consideración ningún provecho al apreciarla, hay algo tan extraño que, prescindiendo de la conformidad en que la razón vulgar misma está con ella, tiene que surgir la sospecha de que acaso el fundamento de todo esto sea meramente una sublime fantasía y que quizá hayamos entendido falsamente el propósito de la naturaleza, al darle a nuestra voluntad la razón como directora. Por lo cual vamos a examinar esa idea desde este punto de vista.

Admitimos como principio que en las disposiciones naturales de un ser organizado, esto es, arreglado con finalidad para la vida, no se encuentra un instrumento, dispuesto para un fin, que no sea el más propio y adecuado para ese fin. Ahora bien; si en un ser que tiene razón y una voluntad, fuera el fin propio de la naturaleza su conservación, su bienandanza, en una palabra, su felicidad, la naturaleza habría tomado muy mal sus disposiciones al elegir la razón de la criatura para encargarla de realizar aquel su propósito. Pues todas las acciones que en tal sentido tiene que realizar la criatura y la regla toda de su conducta se las habría prescrito con mucha mayor exactitud el instinto; y éste hubiera podido conseguir aquel fin con mucha mayor seguridad que la razón puede nunca alcanzar. Y si había que gratificar a la venturosa criatura además con la razón, ésta no tenía que haberle servido sino para hacer consideraciones sobre la feliz disposición de su naturaleza, para admirarla, regocijarse por ella y dar las gracias a la causa bienhechora que así la hizo, mas no para someter su facultad de desear a esa débil y engañosa dirección, echando así por tierra el propósito de la naturaleza; en una palabra, la naturaleza habría impedido que la razón se volviese hacia el uso práctico y tuviese el descomedimiento de meditar ella misma, con sus endebles conocimientos, el bosquejo de la felicidad y de los medios a ésta conducentes; la naturaleza habría recobrado para sí, no sólo la elección de los fines, sino también de los medios mismos, y con sabia precaución hubiéralos ambos entregado al mero instinto.

En realidad, encontramos que cuanto más se preocupa una razón cultivada del propósito de gozar la vida y alcanzar la felicidad, tanto más el hombre se aleja de la verdadera satisfacción; por lo cual muchos, y precisamente los más experimentados en el uso de la razón, acaban por sentir —sean lo bastante sinceros para confesarlo— cierto grado de misología u odio a la razón, porque, computando todas las ventajas que sacan, no digo ya de la invención de las artes todas del lujo vulgar, sino incluso de las ciencias —que al fin y al cabo aparécenles como un lujo del entendimiento—, encuentran, sin embargo, que se han echado encima más penas y dolores que felicidad hayan podido ganar, y más bien envidian que desprecian al hombre vulgar, que está más propicio a la dirección del mero instinto natural y no consiente a su razón que ejerza gran influencia en su hacer y omitir. Y hasta aquí hay que confesar que el juicio de los que rebajan mucho y hasta declaran inferiores a cero los rimbombantes encomios de los grandes provechos que la razón nos ha de proporcionar para el negocio de la felicidad y satisfacción en la vida, no es un juicio de hombres entristecidos o desagradecidos a las bondades del gobierno del universo; que en esos tales juicios está implícita la idea de otro y mucho más digno propósito y fin de la existencia, para el cual, no para la felicidad, está destinada propiamente la razón; y ante ese fin, como suprema condición, deben inclinarse casi todos los peculiares fines del hombre.

Pues como la razón no es bastante apta para dirigir seguramente a la voluntad, en lo que se refiere a los objetos de ésta y a la satisfacción de nuestras necesidades —que en parte la razón misma multiplica —, a cuyo fin nos hubiera conducido mucho mejor un instinto natural ingénito; como, sin embargo, por otra parte, nos ha sido concedida la razón como facultad práctica, es decir, como una facultad que debe tener influjo sobre la voluntad, resulta que el destino verdadero de la razón tiene que ser el de producir una voluntad buena, no en tal o cual respecto, como medio, sino buena en sí misma, cosa para lo cual era la razón necesaria absolutamente, si es así que la naturaleza en la distribución de las disposiciones ha procedido por doquiera con un sentido de finalidad.

Esta voluntad no ha de ser todo el bien, ni el único bien; pero ha de ser el bien supremo y la condición de cualquier otro, incluso el deseo de felicidad, en cuyo caso se puede muy bien hacer compatible con la sabiduría de la naturaleza, si se advierte que el cultivo de la razón, necesario para aquel fin primero e incondicionado, restringe en muchos modos, por lo menos en esta vida, la consecución del segundo fin, siempre condicionado, a saber: la felicidad, sin que por ello la naturaleza se conduzca contrariamente a su sentido finalista, porque la razón, que reconoce su destino práctico supremo en la fundación de una voluntad buena, no puede sentir en el cumplimiento de tal propósito más que una satisfacción de especie peculiar, a saber, la que nace de la realización de un fin que sólo la razón determina, aunque ello tenga que ir unido a algún quebranto para los fines de la inclinación.

Para desenvolver el concepto de una voluntad digna de ser estimada por sí misma, de una voluntad buena sin ningún propósito ulterior, tal como ya se encuentra en el sano entendimiento natural, sin que necesite ser enseñado, sino, más bien explicado, para desenvolver ese concepto que se halla siempre en la cúspide de toda la estimación que hacemos de nuestras acciones y que es la condición de todo lo demás, vamos a considerar el concepto del deber, que contiene el de una voluntad buena, si bien bajo ciertas restricciones y obstáculos subjetivos, los cuales, sin embargo, lejos de ocultarlo y hacerlo incognoscible, más bien por contraste lo hacen resaltar y aparecer con mayor claridad.

Prescindo aquí de todas aquellas acciones conocidas ya como contrarias al deber, aunque en este o aquel sentido puedan ser útiles; en efecto, en ellas ni siquiera se plantea la cuestión de si pueden suceder por deber, puesto que ocurren en contra de éste. También dejaré a un lado las acciones que, siendo realmente conformes al deber, no son de aquellas hacia las cuales el hombre siente inclinación inmediatamente; pero, sin embargo, las lleva a cabo porque otra inclinación le empuja a ello. En efecto: en estos casos puede distinguirse muy fácilmente si la acción conforme al deber ha sucedido por deber o por una intención egoísta. Mucho más difícil de notar es esa diferencia cuando la acción es conforme al deber y el sujeto, además, tiene una inclinación inmediata hacia ella. Por ejemplo: es, desde luego, conforme al deber que el mercader no cobre más caro a un comprador inexperto; y en los sitios donde hay mucho comercio, el comerciante avisado y prudente no lo hace, en efecto, sino que mantiene un precio fijo para todos en general, de suerte que un niño puede comprar en su casa tan bien como otro cualquiera. Así, pues, uno es servido honradamente. Mas esto no es ni mucho menos suficiente para creer que el mercader haya obrado así por deber, por principios de honradez: su provecho lo exigía; mas no es posible admitir además que el comerciante tenga una inclinación inmediata hacia los compradores, de suerte que por amor a ellos, por decirlo así, no haga diferencias a ninguno en el precio. Así, pues, la acción no ha sucedido ni por deber ni por inclinación inmediata, sino simplemente con una intención egoísta.

En cambio, conservar cada cual su vida es un deber, y además todos tenemos una inmediata inclinación a hacerlo así. Mas, por eso mismo, el cuidado angustioso que la mayor parte de los hombres pone en ello no tiene un valor interior, y la máxima que rige ese cuidado carece de un contenido moral. Conservan su vida conforme al deber, sí; pero no por deber. En cambio, cuando las adversidades y una pena sin consuelo han arrebatado a un hombre todo el gusto por la vida, si este infeliz, con ánimo entero y sintiendo más indignación que apocamiento o desaliento, y aun deseando la muerte, conserva su vida, sin amarla, sólo por deber y no por inclinación o miedo, entonces su máxima sí tiene un contenido moral.

Ser benéfico en cuanto se puede es un deber; pero, además, hay muchas almas tan llenas de conmiseración, que encuentran un placer íntimo en distribuir la alegría en torno suyo, sin que a ello les impulse ningún movimiento de vanidad o de provecho propio, y que pueden regocijarse del contento de los demás, en cuanto que es su obra. Pero yo sostengo que, en tal caso, semejantes actos, por muy conformes que sean al deber, por muy dignos de amor que sean, no tienen, sin embargo, un valor moral verdadero y corren parejas con otras inclinaciones; por ejemplo, con el afán de honras, el cual, cuando, por fortuna, se refiere a cosas que son en realidad de general provecho, conformes al deber y, por tanto, honrosas, merece alabanzas y estímulos, pero no estimación; pues le falta a la máxima contenido moral, esto es, que las tales acciones sean hechas, no por inclinación, sino por deber.

Pero supongamos que el ánimo de ese filántropo está envuelto en las nubes de un propio dolor, que apaga en él toda conmiseración por la suerte del prójimo; supongamos, además, que le queda todavía con qué hacer el bien a otros miserables, aunque la miseria ajena no lo conmueve, porque lo basta la suya para ocuparle; si entonces, cuando ninguna inclinación le empuja a ello, sabe desasirse de esa mortal insensibilidad y realiza la acción benéfica sin inclinación alguna, sólo por deber, entonces, y sólo entonces, posee esta acción su verdadero valor moral. Pero hay más aún: un hombre a quien la naturaleza haya puesto en el corazón poca simpatía; un hombre que, siendo, por lo demás, honrado, fuese de temperamento frío e indiferente a los dolores ajenos, acaso porque él mismo acepta los suyos con el don peculiar de la paciencia y fuerza de resistencia, y supone estas mismas cualidades, o hasta las exige, igualmente en los demás; un hombre como éste —que no sería de seguro el peor producto de la naturaleza—, desprovisto de cuanto es necesario para ser un filántropo, ¿no encontraría, sin embargo, en sí mismo cierto germen capaz de darle un valor mucho más alto que el que pueda derivarse de un temperamento bueno? ¡Es claro que sí! Precisamente en ello estriba el valor del carácter moral, del carácter que, sin comparación, es el supremo: en hacer el bien, no por inclinación, sino por deber.

Asegurar la felicidad propia es un deber —al menos indirecto—; pues el que no está contento con su estado, el que se ve apremiado por muchos cuidados, sin tener satisfechas sus necesidades, pudiera fácilmente ser víctima de la tentación de infringir sus deberes. Pero, aun sin referirnos aquí al deber, ya tienen los hombres todos por sí mismos una poderosísima e íntima inclinación hacia la felicidad, porque justamente en esta idea se reúnen en suma total todas las inclinaciones. Pero el precepto de la felicidad está las más veces constituido de tal suerte que perjudica grandemente a algunas inclinaciones, y, sin embargo, el hombre no puede hacerse un concepto seguro y determinado de esa suma de la satisfacción de todas ellas, bajo el nombre de felicidad; por lo cual no es de admirar que una inclinación única, bien determinada en cuanto a lo que ordena y al tiempo en que cabe satisfacerla, pueda vencer una idea tan vacilante, y algunos hombres —por ejemplo, uno que sufra de la gota— puedan preferir saborear lo que les agrada y sufrir lo que sea preciso, porque, según su apreciación, no van a perder el goce del momento presente por atenerse a las esperanzas, acaso infundadas, de una felicidad que debe hallarse en la salud. Pero aun en este caso, aunque la universal tendencia a la felicidad, no determine su voluntad, aunque la salud no entre para él tan necesariamente en los términos de su apreciación, queda, sin embargo, aquí, como en todos los demás casos, una ley, a saber: la de procurar cada cual su propia felicidad, no por inclinación, sino por deber, y sólo entonces tiene su conducta un verdadero valor moral.

Así hay que entender, sin duda alguna, los pasajes de la Escritura en donde se ordena que amemos al prójimo, incluso al enemigo. En efecto, el amor, como inclinación, no puede ser mandado; pero hacer el bien por deber, aun cuando ninguna inclinación empuje a ello y hasta se oponga una aversión natural e invencible, es amor práctico y no patológico, amor que tiene su asiento en la voluntad y no en una tendencia de la sensación, que se funda en principios de la acción y no en tierna compasión, y éste es el único que puede ser ordenado.

La segunda proposición es ésta: una acción hecha por deber tiene su valor moral, no en el propósito que por medio de ella se quiere alcanzar, sino en la máxima por la cual ha sido resuelta; no depende, pues, de la realidad del objeto de la acción, sino meramente del principio del querer, según el cual ha sucedido la acción, prescindiendo de todos los objetos de la facultad del desear. Por lo anteriormente dicho se ve con claridad que los propósitos que podamos tener al realizar las acciones, y los efectos de éstas, considerados como fines y motores de la voluntad, no pueden proporcionar a las acciones ningún valor absoluto y moral. ¿Dónde, pues, puede residir este valor, ya que no debe residir en la voluntad, en la relación con los efectos esperados? No puede residir sino en el principio de la voluntad, prescindiendo de los fines que puedan realizarse por medio de la acción, pues la voluntad, puesta entre su principio a priori, que es formal, y su resorte a posteriori, que es material, se encuentra, por decirlo así, en una encrucijada, y como ha de ser determinada por algo, tendrá que ser determinada por el principio formal del querer en general, cuando una acción sucede por deber, puesto que todo principio material le ha sido sustraído.

La tercera proposición, consecuencia de las dos anteriores, la formularía yo de esta manera: el deber es la necesidad de una acción por respeto a la ley. Por el objeto, como efecto de la acción que me propongo realizar, puedo, sí, tener inclinación, mas nunca respeto, justamente porque es un efecto y no una actividad de la voluntad. De igual modo, por una inclinación en general, ora sea mía, ora sea de cualquier otro, no puedo tener respeto: a lo sumo, puedo, en el primer caso, aprobarla y, en el segundo, a veces incluso amarla, es decir, considerarla como favorable a mi propio provecho. Pero objeto del respeto, y por ende mandato, sólo puede serlo aquello que se relacione con mi voluntad como simple fundamento y nunca como efecto, aquello que no esté al servicio de mi inclinación, sino que la domine, al menos la descarte por completo en el cómputo de la elección, esto es, la simple ley en sí misma. Una acción realizada por deber tiene, empero, que excluir por completo el influjo de la inclinación, y con ésta todo objeto de la voluntad; no queda, pues, otra cosa que pueda determinar la voluntad, si no es, objetivamente, la ley y, subjetivamente, el respeto puro a esa ley práctica, y, por tanto, la máxima de obedecer siempre a esa ley, aun con perjuicio de todas mis inclinaciones.

Así, pues, el valor moral de la acción no reside en el efecto que de ella se espera, ni tampoco, por consiguiente, en ningún principio de la acción que necesite tomar su fundamento determinante en ese efecto esperado, pues todos esos efectos —el agrado del estado propio, o incluso el fomento de la felicidad ajena— pudieron realizarse por medio de otras causas, y no hacía falta para ello la voluntad de un ser racional, que es lo único en donde puede, sin embargo, encontrarse el bien supremo y absoluto. Por tanto, no otra cosa, sino sólo la representación de la ley en sí misma —la cual desde luego no se encuentra más que en el ser racional—, en cuanto que ella y no el efecto esperado es el fundamento determinante de la voluntad, puede constituir ese bien tan excelente que llamamos bien moral, el cual está presente ya en la persona misma que obra según esa ley, y que no es lícito esperar de ningún efecto de la acción.

Pero ¿cuál puede ser esa ley cuya representación, aun sin referirnos al efecto que se espera de ella, tiene que determinar la voluntad, para que ésta pueda llamarse buena en absoluto y sin restricción alguna? Como he sustraído la voluntad a todos los afanes que pudieran apartarla del cumplimiento de una ley, no queda nada más que la universal legalidad de las acciones en general —que debe ser el único principio de la voluntad—; es decir, yo no debo obrar nunca más que de modo que pueda querer que mi máxima deba convertirse en ley universal. Aquí es la mera legalidad en general —sin poner por fundamento ninguna ley determinada a ciertas acciones— la que sirve de principio a la voluntad, y tiene que servirle de principio si el deber no ha de ser por doquiera una vana ilusión y un concepto quimérico; y con todo esto concuerda perfectamente la razón vulgar de los hombres en sus juicios prácticos, y el principio citado no se aparta nunca de sus ojos.

Sea, por ejemplo, la pregunta siguiente: ¿me es lícito, cuando me hallo apurado, hacer una promesa con el propósito de no cumplirla? Fácilmente hago aquí la diferencia que puede comportar la significación de la pregunta: de si es prudente o de si es conforme al deber hacer una falsa promesa. Lo primero puede suceder, sin duda, muchas veces. Ciertamente, veo muy bien que no es bastante el librarme, por medio de ese recurso, de una perplejidad presente, sino que hay que considerar detenidamente si no podrá ocasionarme luego esa mentira muchos más graves contratiempos que estos que ahora consigo eludir; y como las consecuencias, a pesar de cuanta astucia me precie de tener, no son tan fácilmente previsibles que no pueda suceder que la pérdida de la confianza en mí sea mucho más desventajosa para mí que el daño que pretendo ahora evitar, habré de considerar si no sería más sagaz conducirme en este punto según una máxima universal y adquirir la costumbre de no prometer nada sino con el propósito de cumplirlo. Pero pronto veo claramente que una máxima como ésta se funda sólo en las consecuencias inquietantes. Ahora bien; es cosa muy distinta ser veraz por deber de serlo o serlo por temor a las consecuencias perjudiciales; porque, en el primer caso, el concepto de la acción en sí mismo contiene ya una ley para mí, y en el segundo, tengo que empezar por observar alrededor cuáles efectos para mí puedan derivarse de la acción. Si me aparto del principio del deber, de seguro es ello malo; pero si soy infiel a mi máxima de la sagacidad, puede ello a veces serme provechoso, aun cuando desde luego es más seguro permanecer adicto a ella. En cambio, para resolver de la manera más breve, y sin engaño alguno, la pregunta de si una promesa mentirosa es conforme al deber, me bastará preguntarme a mí mismo: ¿me daría yo por satisfecho si mi máxima —salir de apuros por medio de una promesa mentirosa — debiese valer como ley universal tanto para mí como para los demás? ¿Podría yo decirme a mí mismo: cada cual puede hacer una promesa falsa cuando se halla en un apuro del que no puede salir de otro modo? Y bien pronto me convenzo de que, si bien puedo querer la mentira, no puedo querer, empero, una ley universal de mentir; pues, según esta ley, no habría propiamente ninguna promesa, porque sería vano fingir a otros mi voluntad respecto de mis futuras acciones, pues no creerían ese mi fingimiento, o si, por precipitación lo hicieren, pagaríanme con la misma moneda; por tanto, mi máxima, tan pronto como se tornase ley universal, destruiríase a sí misma.

Para saber lo que he de hacer para que mi querer sea moralmente bueno, no necesito ir a buscar muy lejos una penetración especial. Inexperto en lo que se refiere al curso del mundo; incapaz de estar preparado para los sucesos todos que en él ocurren, bástame preguntar: ¿puedes creer que tu máxima se convierta en ley universal? Si no, es una máxima reprobable, y no por algún perjuicio que pueda ocasionarte a ti o a algún otro, sino porque no puede convenir, como principio, en una legislación universal posible; la razón, empero, me impone respeto inmediato por esta universal legislación, de la cual no conozco aún ciertamente el fundamento —que el filósofo habrá de indagar—; pero al menos comprendo que es una estimación del valor, que excede en mucho a todo valor que se aprecie por la inclinación, y que la necesidad de mis acciones por puro respeto a la ley práctica es lo que constituye el deber, ante el cual tiene que inclinarse cualquier otro fundamento determinante, porque es la condición de una voluntad buena en sí, cuyo valor está por encima de todo.

Así, pues, hemos negado al principio del conocimiento moral de la razón vulgar del hombre. La razón vulgar no precisa este principio así abstractamente y en una forma universal; pero, sin embargo, lo tiene continuamente ante los ojos y lo usa como criterio en sus enjuiciamientos. Fuera muy fácil mostrar aquí cómo, con este compás en la mano, sabe distinguir perfectamente en todos los casos que ocurren qué es bien, qué mal, qué conforme al deber o contrario al deber, cuando, sin enseñarle nada nuevo, se le hace atender tan sólo, como Sócrates hizo, a su propio principio, y que no hace falta ciencia ni filosofía alguna para saber qué es lo que se debe hacer para ser honrado y bueno y hasta sabio y virtuoso. Y esto podía haberse sospechado de antemano: que el conocimiento de lo que todo hombre está obligado a hacer y, por tanto, también a saber, es cosa que compete a todos los hombres, incluso al más vulgar. Y aquí puede verse, no sin admiración, cuán superior es la facultad práctica de juzgar que la teórica en el entendimiento vulgar humano. En esta última, cuando la razón vulgar se atreve a salirse de las leyes de la experiencia y de las percepciones sensibles, cae en meras incomprensibilidades y contradicciones consigo misma, al menos en un caos de incertidumbre, oscuridad y vacilaciones. En lo práctico, en cambio, comienza la facultad de juzgar, mostrándose ante todo muy provechosa, cuando el entendimiento vulgar excluye de las leyes prácticas todos los motores sensibles. Y luego llega hasta la sutileza, ya sea que quiera, con su conciencia u otras pretensiones, disputar con respecto a lo que deba llamarse justo, ya sea que quiera sinceramente, para su propia enseñanza, determinar el valor de las acciones; y, lo que es más frecuente, puede en este último caso abrigar la esperanza de acertar, ni más ni menos que un filósofo, y hasta casi con más seguridad que último, porque el filósofo no puede disponer de otro principio que el mismo del hombre vulgar; pero, en cambio, puede muy bien enredar su juicio en multitud de consideraciones extrañas y ajenas al asunto y apartarlo así de la dirección recta. ¿No se da, pues, lo mejor atenerse, en las cosas morales, al juicio de la razón vulgar y, a lo sumo, emplear la filosofía sólo para exponer cómodamente, en manera completa y fácil de comprender, el sistema de las costumbres y las reglas de las mismas para el uso —aunque más aún para la disputa—, sin quitarle al entendimiento humano vulgar, en el sentido práctico, su venturosa simplicidad, ni empujarle con la filosofía por un nuevo camino de la investigación y enseñanza?

¡Qué magnífica es la inocencia! Pero ¡qué desgracia que no se pueda conservar bien y se deje fácilmente seducir! Por eso la sabiduría misma —que consiste más en el hacer y el omitir que en el saber— necesita de la ciencia, no para aprender de ella, sino para procurar a su precepto acceso y duración. El hombre siente en sí mismo una poderosa fuerza contraria a todos los mandamientos del deber, que la razón le presenta tan dignos de respeto; consiste esa fuerza contraria en sus necesidades y sus inclinaciones, cuya satisfacción total comprende bajo el nombre de felicidad. Ahora bien; la razón ordena sus preceptos, sin prometer con ello nada a las inclinaciones, severamente y, por ende, con desprecio, por decirlo así, y desatención hacia esas pretensiones tan impetuosas y a la vez tan aceptables al parecer —que ningún mandamiento consigue nunca anular—. De aquí se origina una dialéctica natural, esto es, una tendencia a discutir esas estrechas leyes del deber, a poner en duda su validez, o al menos su pureza y severidad estricta, a acomodarlas en lo posible a nuestros deseos y a nuestras inclinaciones, es decir, en el fondo, a pervertirlas y a privarlas de su dignidad, cosa que al fin y al cabo la misma razón práctica vulgar no puede aprobar.

De esta suerte, la razón humana vulgar se ve empujada, no por necesidad alguna de especulación —cosa que no le ocurre nunca mientras se contenta con ser simplemente la sana razón—, sino por motivos prácticos, a salir de su círculo y dar un paso en el campo de una filosofía práctica, para recibir aquí enseñanza y clara advertencia acerca del origen de su principio y exacta determinación del mismo, en contraposición con las máximas que radican en las necesidades e inclinaciones; así podrá salir de su perplejidad sobre las pretensiones de ambas partes y no corre peligro de perder los verdaderos principios morales por la ambigüedad en que fácilmente cae. Se va tejiendo, pues, en la razón práctica vulgar, cuando se cultiva, una dialéctica inadvertida, que le obliga a pedir ayuda a la filosofía, del mismo modo que sucede en el uso teórico, y ni la práctica ni la teórica encontrarán paz y sosiego a no ser en una crítica completa de nuestra razón.

III. *Prolegómenos a toda metafísica futura*[3]

§ 1
De las fuentes de la Metafísica.

Si se quiere uno representar un conocimiento como ciencia, debe, ante todo, poder determinar exactamente lo diferenciado, lo que en ella no es común a alguna otra y constituye su peculiaridad; de lo contrario, los límites de todas las ciencias se entremezclan, y ninguna puede ser tratada fundamentalmente según su naturaleza.

Esta particularidad puede, pues, depender de la diferencia de los objetos, o de las fuentes del conocimiento, o del modo de conocer, o de algo, o del todo de estas partes juntamente; a eso se refiere, ante todo, la idea de la ciencia posible y de su territorio.

Principalmente, por lo que a las fuentes de un conocimiento metafísico se refiere, está ya implícito en su concepto que no pueden ser empíricas. Los principios de éstas (a los cuales corresponden, no solamente sus axiomas, sino también sus conceptos fundamentales) jamás deben ser tomados de la experiencia, pues deben ser conocimientos, no físicos, sino metafísicos; esto es, de más allá de la experiencia. Así, pues, no tendrán por base ni la experiencia externa que constituye la fuente de la física propiamente dicha, ni la interna, que es el fundamento de la psicología empírica. Es, pues, un conocimiento a priori, o del entendimiento puro, o de la razón pura.

En eso no se diferenciará, pues, de la pura matemática; se deberá, pues, llamar conocimiento filosófico puro; con respecto al significado de

---

[3] Immanuel Kant, *Prolegómenos a toda metafísica futura que quiera presentarse como ciencia* (Madrid: Alhambra, 1986).

esta expresión, me remito a la Crítica de la razón pura, (pág. 712 y sig.), donde ha sido clara y suficientemente expuesta la diferencia entre estos dos modos de usar la razón. Y nada más he de decir con respecto a las fuentes del conocimiento metafísico.

§ 2
Del modo de reconocer que puede solamente llamarse metafísica
a) De la diferencia entre juicios sintéticos y analíticos en general.

El conocimiento metafísico debe solamente contener juicios a priori, como exige la naturaleza de sus fuentes. Pero, entre los juicios, cualquiera que sea su origen o la forma lógica que adopten, hay, sin embargo, una diferencia según su contenido, gracias al cual, o son simplemente explicativos y con respecto al contenido nada añaden, o son amplificativos y aumentan el conocimiento dado; los primeros podrán llamarse juicios analíticos; los segundos, juicios sintéticos.

Los juicios analíticos no dicen en el predicado otra cosa que lo que en la noción del sujeto era ya verdaderamente pensado, aunque no tan claro y con igual conciencia. Si yo digo: todos los cuerpos son extensos, no he ampliado absolutamente nada mi concepto de cuerpo, sino que lo he resuelto, porque la extensión de aquel concepto estaba ya antes del juicio realmente pensada, aunque no declarada expresamente; el juicio es, pues, analítico. Por el contrario, la frase: algunos cuerpos son pesados, contiene algo en el predicado que no estaba realmente pensado en el concepto general de cuerpo; aumenta, pues, mi conocimiento, porque añade algo a mi concepto y debe llamarse, por esto, un juicio sintético.

b) El principio común de todos los juicios analíticos es el principio de contradicción.

Todos los juicios analíticos se basan completamente en el principio de contradicción, y son, por naturaleza, conocimientos a priori, sean o no sean empíricos los conceptos que le sirvan de materia. Pues, porque el predicado de un juicio analítico afirmativo ya estaba pensado previamente en el concepto del sujeto, es por lo que no puede ser negado de él sin contradicción: igualmente será su contrario necesariamente negado del sujeto en un juicio analítico, pero negativo, y también según el principio de contradicción. Así ocurre, sencillamente, con las frases: todo cuerpo es extenso y ningún cuerpo es inextenso (simple).

Por esto mismo son también las frases analíticas juicios a priori, aunque sus conceptos sean empíricos, por ejemplo: el oro es un metal amarillo; pues, para haber esto, no necesito experiencia alguna más amplia, exterior a mi concepto de oro, el cual supone que este cuerpo sea amarillo y metal; pues en esto consiste mi concepto, y no necesito hacer otra cosa que analizarlo sin buscar cosa alguna fuera del mismo.

c) Los juicios sintéticos necesitan de otro principio que el de contradicción.

Hay juicios sintéticos a posteriori, cuyo origen es empírico; pero los hay también que son ciertamente a priori y que brotan del puro entendimiento y de la razón. Pero ambos coinciden en esto: que de ninguna manera pueden brotar del principio del análisis, a saber, del principio de contradicción; exigen, pues, un principio completamente distinto, si bien es verdad que cualquiera que éste sea, debe derivarse de cada axioma, según el principio de contradicción; pues nada puede contradecir a este principio, aunque no todo pueda ser de él deducido. Ante todo, quiero clasificar los juicios sintéticos.

1) Los juicios de la experiencia son siempre sintéticos. Sería absurdo fundar en la experiencia un juicio analítico, puesto que no me es lícito salir de mis conceptos para formar el juicio, y, por tanto, para esto no tengo necesidad de ningún testimonio de la experiencia. Que un cuerpo es extenso, es una proposición que subsiste a priori, no es juicio alguno de experiencia. Pues antes de recurrir a la experiencia tengo ya todas las condiciones para mi juicio en el concepto, del cual solamente, según el principio de identidad, puedo extraer el predicado, y por eso, al mismo tiempo, puedo adquirir conciencia de la necesidad del juicio que la experiencia jamás me hubiera enseñado.

2) Los juicios matemáticos son todos sintéticos. Esta proposición parece haber escapado, hasta ahora, a todas las observaciones de los analizadores de la razón humana, y ser aún precisamente opuesta a todas sus suposiciones, aunque sea inequívocamente cierta y muy importante para después. Pues por haber encontrado que las conclusiones de los matemáticos todas siguen el principio de contradicción, en lo cual se equivocaron mucho, ya que una proposición sintética puede, ciertamente, ser reconocida según el principio de contradicción, pero solamente en tanto que se supone otra proposición sintética de la cual puede derivarse, pero nunca en sí misma.

Ante todo, debe notarse que las proposiciones matemáticas propiamente dichas son siempre juicios a priori y no empíricos, porque traen consigo necesidad, la cual no puede ser tomada de la experiencia. Si no se me quiere conceder esto, entonces yo limito mi afirmación a la matemática pura, en cuya noción está ya comprendido que no contiene conocimientos empíricos, sino puros conocimientos a priori.

Se debió, primeramente, pensar que la proposición 7 + 5 = 12 es una proposición puramente analítica, la cual se deriva del concepto de una suma de 7 y 5, según el principio de contradicción. Sólo si se la considera más de cerca, se encuentra que el concepto de la suma de 7 y 5 no contiene nada más que la reunión de los dos números en uno sólo, por lo cual no se piensa, en modo alguno, cuál es el número particular que reúne los dos. El concepto de 12 no es, en modo alguno, pensado sencillamente porque yo piense la reunión de 7 y 5, y, por largo tiempo que analice el concepto de una suma posible, no encontraré en ella el concepto 12. Se debe pasar más allá de este concepto, tomando por ayuda la intuición que corresponde a uno de los dos; por ejemplo, los cinco dedos, o (como Segner en su Aritmética) cinco puntos y así sucesivamente, tomando por ayuda y añadiendo las unidades del número cinco dado en la intuición al concepto de siete. Se amplía, pues, verdaderamente su concepto por esta proposición 7 + 5 = 12, y se añade al primer concepto uno nuevo, el cual, en modo alguno, estaba concebido en aquél; esto es, la proposición aritmética es siempre sintética, lo cual se apreciará más claramente si se toman números algo mayores; de donde resulta manifiesto que, por muchas vueltas que demos a nuestro concepto, sin valernos de la intuición, mediante la pura descomposición de nuestro concepto, jamás podremos encontrar la suma.

Del mismo modo, no es analítico axioma alguno de la geometría. Que la línea recta es la más corta entre dos puntos, es un juicio sintético, pues el concepto de recta nada contiene relativo a la magnitud, sino solamente una cualidad. El concepto de la más corta, es, por completo, un concepto añadido, y no puede obtenerse por descomposición alguna del concepto de línea recta. Aquí, pues, debe ser tomada como ayuda la intuición, por medio de la cual, es solamente posible la síntesis.

Algunos otros axiomas que suponen los geómetras, son, ciertamente, analíticos y están fundados en el principio de contradicción; pero sirven solamente como proposiciones idénticas, de cadena del método, y no como principios; por ejemplo: a = a, el todo es igual a sí mismo, o (a + b) > a; esto es, el todo es mayor que la parte. Y, sin embargo, éstas mismas, aunque se sigan inmediatamente de puras nociones, son admitidas en la matemática solamente, porque pueden ser representadas en la intuición. Lo que nos hace aquí comúnmente creer que el predicado de tales juicios apodícticos está ya dado en nuestra noción, y que el juicio es, pues, analítico, es sencillamente la ambigüedad de la expresión. Es decir, que debemos añadir mentalmente un cierto predicado a un concepto dado, y esta necesidad existe ya en el concepto. Pero la cuestión no es qué debemos añadir mentalmente al concepto dado, sino qué pensamos de él en efecto, aunque de un modo oscuro, y de aquí que parezca que el predicado está dado juntamente con aquellos conceptos de un modo necesario, en verdad, pero no inmediatamente, sino por medio de una intuición, la cual debe ser añadida.

Lo esencial y característico del puro conocimiento matemático con respecto a todos los otros conocimientos a priori, es que, en absoluto, no debe proceder de los conceptos, sino siempre mediante la construcción de éstos. Pues dado que, en sus proposiciones, ésta debe pasar sobre la noción hasta lo que contiene la intuición correspondiente a ella, no pueden ni deben jamás sus proposiciones brotar de la descomposición del concepto, esto es, nacer analíticamente, y de ahí que sean todas sintéticas.

No puedo menos de notar el perjuicio que ha acarreado a la filosofía el olvido de esta observación que, por lo demás, parece ligera e insignificante. Como Hume sintiera una digna vocación filosófica a tender su mirada sobre todo el campo del puro conocimiento a priori, en el cual el entendimiento humano presume de tan grandes posesiones, seccionó inconsideradamente toda una región, y, en verdad, precisamente la más importante de él, a saber, la matemática pura, en la presunción de que, su naturaleza y, por decirlo así, su constitución, se fundan en un principio completamente distinto, a saber, solamente en el principio de contradicción, y aunque no haya hecho la división de las proposiciones tan formalmente y de un modo tan general o nominativo como yo lo he hecho aquí, es justamente como si hubiera dicho: la matemática pura contiene meras proposiciones analíticas; pero la metafísica contiene proposiciones sintéticas a priori. Ahora bien, en esto se engañaba por completo, y ese error tuvo, decididamente, fatales consecuencias para su concepción total. Pues si no le hubiese sucedido esto, hubiera ampliado su pregunta acerca del origen de nuestros juicios sintéticos más allá de su concepto metafísico de causalidad, y la hubiese extendido también a la posibilidad de la matemática a priori, pues a ésta la debió igualmente considerar como sintética. Pero entonces no hubiese podido, en modo alguno, fundar sus proposiciones metafísicas en la mera experiencia, porque, de lo contrario, hubiese tenido que someter igualmente a la experiencia los axiomas de la pura matemática, para hacer lo cual era demasiado perspicaz. La buena compañía en la cual hubiese llegado entonces a estar la metafísica, la hubiese asegurado contra el peligro de una despreciativa ofensa, puesto que los golpes que fueran destinados a la última hubiesen debido alcanzar a la primera; lo cual, sin embargo, no era su opinión ni podía serlo; y así se habría sumido el perspicaz escritor en profundas meditaciones, las cuales hubieran podido llegar a ser parecidas a las que ahora acabamos de hacer, pero que hubieran ganado infinitamente por su inimitablemente hermosa expresión.

3º) Los juicios metafísicos propiamente dichos son en su totalidad, sintéticos. Se debe distinguir los juicios correspondientes a la metafísica, de los juicios metafísicos propiamente dichos. Entre aquéllos hay muchos analíticos, pero constituyen sólo el medio para los juicios metafísicos, a los cuales se adapta completamente el fin de esta ciencia, y que son todos sintéticos. Pues si los conceptos pertenecen a la metafísica, por ejemplo, el concepto de sustancia, así también pertenecen necesariamente a la metafísica los juicios que brotan de la mera descomposición de los mismos, por ejemplo, sustancia es aquello que existe solamente como sujeto, etc., y por medio de varios juicios analíticos semejantes tratamos de acercarnos a la definición del concepto. Pero, porque el análisis de un puro concepto del entendimiento (tal como se encuentra en la metafísica), no procede de otro modo que la descomposición de cualquier otro, y también un concepto empírico que no pertenece a la metafísica (por ejemplo: el aire es un fluido elástico, cuya elasticidad no puede ser destruida por ningún grado de frío conocido), el concepto es, pues, en efecto, propiamente metafísico, pero no lo es el juicio; pues esta ciencia tiene algo especial y característico en la formación de sus conocimientos a priori, lo cual debe ser distinguido de lo que tiene en común con todos los otros conocimientos del entendimiento; así, v. gr., la proposición: todo lo que en la cosa es sustancia es permanente, es una proposición sintética y propiamente metafísica.

Si, primeramente, se han reunido, según ciertos principios, los conceptos a priori, los cuales constituyen la materia y los medios de construcción de la metafísica, la descomposición de estos conceptos es de gran valor; así, pues, ésta puede exponerse separadamente de todas las proposiciones sintéticas que constituyen la metafísica, como una parte especial (por decirlo así, como la *philosophia definitiva*), que contiene solamente proposiciones analíticas pertenecientes a la metafísica. Pues, de hecho, aquellos análisis no tienen en ninguna otra parte una utilidad tan considerable como en la metafísica: esto es, en relación a las proposiciones sintéticas, las cuales, primeramente, deben ser formadas de aquellas nociones analizadas.

La conclusión de este párrafo es, pues: la metafísica se ocupa propiamente en proposiciones sintéticas a priori, y éstas constituyen solamente su fin, para lo cual necesita ciertamente muchos análisis de sus conceptos, esto es, muchos juicios analíticos, pero donde el método no es otro que en cualquier otra forma del conocimiento, en el cual se trata de poner, sencillamente, en claro sus conceptos por medio del análisis. Solamente la producción del conocimiento a priori, así según la intuición como según las nociones, finalmente, también, la producción de proposiciones sintéticas a priori y, ciertamente, en el conocimiento filosófico, forma el contenido esencial de la metafísica.

BIBLIOGRAFÍA

Baird, Forrest E., y Walter Kaufmann. *From Plato to Derrida.*
Upper Saddle River NJ: Pearson Prentice Hall, 2008.

Berkeley, George. *Tratado sobre los principios del conocimiento humano.*
Madrid: Gredos, 1982.

———. *Tres diálogos entre Hilas y Filonús.*
Buenos Aires: Espasa, 1952.

Berkowitz, Peter. *Virtue and the making of modern liberalism.* New forum books.
Princeton N.J.: Princeton University Press, 1999.

Bermudo Ávila, J. M. *La filosofía moderna y su proyección contemporánea: introducción a la cultura filosófica.* 1a ed. Temas universitarios.
Barcelona: Barcanova, 1983.

Bréhier, Emile. *Historia de la filosofía. 1: Desde la antigüedad hasta el siglo XVII.*
Madrid: Tecnos, 1988.

Broad, C. D. *Ethics and the History of Philosophy.* International library of philosophy.
Londres: Routledge, 2000. http://worldcatlibraries.org/wcpa/oclc/45321715.

Brown, Vivienne. *Adam Smith's discourse: canonicity, commerce, and conscience.*
London and New York: Routledge, 1994.

Buchan, James. *The authentic Adam Smith : his life and ideas.* 1a ed.
New York N.Y: Atlas Books W.W. Norton, 2006. http://worldcatlibraries.org/wcpa/oclc/68786739.

Cassirer, Ernst. *La Filosofía de la Ilustración*.
México: Fondo de Cultura Económica, 1993.

Cole, Julio H. *Cinco pensadores liberales: Smith, Hayek, Friedman, Vargas Llosa, Orwell*.
Madrid: Unión Editorial, 2016.

Compagnon, Antoine. *Los antimodernos*.
El Acantilado, 2007.

Copleston, Frederick C. *Historia de la filosofía, vol. V: De Hobbes a Hume*.
Barcelona: Ariel, 1993.

Craig, Edward. *Routledge encyclopedia of philosophy online*. Version 2.0.
London and New York, NY: Routledge, s/f.

Descartes, *Discurso del método y Meditaciones metafísicas*. Traducido por Manuel García Morente.
Madrid: Tecnos, 2002.

———. *Obra completa*. Biblioteca de Grandes Pensadores.
Madrid: Gredos, 2011.

Duque, Félix. *Historia de la Filosofía Moderna: la era de la crítica*. Tractatus Philosophiae 8.
Tres Cantos, Madrid: Akal Ediciones, 1998.

Evensky, Jerry. *Adam Smith's Moral Philosophy: A Historical and Contemporary Perspective on Markets, Law, Ethics, and Culture*. Historical Perspectives on Modern Economics.
Leiden: Cambridge University Press, 2005.

Fazio, Mariano, y Daniel Gamarra. *Historia de la filosofía III. Filosofía moderna*.
Madrid: Palabra, 2001.

Ferrater Mora, José. *Diccionario de filosofía*.
Barcelona: RBA, 2005.

Fitzgibbons, Athol. *Adam Smith's System of Liberty, Wealth, and Virtue: The Moral and Political Foundations of "The Wealth of Nations"*.
Oxford: Clarendon Press, 1995.

Fleischacker, Samuel. *On Adam Smith's Wealth of nations: A philosophical companion*.
Princeton N.J.: Princeton University Press, 2004.

Force, Pierre. *Self-interest before Adam Smith: A genealogy of economic science*.
Vol. 68. Ideas in context.
Cambridge and New York: Cambridge University Press, 2003.

Forman-Barzilai, Fonna. *Adam Smith and the circles of sympathy: Cosmopolitanism and moral theory*. Vol. 96. Ideas in context.
Cambridge, UK and New York: Cambridge University Press, 2010.

Grayling, Anthony. *La vida de René Descartes en su lugar y en su tiempo*.
Valencia: Pre-Textos, 2007.
Griswold, Charles L. *Adam Smith and the virtues of enlightenment*. Modern European philosophy.
Cambridge, U.K. and New York: Cambridge University Press, 1999.

Guillebaud, Jean Claude. *La traición a la Ilustración*.
Manantial, 1995.

Hanley, Ryan Patrick. *Adam Smith and the character of virtue*.
New York: Cambridge University Press, 2009.

Hazard, Paul. *El pensamiento europeo en el siglo XVIII*.
Madrid: Alianza Editorial, 1985.

Hobbes, Thomas. *Leviatán: la materia, forma y poder de un estado eclesiástico y civil*. Editado por prólogo y notas de Carlos Mellizo.

Barcelona: Altaya, 1997.

———. *Three Discourses: A Critical Modern Edition of Newly Identified Work of the Young Hobbes.*
Chicago: University of Chicago Press, 1995.

Hume, David. *Ensayos morales, políticos y literarios.*
Madrid; Indianapolis, IN: Trotta; Liberty Fund, 2011.

———. *Investigación sobre el entendimiento humano.*
Bogotá: Grupo Editorial Norma, 1992.

———. *Investigación sobre los principios de la moral.*
Madrid: Biblioteca Nueva, 2008.

———. *Tratado de la naturaleza humana; autobiografía.*
Madrid: Tecnos, 2005.

Jouvenel, Bertrand de. *Ensayo sobre la política de Rousseau.*
Encuentro, s/f. http://www.ediciones-encuentro.es/libro/ensayo-sobre-la-politica-de-rousseau.html.

Kant, Immanuel. *Crítica de la razón práctica.*
Madrid: Espasa-Calpe, 1975.

———. *Crítica de la razón pura.* 13 Aufl. Los clásicos Alfaguara.
Madrid: Santillana, 1997.

———. *Crítica del juicio.* 9. ed. Colección austral Ciencias, Humanidades 167.
Madrid: Ed. Espasa Calpe, 2001.

———. *Fundamentación de la metafísica de las costumbres.* Sepan cuantos 212.
México: Porrúa, 1972.

———. *Prolegómenos a toda metafísica futura que quiera presentarse como ciencia.*
Madrid: Alhambra, 1986.

———. *Qué es la Ilustración? y otros escritos de ética, política y filosofía de la historia.*
Madrid: Alianza Editorial, 2004.

Leibniz, Gottfried Wilhelm. *Monadología. Principios de la naturaleza y de la gracia.*
Madrid: Facultad de Filosofía, Universidad Complutense, 1994.

Locke, John. *Ensayo sobre el entendimiento humano.* 2a ed.
Madrid: Aguilar, 1987.

———. *Segundo Tratado sobre el Gobierno Civil: un ensayo acerca del verdadero origen, alcance y fin del Gobierno Civil.*
Madrid: Alianza Editorial, 2000.

Malebranche, Nicolás. *Conversaciones sobre la metafísica y la religión.*
Madrid: Ediciones Encuentro, 2006.

Marías, Julián. *La filosofía en sus textos.* 2a ed.
Barcelona: Editorial Labor, 1963.

Melzer, Arthur M. *The natural goodness of man: On the system of Rousseau's thought.*
Chicago: University of Chicago Press, 1990.

Montes, Leonidas. *Adam Smith in context: A critical reassessment of some central components of his thought.*
New York: Palgrave Macmillan, 2004.

Montes, Leonidas, y Eric Schliesser. *New voices on Adam Smith.* Vol. 82. Routledge studies in the history of economics.
London and New York: Routledge, 2006.

Munck, Thomas. *Historia social de la Ilustración.*
Madrid: Editorial Crítica, 2001.

Rasmussen, Dennis Carl. *The problems and promise of commercial society: Adam Smith's response to Rousseau.*
University Park PA: Pennsylvania State University Press, 2008.

Rothschild, Emma. *Economic sentiments: Adam Smith, Condorcet, and the Enlightenment.*
Cambridge, Mass.: Harvard University Press, 2001.

Rousseau, Jean-Jacques. *Discurso sobre las ciencias y las artes; Discurso sobre el origen de la desigualdad entre los hombres; El contrato social.*
Madrid: LIBSA, 2001.

———. *Emile: Or, On education.*
New York: Basic Books, 1979.

Russell, Bertrand. *Historia de la filosofía.*
Madrid: Aguilar, 1973.

Sánchez Meca, Diego. *Teoría del conocimiento.*
Madrid: Dykinson, 2001.

Sanz Santacruz, Víctor. *Historia de la filosofía moderna.* Libros de iniciación filosófica 12.
Pamplona: Ediciones Universidad de Navarra, 1991.

Scruton, Roger. *Historia de la filosofía moderna: de Descartes a Wittgenstein.*
Barcelona, España: Península, 1983.

Segura Naya, Armando, ed. *Historia universal del pensamiento filosófico.*
Ortuella (Vizcaya): Liber Distribuciones Educativas, 2007.

Smith, Adam. *Lectures on jurisprudence*. Repr. Vol. 5. The Glasgow edition of the works and correspondence of Adam Smith.
Indianapolis, Indiana: Liberty Fund, 1982.

Smith, Adam. *La riqueza de las naciones: (libros I-II-III y selección de los libros IV y V)*. El libro de bolsillo Ciencias sociales.
Madrid: Alianza Editorial, 1996.

———. *La teoría de los sentimientos morales*. Vol. 1831. El Libro de Bolsillo. Sección Humanidades.
Madrid: Alianza, 1997.

Smith, Adam, W. P. D. Wightman, J. C. Bryce, Dugald Stewart, y Ian Simpson Ross. *Essays on philosophical subjects*. Vol. 3. The Glasgow edition of the works and correspondence of Adam Smith.
Indianapolis: Liberty Fund, 1992.

Spinoza, Baruch. *Obra completa*. Biblioteca de Grandes Pensadores.
Madrid: Gredos, 2011.

———. *Tratado de la reforma del entendimiento*.
Ediciones El Aleph, 2000.

Stroud, Barry. *Hume*. Reprinted. The Arguments of the Philosophers.
London: Routledge, 2000.

Tasset, José L. "El empirismo británico". En *Historia universal del pensamiento filosófico*, III:615–62.
Ortuella (Vizcaya): Liber Distribuciones Educativas, 2007.

Valjavec, Fritz. *Historia de la Ilustración en Occidente*.
Madrid: Ediciones Rialp, 1964.

Verneaux, Roger. *Historia de la filosofía moderna*.
Barcelona: Editorial Herder, 1984.

Vivenza, Gloria. *Adam Smith and the classics: the classical heritage in Adams Smith's thought*.
Oxford [England] and New York: Oxford University Press, 2001.

Voltaire, *Diccionario filosófico*.
Madrid: Akal, 1985.

www.ingramcontent.com/pod-product-compliance
Lightning Source LLC
Chambersburg PA
CBHW030101170426
43198CB00009B/440